New Wun Ching Developmental Publishing Co., Ltd.

New Age · New Choice · The Best Selected Educational Publications — NEW WCDP

第 **3** 版

不動產投資
REAL ESTATE INVESTMENT

陳淑美 黃名義／編著

THIRD EDITION

　　不動產為熱門的投資工具之一，其報酬率僅次於證券投資，同屬於高報酬的投資工具之一，惟不動產的投資金額龐大、法令繁瑣，加上不動產資訊之封閉性與專業性，使得不動產投資的進入門檻較高，往往使投資人望而生怯。隨著國內不動產投資環境的轉變，從蕭條泡沫化到逐漸再次復甦展露頭角的景氣循環，加上政策面的諸多管制，足見不動產投資值得加以研究。

　　本書以簡潔的條列問答方式，將繁雜之不動產投資內容歸納整理、提綱挈領，並去蕪存菁的羅列重點內容，整合投資指標與專有名詞，以幫助讀者能迅速全面的掌握不動產投資之精髓。本書內容包含三大部分：第一部分為完整詳盡之不動產投資原理介紹，提供讀者不動產投資之理論基礎，並以申論問答方式呈現；第二部分詳細介紹財務數學與投資實例，並提供詳實完整之解答，有助於讀者投資財務之計算演練；最後一部分則整理國內不動產投資之重大政策與相關實務研究課題，幫助讀者掌握學理與實務之研究發展。

　　第三版全面更新不動產相關資訊，同時新增 104~109 年不動產估價師考題與解答，使內文更添豐富性及實用性。

　　本書淺顯易懂，適合不動產投資課程教材之用，亦是迅速掌握不動產估價師考試重點內容不可或缺之最佳研讀教材，而一般投資大眾也可以此書作為不動產投資入門之參考工具。

陳淑美　黃名義 謹識

AUTHORS
編者簡介

REAL ESTATE INVESTMENT

陳淑美　學歷：　國立政治大學地政研究所博士

現職：　臺南市政府地政局局長

經歷：　崑山科技大學房地產開發與管理系專任教授
崑山科技大學商業管理學院院長
土地登記專業代理人
國立成功大學兼任副教授
中華民國住宅學會理事 2009.01.01~至今
英國測量及估價師公會會員
考試院考選部命題及閱卷委員、地政士審議委員
臺南市都市更新委員會委員
臺南市區段徵收委員會委員
公共工程採購評選委員
臺南市不動產代銷公會顧問
臺南縣不動產仲介商業同業公會顧問
臺南市建築經營協會顧問
高雄市不動產經紀人員獎懲委員會委員
高雄市都市更新基金會委員
政府機關評審委員
太子建設股份有限公司總經理室專員

專長：　不動產投資、不動產市場研究、不動產登記、住宅經
濟與政策

黃名義　學歷：國立政治大學地政研究所博士

現職：國立屏東大學不動產經營學系副教授兼學務長

經歷：國立屏東大學不動產經營學系副教授兼系所主任
國立屏東商業技術學院不動產經營學系助理教授
　　兼系主任
考試院考選部命題委員
內政部市地重劃審議委員
高雄市都市計畫委員
屏東縣都市計畫委員
高雄市都市更新審議委員
立德管理學院不動產經營學系助理教授
屏東縣市地重劃委員
屏東縣非都市土地使用分區及使用地變更審議小組
　　委員
興國管理學院不動產估價師學分班講師
景文技術學院財金系兼任講師
中國房地產學會總編輯
政治大學社會科學院臺灣房地產研究中心研究人員
監察院協查秘書
臺北市政府都市發展局專案規劃師
金錢文化企業股份有限公司臺灣商業資訊中心研究
　　員、襄理

專長：不動產投資與市場分析、不動產經濟、土地經濟、
市場研究

CONTENTS

目錄

Chapter 01　房地產投資概論 1

Chapter 02　臺灣房地產環境與發展過程 21

Chapter 03　投資基本理念 35

Chapter 04　房地產投資決策分析 83

Chapter 05　房地產市場分析 97

Chapter 06　房地產投資策略與步驟 151

Chapter 07　房地產投資財務分析方法概論 159

Chapter 08　基本財務分析模型 185

Chapter 09　現金流量折現模型 213

Chapter 10　風險分析與管理 263

Chapter 11　房地產交易協商、經營管理與結束處分 279

Chapter 12　房地產價格探討 289

Chapter 13　房地產投資報酬率分析 299

Chapter 14　不動產證券化 309

Chapter 15　房地產景氣指標建立與分析 341

Chapter 16　不動產抵押債權及相關證券之評價 357

Chapter 17　不動產抵押貸款分析 399

Chapter 18　國內相關研究與政策時勢 429

Chapter 19　歷屆考題詳解 447

附錄一　年複利表 519

附錄二　月複利表 540

Chapter 01

房地產投資概論

重點提示

　　本章為房地產投資概論，是認識房地產、房地產市場、房地產投資基本概念的基礎。其重點如下：

1. 了解房地產的意義、特性、生命週期階段，以及可供投資的產權類型，從房地產本身的特殊性，引導到了解房地產投資需要特別注意的問題。

2. 認清房地產的市場結構、市場特徵，以及市場的問題，尤其需要注意房地產有別於一般的財貨，致使其市場也不同於完全競爭市場。

3. 了解房地產投資者的種類、投資房地產的重要性、優缺點、要訣及未來趨勢，以便於對房地產投資有基本的認知。

一 房地產與不動產範圍界定

1. 房地產，指房屋和土地二種財產(property)

簡單的說，界定房地產應掌握下面三個內涵：(1)「房」－房屋建築物，(2)「地」－土地，(3)「產」－財產權屬。

在臺灣一般房地產包括成屋與預售屋，因此，不動產經紀業管理條例第四條，將不動產定義為：不動產指土地、土地定著物或房屋及其可移轉之權利；房屋指成屋、預售屋及其可移轉之權利。

2. 民法第六十六條規定：「稱不動產者，謂土地及其定著物」。

不動產：土地及其定著物。包括房屋、土地兩種財產，民法定義中的土地定著物，如橋樑、樹木、農作物，並不屬於房地產之範圍。因此不動產的範圍較房地產更廣義。

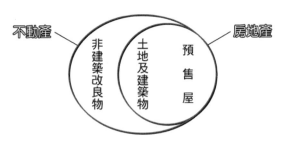

📍 圖 1-1　不動產與房地產之關係簡單概念圖

房地產的特性

　　房地產與一般商品的特性差異頗大，房地產投資者應了解這些特性對投資行為的影響：

（一）不可移動性

　　「不動產」定著於土地上，因此房地產投資因素中，大家最關心區位(Location)因素（在美國一般房地產投資者都熟知三大房地產投資要訣："Location, Location, Location"）。因為此特性，所以房地產投資較關心地區性市場(local market)，此特性也是房地產投資和其他商品最大不同之處。

（二）異質性

　　因為區位條件、建築型式、鄰里環境等各個因素都可能不相同，因此房地產商品沒有辦法像其他商品般生產完全相同的房地產，這便產生房地產市場價格不容易統一的結果。因此房地產投資者應了解所投資房地產的異質性何在，以及這些異質性的價格差距是否合理。

（三）昂貴性

　　房地產常常是許多人一生中所購買或投資最貴的商品，少則百萬元，多則千萬元，因此大家購買或投資時都應該非常慎重的考慮，仔細比較，才決定是否投資。

（四）長久性

　　房地產不易損壞，生命週期很長，一般房屋建築物的耐用年限有五、六十年，土地則幾乎無限，因此增加一般人對房地產的投資意願。

（五）不可分割性

　　投資某一房地產，投資者不僅僅投資該房地產本身，也同時購買了其周圍環境、公共設施、鄰居關係等。鄰里環境的好壞與房地產本身的價值密不可分，因此投資房地產應認清房地產整體的內涵。

（六）投資與消費雙重性

　　房地產不像黃金、股票只有投資性，房地產同時也可以居住或使用，產生消費性，因此深獲投資者的喜好，增加房地產的投資意願。

 設定地上權的投資方式對於地主及地上權人的優點

　　地上權的投資是一種土地所有權與使用權分離的投資方式，地上權人付出一定的代價，可以取得在他人土地上有建築物、農作物等使用收益的權利。

　　地上權的投資方式，就地主而言，地上權存續期間屆滿可收回土地，仍然可以保有土地的所有權，享受土地的增值，又可以賺取權利金與地租，促進土地的有效利用。

　　對於地上權人而言，可以用低於所有權市價的代價取得長期的地上權，存續期間可以和地主自由約定，所節省的土地成本可以投入企業的經營，資金可以靈活運用。

四　房地產生命週期以及各生命週期階段的内容與特色

（一）房地產的生命週期

　　一般產品的生命週期可以分成投資、生產、交易、使用等四個循環階段，由於臺灣的房地產市場有預售制度存在，因此交易行為往往提前至產品尚未開工生產時，亦即建造執照核准後即刊登廣告銷售，造成交易領先生產或生產與交易階段同時進行。產品如以成屋方式交易，其生命週期，即由投資、生產、交易、使用至該產品重建為止，因此其生命週期如圖 1-2 所示。

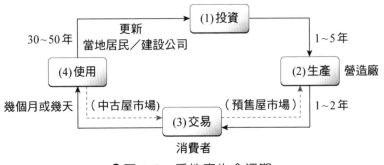

♀ 圖 1-2　房地產生命週期

　　由圖 1-2 可知臺灣的房地產生命週期可分為四個階段，即：(1)投資階段；(2)生產階段；(3)交易階段；(4)使用階段，而整個生命週期係(1)～(4)階段不斷循環產生的過程。其中(3)至(2)的先售後建過程即指預售屋市場；(4)至(3)則為使用過後的中古屋再回到中古屋市場交易。

（二）房地產生命週期各階段的活動內容及特色

🐷 表 1-1　房地產生命週期的活動內容及特色

生命週期 四個階段	活動內容	特色
(I) 投資階段	由投資動機、市場大小環境的分析、資金取得與購地行動至產品定位、規劃設計止。	源於房地產的昂貴性，投資資金的龐大，易造成資金週轉的高風險性。
(II) 生產階段	由設計、申請建造執照、領照、發包、開工至完工申請使用執照止。	國內缺乏標準化產品之生產，難以經由量產的方式降低成本。
(III) 交易階段	完工銷售或預售活動，包括：廣告企劃、尋找交易對象、買賣議價、簽約、報稅、產權移轉、貸款至交屋止。	源於房地產的異質性，具高度專業性，且交易金額龐大、手續繁雜、介入角色眾多。
(IV) 使用階段	指購屋者開始使用，以及爾後長達數十年使用過程中不斷維修、轉手、直至更新的過程。也有可能該產品交易後，被閒置一段時間才轉售、開始使用。	源於房地產的耐久性，使用時間可長達 40～50 年，所以維修及管理是此階段的重要工作。

資料來源：張金鶚主持研究(1995)。房地產景氣與總體經濟景氣關係之研究，P.35。

五　抵押權證券化對於銀行及一般投資人的優點

　　不動產抵押權證券化也是不動產衍生投資工具之一。不動產因為抵押品的價值較高，可以取得較高額的抵押貸款，借款人可以運用財務槓桿進行投資，但是除非借款人提前清償，承貸者（金融機構）需要 20～30 年才可能完全收回貸款，有流通性不佳的風險。借款人以不動產的產權作為抵押品向金融機構借款，金融機構擁有債權及抵押權，承貸者（金

融機構）可以將債權及抵押權透過中介機構的保險，再交由證券商包裝後發行小額的證券，賣給投資者。

對於銀行而言，抵押權證券的出售，承貸者（金融機構）即可收回資金，提高流通性。

對於市場的投資者而言，藉由不動產抵押權證券的保險和公開發行機制，市場的投資者多了一種投資不動產的管道，而且投資的利潤和風險皆有一定的保障。

六　目前許多休閒式的不動產非常流行，以休閒式的渡假村為例，投資者之使用及投資此類不動產有何優點及缺點

目前國內許多休閒式的渡假村採用所有權和使用權分離的方式經營，不動產開發業者開發休閒渡假旅館，並結合旅館業者經營。為求資金回收與行銷順利，業者將渡假村的使用權以會員卡方式分割出售，購買會員卡的會員有權永久使用渡假村的設施，業者仍保有渡假村的所有權與經營權。另外，又將使用權以時間的向度做切割，購買會員卡的會員一年可以有若干天數的使用權，其餘部分仍歸業者經營收益。

對於業者而言，可以賺取營運淨收入以及會員卡出售的收入，較快速的回收資金，保有渡假村的所有權與整體經營權，有利於經營管理。

對於投資者而言，以較低的資金投資會員權益，可以終生使用，並且權益可以買賣及繼承，不失為另一種房地產投資的產權型態。惟此種投資方式，需要業者永續專業的經營，才不致引發投資糾紛。

七 租賃權（售後及租回）的不動產投資對於投資者之優點及缺點

民間將不動產的所有權買賣與租賃權結合，發展成另一種不動產的投資工具。不動產的開發業者將商業或旅館型的不動產開發完成後，以所有權共有持分的方式出售給一般的不動產投資者，每個投資者付出較少的資金即可購買產權的持分，並有物權的效力。開發業者再以保證回租的方式，提供一定的契約，保障投資者的租金收入，將不動產租回統一經營，經營的利潤除了分配給投資者，若有剩餘，則為業者的現金流量。

（一）優點

這種投資方式可使開發業者快速出售回收開發的成本，又可以用比較低的代價取得不動產的經營權；對於投資者而言，保證回租的利潤誘因可以增加其投資購買的意願。

（二）缺點

但是此種方式的風險非常高，如果開發業者無法有效的經營管理，不動產經營的收入不足以支付投資者的租金，極易引發投資失敗和債務糾紛，甚至在開發業者無法經營後，投資者人數眾多，空有產權持分卻無法統合經營，常造成標的物閒置的情況。

八 房地產市場的結構

房地產市場的結構屬於壟斷性競爭市場（獨占性競爭市場）。其基本特徵是：異質產品、進入市場門檻高、資訊不健全。

就房地產而言，本身因異質性高，雖然生產者數目很多，但由於產品的異質性，所以個別生產者仍然有部分決定價格的力量，因此屬於壟斷性競爭市場。

壟斷性競爭市場的生產者所生產的是類似，但是並不完全相同的異質性產品，因此廠商對價格具有控制能力，這一點和獨占市場一樣。但因新生產者可以自由進入這個市場，和完全競爭市場又很類似。這種兼具獨占市場和完全競爭市場的特點，稱為壟斷性競爭市場。

九　房地產市場的特徵

（一）地區性市場

由於房地產的不可移動性，房地產市場的供給、需求與價格均由地區所決定，因此熟知地區性市場的各種狀況，是投資房地產的首要工作。

（二）私下交易，資訊不易公開

由於房地產多為私下個別交易，一般人無法獲知真正交易價格，交易資訊不易獲得，房地產因而不易產生競爭性的市場結構，目前已有不動產實價登錄資訊可供查詢，投資者應特別重視房地產資訊之掌握。

（三）市場的供給調整緩慢

由於土地取得，施工期限等限制因素，使得房地產的供給有 2～3 年的時間落差，房地產市場短期供給缺乏彈性，但長期還是有彈性，投資者應有較長遠的眼光了解房地產市場。

（四）市場的需求調整亦緩慢

房地產的需求長期隨所得及人口的增加而增加，其速度平緩。短期在缺乏供給彈性下，房價太貴，消費者則無能力購買，無法產生有效的購屋需求。

（五）市場有景氣循環的現象

因為房地產的供需有所延遲，也因為房地產與其他各經濟產業相互影響，房地產市場亦產生景氣循環的現象，投資者應對市場景氣有所認識。

（六）公共介入性強

房地產市場受到都市發展、公共建設、都市計畫法規、以及貸款或稅賦等財金政策的強烈影響，因此投資者應對公共政策及計畫保持相當的敏銳度。

以完全競爭市場的本質探討臺灣房地產投資的問題

房地產由於具有以下的特性，因此房地產市場屬於不完全競爭市場，投資時需要注意以下的問題：

（一）流通性不足，退出市場不易

因為價格昂貴，加上異質性，造成價格差異，房地產交易須花很長時間，當有急用時，不易將房地產變成現款。

（二）交易成本高(high transaction costs)

房地產交易除了時間與精力的花費外，還須有仲介及地政士費用，房地產交易稅（特別是國內的土地增值稅、契稅、財產交易所得稅、房地合一稅）等。交易成本高會使得買賣次數減少。

（三）產品異質，價格無統一標準

房地產的異質性，使個別房地產有品質的差異，產品無法標準化，價格難以直接比較，因此投資不動產時，資產價值的評估顯得特別重要。

（四）缺乏房地產資訊

臺灣房地產資訊不健全，找不到理想的投資對象，無法投資，或者買賣雙方可能會在資訊缺乏或資訊不對稱的情形下，誤判投資的價格。

（五）投資金額較大，進入市場門檻高

投資者若頭期款資金不足，或者信用不良，不容易貸款，無法投資。因此在未推行不動產證券化之前，房地產比其他投資工具的進入門檻更高，投資的主體較有限，無法普及到一般人。

（六）政府介入太多，市場機制不夠健全

如容積率、土地使用分區管制、租金管制、各種房地產稅等，對於房地產業者及投資者影響甚大，無法如同完全競爭市場讓市場機制自由運作。

十一　房地產投資者的種類

（一）房地產開發者(developer)

投資開發者之利潤主要源自規劃、興建，與出售標的後，扣除所投入之相關成本。開發者的角色除實際開發經營管理房地產的專業技術外，尚需有大筆資金之投入。

（二）建築融資者(construction lender)

所謂建築融資指房屋供給者為興建住宅與企業用建築，而向金融機構申請融資以籌措資金的一種貸款，內容包括「購地貸款」、「營建融資」，

以及「週轉金融資」，而其中的金融機構如銀行、信託投資公司等，即為建築融資者。

（三）開發投資合夥者(joint venture partner)

為個人與個人、個人與公司、或公司與公司間合夥集資投資開發房地產的運作形態，其經營的主體視其合作目的，可能以自然人或法人（公司、協會等）形式為之。

（四）資金投資管理者(managing equity investor, or syndicator)

為替消極投資者經營房地產而獲取一定比例佣金(commissions)之市場投資者，如我國民法第 704 條所規範之「出名營業人」為隱名合夥人執行事務、美國不動產投資信託制度中(REITs)之基金經理人、或日本土地信託(land trust)之受託人(trustee)，皆屬此類。

（五）購屋貸款融資者(permanent lender, or mortgager)

為房地產市場中提供長期資金以一般購屋者申請購屋貸款者稱之，如銀行或信託投資公司、保險公司等金融機構皆屬之。

（六）消極權益投資者(passive equity investor)

為出資但不參與事業經營決策之投資，如 REITs 的證券持有人(shareholder)、不動產抵押權證券(Mortgage-Backed Securities, MBS)的單位持有人或房地產有限合股事業(Real Estate Limited Partnership, RELP)的隱名合夥人。

十二　開發者、消費者、政府三種角色與房地產的關係

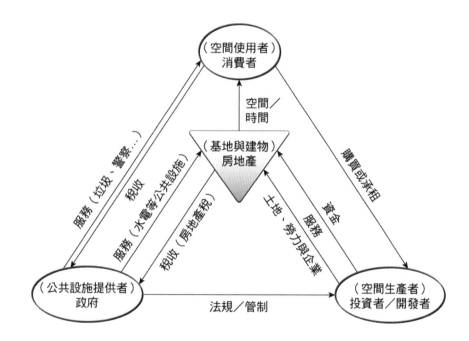

（一）開發者、消費者、政府三種角色與房地產的關係

1. 開發者是房地產空間的生產者，投入土地、資金、勞力、企業能力等要素生產房地產，是房地產市場的供給者。

2. 消費者是房地產空間的使用者，透過支付買賣價款或租金等代價，取得房地產的財產權或使用權，是房地產市場的需求者。

3. 政府站在開發者與消費者之間，對房地產課徵房屋稅、地價稅以及交易移轉的增值稅、契稅等，充實財政收入，並提供必要的公共設施，服務房地產的需求者。

（二）三者之間的交互關係

1. 政府透過法規與稅制等各項管制措施，規範開發者，並誘導市場的發展方向，公共政策介入市場的程度甚深。

2. 開發者或投資者生產房地產的空間提供給消費者使用，兩者之間有供需關係存在。

3. 政府對於消費者合法取得的房地產產權提供必要的保障和管理。

十三　投資房地產的優點及缺點

（一）優點

1. 一種象徵，心理上的滿足：房地產常常被視為衡量個人成功或財富的指標，擁有房地產自我獲得滿足。

2. 自我居住使用：房地產原本最主要的功能即是實質遮蔽物(physical shelter)，供人居住使用。

3. 房地產增值：由於都市的發展，公共設施的興建，投資房地產等待增值。如逢房地產景氣期間，房地產更是大幅增值。

4. 保值以抵抗通貨膨脹：當通貨膨脹率高時，房地產常被用來作為保值的工具。

5. 安全性高：由於房地產具有實體居住功能，不像股票，即使投資失敗，還是有其基本居住使用價值及功能。

6. 槓桿作用(leverage)：由於房地產可以抵押貸款，不須具備大量資金便可投資昂貴的房地產。

7. 稅賦減免(tax shelter)：由於政府對自用住宅和租屋政策的鼓勵，房屋貸款利息和房屋租金支出可抵扣所得稅，增加房地產投資的意願。

8. 自我控制權：擁有房地產所有權，免於受人限制，如房屋租金、店面裝潢、房屋使用等。

9. 分散風險(diversification)：個人投資工具的組合(portfolio)選擇，以期達到最大利潤最小風險的目的。

10. 普遍熟悉的投資管道：由於其他投資管道不順暢或不熟悉，相較各種可能的投資方式，選擇房地產為較普遍熟悉的投資對象。

11. 個人偏好：因某種個人因素對房地產投資的喜好（中國人的傳統文化傾向，有土斯有財），特別偏好房地產投資。

（二）缺點

1. 變現力低，流通性不足(illiquid)：因為價格昂貴，加上異質性造成價格差異，房地產交易須花很長時間，當有急用時，不易將房地產變成現款。

2. 交易成本高(high transaction costs)：房地產交易除了時間與精力的花費外，還須有仲介及地政士費用、房地產交易稅（特別是國內的土地增值稅、契稅、財產交易所得稅）等。

3. 管理維護麻煩：房地產出租，管理維護很麻煩，尤其遇到不好房客更頭痛，房子空著也不好管理維護。

4. 房地產貶值：由於區位變差、環境汙染、鄰里惡化等因素、房地產容易貶值。如逢房地產不景氣期間，房地產將明顯貶值。

5. 房地產價值缺乏標準：房地產異質性，市場無統一的價格，不熟悉市場行情，不敢投資。

6. 房地產法令手續繁雜：特別是臺灣房地產制度不健全，加上地政士、仲介人員素質參差不齊，深怕受騙，不敢投資。

7. 房地產資訊龐雜：臺灣房地產資訊不健全，房地產投資須蒐集都市計畫、建管、重大建設、房地產市場供給、需求、價格等相關資訊，當資訊不完全時，難以判斷決策。

8. 投資金額較大：頭期款資金不足，信用不夠，不容易貸款，無法投資。

9. 政府介入太多：如容積率、土地使用分區管制、租金管制、各種房地產稅等，增加投資者的負擔。

10. 房地產投資者的形象不佳不願涉入：不論房地產開發商或房東，部分缺乏良好形象，一些投資者不願公開介入。

十四　投資房地產的三大要訣

（一）時機(timing)

掌握時機是投資房地產的第一要訣，在景氣上揚時投資，獲利的機會大；景氣持平時，則參考其他條件來投資，選擇適當的產品是很重要的因素；而景氣下滑時，獲利的機會小，須靠專業的素養始能竟全功。

（二）區位(location)

區位可分為市區（市中心）、市郊與郊外，選擇投資市區、市郊或郊外要配合景氣與建築物類型來決定。不同的區位可能會有不同的法令規範，所以對於當地房地產的相關法令與訊息亦應重視。

（三）類型(type)

房地產類型可分為下列幾種：

1. 型態類型：預售屋、新屋、或中古屋。

2. 使用類型：住家、辦公、商用、或工業等。

3. 建築類型：獨院、雙併、連棟、公寓、或大廈等。

4. 面積類型：大坪數（超過 50 坪以上）、一般坪數（30～40 坪）、或小坪
   數套房（20 坪以下）。

以上的房地產類型應與時機及區位配合作不同的投資考量，不同的
時機選擇特定的區位投資適合的房地產類型，方可減低風險，並提升投
資報酬。

十五　房地產投資的未來趨勢

綜觀整個國內外房地產未來的趨勢走向，可從下列四個方向分析之：

（一）個人投資轉為機構法人之投資

由於機構法人可藉公開發行股票上市籌集大筆資金，投資高額房地
產商品，運用較個人投資靈活，選擇機會亦較多。而個人投資受限於小
額資金，及專業知識與時間的不足，因此承擔的風險較高，相對利潤亦
較低。

（二）單一房地產投資轉為分散風險之投資組合

依據投資組合的概念，投資組合之風險將較單一投資者來得低。因
此對於一個趨避風險的房地產市場投資者而言，欲獲取高額利潤，則風

17

險之負擔也愈大，因此建立分散風險之投資組合，例如將資金分別投入股票市場、債券市場、房地產市場及共同基金市場等，或分散投資於不同的地區或類型，將有助降低投資風險。

（三）國內投資轉為全球性投資

由於全球化投資與大陸投資是不可避免的趨勢，臺灣正積極邁向金融國際化、自由化的腳步，因此不動產證券化已成必然趨勢。不動產證券化最大的特徵是投資者與經營者是分開的，由真正的專家去經營管理，房地產市場的秩序便會逐漸建立起來。故不動產證券化後，便可由國內投資轉全球性投資，利用組合式投資，可降低風險，相對獲得更高的利潤。

（四）實體的投資轉為財務的投資

過去投資房地產是藉由實體的買賣和經營賺取利潤，而現在不動產證券化的投資方式係買賣財務的債券或證券賺取利潤，投資金額較小，變現力較佳，投資人數較多。

十六　解釋名詞

（一）**生地**：指未開發土地，其尚未經都市計畫細分(subdivision)，沒有道路、公共設施等，未能立即從事建築之土地。

（二）**熟地**：指已細分之土地，已有公共設施，並可指定建築線，有相關都市計畫規定，可立即從事建築之土地。

（三）**都市土地**：都市計畫範圍內的土地。

（四）**非都市土地**：指非屬都市土地（依區域計畫已擬訂或不屬於都市計畫範圍內之土地）。

（五）**共有持分**：共有者，數人對於一物，按其應有部分共享一所有權。共有持分屬於分別共有的型態，可區分出各共有人的權利範圍。

（六）**使用權**：房地產中使用權的運作主要觀念為空間與金錢的關係外，再加入使用時間的考慮，以時間來區分使用權。例如會員制休閒渡假村，購買使用權的會員，一年享有若干天數使用渡假村的權利，而其餘時間則歸渡假村統一經營賺取收益。

（七）**地上權**：係以在他人土地上有建築物，或其他工作物為目的而使用收益其土地之權。

（八）**抵押權次級市場**：中古抵押權交易市場制度，乃指住宅抵押貸款的原始貸款者（如抵押貸款協會、商業銀行等），將其貸款後所取得的抵押貸款債權，彙聚重組成抵押貸款群組，出售給次級市場中之證券發行機構，同時透過政府保證提升信用評價等，並據以發行不動產抵押權證券(Mortgage-Backed Securities, MBS)，向投資者募集資金。藉由金融機構以其不動產抵押權與債權證券化後，其所形成之流通市場，在美國稱之為次級抵押權交易市場(the secondary mortgage market)。

（九）**預售制度**：臺灣的房地產市場有預售制度存在，其交易行為往往提前至產品尚未開工生產時，亦即建造執照核准後即刊登廣告銷售，造成交易領先生產或生產與交易階段有重複現象。其生命週期階段依序為：投資、交易、生產、使用，再回到投資階段的過程。

（十）　**供給缺乏彈性**：房地產的生產期間較長，短期內由於土地取得，施工期限等限制因素，使得房地產的供給有 2～3 年的時間落差，房地產市場短期供給缺乏彈性，但長期供給還是有彈性，投資者應有較長遠的眼光以及注意生產時間落差對房地產市場的影響。

（十一）　**資訊不充分**：由於房地產多為私下個別交易，一般無法獲知真正交易價格，資訊不易獲得，房地產因而不易產生競爭性的市場結構，買賣雙方可能會在資訊缺乏或資訊不對稱的情形下，誤判投資的價格，目前有不動產實價登錄，因此投資者應特別重視房地產資訊之掌握。

Chapter 02

臺灣房地產環境與
發展過程

重點提示

　　本章偏重於國內房地產發展的歷程簡介，目的在幫助讀者了解國內房地產的概況，以歷史發展過程、運作體系和投資環境之介紹為主。其重點如下：

1. 了解房地產生命週期各階段介入的角色與行業，以及行業的區別。

2. 了解臺灣房地產發展的歷程、運作體系和變遷過程。

3. 比較分析國內與國外房地產運作體系之差異。

4. 了解臺灣房地產投資環境的特質與問題。

一　房地產生命週期各階段介入的角色行業　

（一）**投資開發階段**：建築投資開發業、金融業、不動產經紀業、地政士、建築師。

（二）**生產興建階段**：營造業、建築業、建築師、專業技師、景觀與室內設計師等專技人員及工商服務業。

（三）**交易移轉階段**：不動產經紀業的代銷業、房屋仲介業、估價業、金融業、律師、地政士、保險業與廣告業。

（四）**使用經營階段**：不動產租賃業、經營管理業、公寓大廈管理公司、保全業、消防水電及修繕業。

二　房地產投資業與房地產開發業之區別　

（一）房地產投資業

1. 乃藉由投資房地產本身來獲取利潤。因此對投資標的物的選取及資金週轉需具有相當的專業能力。此與國內一般所謂「建設公司」強調個案開發之本質有所不同。

2. 房地產投資業屬於積極的投資者，投資人分成兩大類：包括專業房地產投資商（法人機構）與一般社會投資大眾。

3. 專業房地產投資商如美國房地產投資信託公司，國內尚在萌芽階段。就投資行為而言，部分保險公司或投資信託公司進行相關房地產之投資屬之。

（二）房地產開發業

1. 法律上所稱之建築投資業，也就是所謂的建設公司，國外稱為開發商或建商。

2. 一般房地產開發商至少要負責土地取得與資金籌措，以及個案開發的決策、聯繫與監督委託之相關行業。

3. 房地產開發業基本上是從房地產的開發過程中獲取利潤與風險，屬於房地產相關行業中最主要的關鍵角色。

三　臺灣房地產發展歷程

年代	型態	內容
1960 年以前	潛伏期	1. 房地產市場僅有零星活動。 2. 投資方面僅有少數家族或獨資公司進行房地產投資，多數是私人自行拆除舊屋或自行購地找人設計施工。 3. 生產之產品以一、二樓連棟式住宅為主。 4. 交易方面以私人買賣自住為主。
1960 年代	成長期	1. 政經局勢穩定，政府從事公共建設。 2. 房地產開始出現公司企業化經營型態。 3. 生產方面朝向鋼筋混凝土建材和高層發展。 4. 產品以四樓雙併公寓為主。 5. 以中高所得為銷售交易對象，先建後售。
1970 年代	繁榮波動期	1. 受到世界性經濟景氣、石油危機影響。 2. 投資方面，大規模土地開發案出現。 3. 生產方面以六、七樓公寓為主，商業區則是十一、二層商業大樓。 4. 建築技術改進以連續壁施工法為主。 5. 預售制度盛行。

年代	型態	內容
1981 ～1986 年	黑暗期	1. 國際經濟不景氣。 2. 房地產發生一連串跳票事件與建設公司倒閉。 3. 營建技術進步迅速，超高層大樓出現，採鋼骨構造、辦公大樓外牆採玻璃或預鑄帷幕牆。 4. 核准建築經理公司成立與開放仲介公司設立。
1987 ～1989 年	狂飆期	1. 國有財產局標售土地創天價。 2. 無殼蝸牛露宿街頭抗議高房價。 3. 海外投資盛行。 4. 七、八十層超高建築開始規劃興建。 5. 交易飆漲，一日數次調高價格。
1990 ～2001 年	衰退期	1. 放寬資金管制。 2. 投資管道增加。 3. 供過於求，空屋率超過一成以上。 4. 政府提出振興與健全房地產方案。
2002 ～2007 年	復甦期	1. 房地產市場景氣持續回升。 2. 建商推案持續增加。 3. 空屋有逐漸減少趨勢。 4. 土地增值稅減半徵收兩年。 5. 政府提供大量優惠房貸。 6. 開放外資與陸資投資國內房地產。 7. 不動產證券化條例三讀通過。 8. SARS 疫情影響。 9. 高鐵通車。
2008 ～2009 年	震盪期	1. 美國次級房貸風暴。 2. 經濟景氣不佳。
2009 ～2010 年	成長期	1. 核定五都升格直轄市。 2. 股市重回 7,000 點。 3. 市場資金寬鬆。 4. 兩岸簽署金融監理備忘錄(MOU)。 5. 市場利率維持低檔。 6. 停止標售精華區國有土地。 7. 政府積極研擬抑制房價飆漲措施。 8. 兩岸簽署 ECFA。 9. 緊縮不動產相關融資措施。 10.央行升息與金融管制。

年代	型態	內容
2011 年 ～2012 年	調整期	1. 政府課徵奢侈稅。 2. 歐洲債信風暴。 3. 北部區域房價過高。 4. 立法院三讀通過「不動產經紀業管理條例」、「平均地權條例」、「地政士法」修正案，明定不動產交易實價登記制度與不動產交易資訊透明機制。
2013 年 ～2014 年	下修期	1. 日本採取量化寬鬆貨幣政策。 2. 奢侈稅解套。 3. 美國量化寬鬆貨幣政策退場。 4. 民生物價上漲。 5. 實價登錄附議案。 6. 服務貿易延後簽定。 7. 立法院通過房屋稅條例修訂提高囤屋者稅率。 8. 財政部宣布制定房地合一實價課稅制度。 9. 高雄氣爆事件。 10.合宜住宅弊案。 11.都市更新建築容積獎勵辦法調整。
2015 年 ～2016 年	下修期	1. 囤房稅實施。 2. 興辦社會住宅。 3. 包租代管方案。 4. 住宅法修正案，推動社會住宅。 5. 房地合一稅實施。 6. 房屋移轉量創新低。 7. 房貸信用管制鬆綁。 8. 央行兩次降息。 9. 公告地價上漲三成，持有稅調漲引發民怨。 10. 南臺灣強震老屋健檢計畫提出。
2017 年 ～2020 年	復甦期	1. 香港反送中，港人想移民臺灣，房市呈現復甦之勢。 2. 房價持續飆升，造成高房價、高自有率、高空屋率、高公設比、高稅負、高房價所得比、高房價租金比、高房貸負擔率等問題。

年代	型態	內容
		3. 2019 年 11 月臺商累計回臺投資 6,971 億元，商用不動產市場熱絡。 4. 少子化與高齡化日趨嚴重。 5. 空屋逐年累增，預期房價下跌心理濃厚。 6. 新成屋占比高。 7. 小坪數房屋當道。 8. 豪宅滯銷。 9. 國際新冠肺炎疫情嚴峻。 10. 「平均地權條例」、「地政士法」及「不動產經紀業管理條例」等三法修正實施，將門牌、地號完整揭露、預售屋全面納管且即時申報、增訂主管機關查核權及加重罰責，並納入預售屋紅單交易管理及定型化契約備查規定。 11. 央行祭出的四大打房措施，包括有（一）新增全國公司法人購置住宅貸款限制;（二）自然人 3 戶以上貸款成數的限制。

四　房價飆漲之下，政府如何干預房地產市場

（一）穩定金融情勢

在貨幣供給額偏高的情況下，會造成通貨膨脹，因此應先穩定金融情勢，選擇性信用管制的手段常常能奏效。

（二）打擊投機風氣

房地產與股市的景氣過熱，造成許多人熱中短期暴利的投機風氣，進而使經濟活動與社會風氣受到嚴重扭曲，故透過稅制打擊投機為次要目標。

（三）協助弱勢家庭

　　貧富差距的擴大，較低收入戶的基本居住需求無法獲得保障，社會正義無從發揮，將導致社會的不安定，政府透過住宅補貼及社會住宅，將可協助弱勢家庭改善居住條件。

五　臺灣房地產運作體系的變遷過程

（一）傳統的交易與生產階段

　　臺灣光復之初至 1951 年左右，同時形成兩個系統：

1. 延襲日制，有掮客的仲介與代書代辦登記。

2. 占用一些空地或未開發建設的土地自行興建。

（二）營造廠負擔營建的角色階段

　　政府施行經濟建設計畫，國民所得提高，開始有餘力改善住宅水準，農村過剩的勞力，紛紛湧入都市謀生，對住宅需求迫切，營造廠紛紛設立，而交易與興建也結合在一起。

（三）建設公司設立階段

　　1960 年代建設公司紛紛設立，房地產運作中的開發作業被獨立出來，開發者擁有其開發管理的專業經驗，由地主出土地，其他事項一概由開發者負責，請來設計師從事環境規劃設計，請營造人員施工完成，而後賣或租給使用者，完成房地產的建設工作。

（四）預售制度與代銷業的興起階段

　　1969 年華美建設推出預售屋，1972 年出現首家代銷業，為國內房地產運作的特有制度。從找地、和地主訂定合建開發契約、請銷售者訂定行銷計畫和代為銷售、再找設計師從事環境規劃設計工作與營造施工，最後過戶或租給使用者。房地產運作過程中的交易與營造轉為並行，交易雖於行銷之初就與購買者議定，但伴隨營造工程進行履行交易協議中之約定。

（五）仲介業與建築經理公司的成立階段

　　1984 年經濟部開放房地產仲介公司登記，1986 年建築經理公司成立。房地產的運作方式變為開發者選中一塊土地，提出具體的興建計畫、尋找財團資金加入、再和地主簽訂合建開發契約，隨即與建築經理公司合作，由其從事監督作業與顧問建議，再由建築師規劃設計，代銷業代銷，營造廠施工，承購者取得預定買賣契約後，一部分房屋會完工使用，一部分則在過程中一再的轉售，最後才會移轉至真正使用者手中。

六　臺灣房地產開發的運作之流程

（一）投資階段

　　包括市場分析、資金籌措、土地取得與個案企劃。

1. 市場分析：對經濟環境、市場影響力、競爭對手分析與可行性分析。

2. 資金籌措：一部分來自業者的自有資金，一部分向金融體系借貸。

3. 土地取得：向地主購買或取得合建協議，或由政府國有財產署、法院拍賣獲得。

4. 個案企劃：內容包括發起、決策與企劃執行，多數委由其他相關行業辦理。

（二）生產階段

包括設計、發包、施工與營建管理。

1. 設計：由建築師執行，也有景觀、室內設計與結構工程師之參與。

2. 發包：委由營造廠或建築投資業自行發包。

3. 施工；由營造廠、專業工程公司與包商進行。

4. 營建管理：由建設公司、建築師、營造廠派員監工或工地主任監督。

（三）交易階段

包括廣告企劃、銷售、簽約與移轉。

1. 廣告企劃：委由專業房地產代銷公司執行，利用各種媒體對潛在購屋者告知與吸引其購買意願。

2. 銷售：由代銷公司銷售人員進行。

3. 簽約：由建設公司與購屋者協定，代銷業者居中協調。

4. 移轉：由建設公司委託地政士將整批房屋一次辦理買賣移轉登記，登記完成後經由交屋手續完成整個交易過程。

七 比較國內外房地產開發的運作方式

	國外	臺灣
制度面	先建後售的成屋銷售方式	先售後建的預售方式與先建後售的成屋銷售並行
資金籌措	土地與營建成本	以土地款為主，營建成本由預售資金回收來支付或採建築融資方式籌措
個案企畫	以專業研究顧問為主	以代銷業兼市場研究
土地取得	取得土地所有權為主	與地主合建或取得土地自建
建築規劃	包括基地計畫、建築設計、庭院設計與室內設計	僅作建築設計與建造申請
使用經營	以專業房地產經營公司經營	房地產所有者自行出租
相關系統	有完善金融與經營體系	金融、交易、經營與法令均待加強

 八 從國家環境、房地產產業環境、房地產本身、房地產供需說明臺灣房地產投資環境的特質

（一）國家環境

1. 自然資源環境：山多平地少，可供建築的土地約占四分之一左右，用地短缺。目前都市計畫公共設施用地與道路用地面積土地約占百分之十二左右，實際可供建築的土地僅剩下百分之二～三。國家整體資源是人與地的問題，包括人口密度、人口成長、土地使用與土地開發等，均影響房地產市場的變動。

2. 經濟環境：總體經濟與個體經濟均為影響房地產成長之重要因素。

3. 社會環境：帶給房地產一種模糊的價值意識，如有土斯有財的觀念，使得擁有自有住宅成為財富地位的象徵。其次，設定地上權與不動產證券化等新投資方式逐漸盛行。

4. 政治環境：政治安定與否是影響房地產市場的重要變數。

（二）房地產產業環境

1. 房地產產業環境朝向健全化發展，藉由相關的法令制度、證照制度、公會的設立，政府逐漸將房地產業納入管理，扭轉過去房地產業的形象，產業環境朝向健全化發展。

2. 相關交易法令（不動產經紀業管理條例、公平交易法、消費者保護法等）行之有年，政府對不動產交易的管理，對未來房地產產業發展都會有正面貢獻。

（三）房地產本身

1. 都市房屋類型多屬公寓大廈或透天厝。產權多以共同持分方式持有，居住密度高，房地價格貴，且供需雙方皆有資金不足的問題。國內的預售屋產品是國外所未有的。

2. 由於公共設施標示不清與管理維護成效差，國內比較重視房地產產品的本身，而較不重視其餘附屬條件。其次，臺灣南北地區購屋價值觀也有所不同，南部偏好買透天厝，北部公寓大廈產品居多，較重視管理維護。

3. 從房地產個案命名方式的轉變，感受到文化價值與生活消費型態變遷的訊息。

4. 住宅區比較傾向住商混合，住宅與管理維護良好的品質已可反映在房價上，形成特定的市場區隔。

（四）房地產供給者

1. 新屋或預售屋：供給者包括建商、地主、政府、代銷業者與投資客。

2. 中古屋或成屋：供給者包括自有房屋所有權人、仲介業者與投資業者。

（五）房地產需求者

1. 居住需求：可分為第一次購屋需求與換屋的需求。第一次購屋需求的數量可由新家戶單位的出現或是人口、所得方面來測度，其相對數量有逐漸減少的趨勢。至於換屋需求則有日益增加之趨勢，這亦可以從家庭結構改變、就業機會、人口數成長或住者適其屋觀念的普及來觀察。

2. 非居住需求：分為短期投機需求與長期投資需求，前者是將購置的不動產閒置，待價而沽轉售謀利，即空屋型態。後者則是投資不動產以經營方式獲取利潤，例如租賃經營。

九 解釋名詞

（一）房地產投資業

房地產投資業係指藉由投資房地產本身來獲取利潤者，因此對投資標的物的選取及資金的週轉需具有相當的專業能力。房地產投資業屬於積極的投資者，其投資人主要可分成兩類：一為專業的房地產投資商（法人機構），另一為一般的社會投資大眾（個人）。

（二）房地產開發業

　　房地產開發業即建築投資業，也就是所謂的建設公司，國外稱之為開發商或建商(developer)。一般房地產的開發過程包括了土地取得、資金籌措、個案企劃、設計興建及銷售等工作。房地產開發業基本上是從房地產的開發過程中獲取其利潤與風險。

（三）房地產經紀業

　　房地產經紀業主要是代理業主從事房地產的銷售，並從中獲取利潤與相關服務費。經紀業包含仲介業與代銷業兩大系統。代銷業主要是代理建設公司銷售預售屋或新成屋，其銷售過程包括市場調查、產品定位（預售屋）、產權調查（成屋）、廣告企劃、訂價策略、產品銷售等工作，是整批產品的運作。主要的業務為廣告企劃、代銷或包銷等。仲介業代理一般的所有權人銷售中古屋，接受零星個案的委託，並代理銷售。

（四）房地產估價業

　　房地產估價業，係一種自市場經濟觀點，利用各種估價方法及專業技術，以評估房地產確實且公平合理價格之行業。房地產市場急需依賴此一行業，提供合理的市場行情資訊作為相關決策的參考，例如不動產估價師協助企業評估房地產的現值、接受法院委託查估訴訟案件的房地產價格或拍賣案件的底價，接受金融機構委託辦理擔保品的鑑價工作。

（五）房地產金融業

　　以建築融資及購屋貸款的成數和利率獲取利潤，一般認定此業為消極的房地產投資者。房地產金融業又可分成正式與非正式兩個部門，前者指來自於金融機構的融資貸款，後者指私人借貸、個人資金、標會與地下錢莊。房地產市場中的需求者（例如購屋者），或供給者（購地建屋

的開發者）所需資金皆極為龐大，因此房地產金融業所扮演提供資金融通的角色就極為重要。

（六）房地產登記代理業

在房地產交易過程中需要辦理房地產買賣移轉登記，完成交易手續並取得法律的保障，因此需要有專門代為辦理房地產移轉登記的行業，一般俗稱「代書」，法律上稱做「地政士」，協助買賣雙方辦理複雜且耗費人力時間的交易手續，地政士在市場上扮演服務買賣雙方完成交易的角色，同時也是政府與民眾之間溝通的橋樑。

（七）房地產經營業

擁有房地產後有效經營來創造利潤之行業，以經營管理房地產的「軟體層面」為主，有別於房地產維護業以管理維護「硬體層面」為訴求。工作內容包括：房地產空間利用規劃、市場資訊蒐集與租金價格訂定、市場租賃、營運收支、相關員工和房客權益維護與房地產之融資、投資與出售之建議。

（八）房地產管理維護業

在都市土地有限的情況下，高層建築與集合住宅便成為都市房地產的新型式。隨著建築設備的複雜化、住戶所得與居住環保意識的提升及治安惡化的威脅，促使大樓或社區專業管理的需求日益增加。房地產管理維護工作不只包括日常房地產的清潔維護，還包括住戶的安全與各種樓管服務等。

（九）房地產顧問（經理）業

從事房地產投資的各種資料蒐集、市場分析、財務分析、生產的營建顧問、交易的銷售顧問與使用的管理維護的顧問等。顧問的角色是以公正的第三者立場提供專業知識諮詢。

Chapter **03**

投資基本理念

重點提示

　　投資的目的不外乎追求最大利潤、最小風險。本章的重點在認識利潤與風險，以及如何以這兩個象度選擇較佳的投資工具。其重點如下：

1. 認識投資的本質、種類，另外藉由投資與投機的分別，區隔出適當的投資行為。

2. 了解投資房地產利潤的來源、種類以及如何計算利潤。

3. 了解風險的本質、類型以及如何計算風險。

4. 了解建立投資組合的目的，以及其利潤和風險的計算方式。

5. 以平均數變異數準則和變異係數選擇較佳的投資工具。

REAL ESTATE INVESTMENT

投資的本質

（一）投資可定義為獲得未來可能的價值（不確定的價值）而犧牲當前既有的價值（確定的時間或金錢）。

（二）**投資的本質：涉及風險、利潤與時間三個變數。**一般投資工具乃建立在這三種變數的組合關係上。舉例：政府公債的風險低，故利潤也低，且要長期投資才有利潤。反之，投資股票的風險高，利潤也高，且投資時間可長可短。

（三）**投資利潤和風險的關係：當投資環境趨向於競爭或效率的情況下，投資風險與預期利潤將一起變動。**亦即，投資風險愈大，平均預期利潤愈高。投資風險愈小，平均預期利潤愈低，此即風險與利潤的對偶性。

 投資的種類

（一）實體投資與財務投資的區分

1. 實體投資：如廠房、機械、房地產與黃金等。

2. 財務投資：如股票、債券等。

3. 未來的趨勢是實體投資愈來愈少，而財務投資愈來愈多，如不動產證券化可將不可移動性、投資金額龐大的房地產實體投資透過擔保證券之發行轉變為財務的投資。

（二）有無融資或投資抵押品來區分

1. 無融資投資：全部百分之百使用自有資金，未利用財務槓桿融資之方式進行投資。

2. 抵押品投資：指融資時貸款人為確保債權、減少風險，要求借款人以抵押品作為債權的擔保。有些投資不須擔保品，但以個人信用為擔保，即信用擔保，本質上仍是擔保，惟風險較高。房地產為較佳之擔保品，具有不可移動性、保值與增值功能，其以房地產作為抵押擔保向銀行融資的成數往往高於等值的股票質押。

 ## 三　首要發行市場及中古市場

（一）首要發行（初級）市場

如股票之第一次發行、新屋與預售屋等。

（二）中古（次級）市場

如一般股票市場之股票交易、中古屋買賣等。

（三）首要發行市場與中古市場之間的區別

可以用價格、交易量和相互間的誘導狀況來討論：

1. 價格通常在首要發行市場即確立，之後隨市場供需狀況變化而有所變動。

2. 以股票市場而言，首要發行市場較無誘導性。房地產市場則是預售屋市場誘導中古屋市場，但未來仍是以中古屋市場為主，因中古市場之交易量大，且能創造資金流通效果，增加投資報酬。

3. 國外有中古抵押權交易市場，可將抵押貸款債權再流通，即發行抵押證券，可加速資金之流通，此為未來房地產投資之重要方向。

四　以時間和生產活動區分投資與投機差別

（一）以時間來區分

1. 投資較重視長期時間的介入，且強調理性的分析與評估，背後隱含合理的風險與利潤。

2. 投機較看重短期時間的介入，缺乏理性的分析與評估，憑直覺或非正式資訊管道，背後隱含不正常的風險與利潤。

3. 賭博是沒有時間長短的分別，無法進行理性的分析與評估，背後隱含極大的風險，且平均利潤為負數。

（二）以生產活動來區分

1. 投資具有再生產功能，而投機則是資產在市場上不同時間的轉手行為。

2. 投機乃藉由買進賣出間市場價格的上下波動所獲取差價利潤的行為，即套利行為。

五　以風險、利潤與時間三個指標來分析房地產投資與投機之異同

（一）**從利潤面分析**：投資與投機的目的都是要賺取利潤，但是投機者的期望利潤與需求利潤大於投資者。較高的利潤隱含著較大的損失，多屬投機的結果。房地產投資的利潤來源主要有經營收益、資產增值與節稅等。其中，經營收益應為房地產的主要收益，但在臺灣房地產的增值才是投資者所關注的，因此過去許多房地產的投機者多把焦點放在如何迅速賺取增值，較缺乏長期經營的觀念。

（二）　**從風險面分析**：投機在財務風險與經營風險的承擔上均大於投資者，故較高風險的投資行為屬於投機。

（三）　**從時間因素分析**：一般認為投機是較短期的，而投資則較長期。但在房地產市場中大規模的投機行為常配合土地開發，其存續期間亦屬於長期，與一般經濟分析所定義的投機有些許差別。但基本上，短期的轉售圖利行為仍是房地產市場中主要的投機行為。

 以風險、利潤與時間三要素定義投機傾向較高的房地產投資行為

（一）　**短期低風險高利潤之投資**：如景氣好時之房地產買進賣出的轉售行為。

（二）　**短期高風險低利潤之投資**：類似賭博的投資行為，房地產市場較無此類情形。

（三）　**短期高風險高利潤之投資**：如購買預售屋轉售之行為。

（四）　**長期高風險高利潤之投資**：如購買土地囤積，期待土地使用變更的投資行為。

（五）　**長期低風險高利潤之投資**：如財團運用強大獨占力進行價格影響行為，但房地產市場非獨占市場，較無此類情形。

七 **投資工具之種類**

（一）　**房地產**：土地、建築物、預售屋、成屋等。

（二）　**股票**：股份有限公司為籌集資本所發行之證券，交由出資人收執，作為對投資公司的憑證。

（三）　**債券**：公司債、政府公債等。

（四）　**外匯**：美元、港幣等。

（五）　**期貨**：為一種契約協定，訂約雙方在訂約之時同意於未來某一時點依約定的價格買賣某種特定數量及品質的商品。

（六）　**遠期交易**：為約定未來特定時日交貨的契約買賣形式，如遠期外匯契約。

（七）　**選擇權**：為一種契約，持有者可於某段時間內或一特定的時間，以一定的價格買進或賣出一定數量的標的物，如房地產、期貨或其他農產品。

八　比較購買預售屋、遠期交易、期貨和選擇權之異同

種類＼項目	預售屋	遠期交易	期貨	選擇權
產品標準化	否	否	是	是
交易保障	否	否	是	是
避險功能	是	是	是	是
價格	雙方協議	雙方協議	公開競價	公開競價
付款方式	依工期給付	依約給付	付保證金，到期清算	付選擇權價格，到期清算
稅負	無	資本利得	資本利得	資本利得
實付價款	已知	已知	已知	已知

九　時間落差與投資現金流量的關係

（一）投資的現金流量分成多種形式

1. 一次投資，立刻一次收回，這種情況很少，如賭博。

2. 一次投資，分好幾次來收回。

3. 一次投資，過一段時間後才一次收回。

4. 分好幾次投資，亦分好幾次收回。

5. 好幾次投資，最後一次收回。

（二）時間就是金錢

　　將這些投資成本與回收的資金分期列帳，將各期的淨收入折算成同一時間點的價值，再予以累加起來，計算投資案的淨現值與內部報酬率，考慮到時間的計算方式較為準確。因此，投資必須要有時間落差與現金流量的基本概念，亦即時間就是金錢的觀念。

十　表面利潤與真實利潤之分別

　　表面利潤與真實利潤的差別在於時間經過所造成的通貨膨脹的差異。基礎在於時間不同，其幣值會有所不同，亦即通貨膨脹的關係，使得去年的一元並不等於今年的一元。一般投資回收的金額為表面利潤，若考慮到通貨膨脹的因素，應將不同期的金額皆折算於同一個時點上，此價格才是真實利潤。

投資房地產的利潤來源

房地產投資的利潤來源主要有：

（一）**經營收益**：應為房地產的主要收益，但過去較不受國內投資者的重視。房地產經營的收益為房地產的租金收入減去維修、管理費等經營成本後的淨收入，若再扣除償還貸款的支出，則為淨現金流量。

（二）**資產增值**：在臺灣房地產的增值才是投資者所關注的，為房地產買進賣出所賺取的價差。在房地產景氣時，投資者可賺取可觀的增值利潤，但是在不景氣時，也有貶值的風險。

（三）**節稅利益**：企業投資房地產，貸款的利息支出可以抵扣營利事業所得稅，產生稅盾的效果。而個人購買自用住宅的貸款利息可以抵扣綜合所得稅，因此投資房地產有節稅的效益。

投資利潤的種類

投資的利潤分為以下三種：

（一）預期利潤(Expected Return, ER)

就是預期未來可能獲得之利潤，一般投資所稱之利潤多為預期利潤，而此預期利潤也就是平均期望值。

（二）需要利潤(Required Return, RR)

即至少要求的利潤（為進行投資最低要求之利潤），為一般保守者（風險規避者）的需求利潤。需要利潤通常包括實際的利潤（無風險報酬）、通貨膨脹的貼水以及風險的貼水。每個人的主觀需要利潤（最小要求利潤）不同，由自己來決定其需要利潤的高低。

（三）真實利潤(actual return)

　　在投資結束後，結算最終實際獲得的價值稱之。也就是完成投資以後，在總收益中扣除總成本以後所得的剩餘。

十三　稅前利潤和稅後利潤

　　任何一個投資都會有政府的稅收介入，所以投資時必須要了解並計算出稅前利潤及稅後利潤。對投資者而言，稅前報酬非真正的利潤，稅後報酬才是真正的利潤。例如：在房地產投資過程中，土地增值稅會影響出售資產的利得，尤其賣方長期持有土地後出售，可能需要付出巨額的增值稅，故稅後利潤的計算更形重要。

十四　投資的利潤衡量

（一）一般以報酬率的平均數做為衡量投資對象的期望報酬率，公式為：

$$ER = \frac{1}{n}\sum_{i=1}^{n} R_i \text{ 或 } ER = \sum_{i=1}^{n} R_i \times P_i$$

　　ER：期望報酬率，R_i：個別樣本報酬率，n：樣本數，P_i：事件發生之機率。

（二）**投資可行性的決策**：將投資個案預估的期望利潤與投資者要求的需要利潤相比，如果期望利潤(ER)高於需要利潤(RR)，則表示投資具有可行性。

例題 1│假設有五種不同的投資標的，其報酬率與投資的次數如下表所示，試求算其報酬率的期望值與風險。

投資標的	報酬率	次數
A	10%	2
B	7%	3
C	5%	2
D	0%	2
E	−5%	3

（一） **發生機率**：五種投資標的總投資次數為 12 次，則各投資標的發生機率依序為 2/12、3/12、2/12、2/12 與 3/12。

（二） **期望值** $ER(x)$：等於每一項投資的報酬率 x 乘上該投資標的的發生機率 $p(x)$ 之後的全部加總，即

$$ER(x) = 10\% \times \frac{2}{12} + 7\% \times \frac{3}{12} + 5\% \times \frac{2}{12} + 0\% \times \frac{2}{12} + (-5\%) \times \frac{3}{12} = 3\%$$

故未來報酬率之期望值為 3%。

（三） **風險**：以變異數來計算，承（二） $ER(x) = 3\%$

$$VAR = \sum_{i=1}^{n} (Ri - ER)^2 \times Pi$$

$$VAR = (10\% - 3\%)^2 \times \frac{2}{12} + (7\% - 3\%)^2 \times \frac{3}{12} +$$

$$(5\% - 3\%)^2 \times \frac{2}{12} + (0\% - 3\%)^2 \times \frac{2}{12} +$$

$$(-5\% - 3\%)^2 \times \frac{3}{12}$$

$$= 0.0030333$$

十五　風險的意義與本質

（一）**風險為導致損失或傷害的意外事件**。為得到投資的未來報酬，除當前價值之犧牲外，還要有承擔未來可能遭受損失之心理準備，這就是投資過程中所產生的風險。

（二）**風險與不確定性經常被混淆，其實兩者意義並不同**。風險是完全知道其發生之機率有多少，但不確定性則不知發生的機率大小，無法衡量。

（三）**風險可以用變異數來衡量**。先求出利潤的期望值，再將每種投資報酬率與期望報酬率的差額平方之後乘上其發生的機率，再加總起來，可得其加權平均結果，亦即變異數，代表每次投資報酬與期望利潤的差距。變異數愈大表示風險愈高。

十六　風險的類型

（一）**生意風險**：係指建商開發新個案時，因個案選擇錯誤、公司本身制度不健全等因素導致個案開發失敗等企業經營方面之風險。

（二）**財務風險**：係指公司本身財務週轉不靈所產生之風險。一般而言，財務風險多因公司本身財務制度運作不良或收支無法平衡導致財務嚴重虧損。但財務風險也有可能是大環境的改變，譬如銀行採取緊縮銀根政策，導致民間企業資金調度不易或籌措困難，而發生財務危機。

（三）**利率風險**：因為利率直接影響投資者資金籌措的成本，而利率高低乃受資本市場的供需及政策所影響，利率愈高，投資者賺取的報酬相對會減少，故利率變動的風險應被考慮。

（四）**市場風險**：整個房地產市場結構變化產生的風險。如房地產市場供需變動、房價、地價或建材價格波動、購屋貸款條件變動與空屋率過高等皆會引起市場風險。

（五）**通貨膨脹風險**：由於通貨膨脹會造成幣值貶低，實質購買力下降，因此消費者如購屋或投資時遇到物價上漲，房價將隨物價上漲而調高，購屋者付出的資金增加。其次，建商投入資金成本也必須考慮未來通貨膨脹的風險，才能穩定其收支。

（六）**違約風險**：指房地產投資過程中，有契約行為的任一方不執行契約所約定的內容，而導致另一方遭受損失的風險。例如：訂立買賣移轉契約的買方，不依照約定支出買賣價款而造成賣方的損失。又例如：房地產不景氣，房價下跌，房地產抵押貸款的借款人無法清償貸款本利，而使貸款者需要強制執行拍賣其抵押品，又因為價格下跌拍賣價款尚不足以清償貸款，且借款人也無力再清償及支付違約金和遲延利息所造成的風險。

（七）**流動性風險**：房地產與其他投資工具相比，變現力較差。房地產銷售的天數較長，一旦賣方想要變賣房地產換取現金，通常需要較長的時間才能以合理的價格售出，因此有流動性不佳的風險。許多開發業者開發出來的房地產銷售情況不佳，導致資產無法變現償還開發融資的本息，拖垮業者的財務而造成倒閉的情形。

（八）**政治風險**：國內政治的穩定是房地產總體市場環境安定的一環。如果政治局勢不穩，例如：中美斷交、中共對臺發射導彈的武力威脅、政黨輪替等事件，都會因為政局的不穩定影響到房地產投資者的信心，減少持有房地產的意願。房地產投資者也應該注意此非經濟面的風險。

（九）　**匯率風險**：投資標的物的價值或收益因為當地國家幣值變動所造成的風險。房地產投資多為地區性的投資，較少面臨匯率風險。但是如果是跨國的房地產投資，例如外商投資本地的辦公大樓，就會面臨投資收益轉換為該國幣值所面臨的匯率風險。

十七　投資風險的衡量

（一）　風險的衡量，大多以報酬率的變異數來表示，公式為：

$$VAR = \frac{1}{n}\sum_{i=1}^{n}(R_i - ER)^2 \text{ 或 } VAR = \sum_{i=1}^{n}(R_i - ER)^2 \times P_i$$

VAR：期望風險

R_i：每次投資的報酬率

ER：期望報酬率

P_i：事件發生之機率

也可以將變異數開根號之後，即得到標準差 σ。標準差也可以作為衡量風險的指標。

（二）　**當投資對象的投資報酬率變異數愈大時，表示風險愈高**，通常高風險的投資伴隨高利潤。反之，低風險所獲得的利潤相對較低。

例題 2│假設有下列資料，請計算其平均數與變異數，並根據 *MVC* 選擇較適之投資工具。

投資工具	報酬	機率
房地產	18	7/8
	26	1/8
股票	10	1/4
	30	3/4
債券	16	3/4
	24	1/4
期貨	5	1/2
	25	1/2

（一）平均數(ER)

房地產：$ER_1 = 18 \times \dfrac{7}{8} + 26 \times \dfrac{1}{8} = 15.75 + 3.25 = 19$

股票：$ER_2 = 10 \times \dfrac{1}{4} + 30 \times \dfrac{3}{4} = 2.5 + 22.5 = 25$

債券：$ER_3 = 16 \times \dfrac{3}{4} + 24 \times \dfrac{1}{4} = 12 + 6 = 18$

期貨：$ER_4 = 5 \times \dfrac{1}{2} + 25 \times \dfrac{1}{2} = 2.5 + 12.5 = 15$

（二）變異數(VAR)

房地產：$VAR_1 = \dfrac{7}{8}(18-19)^2 + \dfrac{1}{8}(26-19)^2 = \dfrac{7}{8} + \dfrac{49}{8} = 7$

股票：$VAR_2 = \dfrac{1}{4}(10-25)^2 + \dfrac{3}{4}(30-25)^2 = \dfrac{225}{4} + \dfrac{75}{4} = 75$

債券：$VAR_3 = \dfrac{3}{4}(16-18)^2 + \dfrac{1}{4}(24-18)^2 = \dfrac{12}{4} + \dfrac{36}{4} = 12$

期貨：$VAR_4 = \dfrac{1}{2}(5-15)^2 + \dfrac{1}{2}(25-15)^2 = \dfrac{100}{2} + \dfrac{100}{2} = 100$

投資工具	房地產	股票	債券	期貨
報酬（平均數）	19	25	18	15
風險（變異數）	7	75	12	100

　　根據 MVC 原則，即利用平均數與變異數來判斷投資對象的選擇，我們可以做以下的推論：

1. ER_4 最小，但 VAR_4 最大，顯然期貨是最差的投資選擇，可以先行排除。

2. 債券和房地產比較：$ER_1 > ER_3$，而 $VAR_1 < VAR_3$，顯然房地產高報酬低風險較佳，排除債券。

3. 股票和房地產比較：$ER_2 > ER_1$，而 $VAR_1 < VAR_2$，兩者難以取捨，皆可視為有效率的投資選擇，因此較簡便的方法即將兩者連成一平滑曲線（效率前緣線），線的右下方是屬於無效率的投資點，線上的投資較有效率，線的上方是達不到的投資。

4. 效率前緣圖

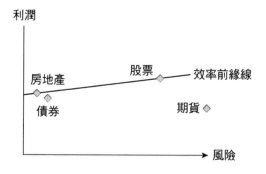

十八　投資組合

（一）投資組合(portfolio)

依照投資理論「不要將你所有的雞蛋都放在同一個籃子裡」，就是一種分散風險的概念(diversification)。故投資者選擇一組投資工具（方式），建立最佳組合，以符合個人期望之利潤及風險，便是所謂的投資組合理論(portfolio theory)。

現代投資組合理念，已不再著重單一工具，而是整合各種投資工具，提高整合投資報酬率，考慮投資工具的漲跌彼此相關風險係數，並認清「效率前緣」(efficient frontier)觀念，進行投資。

（二）建立投資組合的目的是為了分散風險，其前提假設是每個投資者都是風險趨避者。

十九　兩種投資工具投資組合的利潤和風險衡量方法

假設有 A、B 兩種投資工具，X_A 為投資 A 的比例，X_B 為投資 B 的比例。

ER_P：投資組合後的利潤

σ_P^2：投資組合後的風險

$$ER_P = X_A ER_A + X_B ER_B$$
$$\sigma_P^2 = X_A^2 \sigma_A^2 + X_B^2 \sigma_B^2 + 2X_A X_B \rho_{AB} \sigma_A \sigma_B$$

· ρ_{AB} 代表投資 A 與 B 之相關係數(correlation coefficient)，當 ER_A，ER_B，σ_A，σ_B 固定時，ρ_{AB} 愈小，σ_P^2 也愈小，換言之，當投資工具彼此的相關係數愈小時，投資組合後的投資風險便會愈小。

相關係數：$\rho_{AB} = \dfrac{\sigma_{AB}}{\sigma_A \sigma_B}$

σ_{AB}：共變異數 $= \displaystyle\sum_{i=1}^{n}(R_{Ai} - ER_A) \times (R_{Bi} - ER_B) \times P_i$

二十 兩種資產組合的相關性

以相關係數(ρ_{AB})衡量兩個資產報酬率的線型關係，其值介於-1與$+1$之間。負相關係數代表兩個資產的報酬率呈反方向變動，正相關係數代表兩個資產的報酬率呈同方向變動，若相關係數為0，則兩個資產報酬率的變動無明顯相關。

（一）兩個資產完全正相關($\rho_{AB} = 1$)

兩個資產以同一比例同時向上或向下變動，因此兩種資產為完全替代，購買 A 或 B 資產並無不同，其組合的預期報酬率和變異數呈現線型關係。

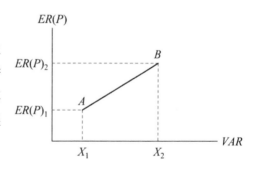

（二）兩個資產完全負相關($\rho_{AB} = -1$)

兩個資產的報酬率以一固定比例呈反向變動，當 A 資產漲價時，B 資產必定以同一比例跌價，將 A 和 B 資產適當搭配可以使漲跌互補而將風險完全去除。例如，假設 A 和 B 資產有完全負相關，A 每增加一單位的報酬，B 會減少 2 單位的報酬，則

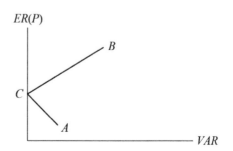

在完全負相關時，A 和 B 資產組合的預期報酬率和變異數呈現直線關係，在點 C 之處，整個組合的風險為 0。

（三）兩個資產的相關係數介於−1 和+1 之間$(-1 < \rho_{AB} < 1)$

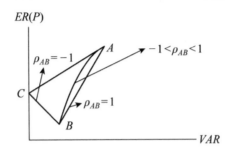

例題 3 | 假設投資套房及辦公大樓之期望報酬率、風險性及二者報酬之相關係數如下表所示：

	套房	辦公大樓
期望報酬率(ER)	11.28%	16.35%
標準差(σ)	32.19%	45.16%
相關係數(ρ)	0.40	

（一）請計算下列六種投資比例之有效前緣組合結果：設投資套房分別為 0%、10%、30%、80%、90%、100%，並畫出其效率前緣圖；請以平均數與變異數準則和變異係數判斷最佳投資組合比例。

（二）請找出最小投資風險之投資比例，並分別計算其報酬與風險大小。

（三）若 ρ 改成 −0.4 時，答案有何變化？

（一）六種投資比例之有效前緣組合結果

1. 假設套房比例為 0%： $X_A = 0\%$ ， $X_B = 100\%$

$$ER_P = X_A ER_A + X_B ER_B = 0\% \times 11.28\% + 100\% \times 16.35\% = 16.35\%$$

$$\sigma_P^2 = X_A^2 \sigma_A^2 + X_B^2 \sigma_B^2 + 2X_A X_B \rho_{AB} \sigma_A \sigma_B$$
$$= (0\% \times 32.19\%)^2 + (100\% \times 45.16\%)^2$$
$$+2 \times 0\% \times 100\% \times 0.40 \times 32.19\% \times 45.16\%$$
$$= 20.39\%$$

$$\sigma_P = 45.16\%$$

2. 假設套房比例為 10%： $X_A = 10\%$ ， $X_B = 90\%$

$$ER_P = X_A ER_A + X_B ER_B$$
$$= 10\% \times 11.28\% + 90\% \times 16.35\% = 15.84\%$$

$$\sigma_P^2 = X_A^2 \sigma_A^2 + X_B^2 \sigma_B^2 + 2X_A X_B \rho_{AB} \sigma_A \sigma_B$$
$$= (10\% \times 32.19\%)^2 + (90\% \times 45.16\%)^2$$
$$+2 \times 10\% \times 90\% \times 0.40 \times 32.19\% \times 45.16\%$$
$$= 17.67\%$$

$$\sigma_p = 42.04\%$$

3. 假設套房比例為 30%： $X_A = 30\%$ ， $X_B = 70\%$

$$ER_P = X_A ER_A + X_B ER_B = 30\% \times 11.28\% + 70\% \times 16.35\% = 14.83\%$$

$$\sigma_P^2 = X_A^2 \sigma_A^2 + X_B^2 \sigma_B^2 + 2X_A X_B \rho_{AB} \sigma_A \sigma_B$$
$$= (30\% \times 32.19\%)^2 + (70\% \times 45.16\%)^2$$
$$+2 \times 30\% \times 70\% \times 0.40 \times 32.19\% \times 45.16\%$$
$$= 0.93\% + 9.99\% + 2.44\%$$
$$= 13.37\%$$

$$\sigma_P = 36.56\%$$

4. 假設套房比例為 80%： $X_A = 80\%$，$X_B = 20\%$

$$ER_P = X_A ER_A + X_B ER_B = 80\% \times 11.28\% + 20\% \times 16.35\% = 12.29\%$$

$$\begin{aligned}
\sigma_P^2 &= X_A^2 \sigma_A^2 + X_B^2 \sigma_B^2 + 2X_A X_B \rho_{AB} \sigma_A \sigma_B \\
&= (80\% \times 32.19\%)^2 + (20\% \times 45.16\%)^2 \\
&\quad + 2 \times 80\% \times 20\% \times 0.40 \times 32.19\% \times 45.16\% \\
&= 9.31\%
\end{aligned}$$

$$\sigma_p = 30.51\%$$

5. 假設套房比例為 90%： $X_A = 90\%$，$X_B = 10\%$

$$ER_P = X_A ER_A + X_B ER_B = 90\% \times 11.28\% + 10\% \times 16.35\% = 11.79\%$$

$$\begin{aligned}
\sigma_P^2 &= X_A^2 \sigma_A^2 + X_B^2 \sigma_B^2 + 2X_A X_B \rho_{AB} \sigma_A \sigma_B \\
&= (90\% \times 32.19\%)^2 + (10\% \times 45.16\%)^2 \\
&\quad + 2 \times 90\% \times 10\% \times 0.40 \times 32.19\% \times 45.16\% \\
&= 9.64\%
\end{aligned}$$

$$\sigma_P = 31.05\%$$

6. 假設套房比例為 100%： $X_A = 100\%$，$X_B = 0\%$

$$\begin{aligned}
ER_P &= X_A ER_A + X_B ER_B \\
&= 100\% \times 11.28\% + 0\% \times 16.35\% \\
&= 11.28\%
\end{aligned}$$

$$\begin{aligned}
\sigma_P^2 &= X_A^2 \sigma_A^2 + X_B^2 \sigma_B^2 + 2X_A X_B \rho_{AB} \sigma_A \sigma_B \\
&= (100\% \times 32.19\%)^2 + (0\% \times 45.16\%)^2 \\
&\quad + 2 \times 100\% \times 0\% \times 0.40 \times 32.19\% \times 45.16\% \\
&= 10.36\%
\end{aligned}$$

$$\sigma_P = 32.19\%$$

投資套房比例	ER	VAR	σ_P
0%：A	16.35%	20.39%	45.16%
10%：B	15.84%	17.67%	42.04%
30%：C	14.83%	13.37%	36.56%
80%：D	12.29%	9.31%	30.51%
90%：E	11.79%	9.64%	31.05%
100%：F	11.28%	10.36%	32.19%

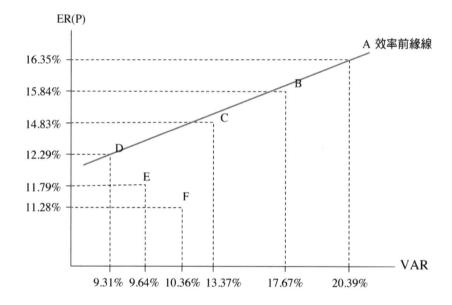

以 *MVC* 法則判斷：

1. $ER_D > ER_E$，$VAR_D > VAR_E$，排除 E 投資組合。

2. $ER_D > ER_F$，$VAR_D > VAR_F$，排除 F 投資組合。

3. $ER_A > ER_B > ER_C > ER_D$，且 $VAR_A > VAR_B > VAR_C > VAR_D$，難以取捨，A、B、C、
   D 四種投資組合，皆可視為有效率的投資選擇。

進一步以變異係數(CV)判斷，CV=σ/ER，變異係數愈小，代表單位報酬下的風險愈低，是愈好的投資工具：

$$CV_A = \frac{45.16\%}{16.35\%} = 2.76$$

$$CV_B = \frac{42.04\%}{15.84\%} = 2.65$$

$$CV_C = \frac{36.56\%}{14.83\%} = 2.46$$

$$CV_D = \frac{30.51\%}{12.29\%} = 2.48$$

$$CV_E = \frac{31.05\%}{11.79\%} = 2.63$$

$$CV_F = \frac{32.19\%}{11.28\%} = 2.85$$

綜上可知，C 投資組合（套房 30%、辦公大樓 70%）為最佳投資組合。

（二）風險最小的投資比例為

設最小投資風險之投資套房比例為 X，投資辦公大樓比例$(1-X)$

$$\begin{aligned}
\sigma_p^2 = y &= X_A^2\sigma_A^2 + X_B^2\sigma_B^2 + 2X_AX_B\rho_{AB}\sigma_A\sigma_B \\
&= (32.19\% \times X)^2 + [45.16\% \times (1-X)]^2 \\
&\quad + 2 \times X \times (1-X) \times 0.40 \times 32.19\% \times 45.16\% \\
&= 0.1912X^2 - 0.2915X + 0.2039
\end{aligned}$$

$$Y = 0.1912X^2 - 0.2915X + 0.2039$$

微分後：$Y' = 0.3824X - 0.2915$

當 $Y' = 0$ 時，$X = 0.7623$

所以，當 $X = 0.7623$ 時，Y 值極小值，$Y = 0.0928 = \sigma_P^2$，$\sigma_P = 0.3046$；

$ER_P = 0.7623 \times 0.1128 + 0.2377 \times 0.1635 = 0.1249$

　　故風險最小投資套房比例為 76.23%，投資辦公大樓比例為 23.77%，報酬率為 12.49%，風險為 30.46%。

（三）當 ρ 改成 –0.4 時

　　若 ρ 改成 –0.4 時，其變化為：

$$\sigma_P^2 = Y = X_A^2 \sigma_A^2 + X_B^2 \sigma_B^2 + 2X_A X_B \rho_{AB} \sigma_{AB} \sigma_A \sigma_B$$
$$= (32.19\% \times X)^2 + [45.16\% \times (1-X)]^2 +$$
$$2 \times X \times (1-X) \times (-0.40) \times 32.19\% \times 45.16\%$$

$$Y = 0.4238X^2 - 0.5241X + 0.2039$$

微分後：$Y' = 0.8476X - 0.5241$

當 $Y' = 0$ 時，$X = 0.6183$

所以，當 $X = 0.6183$ 時，Y 有極小值，

$$Y = 0.0419 = \sigma_p^2，\sigma_p = 0.2047$$

$$ER_P = 0.6183 \times 0.1128 + 0.3817 \times 0.1635 = 0.1322$$

　　故風險最小投資套房比例為 61.83%，投資辦公大樓比例為 38.17%，報酬率為 13.22%，風險為 20.47%。

平均數與變異數準則(MVC)

（一）MVC 的定義

若且唯若投資對象 A 之期望報酬率(ER_A)大於或等於投資對象 B 之期望報酬率(ER_B)，而且 A 之變異數(VAR_A)小於或等於 B 之變異數(VAR_B)，則投資對象 A 優於或等於投資對象 B。亦即：$ER_A \geq ER_B$，$VAR_A \leq VAR_B$。

（二）應用 MVC 必須符合兩個假設條件

1.投資者皆為風險保守者；2.報酬率呈常態分配。

例題 4 │ MVC 法則分析，如下五種投資工具何者較有效率？

投資工具	A	B	C	D	E
報酬率（平均數）	10	8	9	11	12
風險（變異數）	10	11	10	12	11

以圖解方式將五種投資工具的平均數與變異數資料描繪於圖上。

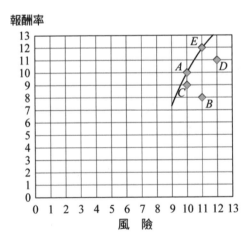

（一）根據平均數與變異數準則，找出報酬相對較高、且風險相對較小的投資。A 與 C 相比，在相同風險下，A 的預期報酬率高於 C。B 與

E 相比，風險相同，但是 E 的報酬率明顯優於 B。D 與 E 相比，D 報酬率小於 E，且風險較 E 大，根據 MVC，E 優於 D。

（二）**最後 A 與 E 相比，二者各有利弊**，均可視為有效率的投資工具。因此較簡便方法即將 A 和 E 連接成一平滑曲線，位在曲線右緣是屬於較無效率的投資點，線上之投資點較有效率，此即為效率前緣線（efficient frontier）理論。

 以效率前緣線選擇最佳的投資工具

　　將效率前緣線配合代表投資者本身行為偏好的無異曲線，聯立求最適解，此方式所篩選出的投資點，才是真正符合不同行為偏好者的理想投資對象。

（一）當投資目標追求最大利潤，不在乎風險時，僅有一種最佳投資方式，如圖中之 B 點，將全部資金放到平均利潤最大者之處，無須作投資組合。

（二）當投資目標考慮最小風險時，也只有一種最佳投資組合，如圖中之 C 點，但須作投資組合。

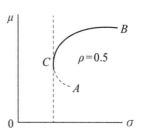

（三）若同時考慮風險與利潤時，需進行投資組合以分散風險，但有一組最佳投資方式，即圖中效率前緣 BC 弧線上任何一點均為最佳之投資組合。

以變異係數(*Coefficient of Variation, CV*)選擇最佳的投資工具

變異係數 (*CV*) ＝標準差／期望報酬率＝σ／*ER*

變異係數的意義代表單位報酬所分擔的風險，因此變異係數愈小代表每賺取一單位的報酬所分擔的風險愈小，是較佳的投資工具。

> **例題 5** | 今有一塊土地，總價為 9,000 萬元，若此土地可規劃為商場使用，建築成本為 3,000 萬元，若預期未來景氣正常營運下，每年之營運淨收益可得 1,000 萬元，而在景氣衰退及繁榮之情況下，每年之營運淨收益則將分別變為 500 萬元及 1,500 萬元。今假設景氣衰退、持平、繁榮的機率各為 1/2、1/4、1/4，則本案的平均資產報酬率、變異數、變異係數各為何？

（一）資產總價為：9000 萬＋3000 萬＝1 億 2000 萬

（二）各種情況的資產報酬率＝淨收益／資產總價

	營運淨收益	機率	資產報酬率
衰退	500 萬	1/2	4.2%
持平	1000 萬	1/4	8.3%
繁榮	1500 萬	1/4	12.5%

（三）平均資產報酬率 $4.2\% \times \dfrac{1}{2} + 8.3\% \times \dfrac{1}{4} + 12.5\% \times \dfrac{1}{4} = 7.3\%$

（四）變異數

$$(4.2\% - 7.3\%)^2 \times \frac{1}{2} + (8.3\% - 7.3\%)^2 \times \frac{1}{4} + (12.5\% - 7.3\%)^2 \times \frac{1}{4} = 0.001182$$

（五）變異係數 $= \dfrac{\sqrt{0.001182}}{7.3\%} = 0.4709$

例題 6｜下表是臺灣、泰國、香港、日本四個國家股市的年平均報酬率和標準差，試找出較佳的投資標的。

	年平均報酬率(%)	標準差(%)
臺灣	36	64
泰國	24	52
香港	23	39
日本	3	24

計算其變異數及變異係數如下表所示：

	年平均報酬率(%)	標準差(%)	變異數	變異係數
臺灣	36	64	0.4096	1.78
泰國	24	52	0.2704	2.17
香港	23	39	0.1521	1.70
日本	3	24	0.0576	8.00

（一）以平均數變異數準則

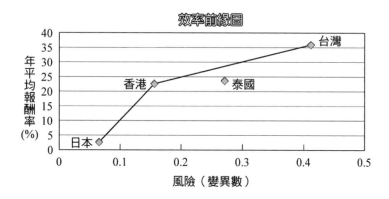

以平均數和變異數法則判斷，四個國家皆為可投資之標的，且報酬和風險高低依序為臺灣＞泰國＞香港＞日本。

（二）以變異係數來衡量

香港的變異係數為 1.70 最低，表示每一單位的報酬率，須分擔 1.7 單位的風險，代表香港為最佳之投資國家。

例題 7 ｜以台塑與台泥於 87 年而言，各月報酬率如下，試以變異數衡量其風險？

	台塑(A)	台泥(B)
一月	0.1	0.15
二月	0.05	0.05
三月	-0.08	-0.07

台塑的月平均報酬率 $ER(\overline{A}) = \dfrac{0.1 + 0.05 - 0.08}{3} = 0.0233$

台泥的月平均報酬率 $ER(\overline{B}) = \dfrac{0.15 + 0.05 - 0.07}{3} = 0.0433$

台塑的變異數

$$VAR(\overline{A}) = \frac{1}{n}\sum(R_{An'} - ER)^2$$
$$= [(0.1 - 0.0233)^2 + (0.05 - 0.0233)^2 + (-0.08 - 0.0233)^2]/3$$
$$= 0.0058$$

台泥的變異數

$$VAR(\overline{B}) = \frac{1}{n}\sum(R_{Bn'} - ER)^2$$
$$= [(0.15 - 0.0433)^2 + (0.05 - 0.0433)^2 + (-0.07 - 0.0433)^2]/3$$
$$= 0.008$$

　　故台塑比台泥風險性略小。此外標準差的計算方式，即由變異數開根號而來。

例題 8｜假設華新電纜與燁輝鋼鐵股票 87 年 4 月報酬率之期望值與變異數如下，試透過變異係數比較其相對風險。

	華新(A)	燁輝(B)
ER	0.08	0.04
VAR	0.12	0.1

$$CV_{(A)} = \frac{\sqrt{0.12}}{0.08} = \frac{0.3464}{0.08} = 4.330$$

$$CV_{(B)} = \frac{\sqrt{0.1}}{0.04} = \frac{0.3162}{0.04} = 7.905$$

$$CV_{(A)} < CV_{(B)}$$

　　所以華新的風險比燁輝風險小。

例題 9｜若投資組合中，含三種股票日月光、大陸工程及太平洋電纜，其中 87 年 1 月、2 月、3 月的收盤價如下表，且其投資比例為 1/2，1/4，1/4，求此投資組合之報酬率。

87 年	日月光	大陸	太電
1 月	126	35	32
2 月	135	40	34
3 月	146	38	31

87 年	報酬率		
	日月光(1)	大陸工程(2)	太電(3)
1~2 月	7.14%	14.28%	6.25%
2~3 月	8.15%	−5.00%	−8.82%

（一）今以多期報酬率（總報酬率）衡量得

日月光：$R_1 = 7.14\% + 8.15\% = 15.29\%$

大陸工程：$R_2 = 14.28\% - 5.00\% = 9.28\%$

太電：$R_3 = 6.25\% - 8.82\% = -2.57\%$

$$\overline{PR} = \sum_{i=1}^{3} W_i R_i = \frac{1}{2}(15.29\%) + \frac{1}{4}(9.28\%) + \frac{1}{4}(-2.57\%) = 9.3225\%$$

（二）若改以月平均報酬率衡量得

$$\overline{R}_1 = \frac{15.29\%}{2} = 7.645\%$$

$$\overline{R}_2 = \frac{9.28\%}{2} = 4.64\%$$

$$\overline{R}_3 = \frac{-2.57\%}{2} = -1.285\%$$

$$\overline{PR} = \sum_{i=1}^{3} W_i \overline{R}_i = \frac{1}{2}(7.645\%) + \frac{1}{4}(4.64\%) + \frac{1}{4}(-1.285\%) = 4.66125\% = \frac{PR}{2}$$

故得投資組合報酬率為 4.66125%。

例題 10｜假設 A、B 兩種不同證券，期望報酬率兩者相同為 18%，但 A 之風險標準差 $\sigma_1 = 0.06$，B 之風險標準差 $\sigma_2 = 0.12$，就其作成的投資組合討論兩證券相關係數之影響。

（一）單一證券投資：A 優於 B，報酬率相同，但 A 的風險較小。

（二）就投資比例各占一半，$w = 0.5$ 則投資組合報酬率亦為 18%，兩證券相關係數的大小，對於投資組合風險貢獻度，可由以下公式衡量：

$$標準差\ \sigma_r = \sqrt{W_1^2\sigma_1^2 + W_2^2\sigma_2^2 + 2W_1W_2\rho_{12}\sigma_1\sigma_2}$$

（W_1 表示投資比例加權權數）

故當

1. $\rho = 1$ 時

$$\sigma_p = \sqrt{(0.5)^2(0.06)^2 + (0.5)^2(0.12)^2 + 2(0.5)(0.5)(0.06)(0.12)}$$
$$= \sqrt{0.0009 + 0.0036 + 0.0036} = \sqrt{0.0081} = 0.0900$$

2. 當 $\rho = 0.5$ 時

$$\sigma_p = \sqrt{0.0045 + 2(0.5)(0.5)(0.5)(0.06)(0.12)} = \sqrt{0.0063} = 0.0794$$

3. 當 $\rho = 0$ 時

$$\sigma_p = \sqrt{0.0045} = 0.0671$$

4. $\rho = -0.5$ 時

$$\sigma_p = \sqrt{0.0045 + 2(0.5)(0.5)(-0.5)(0.06)(0.12)} = \sqrt{0.0027} = 0.0519$$

5. $\rho = -1$時

$$\sigma_p = \sqrt{0.0045 - 0.0036} = \sqrt{0.0009} = 0.0300$$

上述結果顯示兩種投資證券，負相關愈大，投資組合風險就愈低，若配合不同投資比例與不同相關係數則風險（標準差）為：

相關係數	投資比例		
	W_1=0.25，W_2=0.75	W_1=0.5，W_2=0.5	W_1=0.75，W_2=0.25
ρ=1.0	0.1050	0.0900	0.075
ρ=0.5	0.0985	0.0794	0.0654
ρ=0.0	0.0914	0.0671	0.0541
ρ=−0.5	0.0837	0.0519	0.0397
ρ=−1.0	0.0750	0.0300	0.0150

二十四 投資組合之最適選擇

（一）投資偏好之無異曲線

1. 風險趨避程度大者，大幅度提高報酬時，才願意增加投資，其投資風險有一限度。當風險超過此一限度，投資即停止。故其無異曲線較陡峭。如圖 3-1 的 I_A 曲線。

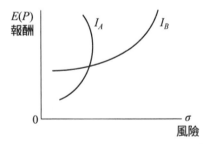

♥ 圖 3-1　風險趨避者之無異曲線

2. 風險趨避程度小者，當小幅提高報酬，即願意增加投資，其所容受投資風險之限度較高。故其無異曲線較平緩。如圖 3-1 的 I_B 曲線。

（二）最適選擇

　　投資者以主觀的投資偏好「無異曲線」與客觀的「效率前緣線」，二者相切之點，決定投資者之最適投資組合選擇，如圖 3-2：EF 弧線表示效率前緣線，I_A 表示風險趨避程度大者 A 之無異曲線，I_B 表示風險趨避程度小者 B 之無異曲線。

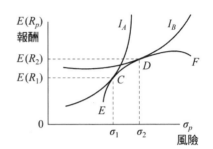

圖 3-2　投資者無異曲線與效率前緣之最適投資組合選擇

　　A 在無異曲線與效率前緣線之切點，選擇投資組合 C，此時報酬為 $E(R_1)$，風險為 σ_1。B 在其無異曲線與效率前緣線之切點，選擇投資組合 D，此時報酬為 $E(R_2)$，風險為 σ_2。

　　$E(R_1) < E(R_2)$，$\sigma_1 < \sigma_2$。表示風險趨避程度大者選擇低風險、低報酬的投資組合，風險趨避程度小者選擇高風險、高報酬的投資組合。

二十五　無風險資產存在下之效率前緣線（資本市場線）

　　假設市場上存在一種無風險的資產（如政府公債），無風險資產的報酬率如為 R_f，則投資者可以結合有風險投資組合與無風險資產重作投資組合，而形成另一條直線型的效率前緣線，又稱資本市場線（capital market line，簡稱 CML），如圖 3-3 之 $R_f M$ 直線。這條新的直線型效率前緣線較原來

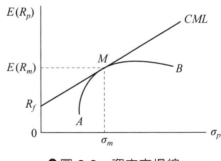

圖 3-3　資本市場線

的弧線型效率前緣線 *AB* 的效率更高（亦即相同風險下，報酬較高；相同報酬下，風險較低），因此新的直線型效率前緣線取代原來的弧線型效率前緣線。

直線效率前緣（資本市場線）的方程式為：

∵ $Y = a + bX$ ，X：橫軸，Y：縱軸，a：縱軸上的截距，b：斜率，
∴ $E(R_p) = a + b\sigma_p$

又 $a = R_f$ ，$b = \dfrac{E(R_m) - R_f}{\sigma_m}$

∴ $E(R_p) = R_f + \dfrac{E(R_m) - R_f}{\sigma_m} \times \sigma_p$

R_f：無風險報酬率

$\dfrac{E(R_m) - R_f}{\sigma_m}$：每單位風險的風險貼水

證明：

資本市場線(CML)為直線

a：投資於無風險資產的比例

$(1-a)$：投資於有風險資產的比例

$$E(R_p) = aR_f + (1-a)E(R_m)$$
$$= aR_f + (1-a)E(R_m) + R_f - R_f$$
$$= R_f + (1-a)\left[E(R_m) - R_f \right] \dotfill (1)$$

另 $\sigma_p^2 = a^2 \times 0 + (1-a)^2 \times \sigma_m^2 + 2a(1-a) \times 0 = (1-a)^2 \times \sigma_m^2$

$$\sigma_p = (1-a)\sigma_m$$

$$(1-a) = \frac{\sigma_p}{\sigma_m} \quad .... \quad (2)$$

(2)式代入(1)式

$$E(R_p) = R_f + \frac{\sigma_p}{\sigma_m} [\, E(R_m) - R_f \,]$$

$$E(R_p) = R_f + \frac{E(R_m) - R_f}{\sigma_m} \times \sigma_p$$

上式即 $Y = a + bX$ 直線型式。

例題 11｜假設政府公債利率為 3%，而房地產市場之預期報酬率為 15%，標準差為 12%，某公司分別在臺北、臺中、高雄進行房地產投資組合，投資組合之標準差為 10%，試估計該投資組合之合理報酬率為多少？

$$E(R_p) = R_f + \frac{E(R_m) - R_f}{\sigma_m} \times \sigma_p = 3\% + \frac{15\% - 3\%}{12\%} \times 10\% = 13\%$$

該投資組合之合理報酬率為 13%。

二十六　資本市場線與無風險利率借貸

在 $R_f M$ 直線上的任何一點，均可以資本市場線公式表示，即 $R_f M$ 直線上任何一點的報酬率，是無風險報酬率 R_f，再加上承擔風險的補償（風險貼水，亦稱風險溢酬） $\dfrac{E(R_m) - R_f}{\sigma_m}$ 。

（一）貸出投資組合(lending portfolio)

如圖 3-4，$R_f M$ 直線上，在 R_f 與 M 之間的點，表示投資者將部分的錢購買 M 資產組合，另將部分的錢購買無風險資產，購買無風險資產就是以 R_f 利率將錢貸放出去（資金供給者）。

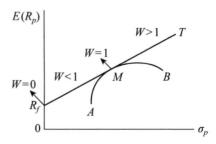

⊙圖 3-4　資本市場線與資金借貸
W：投資在有風險資產組合之比例。

（二）借入投資組合(borrowing portfolio)

在 M 與 T 之間的點，表示投資者將全部的錢購買 M 資產組合之外，更借入錢購買 M 資產組合（資金需求者）。

（三）不借入且不貸出

如果剛好落在 M 點，表示投資者將全部的錢購買 M 資產組合，無任何借貸。

總之，投資者之投資組合只有二種資產，一為有風險之投資組合，另一為無風險之借貸利率。投資者之所有投資組合均會落在 $R_f M$ 直線上，如落在 R_f 與 M 之間表示低風險、低報酬之投資組合；如果落在 M 與 T 之間，表示高風險、高報酬之投資組合。

二十七　資本市場線與最適投資組合選擇

　　由於市場上具有風險組合的效率前緣，為 AB 弧線。如投資者是風險趨避程度大者，則最適選擇為 C 資產組合；如投資者是風險趨避程度小者，則最適選擇為 D 資產組合，如圖 3-5。

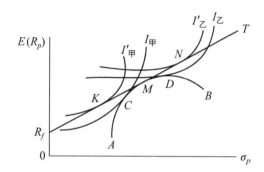

♥圖 3-5　投資者無異曲線與資本市場線之最適投資組合選擇

　　當市場上加上無風險資產時，新的效率前緣線 $R_f M$ 直線取代舊的效率前緣 AB 弧線。此時，風險趨避程度大者可以找到效用更高的無異曲線 $I'_甲$，而與效率前緣 $R_f M$ 直線相切於 K 點；同理，風險趨避程度小者也可以找到一條效用更高的無異曲線 $I'_乙$，而與效率前緣 $R_f M$ 直線相切於 N 點。

二十八　資本資產訂價模型(CAPM)

（一）系統風險與非系統風險

　　個別資產本身之風險（如罷工、火災、訴訟等），可以運用投資組合予以分散，稱為非系統風險、可分散風險或公司特有風險。資產所共同面對的風險（如通貨膨脹、經濟衰退、戰爭等），無法運用投資組合予以分散，稱為系統風險、不可分散風險或市場風險。如圖 3-6。

總風險 ＝非系統風險 ＋系統風險

$$\sigma_p^2 \quad = \underbrace{\sum_{i=1}^{n} W_i^2 \sigma_i^2}_{} + \underbrace{\sum_{i=1}^{n}\sum_{j=1}^{n} W_i W_j \sigma_{ij}}_{}$$

⇓   ⇓

非系統風險 　　　　系統風險

（資產本身風險） 　（市場風險）

$$n \to \infty \Rightarrow \sum_{i=1}^{n} W_i^2 \sigma_i^2 \to 0 \Rightarrow 稱為非系統風險$$

$$n \to \infty \Rightarrow \sum_{i=1}^{n}\sum_{j=1}^{n} W_i W_j \sigma_{ij} \neq 0 \Rightarrow 稱為系統風險$$

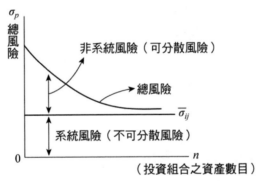

♀ 圖 3-6　系統風險與非系統風險

（二）β係數

　　總風險包括系統風險與非系統風險，其中非系統風險可以運用投資組合予以去除，故這部分風險就不該享有報酬。另系統風險不能運用投資組合予以去除，故承擔這部分的風險就應給予報酬。換言之，風險貼水（風險溢酬）來自於承擔系統風險（市場風險）的報酬，即衡量個別資產之系統風險。β係數(beta coefficient)，是在衡量個別資產報酬（或

風險）對市場報酬（或風險）反應程度。β 係數等於 1，表示個別資產較市場報酬變動幅度小。β 係數大於 1，表示個別資產對市場報酬變動幅度大。

高風險要求高報酬，高報酬承擔高風險。因此，β 係數愈小的資產，風險愈小；β 係數愈大的資產，風險愈大。

β 係數之公式：

$$\beta = \frac{\sigma_{im}}{\sigma_m^2}$$

$\sigma_m^2 =$ 市場報酬率的變異數

$\sigma_{im} =$ 個別資產 i 報酬與市場報酬率的共變異數

例題 12 | 某建築投資案報酬率的標準差 9.6，由市場指標估算報酬率具有標準差 2.5，而此二個報酬率的相關係數為 0.7，則建築投資案之 β 係數為何？

$$\beta = \frac{\sigma_{im}}{\sigma_m^2} = \frac{\rho_{im}\sigma_i\sigma_m}{\sigma_m^2} = \frac{0.7 \times 9.6 \times 2.5}{(2.5)^2} = 2.688$$

二十九　證券市場線(SML)

證券市場線(security market line)主要描述 β 值與報酬率之關係。如圖 3-7 所示。無風險利率的國庫券，β 係數等於零，市場投資組合(market portfolio)的 β 係數等於 1。

$$E(R_i) = a + b\beta_i$$

1. 無風險利率的國庫券

$$\because R_f = a + b \times 0 = a$$

$$\therefore a = R_f$$

2. 市場投資組合

$$\because E(R_m) = a + b$$

$$\therefore b = E(R_m) - a = E(R_m) - R_f$$

找到 a 與 b 的值，就得到證券市場線。

$$E(R_i) = R_f + [E(R_m) - R_f]\beta_i$$

上列式子，就是資本資產訂價模型 (the capital asset pricing model)，顯示一項資產之報酬率 $E(R_i)$ 是由無風險報酬率 R_f，與風險貼水 $[E(R_m) - R_f]\beta_i$ 二部分所構成。而風險貼水是由市場投資組合的風險溢酬 $[E(R_m) - R_f]$ 與 β 係數之積。

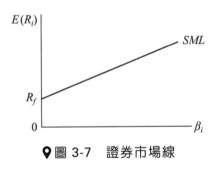

📍圖 3-7　證券市場線

> **例題 13** | 假定無風險報酬率為 6%，市場投資組合報酬率為 14%，某建築投資案的 β 係數為 1.8，則該建築投資案之必要報酬率為多少？

$$E(R_i) = R_f + [E(R_m) - R_f]\beta_i = 6\% + (14\% - 6\%) \times 1.8 = 20.4\%$$

三十　資本市場線(CML)與證券市場線(SML)關係

1. 由 *SML* 導出 *CML*

    證券市場線(*SML*)之方程式：

    $$E(R_i) = R_f + [E(R_m) - R_f]\beta_i$$

    $$= R_f + [E(R_m) - R_f]\frac{\sigma_{im}}{\sigma_m^2}$$

    $$= R_f + [E(R_m) - R_f]\frac{\rho_{im}\sigma_i\sigma_m}{\sigma_m^2}$$

    $$= R_f + [E(R_m) - R_f]\frac{\rho_{im}\sigma_i}{\sigma_m}$$

    當 $\rho_{im}=1$，則是資本市場線(*CML*)：

    $$E(R_i) = R_f + [E(R_m) - R_f]\frac{\sigma_i}{\sigma_m}$$

2. 由 *CML* 導出 *SML*

    資本市場線(*CML*)之方程式：

    $$E(R_P) = R_f + \frac{E(R_m) - R_f}{\sigma_m} \times \sigma_p$$

    改寫為：

    $$E(R_i) = R_f + \frac{E(R_m) - R_f}{\sigma_m} \times \sigma_i \quad \dotfill (1)$$

    第 i 種資產之系統風險 $\sigma_i = \beta_i\sigma_m$ $\dotfill (2)$

(2)式代入(1)式：

$$E(R_i) = R_f + \frac{E(R_m) - R_f}{\sigma_m} \times \beta_i \sigma_m = R_f + [E(R_m) - R_f]\beta_i$$

總之，資本市場線(CML)在描述效率的投資組合，期望報酬與總風險間之關係。證券市場線(SML)在描述，不論有無效率投資組合，期望報酬與系統風險之關係。如圖 3-8。

$$CML = E(R_p) = R_f + \frac{E(R_m) - R_f}{\sigma_m} \times \sigma_p$$

$$SML = E(R_i) = R_f + [E(R_m) - R_f]\beta_i$$

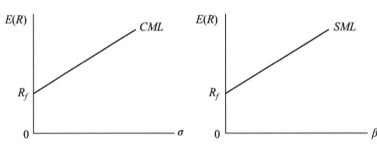

📍圖 3-8　資本市場線與證券市場線之對照

三十一　各種投資標的之報酬與風險

根據證券市場線(SML)，投資標的之風險（系統風險）愈大，所要求報酬率愈高，如圖 3-9。某投資標的之風險為 β_0，則所要求之報酬率為 R_0。另一投資標的之風險為 β_1，則所要求之報酬率為 R_1。符合高風險、高報酬之投資定理。

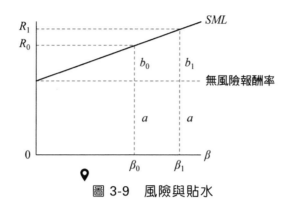

圖 3-9　風險與貼水

投資標的所要求之報酬率如下：

　　要求報酬率＝無風險報酬率＋風險貼水

$R_0 = a + b_0$

$R_1 = a + b_1$

R_0＝股票之報酬率

R_1＝房地產之報酬率

a　：無風險報酬率

b_0：股票之風險貼水

b_1：房地產之風險貼水

　　實務上，各種投資標的（如政府公債、銀行定存、公司債、股票、房地產、期貨等）之風險不同，所要求報酬率也因而不同。如圖 3-10，投資政府公債風險最低，其報酬率也最低，其次為銀行定存、公司債。至於股票、房地產、期貨屬於高風險，其報酬率也偏高。

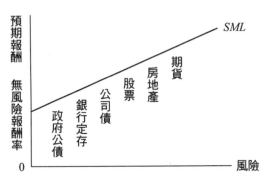

♀ 圖 3-10　各種投資標的之風險與報酬

三十二　套利訂價模型(APT)

（一）套利訂價理論(arbitrage pricing theory)

認為個別資產的報酬率，是由無風險報酬率，加上數個風險因子之風險貼水而來。報酬與風險呈線性關係。

$$E(R_i) = R_f + b_1 F_1 + b_2 F_2 + b_3 F_3 + \ldots + b_n F_n$$

$E(R_i)$：資產 i 的報酬率

R_f：無風險報酬率

F_n：第 n 個因子對預期報酬率 $E(R_i)$ 之影響（即風險因子）

b_n：$E(R_i)$ 受 F_n 影響之敏感度（即風險因子每承受一單位風險之風險貼水）。

（二）APT 與 CAPM 之不同

1. CAPM 為單因子模型，認為個別資產之報酬率可完全由市場組合 (R_m) 之報酬率加以解釋。APT 則為多因子模型，認為個別資產之報酬率除

受到市場組合(R_m)報酬率的影響之外，尚受到其他因素之影響（如產業生產指數、通貨膨脹率、長短期利率差距、違約風險溢酬、實質利率改變等）。

2. *APT* 之解釋能力更強，*CAPM* 可視為 *APT* 模型的特殊例子而已。

 共同基金績效(mutual fund performance)指標（衡量既定風險下的不動產報酬率）

（一）**夏普指標(Shape Index)**：衡量每單位風險所帶來的超額報酬率。

$$SI = \frac{E(R_p) - R_f}{\sigma_p}$$

分子為投資在資產組合的報酬率與無風險報酬率之差，分母為資產組合的總風險。

（二）**崔拿指標(Treynor Index)**：衡量每單位不可分散風險所帶來的超額報酬率。

$$TI = \frac{E(R_p) - R_f}{\beta_p}$$

不可分散風險指整體市場變動所產生之風險。

（三）**健生指標(Jensen Index)由資本資產訂價模型導出。**

$$E(R_i) - R_f = \alpha_i + \beta_i[E(R_m) - R_f]$$

$E(R_i) - R_f$ 為資產的超額報酬率

$[E(R_m) - R_f]$ 為總市場資產的超額報酬率

當 $\alpha_i = 0$ 時，為一資本資產訂價模型，故當 $\alpha_i > 0$ 時，則資產的表現優於資本資產訂價模型之預期。

三十四 解釋名詞

（一） **利潤**：指付出成本所得到的代價。一般以報酬率或獲利率來衡量。報酬率＝所得到的代價／所付出的成本。

（二） **預期利潤**：預期未來可能獲得之利潤，為一般投資所稱之利潤，亦即平均期望值。

（三） **需要利潤**：至少要求的利潤，一般以無風險的利潤來代替，如銀行的定存利率，為一般保守者的需求利潤。

（四） **真實利潤**：投資結束後，結算最終實際所獲得的價值，即總收益扣除總成本後所得剩餘。

（五） **風險趨避者**：一般人或是保守者寧可在低風險或無風險下投資，賺取小額利潤，除非有高額報酬，才會願意在高度風險下進行投資。風險趨避者的效用曲線斜率為遞減，表示隨風險量增加，可獲得的相對報酬遞減。因此，保守者會在低風險時投資。

（六） **風險愛好者**：對於賭客或投機者，為獲取較大利潤，自然願意承擔較大風險。風險愛好者的效用曲線會隨風險增加，所獲得的報酬亦遞增。亦即投資者為獲取較高的利潤機會，甘冒更大的風險來作投資決策。

（七）**風險中立者**：介於保守者與投機者之間。預期風險的增加，其報酬依相同比例增加，故其投資對風險高低無特殊偏好。

（八）**投資組合**：投資者選擇一組投資工具，建立最佳組合，以符合個人期望之利潤及風險，便是投資組合。

（九）**相關係數**：指投資工具之間的相關性程度，當投資工具之間的相關係數愈小時，投資組合的風險也會愈小。相關係數的值介於−1 到 +1 之間，愈接近−1 表示投資對象為負相關（一賺一賠），因此需要進行分散風險的投資。

（十）**投資利潤與風險的對偶性**：當投資環境（或市場）在趨向競爭或效率的情況下，投資風險與預期利潤將一起變動（對偶性）。換言之，當投資風險愈大，平均預期利潤也就愈高；當投資風險愈小，平均預期利潤也就愈低，反之亦然。

MEMO

Chapter 04

房地產投資決策分析

重點提示

　　本章的重點在了解投資分析進行的內容與分析的項目，屬於較簡單的概念介紹：

1. 認識投資分析進行的階段與評估的對象，先建立一個整體的概念。

2. 了解投資所需要的資金來自投資者的自有資金及貸款者提供的貸款，因此資產價值由此二者組成，投資者與貸款者各自注重不同的內涵，而投資所產生的淨收入也分配回饋給投資者與貸款者兩個主體。

3. 了解投資分析與可行性分析的關係，可行性分析的範圍較廣，考慮層面周詳，然而投資分析是財務可行性的關鍵。

4. 投資者、房地產、擁有房地產各有其生命週期，投資者會考量自己的生命週期階段和需要，選擇所要投資的房地產，並決定何時取得、如何經營及何時出售的擁有過程。

一 房地產投資決策過程

（一）策略階段

1. 在投資之前，界定投資報酬與風險，內容主要為建立個人的投資哲學與投資原則，並建立個人的投資目標與準則，使自己的利潤達到最大。

2. 界定自己投資行為的意義與策略，目的在使期望利潤大於要求利潤。如何確立投資者個人的需求利潤與最高的可能風險，是此策略階段的重點。

（二）分析階段

1. 在各種不同的投資狀況下衡量投資個案可能的報酬與風險，主要關鍵在於分析與衡量的方法。此階段包括策略分析、分析技術與方法、資料來源及替代方案比較等內容。

2. 可就各個不同的投資替選方案進行分析，此分析方法衡量的準確性要考慮到時間與金錢的關係，以及現金流量與稅前稅後財務的問題，故熟悉各種分析技術與方法應是此階段的重點。

（三）決策階段

1. 房地產投資決策基本上乃在評估投資報酬與風險。包括多種產品的評估選擇與投資組合。

2. 評估結果值得投資，但經濟上資金不足，投資策略亦不可行，故要考慮到經濟問題與長期投資或短期投資的時間問題，以便進行投資決策。

投資分析的內容（對象）

（一）　**投資標的物－資產**：進行投資的第一步驟即為評估投資標的物的資產價值。資產可以是土地或建物的所有權或管理權，或是實質資產如住宅、辦公大樓，也可以是金融或證券資產，如抵押債權或股票等。

（二）　**投資者自有資金**：即投資者擁有的錢或稱自備款。投資者可能不只一人，自有資金可能是多位股東自行募集的股東權益。掌握投資者可運用自有資金的多寡，是決定投資對象的重要關鍵。

（三）　**投資者週轉資金－貸款**：即別人的錢或稱貸款。投資者可獲得之借款包括第一順位貸款、第二順位貸款、信用貸款⋯等。通常借款者以銀行等金融機構為主，以及親朋好友與地下錢莊等非正式部門。一般房地產投資貸款均以房地產為抵押，又稱抵押貸款，而房地產的抵押貸款金額通常大於自有資金。

（四）　**營運淨收入**：可簡單表示為營運收入減去營運支出。房地產的收入主要為租金收入，而支出則包括房地產稅、水電費、保險費、管理維護費等。營運淨收益為投資者短期之營運後淨所得，在資金週轉過程中扮演重要角色。

（五）投資分析內容架構圖

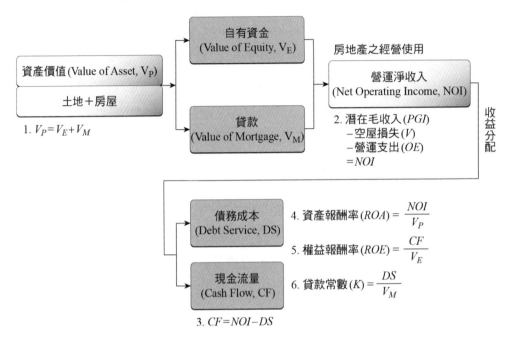

投資分析內容項目中之六個財務數學公式為計算基本財務分析模型（第八章）之重要公式。

三 房地產投資中投資者與貸款者之間的關係

（一）營運淨收入一部分由貸款者分得，即優先償還債務成本；另一部分由投資者獲得，即現金流量。

（二）在供給資金上，貸款者提供較大的資金持分，投資者提供較少的部分，故遊戲規則由貸款者主控制定。

（三）貸款者對計畫產生之收入有優先請求之權利，因此，房地產投資的
　　　營運淨收入必須優先償還貸款，投資者僅能對剩餘的現金流量收入
　　　有請求之權利。

（四）貸款者會在契約上要求一定之收入與利潤，作為貸款利息及投資之
　　　報酬，因此貸款者之收入較確定，風險較小。反之，投資者之收入
　　　較不確定，風險較大。

（五）一旦發生違約倒帳，即投資者無法償還債款時，貸款者對資產有優
　　　先請求權。貸款者可以用拍賣或請法院強制執行來清償貸款。

（六）一般貸款者投入計畫之時間約 10～20 年（貸款期限），而一般投資
　　　者僅持有標的物約 3～5 年即轉售。因此貸款者分析抵押貸款時多
　　　以長期觀點為之，而大部分投資者以中短期為考量標準。

四　資產價值、自有資金、貸款三者之關係

資產價值＝貸款總額＋自有資金

（一）**自有資金（股東權益）**：即投資者擁有的錢或稱自備款。投資者的
　　　類型有許多不同形式，如個人、法人機構、共同基金、一般合夥關
　　　係、有限合夥關係、合作社等。掌握投資者可運用自有資金的多寡，
　　　是決定投資對象的重要關鍵。

（二）**投資者週轉資金（貸款）**：即別人的錢或稱貸款。投資者可獲得之借款包括第一順位貸款、第二順位貸款、信用貸款等，通常借款者以銀行等金融機構為主，除此之外，還包括親朋好友、甚至地下錢莊等非正式部門。一般房地產投資貸款以房地產為抵押擔保，故稱抵押貸款，而房地產抵押貸款金額通常遠大於自有資金。

（三）**投資標的（資產）**：進行投資的第一步驟即為評估投資標的物的資產價值。資產可以是土地或建築物所有權或管理權等不同程度之組合。它可以是實質資產，如住宅、辦公大樓、購物中心、工廠廠房，也可以是金融或證券資產，如抵押債權或股票等。如何評估資產價值，涉及估價專業技術的掌握，投資者應有基本的認識。

五　營運淨收入的分配

（一）營運淨收入(*NOI*)的計算

1. 營運淨收入為房地產整體的營運收入減去營運支出。

2. 收入：租金收入。支出：房地產稅、水電費、保險費、管理維護費等。

（二）營運淨收入的分配

　　投資房地產的資金來源分為貸款總額及自有資金兩大部分，因此投資的營運淨收入也分配回饋給貸款者與投資者。

1. 由貸款者分得，即債務成本(Debt Service, DS)。

2. 由投資者獲得，即所謂現金流量(Cash Flow, CF)。

六　投資可行性分析

（一）**策略分析**：包括投資開發的目標、政策、計畫與決策準則等。

（二）**法規分析**：了解投資開發將面臨的各種法令規定與政策影響，如都市計畫、土地使用分區管制、建築法規等。

（三）**競爭力分析**：將投資個案附近進行中的類似個案作比較分析，或分析個案四周過去與未來可能的各種開發個案作發展潛力分析，從各種相關個案的比較，分析投資個案的利弊得失，以確立投資個案是否可行。

（四）**市場分析**：包括總體環境與個體環境分析，以便於掌握該時機下此種投資個案的背景狀況。

（五）**產品分析**：包括消費對象之掌握、產品趨勢分析、各種產品比較，購屋消費者調查、附近相關案例之房價、銷售率調查分析，以及目前產品包裝或銷售方式分析等。

（六）**建築工程分析**：包括各種建築設計與規劃類型分析、結構技術與施工等工程分析、甚至包括土壤地質分析和各種管線工程分析等。

（七）**財務經濟分析**：包括簡單財務、現金流量分析、稅賦分析、投資報酬率分析、各種可能風險分析、資金週轉調度分析，甚至包括經營狀況與期間分析等。

七　投資分析與可行性分析二者之目的及差異

（一）**投資分析可視為是一種財務分析，分析的目的在於追求最大利潤。**
「投資分析」(investment analysis)以市場研究結果為依歸，評估特定投資人與特定不動產結合之「報酬(return)／風險(risk)」關係（即雙 R 關係）。報酬分析可利用內部報酬率法或淨現值法；風險分析可利用敏感度分析或模擬分析。投資分析探討投資者於可承擔之風險下，如何極大化利潤，常係兼顧財務、稅務考量之稅後分析。

（二）**可行性分析則必須兼顧到所有可能的限制條件，以做出最適的決策，並不一定會落在利潤最大的投資點上。**「可行性分析」(feasibility analysis)探討特定計畫案，在市場狀況下，搭配可能的「替選方案」(alternatives)，能否（開發）成功。可行性分析重在探討特定計畫案之物理、法令及經濟可行性。當特定方案於種種「限制條件」(constraints)下，能以有限資源合理地滿足投資人之特定目標，即為可行。可行性分析兼顧財務及非財務分析。

可行性分析預測計畫案可能發生之事，例如計畫案之執行能否成功，能否有效地吸引投資。兼具財務及稅務考量，以確知計畫是否可滿足委託者的目標和限制。上述目標包括個別投資者之財務及非財務目標，非常個人化，且由嚴謹的財務觀點觀之，可能不甚合理（即違反不動產估價之「最有效使用」原則）。

可行性分析乃投資分析之前置作業，因其提供後者租金水準、空屋率、胃納量及投資者持有期間之租金變化率，以求算報酬之高低。其也提供投資分析師判斷風險高低之資料（例如行模擬分析時，決定何者為不可控制變數，及其發生數值和機率）。

（三）投資分析針對的是已存在或正在進行的計畫，因此其發展期間及相對該期間的經營開發風險也都被忽略了。而可行性分析的對象則是未開發的個案。相較之下，後者風險較大、不確定性較高、變數亦較多。可行性分析與投資分析之另一區分為：前者常以未來之開發案為對象；後者則係針對現有不動產進行分析（以致無開發期）。故二者之「報酬／風險」水準有所不同。

八　市場價值

（一）在公開競爭且公平的交易市場中，買賣雙方均具有充分的房地產知識與資訊情況下，所獲得的最高價格。

（二）買賣雙方是在正常的交易狀況下完成，沒有任何外在壓力。換言之，沒有所謂急買或急賣的情形。

（三）買賣雙方都有一段正常合理的時間在市場上搜尋，且在資訊充分公開的情況下完成交易。

九　房地產的生命週期

（一）**第一個階段為找土地**：尋找值得投資開發的土地，而後完成土地交易，此階段包括土地貸款的找尋。

（二）**第二階段為規劃設計**：針對當地環境區位並配合人民風俗習慣及需要，規劃出適合的產品建築。

（三）**第三階段為開始興建**：即進行營建管理階段，此針對一般的房地產投資而言。如針對預售制度，程序上則是先銷售再興建。

（四）**第四階段為銷售**：包括廣告行銷與進行買賣的程序，將房地產之產權移轉給購屋者。從第一階段到第四階段，隨著房地產興建完成到交易使用，投資的風險逐漸減少。

（五）**第五、六階段為購屋者進住使用和鄰里關係穩定階段**：這個階段包括了居住使用，或再轉手使用，到鄰里關係的穩定，及社區型態的成熟穩定，為生命週期中最長的階段。

（六）**第七、八個階段為房地產老化與更新再開發階段**：即將逐漸老化的房地產拆除、重建、更新，並開發成符合市場需求的新產品。

（七）**投資的風險**：前四個階段大約要 1～5 年的時間，其投資的風險隨著各個投資階段的完成而逐漸降低，此部分屬於開發商的投資開發階段。而第五至第八個階段經歷的時間大約 40～50 年，其投資的風險隨著時間的增加而增高，此部分屬於投資者的投資經營階段。

✚ 房地產擁有的生命週期

（一）**第一階段為房地產的取得**：買進房地產就是擁有房地產的開始，應考慮投資者擁有的資金多寡及貸款比例與負擔能力，應注意稅賦的輕重等相關問題來考慮風險與利潤。

（二）**第二階段為房地產的營運**：也就是進住使用、閒置或經營管理。國內房地產投資利潤主要來自於買賣的增值利益，較不重視經營管理，且有閒置形成空屋之問題。出租經營管理所產生的現金流量是本階段獲利的主要來源。

（三）**第三階段為出售**：當結束經營或居住使用，則將房地產轉手出售。房地產擁有者，在此階段結束擁有房地產之生命週期後，才能真正實現獲利。出售資產的時機、稅負和利得，是本階段所應關注的重點。

十一　房地產投資者

（一）投資者分為個人及法人機構兩大類。

（二）法人機構是集合大眾的資本來投資，故投資策略應偏向保守，並且要考量各種投資組合以分散投資風險。

（三）個人依年齡分成年輕、中年與老年投資者。

十二　年輕、中年與老年投資者之特徵

（一）年輕投資者

1. 資金少，故多用借貸方式籌款，但收入漸增，有潛力。

2. 有時間、有精力、肯冒險，較有承擔風險的勇氣，有衝勁。

3. 經驗少，投資組合種類少，常常只有一種投資，無法進行投資組合。

4. 第一次購屋，不需考慮節稅問題，也不講求稅之抵扣。

5. 多為短期投資。

（二）中年投資者

1. 資金足夠，置產數量增加。

2. 財產收入較豐，故承擔風險能力最高。

3. 經驗豐富，多進行多樣化之投資組合，以分散投資風險。

4. 財務複雜，需考慮節稅的問題。

5. 偏好長期投資。

（三）老年投資者

1. 將債務逐漸付清，不喜歡用貸款方式籌款。

2. 作風保守，偏好低風險，穩健的投資，考慮有固定的收入，為風險趨避者。

3. 重視稅的抵扣。

4. 此時置產多是為後代子孫而購置。

 房地產投資者的生命週期、房地產本身的生命週期、房地產擁有的生命週期三者之關聯性

三種房地產投資生命週期之關係：

不同的投資者能接受的風險與要求的利潤不同，因此房地產投資者應考量本身所處的生命週期階段，所能投入的資金，與可接受的風險利潤，選擇介入房地產生命週期的階段，並在擁有的生命週期中，利用現金流量來分析擁有期間的利潤與風險，以決定何時結束房地產投資。

十四　解釋名詞

（一）**自有資金**：投資者擁有的錢(your own money)或稱自備款。

（二）**貸款**：別人的錢(other people's money)。通常借款者以銀行等金融機構為主。

（三）**營運淨收入**：營運收入減去營運支出。

（四）**債務／自有資金比率**：在供給資金上，貸款者提供較大之資金持分，相對的，投資者提供相對較少之部分。

（五）**收入優先請求權**：貸款者對計畫產生之收入有優先請求之權利，因此，投資者僅能有對剩餘收入請求之權利。

（六）**資產優先請求權**：一旦發生所謂倒帳(default)，即投資者無法償還債款時，貸款者對資產亦有優先請求權。投資者於資產抵押拍賣時，通常損失所有資產之利潤。

（七）**策略分析**：包括投資開發的目標、政策、計畫與決策準則等。

（八）**財務經濟分析**：包括簡單財務分析、現金流量分析、稅賦分析、投資報酬率分析、各種可能風險分析、資金週轉調度分析，甚至包括經營狀況與期間分析等。

（九） **競爭力分析**：投資個案附近，進行中類似個案的比較分析，或分析個案四周過去與未來可能各種開發個案發展潛力分析，從各種相關個案的比較分析此投資個案的利弊得失，以確立投資個案的是否可行。

（十） **市場分析**：總體與個體市場分析，包括經濟環境、區域環境、房地產本身的市場環境等，以能掌握此時機此種投資個案的背景狀況。

（十一） **可行性分析**：檢視計畫本身在多項的變數影響控制下，是否能成功的執行投資計畫以及成功的機率，以便作為決策的依據。分析的內容包括：策略分析、法規分析、競爭力分析、市場分析、產品分析、建築工程分析、財務經濟分析等。

Chapter 05

房地產市場分析

重點提示

本章研讀重點約略分成五大部分，說明如下：

1. 第一個重點在於探討國外市場分析之作法，包括市場研究與市場能力分析之內容與項目。

2. 第二個重點在於探討國內市場分析之作法，包括大環境分析、區域環境分析、產品定位、訂價與投資可行性分析之內容與項目。

3. 第三個重點為比較國內與國外市場分析之差異與優缺點，並提出國內市場分析改進之對策與措施。

4. 第四個重點則是說明次市場的觀念，以及從供給面與需求面如何進行次市場的分析。

5. 第五個重點為市場胃納率、占有率與銷售率等專有名詞的解釋與彼此之差異。

市場分析之界定

（一）市場分析(market analysis)通常運用於各種商品之投資開發及行銷過程，主要在調查市場供需及價格變動情形，並加以研判及預測，作為投資管理或決策之依據。

（二）對於房地產投資而言，市場分析所考慮的範圍，不僅要掌握房地產市場本身的供需及價格動態，亦應顧及總體環境對房地產市場的影響。

（三）市場分析乃界定為在房地產投資過程中，對目前及未來房地產總體大環境及個體小環境之市場供需動態發展趨勢及市場競爭與銷售能力等情形作調查、分析與預測工作。

（四）房地產市場分析通常分成兩大部分：

1. 總體市場(macro market)或大環境分析，也稱作市場研究(market study)，是針對總體市場、區域性市場或都會性市場等環境之供需狀況等情形作分析及預測。

2. 個體市場(micro market)或小環境分析，也稱作市場能力分析(marketability analysis)，是針對投資人個案市場、鄰里性市場或基地四周範圍等市場環境之供需狀況等情形作實地調查、分析及預測。

總體（大環境）市場與個體（小環境）市場分析之區別

（一）總體市場與個體市場分析之相同處

　　不論總體或個體市場環境分析，主要是根據過去市場的供給與需求狀況進行調查、分析及預測，以便作未來投資決策的參考。

（二）總體市場與個體市場分析之相異處

1. 範圍大小
   (1) 總體市場分析掌握投資地區大環境市場景氣動向及地區發展趨勢等，市場範圍較大也較不明確。
   (2) 個體市場分析係對個案基地與鄰里市場活動的小環境市場能力分析，其市場範圍較小也較明確。

2. 適用對象
   (1) 總體市場分析適用一般性市場上之推案，藉大環境之研究探討總體因素之影響，以作為一般通案之擬定投資策略及進入市場時機之參考。
   (2) 個體市場分析乃針對個案基地作鄰里小環境之市場動向分析與基地條件對個案發展影響之分析，以作為個案產品定位及訂價之參考。

3. 分析過程
   (1) 總體市場分析係對整個大環境的社經動態作調查分析，分析多採用非實地調查方式，以政府部門之統計調查資料為主要依據。
   (2) 個體市場分析乃針對個案基地條件與鄰里小環境作調查分析，其市場競爭條件與行銷策略及價格之擬定皆需要近期精確的市場調查資訊，多採實地調查的方式進行。

4. 資料來源

(1) 總體市場分析時，偏好使用政府或民間現成之各項統計調查資料，因此使用的皆屬二手資料。

(2) 小環境分析時，關切的是與個案有關的訊息，故一般投資者皆實地訪查，親自收集相關資訊，因此使用的皆是一手資料。

5. 分析內容

(1) 總體市場分析注重國家政經發展趨勢、地區經濟與供需情形，偏向整個大環境發展之分析。

(2) 個體市場分析則強調基地環境、競爭個案、市場胃納率及占有率、產品定位與訂價等訊息，偏向個案小環境發展之分析。

6. 分析結果

(1) 總體市場分析結果多為粗略之定性社經環境描述與說明。

(2) 個體市場分析結果多為實地調查之一手資料作較精細之定量分析。

 三 市場分析之目的

（一）總體市場分析之目的

1. 大環境市場分析主要是針對過去到現在區域性或都會區總體市場之經濟情況作一比較分析，並整合國家人口及經濟發展狀況（如 GNP、就業率、所得等）作一綜合歸納，藉以預測未來發展趨勢。

2. 總體市場分析之主要目的係為預測房地產市場大環境未來區位、數量、品質與價格等之供需狀況，藉此以為投資決策的重要參考。

（二）個體市場分析之目的

1. 個體市場分析係以基地及鄰里環境為主體之分析，較側重投資個案可行性及未來在市場競爭銷售狀況。

2. 市場能力分析之主要目的乃針對投資個案，分析其基地環境條件與市場競爭情形，以作為個案銷售形態，價格定位、行銷策略及投資可行性之參考依據。

四　不動產市場研究

（一）地方經濟分析

　　地方經濟分析係針對特定的地理區域，探討其人口、家戶、就業和所得等之趨勢，提供地方成長之預測。

（二）市場分析

　　市場分析(market analysis)，市場分析探討特定類型不動產於特定市場範圍內之供需情形及租售狀況。特定市場範圍可以小到一個社區、都市、區域或大到一個國家，但實務上常以社區為分析焦點，因為其乃不動產之主要競爭範圍。

　　市場分析將地方經濟分析，對特定類型不動產之影響，以銷售、租賃、占有及空屋率等指標表現之。市場分析有時研究特定區位不動產於特定市場上的供需特性，故較為「宏觀」(macro level)。

（三）可市性分析

　　可市性分析（又稱市場性分析、市場特性分析，marketability analysis）較市場分析「微觀」(micro level)，僅評估一個特定使用計畫或不動產在

市場上的競爭地位。考量特定宗地、其區位或某些特質，或特定空間單位為市場接受之程度。旨在研究達最大競爭狀態的不動產特性為何。

（四）市場分析、可市性分析與可行性分析

可市性分析較市場分析，解答了市場於一段時間內，最可能去化之單位數、特定品質及條件（例如價租水準、融資條件、銷售技巧、可提昇市場接受度之設施），以便進行產品定位。市場分析則較倚賴次級資料；可市性分析偏重原始資料。

可市性分析不考慮開發成本及獲利性，故實務上尚須進行財務可行性分析。是以可市性分析乃市場分析與財務可行性分析間之橋樑。

五 市場範圍之界定

（一）不同房地產類型

依不同房地產類型來區分其範圍大小：

1. 全國或國際性市場：如高層辦公大樓、世貿中心、科學園區、高級住宅區、購物中心。

2. 區域性市場：如區域購物中心、銀行、辦公大樓、連鎖店。

3. 地方性市場：如一般住宅、零售商店。

（二）不同個案規模大小

由於個案推出規模大小有所不同，而其潛在需求量大小有差別，故進行市場範圍界定時，應依個案規模大小而增減其範圍大小。

（三）不同分析目的

1. 需求地區－依消費需求予以界定市場範圍。

2. 影響地區－依潛在供給與需求人口予以界定市場範圍。

3. 競爭地區－依其他個案投資與供給予以界定市場範圍。

六　次市場分析

（一）供給次市場分析

1. 按區域別劃分：即調查各地區歷年所推出之住宅數，但以投資個案所屬區域為主要調查對象。

2. 按型態別劃分：即調查各型態住宅歷年所推出之戶數。

3. 按價格別劃分：即調查各價格每坪單價範圍之住宅歷年所推出之戶數。

4. 按規劃坪數別劃分：即調查各坪數範圍之住宅歷年所推出之戶數及總價。

　　供給次市場分析，主要是將各類型次市場相互配合，作為投資個案本身產品定位及價格研擬之參考。

（二）需求次市場分析

1. 按家戶戶量及年齡組成別劃分：家戶戶量及年齡結構之改變對各類型住宅之需求會不同，是故透過此項調查可預測住宅需求之類型。

2. 按家戶所得別劃分：即調查家戶所得狀況並配合各價格範圍住宅所需要之家戶所得最低標準，則可大致估計出有能力進入住宅市場之需求數量。

3. 按需求偏好別劃分：即調查消費者對住宅需求之偏好情形，大致可以從歷年市場上各類型住宅之銷售狀況，推估出消費者需求偏好之趨勢來作為參考。

4. 按購買動機別劃分：國內一般大眾對房地產及住宅投資與保值的動機相當濃厚。其次，所得和生活品質提高，也使得換屋需求有上升的趨勢。

　　需求次市場分析之目的在於進一步掌握市場需求動態。以作為投資個案在產品定位、訂價及產品訴求之選定時有明確之參考根據與準則。

 國外市場分析之架構內容

（一）**國外市場分析的內容一般包括市場研究(market study)與市場能力分析(marketability analysis)。**也有學者將市場分析內容更細分為地區經濟分析、市場分析、市場能力分析及投資可行性分析等項，亦為各界所採用。

（二）**市場分析架構**

1. 總體市場分析架構

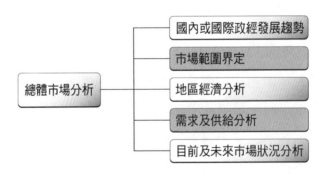

2. 個體市場分析架構

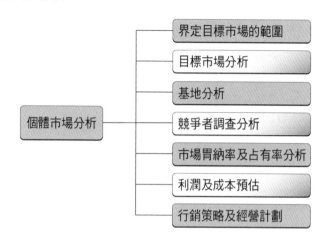

八　國外總體市場分析內容

（一）國內或國際經濟發展趨勢

分析國內及國際的經濟狀況，尤其須留意國內經濟成長的變動趨勢、利率、通貨膨脹等等，研判有利或不利於投資。

（二）市場範圍界定

市場區域的大小通常視投資對象的市場或交易範圍而定。一般房地產市場屬於區域性的市場，大多以都會區或都市地區為範圍。此外，尚可再劃分成主要市場(primary market)及次要市場(secondary market)，其劃分依據主要是視住宅型態及需求者而定。

（三）地區經濟分析

地區性的經濟基礎分析，即針對人口結構、流動遷移、成長、所得、所在地的資源、產業結構、就業機會、經濟發展等等，做預測及分析的工作，資料多為二手資料。

（四）需求及供給分析

需求及供給分析應是市場分析中最重要的一環，主要是由量、價、質及時間因素交互影響的結果。如人口結構、可支配所得、戶量、市場存量、流量等。

（五）目前及未來市場狀況分析

市場狀況分析通常又可分為兩類：一般市場分析(general market analysis)及次市場分析(submarket analysis)，前者是對市場供需總數量的預測分析，後者是對個別地區類型市場供需數量的預測分析。

九　國外個體市場分析之內容

（一）界定目標市場的範圍

一般市場區域範圍的建立是以自然的或行政上的界線，另外人口數量、經濟資訊、主要競爭對象及資料來源的配合，也都可作為範圍劃分的依據。

（二）目標市場分析

此分析所應提供的是包括：距離大眾運輸系統、公用事業、購物中心、學校、區域或地方行政中心、醫院、休閒、公共設施的可及性等等，與生活使用有關範圍內的市場條件分析。

（三）基地分析

基地分析主要的內容，可分為基地位置、產權調查、基地使用現況、法令管制情形、周圍環境、地質、地形、出入動線、可及性及公共設施配置等。

（四）競爭者調查分析

　　競爭調查最主要是針對在定義的市場範圍內，尋找已加入以及未來將加入市場的競爭個案基本資料，有助於修正改進銷售策略。

（五）市場胃納率（需求分析）、占有率（供給分析）及銷售率（供需分析）

1. 市場胃納率(absorption rate)：指在一定的市場範圍、一定期間內，對市場範圍中的所有對象標的的潛在需求量，其主要是針對需求分析。亦即在某種類型價格下所能被吸收或購買的數量，即市場胃納率＝（已購買的數量／可購買的數量）。

2. 市場占有率(capture rate)：指在一定的時間、一定的市場範圍內，投資個案供給占市場總供給的比例。相對於市場胃納率，所指的是市場的供給分析。簡易計算占有率之公式為：市場占有率＝（已推出的數量／可推出的數量）。

3. 銷售率(sales rate)：較缺乏一定時間、範圍與產品類型的限制，即銷售率＝（已售數量（金額）／可售數量（金額）），雖然銷售率與胃納率的觀念有些類似，但並不相同。事實上，銷售率的觀念較接近供需分析。

（六）利潤及成本預估

　　對成屋市場而言，市場可行性分析的結果主要是預測在未來可能的毛收益及每年期望投資期間內的空屋率，預估每年進行生產或投資時所必須的資本及支出額，為投資者評估風險報酬分析時的重要投入資料。

（七）行銷策略及經營計畫

1. 行銷策略一般定義為一種加速或刺激甚至在創造消費需求的產品銷售的系統過程，對房地產市場而言的行銷，是包含從開發設計到交易完成的一連串過程。

2. 經營計畫主要為出售、出租及持有期間之計畫，除個案產品及市場定位為參考依據，對於基地使用情形的評估等亦為計畫擬訂的參考。

十 國內房地產市場分析之內容

（一）**大環境分析**：掌握投資地區大環境住宅市場景氣動向、經濟產業狀況和人口遷移情形，以作為業者擬訂投資策略及進入市場時機之參考。

（二）**區域環境及基地分析**：了解區域環境、市場動向及基地條件對個案發展之影響，作為個案產品定位及訂價之依據。

（三）**產品定位及訂價**：主要是根據市場景氣分析及市場供需分析結果而擬訂。投資可行性分析是綜合市場分析及財務分析之結果，作為投資決策的主要參考依據。

十一　國內市場分析的內容架構

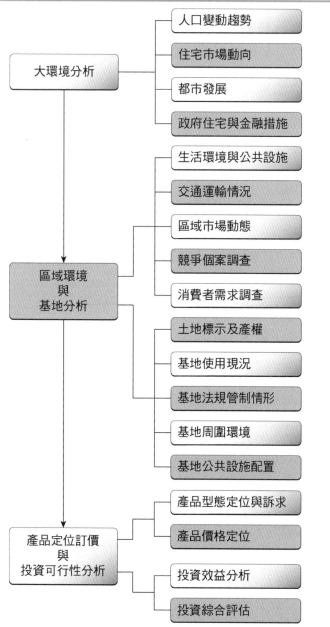

十二　國內房地產市場分析中之大環境分析

通常是調查該地區人口成長變動、住宅市場景氣情形、都市計畫發展以及政府住宅、金融等政策為主。說明如下：

（一）人口變動情形

大環境中的人口成長及變動情形，並不為國內業者重視。只有在投資地區不熟悉或是投資個案屬大型住宅社區時，才會注意到地區人口成長及變動情形，對於較小型的住宅個案，甚至忽略人口資料。

（二）都市發展

都市發展對地區住宅市場影響甚大，連帶對個案銷售及發展有密切的關聯。一般對都市計畫發展調查之內容為：

1. 主要計畫部分：僅作為參考依據。

2. 細部計畫部分：業者相當重視，包括交通運輸、道路系統配置、土地使用分區管制，以及公共設施配置（如公園、綠地、運動遊樂及醫療、文教等對居住生活影響較大的公共設施）。

3. 其他：如新開發地區以及土地重劃地區等，各項計畫及公共設施配置齊全，有利於投資開發。

（三）住宅市場動向

在大環境分析內容中，業者對於住宅市場動向最為注重。住宅市場動向的調查與分析內容包括：

1. 住宅市場景氣分析：除依據業者本身實務經驗判斷外，多半參考房地產相關研究對住宅市場景氣之分析。

2. 住宅形態分析：對過去和目前市場上推出的住宅個案，研究其住宅形態（如公寓、大廈等）、戶數等，作為未來市場趨勢之預測。

3. 住宅市場價位分析：對市場上各種住宅形態的平均價位做進一步的分析，作為投資個案訂價之參考。

4. 住宅市場胃納分析：以預售屋、新屋市場個案或各形態住宅之平均銷售率做各月或歷年統計，當成市場胃納之依據。

（四）政府住宅與金融政策

　　政府住宅政策的動向以及金融措施如利率、融資調整及限制和政府對股市之干預等皆會對住宅市場景氣產生衝擊。

十三　國內房地產市場大環境分析之現況檢討

（一）大環境範圍之界定不清楚，甚至對大環境與區域環境範圍界定發生混淆，有些業者則根本將其忽略，只注重區域環境動態。

（二）人口成長及變動情形，缺乏詳細之人口資料如人口變動情形（淨增加或減少）、家庭戶量、家庭年齡層分布以及家庭所得階層分布和就業人口結構等之探討。

（三）多數業者對於地區經濟及產業發展的趨勢並不重視，且建築投資公司亦缺乏這方面的專才。

（四）關於住宅市場動向之調查與分析，目前業者較重視預售屋、新屋市場，忽略了在整體住宅市場中占絕大多數比例之成屋市場動態。

（五）住宅市場動向之資料來源，大多由坊間房地產相關報章雜誌中獲得，在房地產資訊體系不健全之下，正確性低，且容易誤導。

（六）國內市場胃納分析，通常以其他預售屋、新屋個案之銷售戶數或銷售率作為代表。與國外實際去推估整體住宅市場胃納率(absorption rate)及胃納數量之作法相去甚遠。充其量僅能稱之為銷售率分析。

十四　國內房地產市場分析中之區域環境分析

　　國內針對區域環境分析之程序及內容大致可分為生活環境及公共設施調查、交通運輸分析、區域市場發展分析、競爭個案分析，與消費者需求調查等項。

（一）生活環境及公共設施調查

1. 區域環境概況介紹：對於投資基地所屬區域之範圍（通常以行政區域為界）以及此區域在大環境中所處之區位加以說明。

2. 公共設施配置情形：對於區域環境中，各項公共設施配置情形之調查項目主要為學校、市場、醫療、警察單位、金融、休閒遊憩及文教設施等。

（二）交通運輸分析

1. 對外交通狀況：區域聯外交通幹線如鐵路、公路運輸情形之說明。

2. 主要道路分布：即描述區域內主要道路之走向分布與交通狀況。

（三）區域市場發展分析

　　調查最近幾年，在區域內所推出之住宅個案，分析其住宅形態、規模坪數以及銷售狀況等，並參考大環境中住宅市場發展趨勢，歸納出目前及未來區域住宅市場的發展動向。

（四）競爭個案分析

1. 競爭個案調查：內容包括：(1)個案名稱；(2)個案位置；(3)個案公開銷售日期；(4)興建及企劃行銷公司名稱；(5)個案形態及樓層數；(6)規劃坪數（或主力坪數）；(7)規劃戶數；(8)推出總金額；(9)平均單價；(10)銷售率。

2. 競爭個案分析：主要對競爭個案之區位、型態、格局規劃、價位銷售狀況以及行銷策略等項做評估，以了解競爭個案的優缺點，作為本身投資個案基本構想之參考。

（五）消費者需求傾向調查

　　主要以競爭個案銷售狀況來推估，目前及未來消費者對住宅形態、坪數以及價位等之喜好及需求傾向。

十五　國內房地產市場分析中之基地調查分析

（一）**基地位置及產權調查**：基地位置調查內容包含土地標示、座落，以及面積等。產權調查主要在確定基地的權屬歸何人所有，以及有無他項權利存在，以免日後發生土地產權糾紛。

（二）**基地使用現況調查**：派員至現場勘查基地的現況與書面資料上所記載情形是否吻合，以及勘查附近的地形、土質等情況，並且拍照存證，作為基地規劃配置之參考。

（三）**法規管制調查**：調查基地屬於何種法規管制及管制內容，以作為土地使用與建築規劃的依據。

（四） **周圍環境與出入動線**：對於基地附近環境（通常以鄰里為範圍）如建物形態、土地開發狀況等情形做勘查之工作。至於出入動線調查主要為基地四周道路系統及出入狀況和公車網路等情形。

（五） **公共設施配置**：調查基地附近鄰里公共設施配置情形如社區公園、文教購物、排水管線等，且對於這些公共設施配置及分布情形，業者通常會標示其與基地之距離。

十六　國內房地產市場之區域環境與基地環境現況

（一） 區域環境及基地分析之範圍界定上，經常有混淆不清的情形發生。如區域環境分析之內容併於基地分析中探討，或是僅調查基地附近之鄰里範圍，而忽略了整個區域環境的動態發展。

（二） 區域環境分析通常只做到對其他競爭個案狀況的調查，而缺乏將調查結果經過次市場分析的方法依不同形態、價格範圍及坪數範圍等區隔成不同的供給次市場，並分析各類型次市場供給數量的變動趨勢而歸納出各次市場的主要供給類別。

（三） 對於市場需求動態，缺乏區域居民需求狀況的分析，如家戶數量、人口組成及所得變動的情形對住宅需求之影響等，而市場胃納數量的掌握與推估亦多數缺乏。至於對消費者需求傾向的調查，缺乏針對國內居住性及非居住性需求之間的特性作探討。

十七　國內房地產產品定位與訂價

（一）產品定位

1. 產品的定位可分為產品形態、規模格局的定位以及產品訴求之目標市場的選定。

2. 產品訴求目標市場選定的考慮，包括公司本身的行銷目標與策略、附近其他個案的購買者背景資料，以及產品本身的條件。

（二）產品訂價

1. 訂價之考慮因素：主要為現行市場價格行情，此外消費者對公司產品形象之認知、消費者購買能力以及公司行情目標等，亦為訂價時之重要參考因素。

2. 訂價目標之選擇：以銷售利潤最大為主要目標，其次亦考慮市場銷售率及產品品質領導權等目標。

3. 訂價方法之選擇：大致分成成本加成訂價法、目標利潤訂價法以及現行市場訂價法。以現行市價訂價法最常被採用。

十八　國內房地產投資之可行性評估

（一）投資效益分析

1. 收入部分：主要為預估之銷售收入，其通常劃分為幾期分別估算，如預售之收入、施工期之收入以及完工後之收入等。

2. 成本部分：主要為土地成本、建造成本以及其他管銷成本（如利息、稅負、廣告設計、佣金等）。

3. 利潤及投資報酬部分：投資報酬為此個案是否值得開發的關鍵，投資報酬率（毛利率）須高於既定標準以上（通常為 20～30%，視公司情況而定），業者才會考慮開發此個案。對於投資報酬率之估算，有些業者更將其細分為對成本之報酬率以及對收入（總售價）之報酬率等。

（二）投資綜合評估

1. 市場景氣情形：即對於大環境中住宅市場及各項動態情形之分析結果做評估，以為進入市場時機之考量。

2. 市場行銷狀況：根據競爭個案調查及分析之結果做評估，以作為本身個案未來銷售胃納率和產品訴求目標市場擬訂之參考。

3. 產品風格及區位條件：主要對產品形態及價位和基地實質環境條件（主要為居住環境、交通狀況和學區距離等）做評估，以為個案在廣告及銷售策略之重要參考。

 國內房地產產品定位及投資可行性評估檢討之處

（一）缺乏對於區域市場甚至大環境市場景氣狀況做整體的衡量，並未針對次市場，按產品形態、規模、價格範圍以及消費者所得狀況、年齡分布和需求偏好等區隔成不同的供需次市場與進行產品定位及訂價。

（二）未能作深入的分析與考量市場景氣狀況的變動對產品定位及訂價時的影響，以及未有因應之策略。

（三）就投資可行性分析方面，忽略了對市場狀況方面的評估，長遠對於投資可行性報告的完整性以及日後的投資決策，皆有不利的影響。

國內外市場分析之差異比較

（一）制度背景之差異

1. 國外房地產投資業的管理及制度發展成熟，國內房地產業發展迄今短短四十年，在許多制度上並不健全。

2. 國外早已有預測景氣之制度，國內自 88 年起，內政部建築研究所與政大臺灣房地產研究中心已按季發布臺灣房地產景氣動向季報，針對臺灣房地產市場景氣作長期的研究與預測。唯目前內政部已停止辦理此項計畫。

3. 國外住宅市場之供需資訊公開流通且客觀公正。但國內對於價格、空屋率及交易資料則諸多欠缺，且民間相關房地產報章雜誌及業者所發表之住宅供需及交易資訊，相當缺乏。

（二）流程上之差異

1. 國外大致可分為市場研究以及市場能力分析，也有將上述兩項目內容再細分為地區經濟分析、市場分析、市場能力分析與可行性分析。

2. 國內對於市場分析流程及項目分為大環境分析、區域環境、基地分析、產品定位與投資可行性評估。

3. 國內之大環境分析與國外之市場研究具有相同意義。而區域環境及基地分析與產品定位及投資可行性評估則與國外之市場能力分析有相同之意義。

4. 國內業者對於區域環境及基地條件的掌握與選擇有獨到的地方，為國外業者所無法比擬。

（三）內容重點及作法之差異

1. 國外市場分析以需求導向為主，著重於市場需求變動和市場胃納狀況的預測與分析。

2. 國內市場分析是供給導向型態，主要著重於市場上競爭個案狀況的調查與分析。

3. 市場分析工作的重點實應以需求面分析為主，再與供給面及其他狀況相配合。故國內未來的作法應逐漸轉向以市場需求分析為主。

 國內外業者在市場分析中所重視之項目內容及詳細作法之差異

（一）整體環境及市場動向方面

1. 國外房地產市場景氣較平穩，業者較重視房地產市場之長期發展，以及投資地區的環境及發展潛力。故對於整體環境及市場動向，多數會透過經濟基礎分析來判斷投資之可行性。

2. 國內房地產景氣較不平穩，且波動頻繁，是以對於大環境分析偏重於市場景氣之粗略調查，常忽略如經濟產業、政府政策與人口及家戶等大環境情形的考量，導致投資評估與決策易於發生偏失。

（二）市場供需動態方面

1. 國外對於住宅市場供需動態的預測與分析，分成一般市場分析與次市場分析。

2. 國內對於市場供需動態之分析雖已具次市場之觀念與作法，但在分析內容中，多數仍偏重於供給層面的調查與分析。缺少針對歷年市場所

推出之個案，依區域、型態及價格分別予以歸類和分析，消費者的需求亦少被實際調查。

（三）市場胃納分析方面

1. 國外業者對市場胃納分析極為重視且力求完整詳盡，以便掌握一定時間內的市場需求數量（即市場胃納）。同時，亦常將市場胃納情形與供給次市場分析相互結合，以了解各類型之住宅市場的胃納情形。

2. 國內業者對於市場胃納分析之作法充其量只是市場銷售狀況及銷售率的分析，其中尤其缺乏時間的觀念。

（四）產品定位與訂價方面

1. 國外業者在住宅個案產品定位時所考慮之因素乃傾向於需求層面，對於消費者之需求及購買能力則相當重視。至於在產品訂價之考慮，亦多配合公司長期營運計畫與發展，以長期利潤為考量。

2. 國內業者對於產品定位仍主要以市場供給趨勢為考量，對於消費者需求與購買能力則較少考量，至於在產品訂價亦多以追求短期最大利潤為主要考量，且隨市價調整。

（五）投資可行性評估方面

1. 國外對於投資可行性評估的內容及作法，大致可分為財務性的分析與非財務性的分析來構成完整的投資可行性評估結果。

2. 國內對於投資可行性評估的內容多數則偏重於財務分析，而且對於財務分析的作法一般僅做到成本及利潤的損益分析，關於較詳盡的分析方法如現金流量分析、財務槓桿分析等，則少有為之。

二十二　國內房地產市場分析之課題與對策

(一) 課題一：大環境動態之整體掌握

對策：

1. 在市場景氣資訊方面：若能依住宅生命週期劃分成投資、生產、交易與使用等階段則有助於業者對市場景氣狀況有更深一層的認識與了解。

2. 在大環境條件方面：應對：(1)人口及家戶變動；(2)家戶所得變動；(3)就業型態與失業率等進行分析。

(二) 課題二：供需次市場分析觀念的運用

對策：

1. 供給次市場分析
   (1) 按區域別劃分：即調查各地區歷年所推出之住宅數，但以投資個案所屬區域為主要調查對象。
   (2) 按型態別劃分：即調查各型態住宅歷年所推出之戶數。
   (3) 按價格別劃分：即調查各價格每坪單價範圍之住宅歷年所推出之戶數。
   (4) 按規劃坪數別劃分：即調查各坪數範圍之住宅歷年所推出之戶數及總價。

   供給次市場分析，主要是將各類型次市場相互配合，作為投資個案本身產品定位及價格研擬之參考。

2. 需求次市場分析

(1) 按家戶戶量及年齡組成別劃分：家戶戶量及年齡結構之改變對各類型住宅之需求不同，是故透過此項調查可預測住宅需求之類型。

(2) 按家戶所得別劃分：即調查家戶所得狀況並配合各價格範圍住宅所需要之家戶所得最低標準，則可大致估計出有能力進入住宅市場之需求數量。

(3) 按需求偏好別劃分：即調查消費者對住宅需求之偏好情形，大致可以從歷年市場上各類型住宅之銷售狀況而推估出消費者需求偏好之趨勢來作為參考。

(4) 按購買動機別劃分：國內一般大眾對房地產及住宅投資與保值的動機相當濃厚。其次，所得和生活品質提高，也使得換屋需求有上升的趨勢。

需求次市場分析之目的在於進一步掌握市場需求動態，以作為投資個案在產品定位、訂價及產品訴求之選定時有明確之參考根據與準則。

（三）課題三：市場胃納分析方法之運用

對策：

1. 市場胃納意義之掌握：主要在調查一定期間範圍內市場上需求數量。是以市場胃納特重時間的區隔。

2. 市場胃納分析方法之運用：市場胃納分析之目的，一方面是在調查各期之需求趨勢，明瞭市場景氣狀況；另一方面則是藉過去各期胃納數量，作趨勢分析而推估出未來市場胃納數量。並且透過競爭個案調查，了解未來市場可能供給數量及未來胃納數量相互配合觀察，可了解未來市場究竟有多少需求數量可供本身個案來銷售與開發，作為個案預估銷售率與市場占有率之參考。

（四）課題四：產品定位及訂價對市場動態之考慮

1. 市場景氣活絡階段：需求者眾多且投資型需求者所占之比例亦高，而住宅價格亦持續上升，住宅市場交易數量增多，可說是屬於賣方市場。此時投資策略可趨向於開明大膽的作風。

2. 市場景氣持平階段：需求者日趨理性且投資型需求亦開始觀望，市場之交易數量亦有減少的趨勢，此時業者投資策略亦必須謹慎，可著重於區位條件的考量。

3. 市場景氣蕭條階段：市場交易數量明顯萎縮而且議價空間頗大，屬於買方市場。此時需求者多抱觀望心態，需求類型以自住型為主。景氣蕭條時，業者之投資策略宜採保守態度且必須精確掌握市場胃納及需求數量，最好選擇區位條件優良的基地來開發。

（五）課題五：投資可行性分析之完整性

1. 非財務性分析方面：(1)投資環境評估；(2)市場供需動態評估；(3)產品規劃之評估。

2. 財務性分析方面：(1)損益平衡點分析；(2)財務槓桿分析；(3)內部報酬率分析；(4)淨現值分析法。

二十三　不動產消費者行為分析

（一）動機(why)

　　一般購屋之動機可以區分為自住消費型與投資類型兩種。

（二）人(who)

針對銷售客源層進行偏好和需求分析來決定產品之類型與規劃內容。

（三）產品(what)

針對購屋者之動機類型、社會階層、所得、性別、年齡、教育程度與偏好來規劃產品。

（四）時(when)

指購屋之時點，一般在臺灣分別有青年節與教師節兩大檔期，而農曆七月則較少人購屋，有淡、旺季之分。

（五）地(where)

依據人口、工作、生活機能條件和都市發展條件計算出可能的客源來源地。

（六）如何(how)

分析購屋者如何搜尋購屋資訊，透過各類傳播媒體、仲介或親友介紹，來判斷消費者可接受之房屋類型與價格。

二十四　以行銷學之 SWOT 分析不動產投資個案

SWOT 分析指優勢、劣勢、機會與威脅，其對不動產個案之市場分析評估如下：

（一）優勢

指個案具有哪些優勢，如交通、生活、工作機能完善，依山傍海景觀佳等。

（二）劣勢

指個案有哪些缺點，如基地不方整、緊鄰鄰避設施等。

（三）機會

如附近未來有大型公共設施建設或開發案，長期可帶動個案與地區之發展。

（四）威脅

如緊鄰相似之開發案，或地區人口外移等未來會發生的不利因素均屬之。

 高級辦公大樓、百貨公司、一般零售商店市場層級範圍

（一）**高級辦公大樓**：全國或國際性市場。

（二）**百貨公司**：區域性市場。

（三）**一般零售商店**：地方市場。

 房地產市場分析的功能以及與投資分析的關聯性

（一）透過價格機制，不動產市場的主要功能在交易空間和金錢

1. 根據消費者的需要和付款能力，現有的空間在交易中重新配置給不同的買主，且決定以後的用途。

2. 市場中房地產可拿出來交易轉移，轉手給不同的人，且所有權人可自行決定不動產作什麼用途使用。

3. 市場不斷地變動，空間的品質和數量也不斷地修正。

4. 如果市場中建築物作辦公室使用的租金較高，則現在作住宅的建物很可能被改為作辦公室。

5. 如果市場上買方的需求大於建物的供給，則價格提高，建商會增加供給，使空間的供給數量增加。

（二）決定土地使用的型態

1. 土地的使用者會看哪一種使用類型會得到最高的利潤率，因此即將土地作用為最高最有價值的使用。

2. 如果有人要租土地來使用，最後會由最有能力付高租金者使用。

（三）市場中，買賣雙方最後決定的價格是一致的市場價格

　　市場價格的資訊對於投資者、承租者、經營者、地主、建商、開發者、仲介人員都需要有價格的資訊作判斷。尤其是投資者特別需要市場分析的資訊作為何時投資、經營多久，以及何時出售的決策參考。

二十七　住宅市場需求與供給分析之項目

（一）影響有效需求的因素（願意且有能力購買）

1. 新家戶形成、消費者數目增加，或當地廠商家數擴張會促使房地產的需求增加。

2. 新家戶的年齡組成不同、生命週期類型的差異，會產生異質的住宅需求，例如高齡化的社會，老年人口增加可能會增加銀髮住宅的需求。

3. 家戶所得是決定房地產消費與投資的關鍵經濟因素,所得增加,購買力提升,房地產的需求量增加。

4. 貸款條件愈寬鬆,愈可以刺激購買力較低的需求者進入市場。

5. 房地產的持有成本愈高,會增加房地產擁有者的負擔,愈會降低持有的意願。例如:政府如果重課地價稅或課徵空屋稅將會增加房地產所有權人的負擔,較高的持有成本會降低房地產投資的利潤率,將使房地產的投資需求減少。

6. 對於未來房地產增值的預期,會影響房地產的投資需求,如果預期房地產未來增值潛力較高,會使得房地產的投資需求增加。

(二) 影響市場供給的因素

1. 新屋的價格:Poterba(1984)的研究指出,房地產產品的價格是影響供給最關鍵的因素,而其價格彈性介於 0.5～2.3 之間,價格彈性為正,表示產品的價格愈高,開發商的供給意願愈高,供給量愈大。DiPasquale and Wheaton(1994)更進一步爭論房價長期上漲,會使房地產的供給量持續增加。

2. 替代產品的價格:Poterba(1984)的研究也指出,非住宅產品的價格上漲,會降低建商開發住宅產品的意願,受到替代效果的影響,住宅市場的供給量會減少。

3. 生產要素的價格:土地價格、工資、利率、建材價格等是房地產生產要素的成本。生產要素價格過高,將會使得供給者利潤降低,減低供給的意願。

4. 生產要素的生產力和技術:土地的容積率、建蔽率高代表土地的生產力高,可以供給更多的建物樓地板面積;而建物興建的技術也影響供給者興建的效率和成本,新技術的採用可以增加供給的效率。

5. 建商家數：市場上同業競爭的家數多，表示供給面競爭激烈，較不易有超額利潤。

6. 建商對未來銷售額的預期：供給者對於未來的銷售率或獲利率有較高的預期，則會增加供給的意願。

7. 更新使用：房地產再使用階段逐漸老舊衰敗，經過一定的耐用年限折舊之後，就會面臨實質條件不適合居住或使用，而必須拆除更新。拆除的戶數增加，市場則會有較多的供給潛力。

8. 信用條件：房地產的供給者常需要藉助投資者的資金或向金融機構辦理建築融資，因此信用條件寬鬆、利率較低、取得貸款容易，可以增加房地產的供給。反觀政府過去曾對房地產業者實施選擇性的信用管制，則會使市場供給的動能衰退。

二十八　產品訂價與投資可行性分析的關係

　　在投資個案基本構想及計畫中，對於產品的定位與訴求和訂價的考慮，除應配合公司本期投資目標和基地本身的實質條件外，最主要的考慮仍是根據市場供需發展和價格變化之趨勢。至於投資可行性分析，則是從財務性分析與非財務性分析（即市場狀況綜合評估）角度來衡量個案投資獲利與銷售能力，作為投資決策的主要參考依據。產品訂價的高低，關係到投資可行性的高低，訂價過低，銷售率高，投資的銷售總收入較高，但是報酬率較低。相對的，訂價過高，銷售去化不易，不見得會提高投資的可行性。因此，投資者須以不同的訂價模擬試算，找出最具銷售可行性與財務可行性的訂價。

二十九 市場分析與行銷策略之關係

行銷策略在房地產上占有頗重的分量,其一般定義是一種加速或刺激,甚至在創造消費需求的產品銷售的系統過程,其應用範圍很廣,但最終的目標都是在求取相關風險下的最大報酬。對房地產市場而言,銷售是包含從開發設計到交易完成的一連串過程。舉例來說,最常見的是預售屋的行銷。首先企劃者須對市場進行各項分析外,尚包含市場區隔、產品定位、訂價策略、廣告等等。就產品定位而言,可分為產品型態、規模格局及產品訴求的目標市場的選定,主要還是以範圍內的競爭個案為考量。產品訂價方面考慮市場區隔銷售對象或是其他目標最可能接受的價位,都在追求利潤或銷售率的極大化。在市場分析中,了解其他競爭個案的區隔、產品定位、訂價、廣告策略等,可作為投資者研擬本案行銷策略的參考。

三十 市場區隔與市場細分

(一)市場區隔(需求面)

「市場區隔」(market segmentation)乃按潛在使用者之消費特性,將市場加以區分成較小卻較均質的次市場。區隔可按下列屬性進行:

1. 消費者之年齡、性別等人口特性。

2. 消費者之收入等經濟特性。

3. 消費者之品味、態度、偏好、宗教信仰、道德觀念等心理特性。

（二）市場細分（供給面）

　　不動產市場商品之異質性高，「市場細分」(market disaggregation)試圖將一地區之不動產市場，按土地使用機能、權屬、建物型態、價位、面積、房間數、建築式樣、衛浴設備、附屬設備等因素，將其區分為較小且較均質之次市場，而影響該次市場之供需因素較為同質，俾利市場分析。

三十一　影響零售空間範圍之因素　🔍

（一）地理因素

　　影響零售空間範圍之地理因素，常指空間範圍之幅度。即由對象不動產到市場邊緣之距離或時間。各種影響旅行時間之變數，均可能影響零售空間範圍之地理界限。

（二）街道及近接因素

　　街道及近接因素多方面影響零售空間範圍：(1)高速公路降低旅行時間，故可延伸零售空間範圍之地理界限；(2)近鄰之街道特色，例如單行道無形中降低近接性；(3)道路品質、交通號誌數量及運作方式、平交道等軟硬體設施，均直接影響交通之順暢，進而影響零售空間之範圍。

（三）基地近接因素

　　就算消費者已透過街道系統來到對象基地前，不保證一定登堂入室，因為引道坡度、界石設置地點及數目、有無迴旋道、基地與街道之高低差等因素，均可能影響消費者光臨該基地之意願。

（四）道路環境及旅行之渴望程度因素

一般消費者旅行時，喜歡沿路的環境風景幽美、街道乾淨、安全衛生，因此這些因素也間接影響零售空間之市場範圍。

（五）經濟因素

零售業之經營者基於經濟考量，除要求銷售額能夠涵蓋所有營運成本外，並有足夠的合理利潤，以為其承擔風險之對價。亦即該銷售額至少須能滿足所有生產要素之要求報酬，而為經營者進入市場之門檻。除了拓展市場範圍，以達到甚至超越該門檻外，也可探討購買力。按購買力乃所得及消費者數目（人口或家戶）之函數，故分析師從事市場分析，應聚焦研究零售空間範圍內之所得及消費者數目，以歸納出該範圍內之購買力。

三十二 商圈(trade area)評估指標

以每一塊土地街廓作為調查單位，計算其商業機能（中心商業一般指百貨公司、服飾店和專門商店）與集中性所占之比例，來評估商圈的商業機能。

（一）高度指標(Total Height Index, THI)

$THI＝$ 總樓地板面積／基地面積

（二）中心商業高度指標(Central Business Height Index, CBHI)

$CBHI＝$ 全部中心商業使用的樓地板面積／基地面積

選擇大於 1 之街廓

（三）中心商業強度指標(Central Business Intensity Index, CBII)

$CBII = $ 中心商業使用的樓地板面積／總樓地板面積

選擇大於 50％之街廓

（四）中心商業指標(Central Business Index, CBI)

$CBI = $ 超過 1 之 $CBHI + $ 超過 50％之 $CBII$

三十三　界定零售空間之市場範圍（區位潛力競爭模式） 🔍

　　界定零售空間之市場範圍，旨在分析究竟消費者對財貨、服務之需求，衍伸到可以支撐多大的空間存在。

（一）購買力指標(Buying Power Index, BPI)

預測和評估對商業設施的需求偏好程度。

$$BPI = 0.5 \times 有效購買所得百分比 + 0.3 \times 零售銷售百分比 + 0.2 \times 人口百分比$$

應用 BPI 可以測得不同地區的購買力大小。

（二）零售飽和指數(Index of Retail Saturation, IRS)

可作為判斷商業設施類型的供需，以及作為不同地區競爭能力之比較。

$$IRS = 需求／商業設施面積$$

　　式中之需求可以銷售額、購買力或各類型需求之測量值來代表，IRS 較高之地區，代表市場仍有需求潛力，供給設施尚可增加。

（三）類似探究途徑(analog approach)

對於相似商圈之規模和消費者人口特性，可以採用消費者分布方式來獲得消費者之來源、商業核心區影響範圍、競爭情況與地理障礙，並以問卷獲知消費者之組成結構、購物行為、消費者偏好、所得與家庭規模等重要資訊，來比較不同地區之競爭力。

（四）多元迴歸分析法(multiple regression analysis)

建立一組迴歸模型，投入與銷售額具高度相關之變數（如人口、所得、競爭家數），來預測商業設施之銷售額。

（五）引力模型(gravity model)

1. 雷利模式

Reilly 應用重力法則，發展出「雷利模式」(Reilly's model of retail gravitation)，以解釋位於二城市之間的鄉鎮居民，如何選擇到那一城市購物，進而解釋零售業間如何建立彼此的市場範圍。該模式主張：兩城市內之零售業，對位於二者間之某一小市鎮，所能吸引到之顧客量，與其所在都市人口之 N 次方成正比，而與該城市到該小市鎮之距離 n 次方成反比。至於 N 及 n 究竟各應多少，則取決於個別案例之要素組合情形。雷利模式只能分析兩都市零售業之市場範圍，兩個以上則非其能力所及。茲以數學公式陳述雷利模式如下：

$$\frac{B_a}{B_b} = \frac{P_a^N}{P_b^N} \times \frac{D_b^n}{D_a^n}$$

B_a：該小市鎮居民到 a 都市消費之比率

B_b：該小市鎮居民到 b 都市消費之比率

P_a：a 都市之人口

P_b ：b 都市之人口

D_a ：該小市鎮到 a 都市之距離

D_b ：該小市鎮到 b 都市之距離

N ：顯示都市人口較多之吸引力指數（雷利採 1）

n ：顯示小市鎮與都市距離較短之吸引力指數（雷利採 2）。

例題 1 ｜ 假設 A、B 兩市距離 30 公里，A 市人口 40 萬人，B 市人口 100 萬人，如果 N 等於 1、n 等於 2，A、B 兩市之零售業，對位於二者間各距 15 公里之 i 市鎮消費者之吸引力為何？

應用雷利摸式之數學公式求算過程如下：

$$\frac{B_a}{B_n} = \frac{40}{100} \times \frac{15^n}{15^n}$$

$$= \frac{2}{5}$$

　　A、B 兩市對 i 市鎮消費者之吸引力為 2:5，即 i 市鎮 2/7 之消費者到 A 市消費，5/7 之消費者到 B 市消費。

- ●

2. Converse 模式

Converse 模式修改雷利模式之公式，以估算距 A、B 兩市各多遠之市鎮，二零售中心對其具有相同之吸引力，亦即 B_a、B_b 均為 50%，$\frac{B_a}{B_b}$ 等於 1。其數學公式如下：

$$1 = \frac{P_a}{P_b} \times \frac{D_b^n}{D_a^n}$$

所以：

$$\frac{D_a^n}{D_b^n} = \frac{P_a}{P_b}$$

因為雷利主張 $n = 2$，所以：

$$\frac{D_a^2}{D_b^2} = \frac{P_a}{P_b}$$

即：

$$\frac{D_a}{D_b} = \frac{P_a^{\frac{1}{2}}}{P_b^{\frac{1}{2}}}$$

$$D_r = D_a + D_b$$

D_r：A、B 兩市之總距離

$$D_b = D_r - D_a$$

$$D_b = 30 - D_a$$

$$\frac{D_a}{30 - D_a} = \frac{40^{\frac{1}{2}}}{100^{\frac{1}{2}}}$$

$$\Rightarrow 1.63 D_a = 18.97$$

$$\Rightarrow D_a = 11.62$$

$$D_b = 30 - 11.62$$

$$= 18.38$$

經套入上開公式結果，前述相互距離 30 公里之 A、B 兩市，其市場範圍之分界線於距離 A 市 11.62 公里，距離 B 市 18.38 公里之市鎮。即 A、B 兩市對該市鎮消費者具有相同之吸引力。

3. Ellwood 模式

   Ellwood 模式修改雷利模式之變數，改以開車時間估算距 A、B 兩市各多遠之市鎮，二零售中心對其具有相同之吸引力，亦即 B_a、B_b 均為 50%，$\dfrac{B_a}{B_b}$ 等於 1。其數學公式如下：

$$\frac{B_a}{B_b} = \frac{S_a^N}{S_b^N} \times \frac{T_b^n}{T_a^n}$$

   S_a：a 都市之人口

   S_b：b 都市之人口

   T_a：該小市鎮到 a 都市之開車時間

   T_b：該小市鎮到 b 都市之開車時間

4. Huff 之機率模式

   雷利模式不能分析兩個以上零售業之市場範圍，此缺點由 Huff 之機率模式加以改進，因其採用 Ellwood 之變數，以下列數學公式，處理兩個以上零售中心相互競爭下，對消費者之吸引力各為何。

$$P(C_{ij}) = \frac{\dfrac{S_j}{T_{ij}^{\lambda}}}{\displaystyle\sum_{1}^{n} \left(\frac{S_j}{T_{ij}^{\lambda}} \right)}$$

   $P(C_{ij})$：i 地消費者到 j 市消費之機率，例如當 $P(C_{ij})$ 為 0.8 時，代表 i 地 80%之消費者到 j 市消費

   S_j：j 市之規模

   T_{ij}：i 地消費者到 j 市之旅行時間

n：鄰近商業中心之數量

λ：特定零售業種之旅程影響參數。（Huff 發現家具業為 3.19、成衣業為 2.72）

5. Applebaum 標定顧客位置模式

Applebaum 以問卷、觀察車牌號碼等方法，將顧客位置標定於圖上 (customers spotting)，據以決定主要及次要零售範圍，其步驟如下：

(1) 建立顧客位置圖：市調員隨機抽選進出零售空間之顧客，以得知其來自何處後，將其來處標定於街道圖上，以建立詳細的顧客位置圖，據以推知顧客之地理分布，進而劃分主要及次要零售範圍。

(2) 估算細分為小方格地區的人口數：將調查區域細分為每單位 1/4 平方英哩之小方格，配合應用街道圖，以查定每方格內之人口數。

(3) 估算每方格地區的零售量後整合成零售範圍：由顧客位置圖推知顧客之地理分布，然後據以劃分主要及次要的零售範圍。

三十四 零售空間市場分析

（一）區分財貨及服務之類型

應先確認零售活動之類型及基本特色，再進一步決定使用空間之類型與特色。一般可將財貨及服務大略區分為耐久財（即高階財貨或選購財貨）及非耐久財（即低階財貨或便利財貨）二類型。前者較昂貴、購物頻率較低，因此一旦決定購買，消費者便須仔細選購，以詳查其品質、設計與價格差異。消費者為了選購耐久財，常專程造訪零售空間，且其旅程可能較長；反之，後者相對便宜，經常規律性地（每日、週、月）購買。因為消費者經常進出零售空間，對其財貨及服務之品質與價格非

常了解。所以便利財貨經營者之訂價策略須具競爭力，應提供廣告及寧適設施、且須選擇對消費者近便之區位。

（二）鎖定消費者之類型

由一般民眾中選出常會光顧零售空間之族群，再確認其社會經濟特色為何。鎖定消費者之類型後，再行決定須多少消費者始具經濟規模，足夠支撐零售空間之營運。

（三）確立零售空間之理想區位特色及營業組合

應判斷零售空間理想區位特色及營業組合，始能成功地執行其行銷策略。例如，中心商業區零售市場，應位居商業及住宅之核心位置，市場內應包括大百貨公司、精品店、娛樂餐飲及後勤的支援業者。

三十五　影響零售空間需求之因素

（一）　商圈（該次市場）內之人口。

（二）　家戶所得及可支配所得。

（三）　家戶所得花費在零售空間之百分比（可細分為各類不同零售空間之百分比）。

（四）　地方零售業之總銷售額中，特定商圈之占有率。

（五）　零售空間得以存活之「坪效」（即零售業者如欲保有合理利潤，每單位面積應有之最低銷售額度門檻）。

（六）　該次市場之空置率。

（七）外來消費額（消費者非該商圈內之居民）占總銷售額度之百分比。

（八）土地使用類型及都市成長發展方向。

（九）影響可及性之道路系統、交通設施及成本。

（十）影響零售空間對消費者吸引力之因素（例如形象、口碑、寧適度
等）。

三十六 辦公室市場分類

辦公室市場可按功能、都市區位、品質等因素加以細分如下：

（一）按功能細分

1. 聲譽卓越之辦公空間

「聲譽卓越」(prestigious)之辦公空間常為大公司之總部，通常要求其位
置絕佳、能見度高、設計好且寧適性高。其興建常具永續經營之意圖，
以長期使用而非投機之觀點開發，俾彰顯公司之企業形象。

2. 一般性之辦公空間

「一般性」(general)之辦公空間注重功能設計，以發揮經營功效。通常
要求近接但不需高能見度之區位，且建築物可提供不同程度之寧適設
施，以供不同使用者挑選。

3. 勤務支援性之辦公空間

「勤務支援性」(supportive)辦公空間之使用者，其業務依存於同棟建
築物（或建築群）之其他空間使用者（可以是零售、倉儲、輕工業等
活動之經營者）。其對區位及寧適設施之要求，悉以服務對象之需求為
依歸。

（二）按都市區位細分

　　雖然市中心與市郊並無明確的界線，辦公空間位於都市之不同地區，吸引不同之使用者，故將辦公空間按其區位細分為市中心與市郊，對市場分析具有實益。

1. 市中心之辦公空間

　　市中心之辦公空間常係高樓大廈，為金融、保險等財務公司之總部，企圖以其高能見度強化公司形象。此外，因其近接大量人潮，可吸引願付較高租金之承租人。

2. 市郊之辦公空間

　　此類辦公空間吸引不需能見度高、近接客戶、在乎彰顯公司形象之使用（包括公司門面已經設在市中心者之勤務支援活動）。市郊辦公空間也吸引服務郊區顧客之空間使用（如不動產仲介、保險經紀人）。其實經過第三波之產業革命，電子通訊發達，很多公司總部已經去中心化，搬至郊區，選擇具有校園氣氛之辦公空間（例如宏碁公司搬到龍潭）；反之，中心都市更新以致舊城回春等因素，也產生向心運動（又如宏碁公司考量員工通勤問題而搬回臺北）。都市中心與市郊之辦公空間雖可個別分析，但不能漠視二者互動之事實，須進一步分析其間之波及效應。

（三）按品質細分

　　辦公空間之品質乃其區位、建築物屋齡物理狀況、寧適設施、租金水準之整體表現。其中寧適設施包含下列四大類：(1)宗地設施：停車設備之充裕度、內部通道之順暢度，及特殊設施之有無（如人車分道、室外遊憩設施、造景等）；(2)建築外觀：外部視覺效果、入口特殊設計等；(3)內部設施：特殊之經營、環境管理、安全等設施、內部景觀及開放空

間；(4)內裝潢之品質與水準。傳統上辦公空間按品質細分為 A、B、C 三等級。

1. A 級辦公空間

   A 級辦公空間具有下列特色：(1)區位及近接性特優；(2)建築物之物理狀況優良，嚴守建築管理法規之規定，且有過之而無不及；(3)租金可與新建築物匹敵。

2. B 級辦公空間

   B 級辦公空間具有下列特色：(1)優良之區位；(2)建築物之物理狀況良好，並符合建築管理法規之規定；(3)建築物可能有輕微之物理與功能折舊；(4)租金低於新建築物。

3. C 級辦公空間

   C 級辦公空間具有下列特色：(1)建築物較老舊（15 年以上）；(2)可能不符合建築管理法規之規定；(3)建築物已有明顯之物理與功能折舊，但仍為供給辦公空間之一部分；(4)租金低於 B 級辦公空間。

三十七 影響辦公空間需求之因素

辦公空間之市場分析注重企業之調查，因為企業乃辦公空間之消費者。下列因素乃分析之重點（曾東茂，1999）：

（一）使用辦公空間之地方雇主。

（二）每一使用辦公空間者所需之單位面積。

（三）特定等級辦公空間之需求。

（四）特定等級辦公空間之空置率。

（五）土地使用類型及都市成長發展方向。

（六）影響可及性之道路系統、交通設備及成本。

（七）影響辦公空間對消費者吸引力之因素（例如營建品質、管理、支援設施方便度、寧適度等）。

　　辦公空間之使用者有兩大類：1.服務地方市場之使用（如醫師、律師、會計師、估價師等專業者），故其重視與地方顧客之聯繫；2.非服務地方市場之使用者（如大公司之地方辦事處），其較不重視與地方顧客之聯繫，故區位之選擇較具彈性，可能只選都市別，之後再考慮近接市中心、快速道路、相關或勤務支援服務、聲望及高能見度、品質高之辦公空間。長榮集團位於桃園南崁之辦公大樓，可引以為例。

三十八　辦公室市場分析

（一）市場分析

　　辦公大樓主要為提供產業與公司辦公之場所，一般以服務業居多，其市場分析最常以空置率(vacancy rate)和租金水準為衡量指標，不同等級辦公大樓市場區隔明顯。

1. 需求分析

　　(1) 主要大型機構：以金融大型機構為主，以及各企業之總公司或總部，通常會有自己的辦公大樓或承租地標型之辦公大樓，以彰顯企業之名望聲譽。

　　(2) 一般小型企業：其辦公室的需求條件為交通便利、租金低廉。如個人及社會服務業事務所。

(3) 劃定分析之地理範圍。

(4) 自總就業人口中，求算白領階級就業人口。

(5) 預測白領階級就業人口之趨勢。

將預測結果之新增需求，分派到新（改）建之辦公空間。分派的時候，應以各類活動每一雇員所需之辦公面積（類似零售空間之坪效）為準，予以計算。

2. 供給分析

(1) 了解目前及未來之市場競爭狀況，針對目標市場加以分析。

(2) 應分析該市場現使用中、興建中、經核准興建、規劃中及將來可能興建之競爭不動產。

(3) 上開分析應歸納出現在及未來將有多少競爭空間加入現有存量、市場之胃納量及空屋率各為何。

（二）實質環境分析

包括便利性、舒適性、室內設計品質、停車空間、消防、緊急電力、照明設備、保全系統以及網路傳輸的頻寬等。

（三）法律和政治分析

政府效率、地區治安、金融與基礎設施條件極為重要，此外政治情勢的穩定與否也影響企業在該地設立公司的意願。

（四）財務分析

進行基本財務分析與現代財務分析，辦公大樓同樣特別注意租金收入與現金流量之預測，以降低投資之風險。

三十九 購物中心市場分析

（一）市場分析

按照購物中心大小、類型及人口密度來界定市場範圍，評估既有及潛在競爭者，分析交通運輸狀況與區域經濟的變化。

1. 需求分析：購物中心收入主要來自店面出租之租金，因此需先進行銷售潛力分析。
   (1) 劃定市場範圍。
   (2) 分析區域內居民的總購買力，一般以人口（家庭戶數）乘上家庭平均所得可得到區內總購買力。
   (3) 從區域特性定位購物中心之類型。

2. 供給分析：藉由分析市場區域內的總潛在銷售額可以估計出可支持之零售店面面積與店面家數，藉以判斷是否應進入投資。

3. 風險管理與控制：
   (1) 選擇適當的承租戶，吸引主力廠商進駐。
   (2) 設立最低租金水準來降低風險。

（二）實質環境分析

包括商店之區位、消費人潮動線、停車空間設計與進入道路之安全性和便利性均會影響消費者的惠顧與租金之收入。

（三）法律和政治分析

首先對當地居民與社區的接受態度有所了解，其次法令上土地使用管制、環境影響評估和稅賦之規定均影響投資計畫。

（四）財務分析

進行基本財務分析與現代財務分析，購物中心之設置必須特別注意現金流量之預測，以降低投資之風險。

四十　基礎經濟理論分析的內容

基礎經濟理論又稱外銷經濟理論，主張區域經濟體內活動交相影響之複雜關係，造成區域經濟成長及變化。其源由乃因某地區之基礎活動，因其產品外銷賺取外匯，故基礎產業的成長將帶動其他非基礎產業的成長，最後全區的經濟跟著成長。

（一）確立目標區域之基礎活動

產品外銷之活動乃區域之基礎活動，透過區域內外銷活動之界定，基礎產業於焉誕生。

區位商數(location quotient)是衡量某種產業在某地區集中程度的統計方法，在都市經濟研究上是非常重要的方法。區位商數是某一產業的百分比被全國該產業的百分比除所得的數字。舉例而言，在某都市裡，製鞋業占總就業人口的 2.5%；而全國的製鞋業就業人口占總就業人口的 2.0%。則 0.25／0.20＝1.25 即為該都市製鞋業的區位商數。當區位商數等於 1 時，表示該都市的某種產業與全國的該種產業集中程度相同。大於 1 表示比較集中，小於 1 則表示比較分散。

區位商數可以用公式表示如下：

$$Q_i = \frac{\dfrac{e_i}{e}}{\dfrac{E_i}{E}}$$

Q_i = 產業 i 的區位商數

e_i = 產業 i 的當地就業人口

e = 當地總就業人口

E_i = 產業 i 的全國就業人口

E = 全國總就業人口

此公式基於三個基本假設：(1)消費型態不因地理區域不同而不同；(2)生產力不因地理區位不同而不同；(3)每種產業都各生產一種同質的產品。如果我們仍然以製鞋業為例，當區位商數等於 1 時，其所生產的鞋剛好足供當地的消費，所以沒有輸出，也沒有輸入。當區位商數大於 1 時，即可輸出，小於 1 時則需要輸入。能夠提供輸出量的就業人口，剛好等於使區位商數大於 1 的動力。若以公式表示：

X_i = 產業 i 的輸出就業人口

由前面的定義：$\dfrac{E_i}{E}$ = 供給當地產業 i 所需要的就業人口

$\dfrac{e_i}{e}$ = 產業 i 實際生產所需的當地就業人口

則：$X_i = (\dfrac{e_i}{e} - \dfrac{E_i}{E}) \times e$

如果括號裡的兩項數值相等，區位商數等於 1，產業 i 的輸出就業人口等於零。

在我們的假想都市裡，1990 年的總就業人口為 60,000。從事鞋業生產的就業人口：$\dfrac{e_i}{e} = 0.25$，$\dfrac{E_i}{E} = 0.20$

輸出就業人口為：$X_i = (0.25 - 0.20) \times 60,000 = 3,000$

如果我們把全市區位商數超過 1 的產業就業人口加總起來，即可求得全市基礎產業的就業人口。其他的則為非基礎產業就業人口。因此區位商數法可以使我們不必看見財貨的流動，即可以估計基礎產業部門的大小。

　　更精確的，須取得該地區每一活動真正外銷之資料。但是，較小地區或某些活動，往往欠缺這些相關資料。Tiebout(1962)建議以調查方式，增進估計的精確度。

（二）預測外銷活動之成長趨勢

　　一個地方之經濟與全國成長展望、各產業於區域間之消長，及地方競爭力之變化有關。外在世界對基礎產業之需求增加，將促使基礎產業之就業機會成長，從而增加對同地區內非基礎產業之購買力。確立目標區域之基礎產業後，須預估該基礎產業之成長趨勢，以便進一步評估基礎產業之成長，對非基礎活動之影響為何。

（三）評估基礎產業之成長對非基礎產業衝擊

　　外銷產業扣下扳機，啟動成長，造成整體收入成長。當區域基礎產業發生變化，其就業人口每增加一人，傳動到整個地方經濟，即對地方所得及就業之成長幅度，產生影響。簡言之，基礎產業每增雇一人，總就業人口不只增加一人，而有乘數效果。此影響程度可透過追蹤產業間之聯繫，以歸納出乘數之大小，最簡單之方法，可直接採取基本比率，例如增加一個區域基礎產業的就業人口，將導致非基礎產業增加三個就業人口，故乘數之大小為 4。但此法假設乘數不隨成長變更，忽視經濟規模之效應，所以並不實際。按地方經濟因成長而趨大，乘數將因活動變得更多元而增大，因此乘數將隨經濟規模而變動。

四十一　解釋名詞

（一）市場分析

　　乃是對市場環境、供需動態與市場競爭和銷售能力等情形之預測與分析。市場分析包含市場研究（總體市場分析）和市場能力分析（個體市場分析）兩大部分。

（二）市場研究

　　對大環境動態及地區發展趨勢等之研究，亦即總體市場分析。

（三）市場能力分析

　　對個案基地與鄰里環境市場活動的分析，亦即個體市場分析。

（四）市場區隔

　　不動產市場可區分成不同特性的次市場，而投資開發者即針對不同的次市場鎖定其目標市場與行銷策略，此可稱之為市場區隔。

（五）地區經濟分析

　　針對地區的人口結構、流動遷移、成長、所得、所在地的資源、產業結構、就業機會、經濟發展等等，做預測及分析。藉此分析了解地區經濟的發展潛力，並判斷其對地區房地產需求的影響。通常經濟基礎分析是屬於較專業技術性的工作，一般市場分析者不會親自進行一手資料，大多是蒐集現成的二手資料，依據個人的綜合能力來分析研判。

（六）市場胃納率

　　在一定的市場範圍、一定期間內，針對市場範圍中的所有對象的潛在需求量作分析，主要是針對需求作分析。市場胃納量即在某種類型價

格下所能被吸收或購買的數量，而市場胃納率＝（已購買的數量／可購買的數量）。

（七）市場占有率

在一定的時間、一定的市場範圍內，投資個案供給占市場總供給的比例。

市場占有率＝（個案已推出的數量／市場可推出的數量）

（八）銷售率

銷售率＝已售數量（金額）／可售數量（金額）

銷售率是屬於市場供需成交的資訊。

（九）零售空間

零售空間包括銷售空間、儲藏空間、行政業務空間、效用設施空間及基地空間，用以預測現在及未來的需求。其衡量之單位有「毛可出租面積」(Gross Leasable Area, GLA)及「毛建坪」(Gross Building Area, GBA)。GBA乃建築物投影面積下、外牆內之所有樓地板總面積，為GLA加上儲藏空間、行政業務空間、效用設施空間之和。

（十）投入產出分析

投入產出分析將地方主要活動區分為企業、家計單位及政府等三部門，再行建立會計帳目，以解說地方經濟活動模式，對地方所得及就業之影響。基礎產業之外需增加，可以地方內外活動交易帳目，求算前開基礎經濟理論所述之乘數，遂能得到地方最終所得及就業成長之數據。

（十一）胃納量

胃納量（或稱去化率；absorption rate）指市場對一特定使用之容受程度，常以市場於一定期間內之去化單位數（例如 100 單位／月）為衡量標準。胃納量分析主要考量需求面，具時間面向，試圖衡量一定時間內，市場的需求量。

MEMO

Chapter 06

房地產投資策略與步驟

重點提示

　　本章主要探討房地產投資的策略架構、考慮的因素,以及提出房地產投資的十大步驟與發展投資的哲學、原則、目標、決策準則與計畫政策等。重點如下:

1. 認識投資策略的架構內容、考慮因素與相關用語。

2. 了解房地產投資的十大步驟。

3. 了解決定投資策略的各種要素。

一 投資策略之架構

（一）策略：可定義為擊敗對手或達成目的之手段，也可定義為擬訂投資目標的途徑，以使投資者能達成其目標與目的之執行步驟。

（二）研擬投資策略的核心為如何界定投資者之風險及利潤。首先必須澄清投資者之投資哲學或投資原則。

（三）訂定投資目標及決策準則。例如投資目標為最大利潤或最低風險。

（四）投資計畫或政策（執行），決定投資步驟（動作）以達到目標實施計畫。

（五）綜上所述，策略包括四部分重要內容：1.投資哲學；2.投資目標與決策準則；3.投資計畫與政策；4.投資策略分析。

二 成功策略之考慮因素

（一）了解房地產投資應考慮外在事件的衝擊，以直覺判斷、思考、經驗等形成策略。

（二）正規、有系統、策略的規劃能改善憑直覺之判斷，減少嚴重的決策錯誤。

（三）同時考慮外在環境、社會價值、個人資源、個人價值等相互關係來擬定投資策略才是成功的策略。

投資房地產的主要利潤來源

（一）**房地產增值獲取利潤**：投資房地產主要是從買賣的價差中獲取利潤，也就是房地產增值的利潤。其增值的原因有自然的增值、土地使用變更增值、或開發後的增值均屬之。此為國內房地產投資者的主要利潤來源。

（二）**經營中獲取利潤**：投資房地產，將其出租、經營管理，而從經營房地產中獲取經營之利潤。另外亦可自行使用，也是利益之一。此為一般國外房地產投資者的主要利潤來源。

（三）**貸款中獲取利潤**：房地產可融資再轉投資於其他投資工具，有利於資金的流通利用。另外，在經營時期內，本金償還的部分屬於貸款時期本金減少所獲取的利潤。

（四）**稅捐抵扣獲取利潤**：投資房地產貸款時，其利息可由可課稅所得中扣抵，亦屬於利潤之一。另外投資房地產也是財團節稅的方式之一。

 房地產投資之十大步驟

（一）決定投資策略

1. 個人投資哲學：投資者建立個人投資哲學，確定投資金額與占投資組合的比例。

2. 投資目標及準則：投資者設立自己的投資準則及目標，設定投資的預期報酬率要高於銀行定存利率多少才願意投資。

3. 投資計畫及政策：投資者決定投資計畫地區、類型，並配合投資金額擬訂政策。

4. 初步過濾準則：投資者依照投資政策過濾出幾個投資標的物來進一步分析。

（二）形成各種投資方案

1. 符合初步過濾準則：找一些指標建立初步的過濾準則。

2. 付諸行動：找尋投資標的物，並比較其優劣。

3. 收集初步資料分析：進行市場分析工作來形成幾個可能方案。

（三）用基本財務分析模型研究投資方案

1. 基本的經濟、財務之利潤／風險分析：不須分析時間觀念折現的現金流量投資報酬率，只做粗略之經濟財務分析。

2. 財務計畫之可行性：衡量自有資金、借貸能力，進行財務計畫的投資策略及可行性分析。

3. 決定投資價值（範圍）：縮小投資標的物的範圍，再決定投資價值。

（四）和賣主協商買賣的基本條件

1. 價格：包括投資標的物的價格、自備款、貸款額度、議價空間與付款方式。

2. 時間：訂定付款計畫，如何時付第一次款及第二次款，何時付尾款及交屋等。

3. 稅賦：預估稅賦及分攤方式，增值稅及契稅多少，地價稅的負擔如何等。

4. 其他條件：如土地增值稅約定由何方給付，交屋時附帶的設備為何等其他交易條件。

（五）進一步做可行性研究

1. 市場分析與市場能力分析：包括進一步做房地產市場的大環境與小環境分析。

2. 房地產實質與結構的條件分析：將投資標的物鄰近之土地使用、交通運輸、公共設施等條件作詳細的研究。

3. 法規、政治及環境條件分析：如都市計畫法、建築法規等與政治環境的影響分析。

4. 經營分析：進一步分析房地產經營的可行性。

（六）考慮稅賦之利弊分析

1. 預估買進當年的稅賦情形：查明公告現值與應付的契稅和印花稅等稅賦。

2. 預估經營期間的稅賦情形：如地價稅、房屋稅、營業稅等之成本分析。

3. 預估售出時的稅賦情形：如增值稅和奢侈稅的考量，對售出所得的淨收入有很大影響。

（七）更進一步作財務細節分析

1. 評估利潤：作進一步的現金流量分析，對每年的收入作淨現值分析及內部報酬率分析。

2. 評估風險：評估房地產的折舊及其他的風險。

3. 投資決策：考量了利潤與風險後，再決定投資哪一個案及投資決策。

（八）和賣主進行最後協商及交易手續

1. 協商最後合約：與賣主作最後協商，決定最後買賣合約的內容，與細部條件最後的確定。

2. 安排交易簽約手續：安排簽約的時間與地點及其承辦人（代書），約定簽約的手續及應帶的資料與款項。

3. 完成交易手續及取得房地產：完成簽約手續後，按照合約的內容進行，最後付清尾款並完成交屋手續。

（九）經營房地產

1. 房地產經營：先決定如何經營，例如：自己經營、委託他人經營或出租經營。

2. 企業經營：經營房地產亦可將之企業體系化，變成一種企業經營。

3. 財務報表：財務是自己負責、部分委託他人負責或全部委託他人負責。

（十）結束經營房地產

1. 決定賣出房地產：是出售再轉投資其他工具，或投資經營其他房地產。

2. 稅賦考慮：出售時之增值稅和奢侈稅會牽涉到稅後盈餘及資金週轉的問題。

3. 協商價格及時間：於市場分析時，決定出售房地產的時間及出售的價格。

4. 結束企業：結束企業的經營，為出售房地產作準備。

5. 重新再投資或退出：完成交易投資結算後，重新再投資或結束投資。

五　房地產投資 10 大步驟

(1) 決定投資策略
　1. 投資哲學
　2. 投資目標及準則
　3. 投資計畫及策略

↓

(2) 找尋各種投資方案
　1. 找尋符合初步過濾準則
　　 之投資方案

↓

(3) 利用簡單財務模型分析
　1. 基本經濟／財務利潤
　　 與風險分析
　2. 財務計畫之可行性

↓

(4) 和賣主協商基本條件
　1. 價格
　2. 財務時間期限
　3. 稅賦計畫

↓

(5) 進一步作可行性研究
　1. 市場分析及市場能力分析
　2. 房地產實質及結構分析
　3. 法令、政治、環境條件

→

(6) 稅賦考慮
　1. 買進當期稅賦情形
　2. 經營期間稅賦情形

↑

(7) 進行現金流量財務分析
　1. 利潤評估
　2. 安排交易簽約細節

↑

(8) 最後協商及交易手續
　1. 商討買賣契約
　2. 安排交易簽約細節

↑

(9) 經營房地產
　1. 房地產經營
　2. 企業經營

↑

(10) 房地產結束經營
　1. 決定出賣
　2. 稅賦考慮
　3. 協商價格及條件
　4. 結束企業
　5. 重新再投資或退出

六 解釋名詞

（一）**投資策略**：由投資者界定、評估、澄清風險及利潤之本質與水準，及其達成此目標之途徑。

（二）**投資哲學**：指導個人投資行為之一般原則及個人信仰。投資哲學反應了投資者之財務與管理資源，對房地產之知識與技術、可運用時間及相關本質之搜尋，此外其亦決定投資者可接受之風險與利潤。

（三）**投資目標**：與投資哲學方向一致之較具體、明確之目標。

（四）**投資準則**：為決策標準，用來評估衡量達到投資目標之依據。

（五）**投資計畫**：尋找達成目標之執行步驟。包括意外計畫，指當原始計畫沒有出現預期結果時所擬之應變計畫。

（六）**投資政策**：作為策略之指導綱領並控制計畫之執行。其功用在於過濾減少一些可能方案之考慮。

（七）**策略分析**：在整個投資過程中指導投資者行為的計畫與政策。

Chapter 07

房地產投資財務分析
方法概論

重點提示

　　本章的重點在學習現代及傳統的財務分析方法，應對各項公式和財務指標予以熟記及融會貫通，以便於應用。

1. 傳統財務決策法衡量利潤的方式，包含投資價值法、報酬率法和其他方法。

2. 現代資金預算法衡量利潤的方式，包括現值法與內部報酬率法，加入時間與現金流量的概念。

3. 無論是傳統或現代的利潤衡量方式，除了熟悉其計算方法之外，更重要的是應用投資決策法則，判斷是否進行投資。

4. 認識各項衡量風險的指標，除了明瞭其公式之外，必須了解指標所代表的意義，以及如何運用該指標判斷風險的大小。

傳統財務決策法中的投資價值法以及
投資價值之計算 🔍

（一）**投資價值法**：係指投資者直接評估投資個案的價值有多少，值不值
得投資？與成本相較之下，投資的可行性為若干？投資者只要比較
投資價值與投資成本相抵扣後，究竟是有利潤抑或損失，再決定是
否投資。

（二）**投資價值的計算有下列兩種模型**

1. 基本模型(generalized model)

　假設 V = 投資價值

　　　 I = 營運淨收入

　　　 R = 報酬率

　則 $V = \dfrac{I}{R}$。

　換言之，投資價值係用未來可能產生之營運淨收入以報酬率資本化還
原而成。即一般估價所謂的收益還原法。投資價值與營運淨收入成正
比，不動產個案所能產生的淨收入愈多，則其收益價值愈高。

2. 自有現金流量模型(equity cash flow valuation model)

　假設 $CFBT$ = 稅前現金流量

　　　 ROE = 自有資金報酬率

　　　 V_P = 投資價值

　　　 V_M = 抵押貸款金額

　　　 V_E = 自有資金價值

　則 $V_E = \dfrac{CFBT}{ROE}$ ，且 $V_P = V_E + V_M$。

將不動產投資個案所產生的稅前現金流量，以投資者要求的自有資金報酬率，資本化還原而成自有資金價值(V_E)。再加上抵押貸款金額(V_M)之後，即為投資總價值(V_P)。其原理與收益還原法相同。

 ## 傳統財務決策法中的投資價值法與利潤指數法的投資決策法則

（一）投資價值法的決策法則

投資價值係將未來可能產生之營運淨收入除以報酬率資本化還原而成。

投資價值與投資成本的比較：

假設 V ＝投資價值

C ＝投資成本

當 $V > C$，則進行投資；

當 $V \leq C$，則放棄投資。

投資者對於每一個投資方案的價值與成本須事先評估，只要其投資價值超過投資成本時，則可進行投資。

（二）利潤指數法的決策法則

當數個投資方案同時進行評估時，可利用「利潤指數」(Profitability Index, PI)作為判斷標準。「利潤指數」係將投資價值除以投資成本。又稱為獲利能力指數，即每投資一元的投資成本可以產生的收益價值。

當利潤指數(PI)＞1，則可以進行投資，且該值愈高，表示投資可行性愈高；當利潤指數(PI)＜1，則必須放棄該方案，否則有損失之虞。當利潤指數=1，則表示沒有利潤，投資與否視公司政策及客觀環境而定。

 傳統財務決策法中的報酬率法的計算方式

報酬率的計算方式有以下四種：

（一） 總資產報酬率＝營運淨收入／總資本投入

（二） 自有資金報酬率＝每年現金流量／自有資金投資

（三） 經紀人報酬率＝（每年現金流量＋償還貸款本金）／自有資金投資

（四） 廣義的報酬率＝（每年現金流量＋償還貸款本金＋財產增值）／自有資金投資

 需要報酬率之三個要素，以報酬率法判斷投資方案可行的決策法則

（一） **需要報酬率**為投資者在投資之前，考量實際要求的最低利潤、通貨膨脹的損失，以及風險的損失之後所要求的最低投資報酬率。考慮需要報酬率時，應包括下列三要素：

1. 實際的利潤(real return)：投資者所需要的最低實際利潤，一般稱為無風險報酬。

2. 通貨膨脹貼水(inflation premium)：投資過程中，因通貨膨脹可能產生的投資損失，所需要的利潤補償。

3. 風險貼水(risk premium)：投資過程中因投資所可能產生的各種風險損失，所需要的利潤補償。

　　將以上三者相加之後，即為投資者的需要報酬率。即使投資者在投資的過程中遇到通貨膨脹的損失或風險的損失，投資者至少還能保有最低的實際利潤率。

（二）報酬率決策法則

　　投資者利用報酬率進行下列三項步驟，即可判斷投資方案是否可行：

1. 估計投資者期望投資報酬率；

2. 設定投資者的需要報酬率時，同時考慮可能之風險；

3. 比較期望報酬率與需要報酬率之大小：

　　假設 ROI ＝期望投資報酬率

　　　　$RROI$ ＝需要投資報酬率

　　當 $ROI \geq RROI$ 則進行投資；

　　當 $ROI < RROI$ 則放棄投資。

五 傳統財務決策方法及決策法則

　　傳統投資決策方法係利用一般傳統的簡易財務分析方法進行定量的投資決策分析，可分為投資價值法、報酬率法、其他方法等三種：

（一）投資價值法

1. 基本模型(generalized model)

   投資價值(V)係用未來可能產生之營運淨收入(I)以報酬率(R)資本化還原而成。$V = \dfrac{I}{R}$。投資價值與營運淨收入成正比，不動產個案所能產生的淨收入愈多，則其收益價值愈高。

2. 自有現金流量模型(equity cash flow valuation model)

   將不動產投資個案所產生的稅前現金流量($CFBT$)，以投資者要求的自有資金報酬率(ROE)，資本化還原而成自有資金價值(V_E)。

   再加上抵押貸款金額(V_M)之後，即為投資總價值(V_P)。

   $V_E = \dfrac{CFBT}{ROE}$，且 $V_P = V_E + V_M$。其原理與收益還原法相同。

   其決策法則：

   假設 V ＝投資價值

   　　　C ＝投資成本

   當 $V > C$，則進行投資；

   當 $V \leq C$，則放棄投資。

（二）報酬率法

　　報酬率法須先估計投資者期望投資報酬率與需要報酬率；其次設定投資者的需要報酬率時，同時考慮可能之風險；最後比較期望報酬率與需要報酬率之大小。

1. 期望報酬率的計算方法
   (1) 資產總報酬率＝營運淨收益／總資本投入。
   (2) 自有資金報酬率＝每年現金流量／自有資金投資。
   (3) 經紀人報酬率＝（每年現金流量＋償還貸款本金）／自有資金投資。
   (4) 廣義報酬率＝（每年現金流量＋償還貸款本金＋財產增值）／自有資金投資。

2. 考慮需要報酬率時，應包括下列三要素：
   (1) 實際的利潤(real return)：投資者所需要的最低實際利潤，一般稱為無風險報酬。
   (2) 通貨膨脹貼水(inflation premium)：投資過程中，因通貨膨脹可能產生的投資損失，所需要的利潤補償。
   (3) 風險貼水(risk premium)：投資過程中因投資而可能產生的各種風險損失，所需要的利潤補償。

   將以上三者相加之後，即為投資者的需要報酬率。

   其決策法則：

   假設 ROI＝期望投資報酬率

   　　$RROI$＝需要投資報酬率

   　當 $ROI \geq RROI$ 則進行投資；

   　當 $ROI < RROI$ 則放棄投資。

（三）其他方法

1. 最適法
   所謂最適法係指投資者評估各項影響財務及非財務決策因子之權重，整體衡量，以選擇最適投資之方法。

(1) 非財務決策：考慮地點、品質、經營、建築…等因素。

  (2) 財務決策：考慮租金、收入、貸款、稅賦轉手…等情形。

2. 租金指數（總收益乘數）

  房地產價格與每年租金收益之比例關係，如果小於一般市場之平均指數，則可進行投資。

$$租金指數＝房地產價格／每年租金收益$$

  租金指數愈低，代表投資房地產每年所能產生的租金收入，能在一定的年限內，回收房地產的總價格。亦表示房地產的價格相對較合理；而租金水準也能確保一定的報酬率。

3. 自有資金還本期限

  指投資成本需要經過多少年之現金流量收益才可還清，如果在可接受的年限內還清成本，則可進行投資。自有資金還本期限＝投資成本／每年現金流量收益。投資者除了向銀行貸款取得資金以外，還須準備自有資金的投資成本，如果將投資成本除以每年的現金流量，即可得知幾年可以回收全部的自有資金。

六 傳統的投資決策方法的優缺點

  傳統投資決策方法包含投資價值法、報酬率法、其他方法等三種，係利用一般傳統的簡易財務分析指標進行定量的投資決策分析。

（一）優點

1. 利用簡單的財務指標進行投資分析，可以快速的掌握投資案的利潤與風險，幫助投資者在眾多替選方案中，作出有利的投資決策。

2. 以收益還原法的觀點切入，不動產收益愈高的個案，其投資價值愈高，報酬率愈高，具有客觀的衡量標準。

3. 此模型可以不需要收集太多之財務資訊即可對各替選方案進行快速評估。

（二）缺點

	檢討分析
投資價值法	1. 忽略時間價值因素 2. 未考慮收入與支出之改變 3. 未計算稅賦 4. 忽略資產增值與貶值之可能性 5. 貸款情形未予以考慮 6. 忽略風險的存在
報酬率法	1. 忽略風險的存在 2. 未考慮時間的因素 3. 未考慮稅賦
最適法	1. 難以衡量投資準則 2. 各項影響因子之權重由投資者主觀認定，不具客觀性 3. 分析進行的步驟較繁複

七　現代資金預算法的投資利潤指標

（一）現值法(present value approach)

　　現值法又稱為現金流量折現法(Discounted-Cash-Flow, DCF valuation approach)，所謂現值法係將發生於各時期之現金流量，依折現率換算成某一時點之共同價值單位，再將其加總，即得資產之現在價值。其中現金流量以稅後現金流量來衡量較準確，而折現率是投資者的需要報酬率，再透過每期複利方式計算其投資資產價值。

基本稅後現值模型：

假設 PV_P ＝投資資產現值

PV_E ＝自有資金報酬現值(present value of equity returns)

CF_1、……、CF_n ＝各期之稅後現金流量

SP ＝銷售資產之稅後現金流量

PV_M ＝抵押貸款金額

R ＝需要報酬率

n ＝投資期數

則 $\begin{cases} PV_E = \dfrac{CF_1}{(1+R)^1} + \dfrac{CF_2}{(1+R)^2} + \cdots + \dfrac{CF_n}{(1+R)^n} + \dfrac{SP}{(1+R)^n} \\ \\ PV_P = PV_E + PV_M \end{cases}$

（二）內部報酬率法(internal rate of return approach)

內部報酬率係指某一折現利率可使淨現金流量之現值(PV)等於自有資金投入金額（期初投資成本 Investment Cost, IC），亦即計算淨現值(Net Present Value, NPV)為零時的內部報酬率。內部報酬率亦是一種折現率的概念，且其同樣適用於資本稅前或稅後之計算，不過以稅後的現金流量計算較客觀。

內部報酬率模型：

假設 IRR ＝自有資金投資報酬的現金流量折現率（即內部報酬率）

IC ＝自有資金投入金額（期初投資成本）

CF_1、……、CF_n ＝每年稅後之現金流量

SP ＝銷售資產之稅後現金流量

n ＝投資期數

則 $IC = \dfrac{CF_1}{(1+IRR)^1} + \dfrac{CF_2}{(1+IRR)^2} + \cdots\cdots + \dfrac{CF_n}{(1+IRR)^n} + \dfrac{SP}{(1+IRR)^n}$

在自有資金投入金額（期初投資成本）及各期現金流量已知的情形下，求取內部報酬率的值。

內於內部報酬率是指 $NPV = 0$ 時之報酬率，而 $NPV = PV_E - IC$，當 $PV_E = IC$ 時，則 $NPV = 0$，此時之報酬率即為內部報酬率。

八　運用現代資金預算法之投資利潤指標進行投資決策及此方法之優缺點

（一）現值法的決策法則

若 $PV > IC$，投資現值大於投資成本則可進行投資；

若 $PV < IC$，投資現值小於投資成本則放棄投資；

若 $PV = IC$，表示投資沒有利潤，是否投資視公司政策與客觀環境而定。

只要投資資產現值（PV_P）大於或等於總投資成本，亦即淨現值（NPV）大於 0，則投資方案具有可行性。

（二）內部報酬率法的決策法則

若 $IRR \geq RRR$，內部報酬率大於或等於投資者需要報酬率(Required Rate of Return, RRR)，則可進行投資；

若 $IRR < RRR$，內部報酬率小於需要報酬率，則放棄投資。

只要內部報酬率大於或等於投資者需要報酬率，即可進行投資。

（三）現代資金預算法的優缺點

優點	缺點
1. 因素考慮周全。 2. 可完全掌控整個投資計畫。 3. 考慮現金流量之時間性。	1. 現值法中折現率以較主觀的需要報酬率替代，折現率有些微差距對結果影響很大。 2. 須數個內部報酬率同時比較，才能判斷計畫可行性。 3. 未來現金流量須正確估算。

 現代資金預算法中風險之衡量方式及此方式的優缺點

常見的風險分析法有三種：

（一）比例與敏感度分析(ratio and sensitivity analysis)

1. 債務保障比例(debt coverage ratio)

   債務保障比例簡稱 *DCR*，利用「營運淨收入(*NOI*)／每年償還貸款本利和(*DS*)」之比例，衡量風險的大小。債務保障比例愈高，代表運用投資個案所產生的營運淨收入扣除每年償還貸款之後，仍有較多的盈餘，可以成為投資者的現金流量。對銀行而言，也較不易發生倒帳的風險。

   其決策法則為：
   個案的 *DCR* ≧ 銀行要求的 *DCR*，才能確保淨收入足以償還貸款，風險較小。

2. 損益平衡點(Break-Even Point, BEP)

   損益平衡點＝（營運成本(*OE*) ＋ 每年償還貸款本利和(*DS*)）／營運毛收入(*EGI*)。

利用損益平衡點之求取，可幫助決策者了解投資的成本面與收入面的金額。損益平衡點又稱為現金兩平比例，損益平衡點等於 1，代表損等於益，現金兩平；若損益平衡點小於 1，代表損小於益，投資將有利潤。損益平衡點大於 1，表示投資會有虧損。因此損益平衡點的值愈小愈好。

其決策法則為：個案損益平衡點須小於投資哲學中所訂定的損益平衡點。

3. 敏感度分析

係將現金流量表中某些假設條件作改變，將其分析結果與原先分析結果作一比較。以現代資金預算法中的現值法為例，如將現金流量表中的收入改變後，會對報酬率、風險分析指標造成何種變化，此即為敏感度分析之運用。吾人可以分析各種假設條件的客觀、悲觀與中立的情形，了解投資案實際可能的風險範圍。

其決策法則為：個案敏感度分析，在最悲觀的情形下，其利潤與風險皆在投資者可接受的範圍內，則該個案值得投資。

（二）直接效用法(direct utility approach)

投資者對於風險的態度可能有愛好、中立、趨避三種情況，故其利潤與風險之效用無異曲線亦呈不同風貌，利用該效用曲線可直接據以決定投資者預期之報酬率可能有多大，以及願意承擔多少風險，進而在利潤與風險可能發生機率之各項投資方案中，找出最佳的投資組合。

（三）蒙地卡羅模擬法(Monte Carlo risk simulation approach)

蒙地卡羅模擬亦為評估投資方案的一種方法，其經常使用電腦幫助求得運算結果，本法之施行步驟如下：

1. 依該計畫現金流量模型建立方程式。

2. 描述每個變數在不同範圍下預測誤差之機率。

3. 抽查樣本結果,計算現金流量,且反覆作業,直至所有可能現象能形成明確分配為止。

(四) 優缺點

1. 敏感度分析

優點	缺點
(1) 可找出影響現值之最重要變數。 (2) 降低變數之不確定性。	(1) 忽略變數間之相互關係。 (2) 變數全部變動之綜合效果無法顯現。

2. 蒙地卡羅模擬

優點	缺點
(1) 該模擬可使變數間之相互關係予以清楚描述。 (2) 可作為修正計畫之工具。	(1) 該模擬須耗費龐大時間與財力及專業技術。 (2) 各變數之可能發生機率不易得知。

✚ 傳統投資報酬決策分析

(一) 比率分析方法

1. 收益乘數(income multiplier)=不動產市價/每期收益。

2. 財務比率:
   (1) 營運比率(operating ratio)=營運費用/毛收益。
   (2) 兩平比率(break-even ratio)又稱為損益平衡點=(營運之費用+償債支出)/毛收益。

(3) 債務保障比率(Debt Coverage Ratio, DCR)又稱為債務涵蓋比率＝營業淨收益／每年償債支出。

（二）獲利性分析方法

1. 整體資本還原比率(overall capitalizational rate)＝營業淨收益／市場價格。

2. 權益報酬率或投入資金報酬率＝現金流量／投入資金（自有資金或權益）。

3. 經紀人報酬率(broker's rate of return)＝（現金流量＋權益增加）／投入資金。

十一 比率分析(Ratio Analysis)

1. **負債與資產比率(loan-to-value ratio；$\frac{L}{V}$)**

$$\frac{L}{V} = \frac{負債總額}{資產總額}$$

2. **債務涵蓋比率(Debt Coverage Ratio, DCR)**

$$DCR = \frac{營運淨收入(NOI)}{償債支出(DS)}$$

3. **損益兩平率(Break-even Ratio, BR)**

$$BR = \frac{經營費用(OE) + DS}{有效毛收益(EGI)}$$

4. **總資產周轉率(Total Asset Turnover Ratio, TATR)**

$$TATR = \frac{EGI}{不動產價值}$$

5. **經營費用率(Operating Expense Ratio, OER)**

$$OER = \frac{經營費用(OE)}{EGI}$$

6. **最高貸款率(Maximum Loan Ratio, MLR)**

$$MLR = \frac{\dfrac{1}{期望DCR}}{抵押常數}$$

$$MLR = \frac{\dfrac{DS}{NOI}}{抵押常數}$$

$$最高貸款額(Maximum\ Loan,\ ML) = \frac{\dfrac{NOI}{DCR}}{抵押常數}$$

十二　蒙地卡羅分析(Monte Carlo analysis) 🔍

　　又稱模擬分析。當變數風險分布之情形可以測度（無論係決策者、分析師判斷或問卷而得），即可透過模擬分析，估算其預期報酬之各種可能數值及離散情形。模擬分析之實施步驟如下述：

1. 可控制變數數值之確立

　　有些變數之數值因契約之訂立或預期不變，故無投資風險可言，稱之為「可控制變數」(control variables)。其數值可由專業分析家或投資人予以確立。

2. 預測不可控制變數之一組數值和其各別發生機率

　　不可控制變數又稱「狀態變數」(state variables)。因其未來非投資可以掌控，故存有風險。其未來之可能狀態，應以一組數值交代之。該組數值之分布情形，可由專業分析師或投資決策者予以確立。至於各數值發生之機率，除可由專業分析師或投資決策者予以確立外，也可透過市場分析，以問卷方式取得。

3. 隨機抽選不可控制變數以搭配可控制變數成一組

　　本步驟雖可利用人工操作，一般均以電腦之亂數，隨機抽選不可控制變數，以便和可控制變數搭配成組。

4. 計算該組之預期報酬

　　不可控制變數與可控制變數搭配成組後，進而以所選擇之準則，計算該組之預期報酬（例如 NPV_E、NPV_{TC}、IRR_E 和 IRR_{TC} 等）。

5. 重複 3、4 二步驟至相當次數，俾產生相當數目之預期報酬

　　重複利用人工或電腦，隨機抽選不可控制變數，以便搭配可控制變數，俾產生另一新組合，據以計算新的預期報酬。如此反覆相當次數（通常須重複 100 次）以產生足夠組合，始能反映各變數所面臨之風險。

6. 製作分析所需之統計資料

利用前開重複計算（100 次）以上之可能報酬，可製作投資分析所需之統計圖、表及集中、分散等趨勢。例如繪製 NPV_E、NPV_{TC}、IRR_E 和 IRR_{TC} 之次數分配圖，以觀察該投資案可能報酬率之分布情形，以為投資參考。

十三 簡化機率法

（一）簡化機率模式

簡化之「機率模式」(Bayesian analysis)乃敏感度分析與模擬分析之結合體。該模式開始時類似敏感度分析，將最樂觀、最悲觀、最可能之變數值，配給發生機率（所以又頻似模擬分析），以探討投資報酬與風險之關係。雖然較為粗略，但只須利用統計學之常態分配表或計算機，即可得知投資預期值之可能分布情形。

假設經投資分析師判斷結果，F 投資案之不可控制變數為 NOI。樂觀時，NOI 每個月為 5 萬元（機率 20%），經計算結果，該投資之 IRR 為 30%；最可能時 NOI 每個月為 4 萬元（機率 60%），經計算結果，該投資案之 IRR 為 20%；最悲觀時 NOI 每個月為 3 萬元（機率 20%），經計算結果，該投資案之 IRR 為 10%。有關前開投資預期值之可能分布情形，可應用「決策樹」（decision tree；又稱樹狀圖）說明。

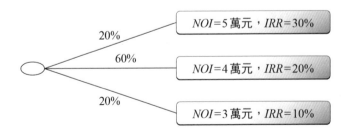

　　圖中之圓圈，代表投資人面對無法控制之變數（即有風險）。此時，可以該變數於最樂觀、最悲觀、最可能時之值，分別乘以其發生機率之加總結果，為其預期報酬。F 投資案之不可控制變數為 NOI，依照前開加權計算結果，該案之預期 IRR_E 為 20%($= 30\% \times 20\% + 20\% \times 60\% + 10\% \times 20\%$)，其標準差為 6.32%。

　　以發生機率加權計算 F 投資案之 IRR_E：

1.市場各種情形	2.IRR$_E$	3.機率	4.加權後之 IRR_E(=2×3)
最樂觀	30%	20%	6%
最可能	20%	60%	12%
最悲觀	10%	20%	2%
預期 IRR_E=20%			
預期 IRR_E 之 SD=6.32%			

（二）變異係數

　　「變異係數」(Coefficient of Variance, CV)雖係簡單模式，與模擬分析同樣可以產生量化指標，以便按風險大小為替選投資案排序。CV 係以預期 IRR_E 之「標準差」(SD)除以預期 IRR_E，其計算公式如下：

$$CV = \frac{IRR_E 之 SD}{預期 IRR_E}$$

　　以 CV 值分析風險，不受投資規模不同之影響，故適合排序。CV 值愈高，投資風險愈大。依照上列公式計算結果，F 投資案之 CV 值為 0.316。

$$CV = \frac{6.32\%}{20\%} = 0.316$$

（三）風險指數

　　「風險指數」(Risk Index, RI)評估每一單位風險之報酬額度，RI 值愈高，每一單位風險之報酬愈大。RI 乃 CV 值之倒數，係以預期 IRR_E 之「標準差」(SD) 除預期 IRR_E 之商數，其計算公式如下：

$$RI = \frac{預期 IRR_E}{IRR_E 之 SD}$$

　　與 CV 相同，RI 值不受投資規模不同之影響；但與 CV 不同的是，RI 值愈高投資風險愈小。依照上列公式計算結果，F 投資案之 RI 值為 3.16。

十四　修正內部報酬率(*MIRR*)

（一）基本假設

　　修正內部報酬率的基本概念，係假設其現金流量之收益再投資的報酬率不應與原先之 *IRR* 相同，而必須由投資者衡量當時可能投資狀況，選擇一適當投資工具以確立其現金流量再投資之報酬率。實務上，此再投資之報酬率通常比原先的 *IRR* 要小，可以是投資者個人基本的需要利潤，或是市場上一般的基本利潤（最保守的是存款利率）。在確定現金流量再投資之報酬率後，修正內部報酬率即可重新計算。

（二）計算方式

　　將各期投資的現金流量分別以再投資的報酬率計算再投資的未來值（終值），並予以加總。其次將加總後的投資未來價值予以折現成現值，使其剛好等於原始的投資成本，此時之折現率即為修正後的內部報酬率（*MIRR*）。

$$\frac{\sum_{1}^{n} CF_n (1+i)^n}{(1+MIRR)^n} = IC_0$$

其中，CF_n 為第 n 期的現金流量，i 為再投資的報酬率，IC_0 為原始投資成本。

十五　解釋名詞

（一）利潤指數（獲利能力指數）

將各期房地產的現金流量折算成現值，再除以投資成本，算出來的值如果大於 1，表示可以投資。利潤指數(PI)＝投資現值(PV)／投資成本(IC)。即每投資一元的投資成本可以產生的收益價值。利潤指數的值愈高愈好，代表現金流量折算成現值扣除投資成本之後，仍有較高成數的獲利能力。

（二）租金指數（總收益乘數）

房地產價格與每年租金收益之比例關係，如果小於一般市場之平均指數，則可進行投資。租金指數＝房地產價格／每年租金收益。房地產的市場價格與租金總收入呈現乘數關係，因此又稱為總收益乘數。租金指數愈低，代表已投資房地產每年能產生的租金售入，能在一定的年限內，回收房地產的總價格。亦表示房地產的價格相對較合理；而租金水準也能確保一定的報酬率。

（三）自有資金還本期限

指投資成本需要經過多少年之現金流量收益才可還清，如果在可接受的年限內還清成本則可進行投資。自有資金還本期限＝投資成本／每

年現金流量收益。投資者除了向銀行貸款取得資金以外,還須準備自有資金的投資成本,如果將投資成本除以每年的現金流量,即可得知幾年可以回收全部的自有資金。

(四)現值法

係將發生於各時期之現金流量,依折現率換算成某一時點之共同價值單位,再將其加總,即得資產之現在價值。其中現金流量最好以稅後的現金流量計算較準確,而折現率乃考慮投資者需要的報酬率,再透過每期複利方式計算其投資資產價值。

(五)內部報酬率法

係指折現利率可使淨現金流量之現值等於自有資金(期初投資成本),故內部報酬亦是一種折現率的概念,且其同樣適用於資本稅前或稅後之計算,不過大部分的投資者都偏好稅後計算,以求穩健客觀。

(六)債務保障比例(債務涵蓋比例)

利用「營運淨收入/每年償還貸款本利和」之比例,衡量風險性大小。債務保障比例愈高,代表運用投資個案所產生的營運淨收入扣除每期償還貸款之後,仍有較多的盈餘,對銀行而言,較不易發生倒帳的風險。國外銀行對於經營風險較高的不動產個案,通常都會要求較高的債務保障比例。

(七)損益平衡點(現金兩平比例)

損益平衡點=(營運成本+每年償還貸款本利和)/營運收入。利用損益平衡點之求取,可幫助決策者了解投資的成本面與收入面的金額。損益平衡點又稱為現金兩平比例,損益平衡點等於 1,代表損等於益,

現金兩平；若損益平衡點小於 1，代表損小於益，投資將有利潤。因此損益平衡點的值愈小愈好。

（八）敏感度分析

係將某些現金流量表的假設條件作些改變，將其分析結果與原先分析結果作一比較。以現代資金預算法中的現值法為例，如將收入表中的現金流量改變後，會對報酬率造成何種變化，此即為敏感度分析之運用。吾人可以分析各種假設條件的客觀、悲觀與中立的情形，了解投資案實際可能的風險範圍。

（九）蒙地卡羅模擬法

蒙地卡羅模擬亦為評估投資方案的一種方法，其經常使用電腦幫助求得運算結果，本法之施行步驟如下：

1. 依該計畫現金流量模型建立方程式。

2. 描述每個變數在不同範圍下預測誤差之機率。

3. 抽查樣本結果，計算現金流量，且反覆作業，直至所有可能現象能形成明確分配為止。

（十）無風險的報酬

投資者在不考量通貨膨脹與風險造成損失的情況下，所需要的實際的利潤(real return)。投資者所需要的最低實際利潤即為無風險的報酬。

（十一）風險溢酬（風險貼水）

投資過程中可能產生的各種風險損失，所需要的利潤補償。

（十二）投資價值法（收益還原法）

投資價值 (V) 係用未來可能產生之營運淨收入 (I) 以報酬率 (R) 資本化還原而成。$V = \dfrac{I}{R}$。投資價值與營運淨收入成正比，不動產個案所能產生的淨收入愈多，則其收益價值愈高。

（十三）總資產還本期限（淨收益乘數）

指投資的總成本需要多少年的營運淨收入才可回收，如果在可接受的年限內回收總資產成本，則可進行投資。總資產還本期限＝總資產成本／年營運淨收入。此還本期限可以看出總資產價值與營運淨收入呈現倍數關係，因此又稱為淨收益乘數。

（十四）營運比率(operating ratio)

營運比例＝營運成本／毛收益。其意義代表每收取一元的毛租金收入，須支付多少的營運成本。營運比率愈高，可能是營運的成本太高，或者是租金收入太低，營運效率差。

（十五）貸款成數（貸款比率）

投資者買進房地產時，其資金來源，一部分是向貸款者貸款而得，另一部分則是投資者的自有資金。貸款成數＝貸款金額／總資產價值。貸款成數愈高，表示投資者的自有資金愈少，投資者運用較高的財務槓桿舉債投資，在房地產市場景氣時，收入較佳，貸款成數高，可提高自有資金報酬率；反之，不景氣時，房地產去化困難、空屋損失較高，貸款成數高，需要支付較多的償債支出，會降低自有資金報酬率。

（十六）現金涵蓋比率(cash coverage ratio)

投資者投資經營房地產，其營運收入減去營運成本可以求得營運淨收入(NOI)。整個資產的營運淨收入，須優先償還貸款(DS)，有盈餘再分配給投資者的現金流量(CF)。現金涵蓋比率＝營運淨收入／利息，現金涵蓋比率愈高代表利息支出較少，償還貸款的可能性較高。若貸款償還方式採取先還利息，若干年後再償還本金的方式，則償還利息期間的現金涵蓋比率剛好等於債務保障比例。若銀行預測未來景氣衰退，客戶的還款能力有衰退之虞，則應提高現金涵蓋比率的要求。

（十七）資產總報酬率（整體資本還原率）

資產總報酬率(ROR)＝營運淨收入／總資本投入。其意義為每年回收的營運淨收入占總資本投入的比例，從總資產的角度來看，為資產的總報酬率。另外，資產總報酬率為淨收益乘數的倒數，又稱為整體資本還原率。

（十八）自有資金報酬率（權益報酬率）

自有資金報酬率(ROE)＝每年現金流量／自有資金投資。整個房地產投資案，投資者只有投入自有資金，其餘依賴銀行的貸款，而產生的營運淨收入扣除償還銀行貸款的支出之後，才是投資者可獲得的現金流量。因此以投資者可以獲得的現金流量除以投資者所投入的自有資金（股東權益），所得到的報酬率又稱為權益報酬率。從投資者的角度來看，自有資金報酬率比資產總報酬率更能反映投資者的獲利狀況。

（十九）稅前自有資金報酬率

稅前自有資金報酬率＝每年稅前現金流量($BTCF$)／自有資金。

（二十）稅後自有資金報酬率

稅後自有資金報酬率＝每年稅後現金流量($ATCF$)／自有資金。將扣除各項稅捐之後的現金流量除以自有資金，所計算出來的報酬率比稅前自有資金報酬率更準確。

Chapter 08

基本財務分析模型

重點提示

基本財務分析模型純粹從財務的觀點對投資標的物進行初步篩選，可快速地呈現收入與支出的關係。本章的重點如下：

1. 熟悉基本財務分析模型的步驟，從可能總收入扣除空屋損失和營運成本，計算出營運淨收入。再將營運淨收入扣除償還債務，得到現金流量。

2. 計算資產總報酬率、自有資金報酬率、貸款常數，判斷是否為正的財務槓桿，以及是否值得投資。

3. 利用後門法，已知不動產的收益，反算個案的投資價值，判斷投資價值是否高於投資成本，是否值得投資。

4. 利用前門法，已知不動產價格，求最低的營運收益，並求最低租金收入，和市場租金相比，判斷營運收入是否符合要求，是否值得投資。

財務槓桿與投資的法則決策

（一）投資方案中只要有借貸，就會有槓桿情況。槓桿意指債務融資，融資比例相對於自有資金之比例愈大，槓桿愈大。

（二）正負槓桿情形可由資產總報酬率(ROR)、投資者之權益報酬率(ROE)與貸款常數 K（貸款者之報酬率）來決定：

正槓桿之情形：當 $ROR > K$ ，則 $ROE > K$ ，且 $ROE > ROR$ ；

負槓桿之情形：當 $ROR < K$ ，則 $ROE < K$ ，且 $ROE < ROR$ ；

當 $ROR = K$ ，則 $ROE = K$ ，且 $ROE = ROR$ 。

資產總報酬率 (ROR) ，又稱 ROA (return of asset)、 ROI (return of investment)。貸款常數 K，又稱 MC (mortgage constant)、LC (loan constant)。

（三）意義

1. 正的財務槓桿表示：投資者的報酬率高於整體個案的總報酬率，且兩者皆高於銀行的報酬率，因此融資進行投資是可行的。

2. 負的財務槓桿表示：投資者的報酬率低於整體個案的總報酬率，且兩者皆小於銀行的報酬率，因此以銀行的報酬率最高，融資進行投資，償債之後的現金流量有限，投資不可行。

 投資價值法的後門法與決策法則

（一）後門法

在評估投資方案的可行性時，已知不動產的收益，貸款者的要求，以及投資者的權益報酬率，欲求取合理的不動產價格，再與賣方開價（投資成本）相比，判斷是否值得投資。

將不動產的投資價值分兩階段算出，$V_P = V_E + V_M$。

1. 首先將不動產投資個案的可能總收入(Potential Gross Income, *PGI*)減去空屋損失(Vacancy Loss, *VL*)和營運費用(Operation Expense, *OE*)，即得到營運淨收入(Net Operation Income, *NOI*)。或是由可能總收入(*PGI*)減去空屋損失(*VL*)得到實際總收入(Efficient Gross Income, *EGI*)，實際總收入(*EGI*)減去營運費用(*OE*)得到營運淨收入(*NOI*)。

2. 然後將營運淨收入除以銀行要求的債務保障比例(Debt Coverage Ratio, *DCR*)，求得個案每年償還的貸款本利和(Debt Service, *DS*)。(*DS* 也稱為償債支出或債務成本)

3. 將個案每年有能力償還的貸款本利和除以貸款常數(*K*)，求得個案所能借得的最高貸款總額(V_M)。

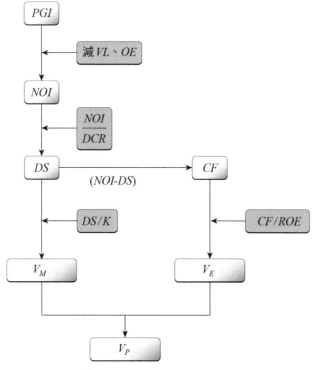

📍 圖 8-1　後門法流程圖

4. 將個案的營運淨收入(*NOI*)減去償還貸款(*DS*)，即得到投資者可獲得的現金流量(Cash Flow, *CF*)。

5. 再將個案的現金流量(*CF*)除以投資者要求的自有資金報酬率(*ROE*)，求得自有資金的價值 (V_E)。

6. 將最高貸款總額 (V_M)與自有資金的價值 (V_E) 相加後，即得到不動產的投資價值 (V_P)。

（二）決策法則

假設 V_P = 投資價值

C = 投資成本（賣方開價）

當 $V_P > C$，則進行投資；

當 $V_P \leq C$，則放棄投資。

 基本財務分析模型的前門法與決策法則

（一）前門法

在評估投資方案可行性時，已知不動產的價格，求取不動產收益所必須達到的最低要求，再和目前不動產的租金行情相比，判斷是否值得投資。

將不動產個案的價格（買進成本）就其資金來源分別算出貸款和自有資金兩部分：

1. 首先，將不動產個案的自有資金（股東權益，V_E）乘以投資者要求的自有資金報酬率(*ROE*)，求得股東每年所需分得的現金流量(*CF*)。

2. 其次，將不動產的貸款總額(V_M)乘以貸款常數(K)，求得每年需償還的償債支出(DS)。

3. 將不動產個案每年需償還的償債支出(DS)與股東每年所需分得的現金流量(CF)相加，求得每年至少需賺取的營運淨收入(NOI^1)。此代表投資此個案每年至少需賺取的營運淨收入(NOI^1)，才足以償還銀行貸款和分配給股東現金流量。

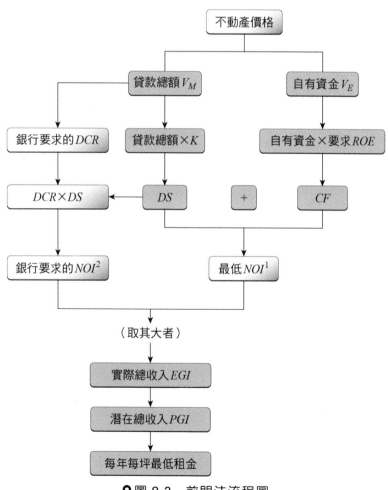

📍圖 8-2　前門法流程圖

4. 另外,將前述每年需償還的償債支出(DS)乘以銀行要求的債務保障比例(DCR),求得每年銀行要求的營運淨收入(NOI^2)。此代表投資此個案每年需賺取足夠的營運淨收入(NOI^2),才能滿足銀行對償還貸款風險的要求。

5. 將上述的營運淨收入(NOI^1)和(NOI^2)比較並取其大者(投資才可行),繼續求算個案的實際總收入(EGI)與潛在總收入(PGI),最後除以租賃面積得到個案每年每坪要求之最低租金收入,若此一租金收入低於每年市場租金水準(也可比較月租金),則表示投資案可行。

(二)決策法則

　　將以上算出的最低收益,進一步與市場收益行情相比,若本案的最低租金收益高於市場租金行情,則投資不可行。表示依照目前的市場租金行情無法達到個案所需的最低收益,投資可能無法有足夠的收益來償還貸款和分配給股東,因此投資不可行。

 基本財務可行性分析模型(the Basic Financial Feasibility Model, BFFM)**優缺點**

(一)優點

1. 可以快速分析替選方案來評估是否進一步投資。

2. 此模型不需要收集太多之財務資訊即可對各替選方案進行快速評估。

(二)缺點

1. 僅對投資計畫作一年的財務分析,忽略了未來不動產增值或貶值,且未考慮現值(折現)分析。

2. 模型並未考慮貸款攤還過程中自有資金之增加、通貨膨脹與交易成本，也未能有效處理營運淨收入不確定性之本質，以及計畫之風險性。

3. 對於稅負問題並未考量。

 債務保債比例(Debt Coverage Ratio, *DCR*)，當 *DCR* 愈高時，投資者可能借到的貸款就愈少

　　債務保債比例(DCR)是國外銀行評估借貸總額的主要準則，針對不同類型房地產的風險大小設定不同的最小負擔比例，依國外歷年的經驗，恰當的 *DCR* 約在 1.2～1.5 之間（住宅約為 1.2，商場約為 1.5，風險性愈高的資產，*DCR* 的要求愈大）。銀行要求的 *DCR* 數字愈小，表示該個案風險愈低，反之則愈高。

$$DCR = \frac{NOI}{DS}$$

NOI：營運淨收入

DS：每年應償還貸款本利和

　　當銀行對一房地產個案要求的 *DCR* 愈高時，表示該銀行認為投資房地產可能風險愈大，貸款者（銀行）為保障己身債務受償的可能性，並求其受損失最小，自然對放款的態度趨保守。換言之，借款者所能借到的貸款也就愈少。

例題 1｜已知某房地產的營運淨收入(*NOI*)為$1,626,600 元，借貸總額為$14,400,000 元，每年應償還貸款本利和為$1,440,000 元，試問貸款常數（*K* 值）為多少？利率與貸款年限對 *K* 值的影響為何？假設銀行（貸款

者）設定其債務保障比例(*DCR*)不低於 1.3，則此一房地產的借貸總額對銀行而言，風險是否太高？若銀行依其設定的債務保障比例(*DCR*)1.3，所願意貸款的最大金額為多少？

（一） 貸款常數(*K*)＝每年應償還貸款本利和／貸款總額

$$K = \frac{1,440,000}{14,400,000} = 10\%$$

（二） 在固定的借貸總額之下，當利率上升，則借款者每年償還之貸款本利和增加，會使 *K* 值增加，故利率與 *K* 值成正比。在固定的借貸總額之下，當貸款年限拉長，則借款者每年償還之貸款本利和將減少，會使 *K* 值下降，故貸款年限與 *K* 值成反比。

（三） 債務保障比例(*DCR*)＝營運淨收入(*NOI*)／每年應償還貸款本利和(*DS*)

$$DCR = \frac{1,626,600}{1,440,000} = 1.13$$

由於本案之債務保障比例 1.13，較銀行設定之債務保障比例 1.3 為低，故對銀行而言，風險過高。

（四） 最多貸款總額＝(*NOI*／*DCR*)／*K*

$$最多貸款總額 = \frac{\dfrac{1,626,600}{1.3}}{0.1} = 12,512,308 \text{元} 。$$

六　提高債務保障比例(DCR)的方法

　　債務保障比例(DCR)＝營運淨收入(NOI)／每期所應償還之貸款本利和(DS)。因此提高債務保障比例的方法就是設法降低每期所應償還之貸款本利和(DS)，或是提高營運淨收入(NOI)。途徑如下：

（一）延長貸款期限以降低 K 值，致使每期所應償還之貸款本利和(DS)降低。

（二）降低貸款利率也可降低 K 值，致使每期所應償還之貸款本利和(DS)降低。

（三）減少借貸總額，在利率與償還貸款期數不變的情形下，每期所應償還之貸款(DS)也會降低。

（四）提高營運淨收入或增加其他收入或降低支出。

七　ROR，ROE，與 K 值三者的比較

（一）ROR 即所謂資產總報酬率(rate of return on total capital)，其公式如下：ROR＝營運淨收入／資產總投資。

（二）ROE 即所謂投資者自有資金報酬率（rate of return on equity，一般簡稱 ROE），其公式如下：ROE＝現金流量／自有資金投入。

（三）K 值即所謂貸款常數(mortgage constant; K)，為在貸款償還期間內平均每年所必須支付之本利和與借貸總額之比值。貸款常數通常用於計算每年應償還之貸款（本利和），其公式為：K＝每年償還貸款本利和／貸款總額。

（四） ROR、ROE 與 K 三者的關係可由下圖表示。資產總投資報酬率(ROR)
　　　將由投資者與貸款者（銀行）兩者分享此利潤，而其中貸款者（銀
　　　行）受到貸款利率與期限的影響，其利潤(K)因為房地產抵押而有所
　　　保障，而貸款者（銀行）取走其利潤後，剩下利潤(ROE)才是投資者
　　　所有。

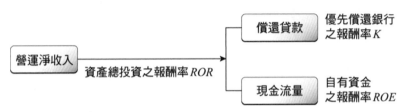

📍圖 8-3　ROR、ROE 與 K 值三者的關係圖

　　由上可知，自有資金報酬率才是投資人真正能掌握的利潤，故為投
資者最關心的。

例題 2｜假設某房地產投資個案的營運淨收入為$1,626,600 元，現金流量
為$186,600 元，總資產投資為$18,000,000 元，自有資金投入為$3,600,000
元，試問資產總報酬率(ROR)與自有資金報酬率(ROE)各為多少？並評估
本案是否適宜投資？(K=10%)

$$ROR = \frac{\$1,626,600}{\$18,000,000} = 9.04\%$$

$$ROE = \frac{\$186,600}{\$3,600,000} = 5.18\%$$

　　由於 K > ROR > ROE，本案屬於低報酬，負槓桿，故不適宜投資。

八 　財務槓桿及正負槓桿之情況　🔍

（一） 投資方案中只要有借貸，就會有槓桿情況。槓桿意指債務融資，融資比例相對於自有資金之比例愈大，槓桿愈大。

（二） 正負槓桿情形可由資產之 *ROR*、投資者之 *ROE* 與貸款常數 *K*（貸款者之報酬率）來決定：

正槓桿之情形：當 $ROR > K$，則 $ROE > K$，且 $ROE > ROR$；

負槓桿之情形：當 $ROR < K$，則 $ROE < K$，且 $ROE < ROR$；

當 $ROR = K$，則 $ROE = K$，且 $ROE = ROR$。

（三） 意義

1. 正的財務槓桿表示：投資者的報酬率高於整體個案的總報酬率，且兩者皆高於銀行的報酬率，因此借款進行投資是可行的。

2. 負的財務槓桿表示：投資者的報酬率低於整體個案的總報酬率，且兩者皆小於銀行的報酬率，因此以銀行的報酬率最高，借款進行投資，償債之後的現金流量有限，投資不可行。

例題 3 | 假設一個案有 10 戶房屋要出租，每戶面積 40 坪，每坪每年租金為 1 萬元，空屋損失及營運支出占 *PGI* 之 52%，*DCR* 為 1.3，*K* 等於 10%（利率 9.25%，期限 28 年），自有資金的需要報酬率為 12%，試問貸款總額、自有資金與資產總價值各為多少？今此個案欲以 2,000 萬元出售，如你是投資者是否會購買此一個案？

本案以「投資價值法」進行分析，已知不動產的收益，以「後門法」求取不動產的價值，再與投資成本相比較，據以判斷投資買進是否可行。分析步驟如下：

（一）總出租面積＝10 戶×40 坪／戶＝400 坪。

（二）可能總收入（*PGI*）＝400 坪×1 萬元＝400 萬元。

（三）空屋損失及總支出＝*PGI*×52%＝400 萬×52%＝208 萬元。

（四）淨營運收入（*NOI*）＝總收入－空屋損失及總支出＝400 萬－208 萬＝192 萬元。

（五）債務保障比例（*DCR*）＝*NOI*／*DS*

　　即 1.3＝192 萬／DS，故 DS＝148 萬元，反算每年償還貸款的本利和(DS)金額。

（六）貸款常數（*K*）＝*DS*／貸款總金額。即 10%＝148 萬／貸款總金額，故貸款總金額＝1,480 萬。

（七）稅前現金流量＝淨營運收入（*NOI*）－每年償還貸款本利和（*DS*），即 192 萬－148 萬＝44 萬元。

（八）自有資金之期望報酬率（*ROE*）＝現金流量／自有資金，已知投資者的預期自有資金的報酬率為 12%，上式算出現金流量為 44 萬元，則 12%＝44 萬／自有資金，故自有資金＝367 萬元，投資者準備 367 萬的自有資金，方能符合要求的報酬率。

（九）資產總價值＝貸款總金額＋自有資金＝1,480 萬＋367 萬＝1,847 萬元。

（十）此投資案之資產總價值僅為 1,847 萬元，而賣主欲以 2,000 萬元出售，顯然超過本案投資之價值，故不宜投資。

> **例題 4** | 有一間崑山小套房，建設公司開價 200 萬元，你是一位投資者，自有資金 40 萬元，銀行願意貸款 8 成，期限 30 年，年利率 9%，按年償還貸款，每年可能會有 16 萬元的租金收入，空屋損失約 5%，營運支出每年 20%，請計算下列財務指標。

（一）K 值

$$K = MC(9\% \text{，} 30 \text{ 年}) = \frac{i(1+i)^n}{(1+i)^n - 1} = 0.097336$$

（二）營運淨收入

$$NOI = 營運毛收入(PGI) - 空屋損失及營運成本$$

$$= 16 \text{ 萬元} - 16 \text{ 萬} \times (5\% + 20\%) = 12 \text{ 萬元}$$

（三）每年償還抵押貸款

$$DS = 貸款總額 \times K = 200 \text{ 萬} \times 80\% \times 0.097336$$

$$= 15.57 \text{ 萬元}$$

（四）每年現金流量

$$CF = NOI - DS = 12 \text{ 萬元} - 15.57 \text{ 萬元} = -3.57 \text{ 萬元}$$

（五）債務保障比例

$$DCR = NOI / DS = 12 萬元 / 15.57 萬元 = 0.77$$

債務保障比例小於 1，營運淨收入不足以償還貸款，投資不可行

（六）資產總報酬率

$$ROR = NOI / 總資產價格 = 12 萬 / 200 萬 = 6\%$$

（七）自有資金報酬率（實際的權益報酬率）

$$ROE = CF / 自有資金 = -3.57 萬 / 40 萬 = -8.93\%$$

（八）本案是否為正財務槓桿？是否值得進行投資？

本案 $ROE < ROR < K$，為負的槓桿，不值得投資。

例題 5 │ 承上題，若銀行要求的債務保障比例為 1.3，投資者要求的權益報酬率為 10%，以「前門法」求取最低的營運淨收入及最低毛收益(PGI)，並判斷投資是否可行？

運用前門法，已知不動產價格，求最低的租金：

（一）計算現金流量

$$CF = 自有資金 \times 要求的權益報酬率 = 40 萬 \times 10\% = 4 萬元$$

（二）計算償債支出

$$DS = 貸款總額 \times K 值 = 160 萬 \times 0.097336 = 15.57 萬元$$

（三）計算每年所需要的最低營運淨收入

$NOI = DS + CF = 4$ 萬 $+ 15.57$ 萬 $= 19.57$ 萬元，每年的營運淨收入至少要 19.57 萬元才足以滿足投資者要求的報酬率及償還銀行貸款。

$$PGI - 25\%PGI = NOI$$

$$75\%PGI = 19.57 \text{ 萬元}$$

$$PGI = 260,933 \text{ 元／年}$$

（四）與銀行要求的債務保障比例相比

銀行要求的 $DCR = NOI / DS$，$1.3 = NOI / 15.57$ 萬元，$NOI = 20.241$ 萬元，以銀行對於風險的要求，本案的營運淨收入至少要 202,410 元。

$$PGI - 25\%PGI = NOI$$

$$75\%PGI = 20.24 \text{ 萬元}$$

$$PGI = 269,866 \text{ 元／年}$$

（五）本案投資不可行

本案的實際營運收入為 260,933 元，低於最低營運收入 269,886 元，市場的租金行情不可能到達此水準，因此投資不具財務可行性。

例題 6│有一間店面賣方開價 1,200 萬元，你是一位投資者，自有資金 400 萬元，其餘 800 萬元銀行願意貸款，期限 30 年，年利率 9%，按月攤還銀行貸款，每年可能會有 16 萬元的租金收入，空屋損失約 5%，營運支出每年 25%，若房東（買方）出租可收取押金 240,000 元，押金存銀行年利率 3%，房地產每年增值 2%，相關稅費每年支出 15,000 元，預期的自有資金報酬率 12%，請問：每年可能的總收入？每年房地產增值金額？營運淨收入？每年償還抵押貸款？每年現金流量？

（一）每年可能總收入

$$每年可能總收入＝房租收入＋押金利息收入$$
$$＝16\ 萬＋24\ 萬×3\%$$
$$＝16.72\ 萬元$$

（二）每年房地產增值金額

$$每年房地產增值金額＝房地產總價×增值率$$
$$＝1,200\ 萬×2\%＝24\ 萬元$$

（三）營運淨收入

$$NOI＝可能總收入＋房地產增值－營運成本－空屋損失－相關稅費$$
$$＝16.72\ 萬＋24\ 萬－16.72\ 萬×(25\%＋5\%)－1.5\ 萬$$
$$＝34.204\ 萬元$$

（四）每年償還抵押貸款

$$DS＝800\ 萬×K(9\%／12，30\ 年×12\ 月)$$
$$＝800\ 萬×0.00805×12$$
$$＝77.28\ 萬元$$

（五）每年現金流量

$CF＝NOI－DS＝34.204$ 萬$－77.28$ 萬$＝－43.076$ 萬元，本案雖然已經加入房地產的增值，但是由於收入不高，又必須償還高額的債務，投資者可獲得的現金流量為負數，投資仍不可行。

九　基本財務分析模型的缺點

（一）只作短期（一年）分析，忽略長期幣值及租金收入的變化，且通貨膨脹率亦未考慮，無法反應真實價格。此模型屬靜態分析，無法反應市場實際變化情形。

（二）忽略自有資金之增加部分。由於透過貸款分期償還本息時，其投入本金會隨時間而累積，故其增加部分應予計入。換言之，貸款考慮不夠精確。

（三）房地產經營期限之長短，會影響每年租金及營運支出之估算，然此模型並未考慮經營期限問題。

（四）資產總值應以稅後價值反應較為客觀真實，單純以稅前淨利計算資產總值，可能因忽略稅賦而有高估之嫌。

（五）投資過程中，交易成本及投資準備花費亦應予估算之。

（六）房地產增值部分未予考慮，此點對臺灣狀況可能產生關鍵性影響，應予特別注意。

十　基本財務分析模型可以達成之短期目標

（一）投資者的目標：可求出自有資金報酬率(rate of return on equity)、債務保障比例(debt coverage ratio)及財務槓桿比率(leverage ratio)。

（二）貸款者目標：可以提供一個可接受的貸款金額、貸款常數(K)、貸款利率、貸款期限及債務保障比例。

（三）賣方的目標：可得知最適合的出售價格與出售方式，以達到投資者理想的投資報酬率。

（四）試算結果可作為初步與賣方協商或向銀行借貸時的初步依據。

（五）可用來尋求積極的投資者或合夥人。

例題 7 | 一不動產的售價為 1,500 萬元，每年的毛收益為 500 萬元，營運費用 150 萬元，貸款為售價的七成，年利率 8%，20 年按月攤還貸款，試求：（一）毛收益乘數；（二）淨收益乘數；（三）營運比例；（四）現金兩平比率；（五）債務保障比例；（六）整體資本還原率；（七）稅前權益報酬率。

（一）毛收益乘數＝市場價格／毛收益＝1500 萬／500 萬＝3

（二）淨收益乘數＝市場價格／淨收益＝1500 萬／（500 萬－150 萬）＝4.29

（三）營運比例＝營運費用／毛收益＝150 萬／500 萬＝30%

（四）現金兩平比例＝（營運費用＋償債支出）／毛收益

$$= \frac{150萬 + 1500萬 \times 70\% \times MC(\frac{8\%}{12}, 12 \times 20) \times 12}{500萬}$$

$$= （150 萬＋105.39 萬）／500 萬＝51.07\%$$

（五）債務保障比例＝$NOI／DS$＝(500 萬－150 萬)／105.39 萬＝3.32

（六）整體資本還原率＝$NOI／$市場價格＝350 萬／1,500 萬＝23%

（七）稅前權益報酬率＝稅前 $CF／$自有資金＝$\dfrac{350萬 - 105.39萬}{1,500萬 \times 30\%}$

$$= \frac{244.61萬}{450萬} = 54\%$$

例題 8｜某不動產已知市價為 12,400,000 元，貸款比例 80%，以本利均等攤還方式償還，年利率 11.5%，貸款期限 20 年，按月攤還，債務保障比例(*DCR*)為 1.3，若該不動產總樓地板面積為 3,200 平方公尺，可出租面積為 2,700 平方公尺，目前市場租金行情為每平方公尺 925 元，空屋損失占可能總收入的 5%，營運費用每平方公尺 250 元，財產稅為每平方公尺 100.55 元，其他固定支出為每年 10,000 元，試問在權益報酬率為 6% 之下，投資者應否投資？

（一）　自有資金投入＝12,400,000×0.2＝2,480,000

（二）　貸款金額＝12,400,000×0.8＝9,920,000

（三）　每年償還貸款本利和

$$(DS) = 9,920,000 \times MC(\frac{11.5\%}{12}, 240) \times 12 = 1,269,440$$

（四）　現金流量(*CF*)＝2,480,000×6%＝148,800

（五）　個案營運淨收益(*NOI*)＝DS＋CF＝1,269,440＋148,800＝1,418,240

（六）　銀行要求的營運淨收益＝1,269,440×1.3＝1,650,272

　　　　將（五）和（六）二個營運淨收益取其高者繼續求算可能總收益。

（七）　營運費用＝250×3,200＝800,000

（八）　財產稅＝100.55×3,200＝321,760

（九）　實際總收入＝營運淨收入＋營運費用＋財產稅＋其他固定支出

$$= 1,650,272 + 800,000 + 321,760 + 10,000 = 2,782,032$$

（十） 可能總收入(PGI)－空屋損失＝實際總收入

$$GPI - GPI \times 5\% = 2,782,032$$

$$GPI = 2,928,455$$

每平方公尺最低租金＝$2,928,455 / 2,700 = 1,084$

　　由於本案每平方公尺最低租金要求為 1,084 元，高於市場租金行情 925 元，故投資不可行。

十一　財務槓桿類型

（一）營運槓桿

　　「營運槓桿」(operations leverage)乃透過槓桿原理，以融資方式經營不動產，如整體不動產報酬高於借貸成本，該效果經自有資金吸收後，其報酬將大於總資金之報酬，稱之為正槓桿；反之稱之為負槓桿。依照基本財務分析模型方法，評比持有投資案期間每年 ROI、K、ROE 之關係，可了解究竟融資結果形成正槓桿（$ROE > ROI$；$ROE > K$）或負槓桿（$ROE < ROI$；$ROE < K$）。投資案於持有期間之營運槓桿，不一定自始至終不變，一直為正或一直為負，因為年收益、經營費用與 DS 經常起伏不定。

（二）稅務槓桿

　　「稅務槓桿」(tax leverage)乃透過槓桿原理，整體不動產之減稅效果，由自有資金吸收而放大其報酬率。雖然利息扣減幅度取決於貸款額度，折舊扣減幅度取決於建築物之價值，但是形成財務槓桿後，利息及折舊扣減額所產生之減稅利益，全由自有資金吸收，故只放大「自有資金報酬率」（ROE）；對「總資金報酬率」（ROI)意義不大。

（三）增值槓桿

　　「增值槓桿」(appreciation leverage)乃透過槓桿原理，整體不動產之增值效果，由自有資金吸收而放大其報酬率。

十二　基本財務分析模型中之中門法

　　影響基本財務可行性分析結果之要角，尚有融資機構。在商言商，融資機構旨在賺取利差，一樣在乎投資之雙 R（報酬／風險）關係，報酬形諸於利率，而風險可由 DCR 控管。因此，一般先進國家正派經營之銀行，內定有融資各類型不動產之 DCR 下限。例如房貸之 DCR 不低於 1.2，則風險更高之商場貸款不低於 1.3，可是此制式化之準則，有時不免面對挑戰，此時可用中門法拿捏，以微調變數到可接受程度。例如現在商譽卓著之開發商為興建商場申貸，經核算結果 DCR 只有 1.25，且前門之 NOI，及後門之經濟價值毫無轉寰餘地時，可微調中間各項經營管理、融資變數，以檢驗 DCR 雖不符合規定，但因投資人之因素，該機構可妥協到何程度以爭取放款機會。如果無論如何微調，均無法合理滿足該機構之準則或市場情況，再行放棄也不遲。

十三　通貨膨脹對財務槓桿之影響

（一）短期影響

1. 利率升高：因為名義利率乃實質利率加上通貨膨脹率，通貨膨脹對不動產投資之第一個影響為貸款利率提高。理由為：(a)通貨膨脹將導致投資案能夠支撐之貸款額度降低；(b)貸方通常會調降 $L／V$ 比率；(c)借方須另行籌措額外之自有資金，否則只有放棄投資。

2. 「稅前收益」(*CFBT*)降低：利率升高後 *DS* 增加，造成 *CFBT* 下降，借方之短期財務風險因而增加。

3. 經營費用較租金增加更快：經營費用通常與通貨膨脹亦步亦趨，迅速反應膨脹率；反之，租金則可能因為租約之束縛，對通貨膨脹之反應速度較為遲緩。一快一慢結果，降低了投資人之短期 *CFBT*。

4. 建築融資成本提高：通貨膨脹常增加建築融資成本，以致影響開發商之融資及推案意願。

（二）長期影響

　　長期而言，對於通貨膨脹造成利率提高之成本，不動產投資者和其他行業一樣，將轉嫁給消費者，因為賠本的生意沒人作。

十四　通貨膨脹下之投資策略

　　研究通貨膨脹之長期趨勢（如圖 8-4 中之虛線），令投資人了解其歷史，通常通貨膨脹之長期趨勢呈現平穩上升之趨勢。其實短期以觀，通貨膨脹卻是波濤洶湧，短期通貨膨脹率（如圖 8-4 中之實線）並非常數，而是變化多端。通貨膨脹之短期趨勢，有如爬藤般圍繞長期趨勢上下蔓延，對投資策略頗具重要啟示，因為通貨膨脹率之變化，影響不動產與金融資產間之相對價格。既然短期趨勢顯示變化多端，代表不動產與金融資產間之相對關係與時俱變，因此投資人須動態以觀，考量通貨膨脹對投資策略之影響。

　　不同時空之投資環境不同，故投資策略有異，Pyhrr 等人以其時空背景，提供之四點投資策略，係以長、短期趨勢之相對關係，標定 *A*、*B*、*C*、*D* 四點如圖示，分別建議不同投資行為模式，茲分述如下：(Pyhrr et al., 1989, pp.472-476)

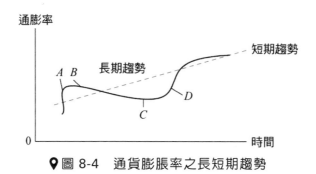

◆圖 8-4　通貨膨脹率之長短期趨勢

（一）A 點之投資模式

　　A 點之短期通貨膨脹率大於長期通貨膨脹率，且仍繼續往上爬升，但已接近頂點。此時，因為利率高，所以股票市場不振，債券之價格低到谷底。理想的狀況為投資人已將其資金投入不動產多時，且炒熱不動產價格。此時，投資人應將不動產脫手，以換取低價額之金融產品。

（二）B 點之投資模式

　　B 點之短期通貨膨脹率仍大於長期通貨膨脹率，但已走下坡。此時，投資人應已完全將其不動產出清，而以股票債券之組合為其主力資產，俾充分享受通貨膨脹率即將下降，利率跟著節節下降，造成股票債券上升之好處。

（三）C 點之投資模式

　　C 點之短期通貨膨脹率小於長期通貨膨脹率，且仍繼續往下探底，但已接近谷底。此時，投資人應已將其資金投入股票、債券多時，且也炒熱其價格。此時應將股票、債券脫手，準備短期通貨膨脹率上升到頂點時，購買價格即將跌到谷底之不動產。

（四）D 點之投資模式

D 點之短期通貨膨脹率開始上升，但仍小於長期通貨膨脹率。此時，投資人應已出清股票債券，將資產轉換為不動產或貴重金屬等非金融商品。

四點投資策略有其極限，因為囿於不動產之低流通性，高交易成本等特性，除非以證券化加以克服，技術上投資人無法如移轉股票般，隨心所欲地買賣不動產。此外，很多投資者只觀察長期趨勢，當長期趨勢傾向下跌時出售之；反之買進。因此，四點投資策略只供投資人參考，當其量身裁衣為自己訂定策略時，需考慮其所處時空背景及個人偏好、限制。

例題 9 | 假設不動產之購買價格為 10,000,000 元，投資人擬貸款 6,000,000 元，搭配 4,000,000 元自備款。假設貸款期限為 40 年，貸款利率為 3%，依借貸契約規定，以年為計算複利之基期。如於購買後一年以 12,000,000 元出售，在所得稅率 50%，持有超過一年之資本利得稅率 25%，本案節稅效果為何？

$$資本利得 = 售價 - 購買價格 = 12,000,000 - 10,000,000$$
$$= 2,000,000$$

$$所得稅額 = 資本利得 \times 所得稅率 = 2,000,000 \times 50\% = 1,000,000$$

$$資本利得稅額 = 資本利得 \times 資本利得稅率$$
$$= 2,000,000 \times 25\% = 500,000$$

$$節稅額度 = 所得稅額 - 資本利得稅額 = 1,000,000 - 500,000$$
$$= 500,000$$

本案節稅效果為 500,000 元。

例題 10 | 假設每年毛收益(PGI)為 500,000 元，空屋率為 3%，經營成本如下表所示，償債支出(DS)為 727,822 元，貸款額度為 6,000,000 元，年利率 12%，房屋價值 3,000,000 元，房屋折舊率 2%，家俱價值 80,000 元，家俱折舊率 20%，試問稅前現金流量(CFBT)為何？每年稅後淨損益為多少？若投資人另有收入 2,500,000 元，所得稅率 50%，則稅後現金流量(CFAT)為多少？

經營成本項目		合計
(1)維修費	10,000	117,000
(2)垃圾清潔費	9,000	
(3)水電費	8,000	
(4)管理費	35,000	
(5)不動產稅	25,000	
(6)保險費	10,000	
(7)設備償還基金	8,000	
(8)家具償還基金	4,000	
(9)外裝潢償還基金	3,000	
(10)雜項費用	5,000	

1. 空屋損失 = 每年毛收益(PGI)×空屋率 = $500,000 \times 3\% = 15,000$

2. 有效毛收益 (EGI) = PGI − 空屋損失 = $500,000 - 15,000 = 485,000$

3. 營運淨收入 (NOI) = EGI − 營運成本 = $485,000 - 117,000 = 368,000$

4. 稅前收益 (CFBT) = NOI − DS = $368,000 - 727,822 = -359,822$元

5. 稅法附加影響

1. 貸款額度	6,000,000	
2. 貸款利率	12%	
3. 貸款利息(=1×2)		720,000
4. 房屋價值	3,000,000	

5. 房屋折舊率	2%	
6. 房屋折舊額(=4×5)		60,000
7. 家具價值	80,000	
8. 家具折舊率	20%	
9. 家具折舊額(=7×8)		16,000
10.稅法特許扣減額(=3+6+9)		796,000

6. 稅後淨損益

1. 淨經營收益(NOI)	368,000
2. 稅法特許扣除額	796,000
3. 稅法上之淨損益(=1－2)	−428,000

7. 其他收入之稅負

1. 其他收入	2,500,000
2. 所得稅率	50%
3. 所得稅額(=1×2)	1,250,000

8. 稅後現金流量(CFAT)

1. 其他收入	2,500,000
2. 不動產投資之淨損失	−428,000
3. 稅法上之淨所得總額(=1+2)	2,072,000
4. 所得稅率	50%
5. 所得稅額(=3×4)	1,036,000
6. 不動產投資後之減稅效果（=5－原所得稅額）	214,000
7. 稅後收益(ATCF=BTCF+6)	−145,822

十五　解釋名詞

（一）現金流量(cash flow)

指投資者償還所有營運成本及貸款等必要支出後剩下的現金。一般為實際放入投資者自己口袋中的錢。

以投資架構圖說明如下：

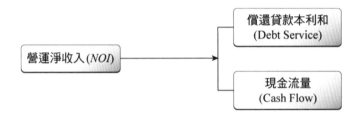

（二）貸款常數(*K*)(Mortgage Constant, MC)

在償還貸款期間內平均每年所必須支付之本利和與借貸總額之比值。貸款常數通常用於計算每年應償還之貸款（本利和），其公式如下：

貸款常數(*K*)＝每年應償還貸款本利和／貸款總額

（三）債務保障比例(Debt Coverage Ratio, DCR)

國外大部分銀行作為評估借貸總額之主要準則。其公式如下

債務保障比例(*DCR*)＝營運淨收入(*NOI*)／每年應償還貸款本利和（即債務 Debt Service, DS）

風險愈大的房地產類型，銀行要求的債務保障比例(*DCR*)愈大，故借款者能借到的貸款也就愈少，而銀行所面臨的風險也才會減少。

（四）資產總報酬率(ROR)

為評估個案中債務與自有資金報酬率的指標之一。

公式：$ROR＝$營運淨收入／資產總投入

（五）自有資金報酬率(ROE)

即投資者之報酬率。

公式：$ROE＝$現金流量／自有資金投入

（六）貸款者之報酬率

即貸款常數 K 值。

（七）正財務槓桿

投資個案有運用槓桿的情況，總投資成本中有部分資金來自融資貸款。正槓桿的情形是指：當資產總報酬率(ROR)＞貸款者報酬率(K)，則自有資金報酬率(ROE)＞貸款者報酬率(K)，且 $ROE＞ROR$。表示：投資者的報酬率高於貸款者的報酬率，投資者舉債投資仍有利可圖。

（八）負財務槓桿

投資者舉債投資時，資產總報酬率(ROR)＜貸款者報酬率(K)，則自有資金報酬率(ROE)＜貸款報酬率(K)，且 $ROE＜ROR$。表示投資者投資的淨收益償還債務之後，所剩的現金流量很少，導致 $ROE＜ROR＜K$ 的情況，舉債投資是不利的。

Chapter 09

現金流量折現模型

重點提示

本章的重點在了解時間的金錢價值：

1. 了解時間影響金錢價值的因素。

2. 運用六種利率因子，了解其意義並學會查表，熟練演算計算題。

3. 了解淨現值、內部報酬率的計算方式，應用於實務案例進行投資分析。

4. 了解現金流量分析的步驟，並將分析結果以投資決策法則做判斷。

一 複利終（未來）值率

（一） **終值**（未來值）：貨幣在未來特定時間點的價值。

（二） $FV = PV \times (1+i)^n$，複利終值利率因子(Future Value of Interest Factor, FVIF)為 $FVIF(i,n) = (1+i)^n$

（三） **概念圖解**

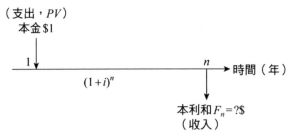

♀ 圖 9-1　複利終值率概念圖

二 複利現值率

（一） **現值**：未來貨幣在現在的價值。

（二） $PV = FV \times \dfrac{1}{(1+i)^n}$，複利現值利率因子(Present Value of Interest Factor, PVIF)為 $PVIF(i,n) = \dfrac{1}{(1+i)^n}$。

（三） **概念圖解**

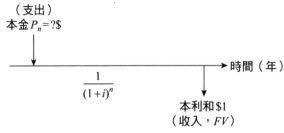

♀ 圖 9-2　複利現值率概念圖

（四）關係

複利現值率為複利未來值率的倒數，$PVIF(i,n) = \dfrac{1}{FVIF(i,n)}$ 。

三　複利年金終（未來）值率

（一）**年金終值**：在一定期間內各期期末支付等額現金流量，各現金流量未來值的總和。期末支付者，又稱為普通年金(Ordinary Annuity)。

（二）$FVA = PMT \times \dfrac{(1+i)^n - 1}{i}$，年金終值利率因子(Future Value of Interest Factor Annuity, FVIFA)為 $FVIFA(i,n) = \dfrac{(1+i)^n - 1}{i}$

（三）**概念圖解**

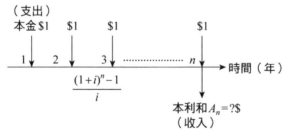

♀圖 9-3　複利年金未來值率概念圖

（四）與期初年金的關係

期初年金在一定期間各期期初支付等額現金流量，各現金流量未來值的總和。各現金流量比普通年金皆多了一期的利息。

期初年金＝期末年金×(1+i)。

四　複利年金償還基金（沉入基金，Sinking Fund）率

（一）**年金償還基金**(PMT)：在一定期間內各期期末支付若干等額現金流量，才能累積到某特定未來值的總和。

（二）$PMT = FVA \times \dfrac{i}{(1+i)^n - 1}$，沉入基金利率因子(Sinking Fund Factor, SFF)為 $SFF(i,n) = \dfrac{i}{(1+i)^n - 1}$。

（三）**概念圖解**

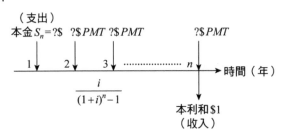

📍圖 9-4　複利年金償還基金（沉入基金）率概念圖

（四）**關係**

　　複利年金償還基金率與複利年金未來值率互為倒數，

$SFF(i,n) = \dfrac{1}{FVIFA(i,n)}$。

五　複利年金現值率

（一）**複利年金現值**：在一定期間內各期期末支付等額現金流量，將各現金流量未來值的總和折算為現值。

（二）$PVA = PMT \times \dfrac{(1+i)^n - 1}{i(1+i)^n}$，年金現值利率因子(Present Value of Interest Factor Annuity, PVIFA)為 $PVIFA(i,n) = \dfrac{(1+i)^n - 1}{i(1+i)^n}$。

（三）概念圖解

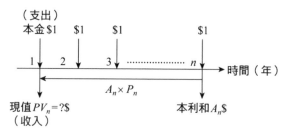

（支出）
本金 $1　$1　　$1　　　　　$1

1　2　3　………………… n ───▶ 時間（年）

$A_n \times P_n$

現值 $PV_n = ?\$$
（收入）

本利和 $A_n\$$

📍圖 9-5　複利年金累加現值率概念圖

（四）關係

$$PVIFA(i,n) = FVIFA(i,n) \times FVIF(i,n)。$$

六 本利均等償還率(Mortgage Constant, MC) 🔍

（一）**本利均等償還額**(PMT)：期初取得一筆現值，在未來一定期間內各期期末支付等額現金流量償還。

（二）$PMT = PVA \times \dfrac{i(1+i)^n}{(1+i)^n - 1}$，本利均等攤還額利率因子(Mortgage Constant,

MC)為 $MC(i,n) = \dfrac{i(1+i)^n}{(1+i)^n - 1}$。

（三）概念圖解

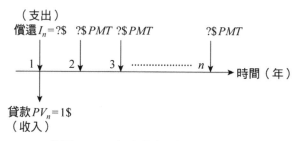

（支出）
償還 $I_n = ?\$$　?\$PMT　?\$PMT　　　?\$PMT

1　2　3　………………… n ───▶ 時間（年）

貸款 $PV_n = 1\$$
（收入）

📍圖 9-6　本利均等償還率概念圖

（四） 關係

本利均等償還率與複利年金累加現值率互為倒數，

$$MC(i,n) = \frac{1}{PVIFA(i,n)} \quad 。$$

七　有效年利率(EAR)

有效年利率又稱為實質利率，與名目年利率不同。採複利計算的效果，一年內計算複利的次數愈多，終值會愈高。有效年利率的計算公式如下：

$$EAR = (1+\frac{k\%}{m})^m - 1$$

其中，$k\%$為名目年利率，m 為一年計息次數。

八　永續年金

是一種特殊年金，其沒有到期日或期限，我們稱之為永續年金。永續年金是將未來無限期支付固定金額的年金折算為現值的總和，因為沒有期限，因此以無窮等比級數的公式推導而得。永續年金 PMT 之現值：

$$PV_{i,\infty} = PMT \times [\frac{1}{(1+i)^1} + \frac{1}{(1+i)^2} + ... + \frac{1}{(1+i)^n} + ...] = \frac{PMT}{i}$$ 如果是期初

支付的永續年金，其現值：

$$PV = \frac{PMT}{i} \times (1+i)$$

比普通年金的永續年金都多滾了一期的利息。

$$PVA = \frac{PMT}{i}$$

九　股利固定成長模式

　　如果未來無限期支付固定金額的永續年金以固定的比例成長，欲計算其未來各期年金的折現值，則可以套用股利固定成長模式。若本期每股的股利為 D_0，未來股利成長率 r，折現率 R，其各期現值加總的計算過程：

$$D_0 = \frac{D_0(1+r)^0}{(1+R)^0}$$

最近一期之股利的現值

$$D_1 = \frac{D_0(1+r)^1}{(1+R)^1}$$

$$D_2 = \frac{D_0(1+r)^2}{(1+R)^2}$$

以此類推，計算未來無限期固定比例成長

股票真實價值 $V = \sum_{n=1}^{\infty} \frac{D_0(1+r)^n}{(1+R)^n}$

$n = \infty$，$R > r$，無窮級數可推演為：

$$\sum_{n-1}^{\infty} \frac{(1+r)^n}{(1+R)^n} = \frac{1+r}{R-r}$$

$$V = \frac{D_0(1+r)}{R-r}$$

若未來股利成長率，r 為 0，則為零成長模式，回復為永續年金之計算方法：

$$V = \frac{D_0}{R}$$

＋ 時間會影響金錢的價值

時間的價值隱含了下列三種涵義：

（一）機會成本(opportunity cost)

現今將錢投資在甲方案，則投資者相對失去了其他的投資機會，也許投資在其他方案，也有相當的獲利機會，但對投資者而言，已無機會選擇其他方案。

（二）通貨膨脹(inflation)

物價上漲，貨幣貶值，商品升值會使得投資者的實質所得減少。

（三）風險(risk, uncertainty of payment)

由於未來的情況無法掌握，任何投資皆有未如原先預期情況發生的可能，如投資者未來將面臨債務人可能還不出錢來，或延遲不還錢等風險。

　　因此，目前到未來這段時間的價值（或成本）背後隱含了機會成本、通貨膨脹與風險等三種因素的考慮下，使得今天的一元不等於明天的一元。

十一　「折現率」(discount rate)

　　時間的金錢價值應分別考慮不同時間下的機會成本、通貨膨脹與風險三者的影響。折現率係指在現金流量折現模型(DCF)（淨現值法）中，將各期的現金流量以一個利率折算到同一個時間的價值，再予以加總為投資的現在價值。該折現的利率即為投資者的需要報酬率。

> **例題 1**｜某甲將 10,000 元存入銀行，年利率 6%，倘若某甲存三年，按年複利計算，則三年後之本利和為？

　　將一筆錢 10,000 元存入銀行，3 年後到期的本利和為多少？這是複利未來值率的概念。

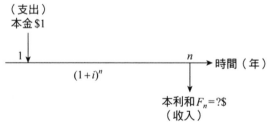

♀ 圖 9-7　複利未來值率概念圖

　　未來值：$FV_n = A(1+i)^n = 10,000 \times (1+6\%)^3 = \$11,910$。

　　三年後之本利和為 11,910 元。

> **例題 2** | 北海人壽的保險業務員希望你投保該公司的年金還本保險，該產品若從現在開始投保，每年繳交保費 10,000 元，按季繳納，15 年後可領回 20 萬元，年利率 4%，請問：（一）15 年所交保費的現值是多少錢？（二）15 年後領回的 20 萬元，現值是多少錢？

（一）15 年所交保費的現值

15 年來，每季均繳交保費 2,500 元，到第 15 年底累積一定金額的本利和，再將該未來值折算為現值，基本上是一個複利年金累加現值率(present value accumulative annuity $1)的概念：

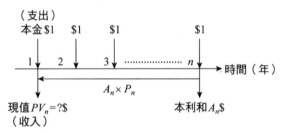

圖 9-8　複利年金累加現值率概念圖

15 年來每季均繳交保費，共計 60 期，季利率＝年利率 4%/4＝1%，其現值 $PV_n = \$2,500 \times PVIFA(1\%, 60) = \$2,500 \times 44.955038 = \$112,387$

因此 15 年所繳交保費的現值為 11 萬 2,387 元。

（二）15 年後領回的 20 萬元現值

將 15 年後的未來值折算為現值，是複利償還現值率(present value reversion of $1)的概念，現值是未來值的倒數。

$$PV_n = FV \times \frac{1}{FVIF(i,n)} = \frac{\$200,000}{(1+4\%)^{15}}$$
$$= \$200,000 \times 0.555265 = \$111,053$$

因此，15 年後領回 20 萬元的現值為 11 萬 1,053 元。

例題 3 | 小李想買一部賓士轎車，總價 300 萬元，自備款 100 萬元，其餘金額貸款，年利率 12%，分 4 年 48 期償還，每期應償還多少錢？

賓士轎車，總價 300 萬元，自備款 100 萬元，貸款 200 萬元。

在 4 年 48 期內，每期固定分攤貸款 200 萬元之本利和，是本利均等償還率(MC)的概念。

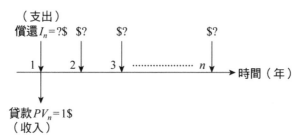

$\bullet$ 圖 9-9　本利均等償還率概念圖

$$每期償還額 \ PMT = PVA \times MC(i,n) = 2,000,000 \times MC(\frac{12\%}{12}, 48)$$

$$= \$2,000,000 \times 0.026334 = \$52,668$$

因此每期應償還 52,668 元。

例題 4 | 如果你想以定存的方式，在 30 年後擁有億萬身價，年利率 8%，從現在起每月應存多少錢才能實現？

當 30 年到期時之本利和為$100,000,000 元時，則每月月底都應存入多少錢？這是複利年金償還基金率(sinking fund factor)的概念。

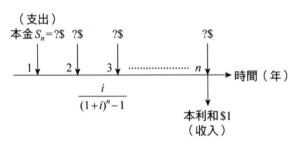

♀圖 9-10　複利年金償還基金率概念圖

$$年金償還基金\ PMT = FVA \times SFF(i,n) = 100,000,000 \times SFF(\frac{8\%}{12},360)$$

$$= \$100,000,000 \times 0.000671 = \$67,100$$

每月應存$67,100 元。

例題 **5**｜林小姐以定期定額方式委託銀行購買國內高科技基金，議定每月購買 5,000 元，手續費不計。假設林小姐購買此基金的替選方案為零存整付的定存，年利率 4%。如果 3 年後林小姐所購買基金的淨值為 20 萬元，與定存相比，林小姐投資此定期定額基金是否較有利？

3 年後林小姐所購買基金的淨值$200,000 元，是投資的未來值。

投資獲利的機會成本為零存整付的定存利息，年利率 4%，3 年後的本利和為複利年金未來值率(FVA)的概念。

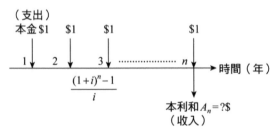

♀圖 9-11　複利年金未來值率(FVA)概念圖

3 年後定存的本利和（複利年金未來值）

$$FVA = PMT \times FVIFA(i,n) = 5,000 \times FVIFA(\frac{4\%}{12},36)$$
$$= \$5,000 \times 38.181336 = \$190,907$$

3 年後基金的淨值($200,000)＞定存的本利和($190,908)，基金投資略勝一籌。

> **例題 6**｜王老先生將土地設定地上權給博物館，地上權的存續期間為無定，約定博物館每年須支付地租 50,000 元，王老先生可永續收取地租。假設還原利率為 5%，請問此土地地租總額的現值為何？

王老先生在每年年底收取 50,000 元的地租，可永續收取，這是永續年金的概念。

永續年金的現值

$$PV = \frac{A}{(1+i)^1} + \frac{A}{(1+i)^2} + \frac{A}{(1+i)^3} + \frac{A}{(1+i)^4} + \cdots\cdots$$
$$= \frac{A}{i} = \frac{\$50,000}{5\%} = \$1,000,000$$

永續年金的地租現值為 100 萬元，相當於是此土地的收益價值。

> **例題 7** | 李小姐投資辦公大樓，前 3 年出租可產生的現金流量分別為 1,000 萬元，2,000 萬元，2,000 萬元，自有資金的投資成本為 3,000 萬元，要求的自有資金報酬率為 6%。請問本投資案的淨現值為若干？利潤指數為何？此投資是否具有財務可行性？

　　本題為不相等現金流量，無法套用財務數學公式，必須分年計算，在利率 6% 情況下，3 年後現金流量之現值為：

單位：萬元

年度	現金流量	×複利償還現值利率因子	＝現金流量之現值
1	$1,000	0.9434	$943.40
2	$2,000	0.8900	$1,780.00
3	$2,000	0.8396	$1,679.20
總計			$4,402.60

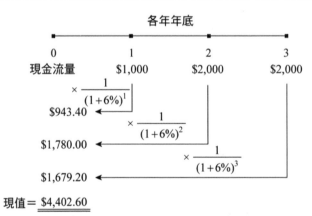

♀ 圖 9-12　現金流量之現值概念圖

　　由上可知，三年後各期現金流量之現值為 $4,402.60 萬元。

（一）淨現值(NPV)＝現金流量之現值－投資成本

$$＝PV-IC＝4,402.60 \text{ 萬元} - 3,000 \text{ 萬} = 1402.6 \text{ 萬元。}$$

（二）利潤指數(PI)＝現金流量之現值／投資成本

　　　　　　　＝$PV／IC$＝4,402.60 萬元／3,000 萬＝1.4675

（三）本案財務可行性的決策法則：

1. 現金流量之現值（4,402.60 萬元）＞投資成本（3,000 萬元）

2. 淨現值(NPV)=1,402.6 萬元＞0

3. 利潤指數(PI)=1.4675＞1

　　所以可以考慮投資。

例題 8｜小吳投資休閒小站紅茶店，期初投資成本 150 萬元，第一年底回收 100 萬元，第二年底回收 70 萬元，請問此投資的內部報酬率為何？假設要求的報酬率為 10%，本案是否值得投資？

（一）**內部報酬率**(internal rate of return)：其定義是在投資成本等於預期未來各期現金流量之現值加總時之折現率，換言之。所謂 *IRR* 乃是指 *NPV*=0 時之折現率。其公式表示如下：

$$150萬 = \frac{100萬}{(1+IRR)^1} + \frac{70萬}{(1+IRR)^2}$$

（二）**由此公式反算 *IRR***

　　步驟 1：試誤法

報酬率(IRR)	現值
10%	148.76
X%	150.00
8%	152.61

假設第一個報酬率為 10%時，可求得現值為 148.76；因此現值小於 150.00，故第二個報酬率應設小於 10%（折現率置於分母，折現率愈小，現值愈大），本題第二個報酬率假設為 8%，求得現值 152.61；由此以上結果，我們可以獲知本例正確之 *IRR* 將介於 8%～10%之間。

步驟 2：比例內插法

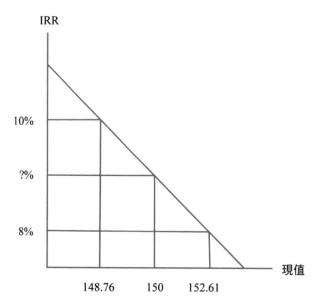

$$\frac{X\% - 8\%}{10\% - 8\%} = \frac{(150 - 152.61)}{(148.76 - 152.61)}$$

$$X\% = 9.35\%$$

由於比例內插法是以線性假設估計，故與正確的折現率有些差距。

本案的 *IRR* 為 9.35%，小於要求的報酬率為 10%，因此本案不可行。

例題 9｜假定有四種投資方案，其投資成本(IC)、現值(PV)、淨現值(NPV)、利潤指數(PI)如表所示，某甲應做何種投資決策？若投資者的總投資成本限制為$100,000 情況下，某甲應做何種投資決策？

投資方案	投資成本 (IC)	現值 (PV)	淨現值 (NPV)	利潤指數 (PI)
I	80,000	128,000	48,000	1.6
II	20,000	30,000	10,000	1.5
III	100,000	130,000	30,000	1.3
IV	100,000	150,000	50,000	1.5

依淨現值的決策法則：方案 IV 之 NPV 為 50,000 最大；依利潤指數的決策法則：方案 I 之 PI 為 1.6 最大。

在此情況下，究竟應選方案 I 或 IV：

（一）因為淨現值為絕對數量，而利潤指數為相對比值，兩者意義不同，互有利弊。惟一般投資者在現實考慮下，通常以淨現值最大為決策因素，因為絕對數量乃是投資者最後追求的目標。

（二）當投資者的總投資成本限制在限制$100,000 情況之下，則可考慮投資組合方式最為有利：如果選擇同時投資方案 I、II，其 NPV 為$58,000($48,000＋$10,000)為最大值，但 PI 仍只有 1.58（(128,000＋30,000)÷(100,000)），尚不及方案 I，然投資者在既有四種方案及投資成本的限制下，投資組合後的淨現值為其最重要的考慮因素。

一般的內部報酬率法是假設現金流量可以同樣的報酬率做重複的投資，藉由模式內涵予以解說，並說明其假設的困境及解決之道

　　一般的內部報酬率法假設現金流量可以用相同的報酬率做重複的投資，則在面對各期現金流量的處理較簡單清楚易懂。且利用電腦軟體試誤法找出最接近投資成本或 $NPV=0$ 之折現率，如此使得 IRR 之求算過程變得簡單而精確。

（一）假設困境

1. IRR 公式背後隱含每期現金流量的投資收益將再被利用來投資，同時獲得和原先相同之 IRR 的假設，這是內部報酬法的缺陷之處。

2. 投資者將投資所獲得之現金流量，再投資其他機會是有可能的，但是投資工具有完全相同的報酬率是不太可能的。所以先後現金流量的 IRR 應該有所差別才合理，而原來公式的假設狀況可能過於樂觀。

（二）解決之道

1. 修正內部報酬率(Modified Internal Rate of Return, MIRR)
   (1) 假設現金流量收益的投資報酬率不應與原先的 IRR 相同。
   (2) 投資者衡量當時投資情況，選擇適當的投資工具以確定再投資的報酬率。
   (3) 再投資的報酬率要比原先的小。

2. 財務管理報酬率(Financial Management Rate of Return, FMRR)
   (1) 投資者會先將現金流量存入銀行（此時再投資的報酬率等於定存利率），當銀行資金累積到一定金額時，再選擇適當的投資工具。

(2) 投資者對現金流量資金周轉做審慎考量，並對每一筆收支做嚴格控制，進行財務管理工作，使報酬率計算更為合理。

　　修正內部報酬率並非零缺點，因為投資者必須投入相當大量的成本對現金流量運用做觀察，而其計算過程也較為複雜，所以 MIRR 和 FMRR 在一般投資應用上較不普遍，一般投資者寧可對整體市場和經濟趨勢作了解，也不願對這未來值的預估多做苛求。

 就不動產之投資者，淨現值法或內部報酬率法哪種較理想及其原因

（一）淨現值法

　　淨現值法沒有像內部報酬率再投資假設不合理的缺點，並且在投資者所關心最終目標的考量是財富的極大化，而非報酬率的高低。然而折現率的適當選取對投資者而言較為困擾，但也因此使投資者能更清楚個人的投資假設。

（二）內部報酬率法

　　內部報酬率法的優點是面對各期各種現金流量的處理較為簡單清楚，而且沒有像淨現值法需要選擇折現率的困擾。內部報酬率法相當標準化，市場各種利率及投資工具均有計算結果，可以在不考慮投資規模的情況下進行各種投資方案之比較。然而內部報酬率法除了再投資假設的缺點外，其將投資規模以每單位的投資利潤表示，卻易使投資者容易忽略投資規模的重要。

（三）比較分析

　　一般而言，投資理論分析者較為偏好淨現值法；由於內部報酬率法係以百分比表示，因而忽略了投資規模的問題。一個投資規模大的計畫，雖然內部報酬率可能比另一個投資規模小的計畫低，但投資規模大的計畫其絕對獲利額可能還是大於規模小的計畫。因此投資者所關心的是自身的財富增加多寡，而不是相對報酬百分比，所以淨現值法還是為較佳的投資決策。當然投資實務者與一般大眾較為偏好內部報酬率法。不動產的投資決策，投資者應對個人的投資假設有清楚的了解。

例題 10 │ 如果你向銀行要求房屋貸款 500 萬元，貸款年利率是 9%，貸款期限為 20 年，請問如果以本利均等攤還方式按月償還貸款，每月你將償還多少金額？又其中第 12 個月所償還的貸款中，利息占本利和的百分比為多少？又第 3 年後你還欠銀行多少本金？

（一）　貸款利率 9%，$t = 20$年 $\Rightarrow$ 本利均等償還率 $MC(\dfrac{9\%}{12}, 240)$ 為 0.008997

　　　　$PMT = 5,000,000 \times 0.008997 = 44,985$（每月償還本利額）

　　　　每月償還金額 $= 44,985$元

（二）　第 12 個月償還利息占本利和的比例

　　　　第 11 個月底的未還貸款餘額(Loan Balance, LB)：

　　　　$LB = 44,985 \times PVIFA(\dfrac{9\%}{12}, 229) = 44,985 \times 109.244200 = 4,914,350$

　　　　第 12 個月應還之利息 $= 4,914,350 \times \dfrac{9\%}{12} = 36,858$

　　　　第 12 個月需還之本金 $= 44,985 - 36858 = 8,127$

$$利息占償還貸款本利和的百分比 = \frac{36,858}{44,985} = 81.93\%$$

（三）第 3 年末還欠銀行本金 $= 44,985 \times PVIFA(\frac{9\%}{12}, 17 \times 12)$

$$= 44,985 \times 104.296613 = 4,691,783 \ 元$$

例題 11 ｜假設你目前 65 歲面臨退休之際，且擁有自己的一棟房屋，此時你不想再花力氣金錢來照顧維修此房屋，但也不想搬家（因為已經熟悉此環境），除此之外，你還希望每個月能有 2 萬元的零用金以為退休後的日常花用。因此你找了一家保險公司準備將房子賣給他，希望在你預計未來 15 年（80 歲）的有生之年，你可以住在此處，且按月領零用金，而保險公司也希望獲得 12% 的報酬率的情況下，請問你目前擁有的這棟房子要多少錢才可以獲得上述條件？

　　將未來每年可領取的收益累加折算成現值，即為房屋現在賣給保險公司的收益價值：

$$PV = \frac{CF_1}{(1+IRR)^1} + \frac{CF_2}{(1+IRR)^2} + \frac{CF_3}{(1+IRR)^3} + \ldots + \frac{CF_n}{(1+IRR)^n}$$

其中要求的 IRR（內部報酬率）$=12\%$，月利率為 1%

各期的現金流量 $CF = 20,000 \ 元$

　　$n = 12$（月）$\times 15$（年）$= 180$

故每期 CF 折算現值即目前房屋價值(PVA)

$$=20,000 \times PVIFA\left(\frac{12\%}{12},180\right)$$

$$=20,000 \times 83.321664 = 1,666,433 \ 元$$

因此房屋現在的收益價值為 1,666,433 元。

例題 12│每個月在銀行存款 5,000 元，存款利率為 7%，以零存整付方式，請問你五年後將可獲得多少本利和？如果此筆錢是你未來購買房屋的自備款，假設你可以向銀行辦理的購屋儲蓄貸款占房屋價值的七成，請問你可買多少錢的房屋？

年期 5 年，利率 7%（以每個月 0.58%複利計算）之複利年金未來值 $= 71.592160$

（一）本利和 $= 5,000 \times FVA\left(\frac{7\%}{12},60\right)$

$$5,000 \times 71.592160 = 357,961 \ 元$$

（二）自備款占房價的 3 成

$$房價 = \frac{357,961（元）}{0.3} = 1,193,203 \ 元$$

可購買房屋價值 $1,193,203$ 元

例題 13｜商場投資案的現金流量分析

基本資料

1	土地成本	70,000,000
2	房屋建築成本	30,000,000
3	建物折舊年限（年）	4
4	建物折舊後殘值	5,000,000
5	本案採取直線折舊法	
6	每年土地增值率	5%
7	第二年改良裝修費	200,000
	改裝當年僅支付 3 成，其餘貸款最後一年償還	
	改良裝修貸款年利率	6%
8	仲介費（土地售價 1%）	700,000
9	租金收入（成長率每年 5%）	25,000,000
10	權利金收入每年	5,000,000
11	第 1 年維修管理費用（成長率 0.4%）	10,000,000
12	廣告及相關費用每年	4,000,000
13	自有資金占 4 成	40,000,000
14	融資部分占 6 成	60,000,000
15	貸款利率	10%
16	貸款期間（年）	10
17	土地 4 年後的價值	85,085,438
18	房屋 4 年後的售價	5,000,000
19	房屋及土地出售的仲介費(4%)	3,603,418
20	營利事業所得稅率	20%
21	土地增值稅率	20%
22	自有資金預期報酬率	12%

　　投資者要評估經營 4 年後出售的財務是否具有可行性，請進行：（一）資產價值分析；（二）營運淨收入分析；（三）財務融資分析；（四）現金流量分析；（五）銷售收入分析；（六）淨現值分析。

（一）資產價值分析

相關原始投資的資產價值分析

資產部分		負債及股東自有資金部分	
土地	70,000,000	總負債	60,000,000
房屋建築	30,000,000	權益投資	40,000,000
總和	100,000,000	總和	100,000,000

（二）營運淨收入分析

營運淨收入＝營業租金收入＋權利金收入－營業支出－促銷支出

相關的營運收入(*NOI*)

年期	營業租金收入	權利金收入	營業支出	促銷支出	營運淨收入
1	25,000,000	5,000,000	10,000,000	4,000,000	16,000,000
2	26,250,000	5,000,000	10,040,000	4,000,000	17,210,000
3	27,562,500	5,000,000	10,080,160	4,000,000	18,482,340
4	28,940,625	5,000,000	10,120,481	4,000,000	19,820,144

（三）財務融資分析

利息支出＝期初本金×利率

本利均等償還額＝貸款總額×*K*（10%，10 年）

本期償還本金＝本利均等償還額－利息支出

期末本金餘額＝期初本金－本期償還本金

相關的財務融資方面

年期	期初本金	利息支出	本利均等攤還	攤還本金部分	期末本金餘額
1	60,000,000	6,000,000	9,764,724	3,764,724	56,235,276
2	56,235,276	5,623,528	9,764,724	4,141,196	52,094,080
3	52,094,080	5,209,408	9,764,724	4,555,316	47,538,765
4	47,538,765	4,753,876	9,764,724	5,010,847	42,527,917

（四）現金流量分析

税前現金流量＝營運淨收入－償還貸款－整修費用

需課稅所得＝營運淨收入－整修費－利息支出－折舊

税後現金流量＝税前現金流量－需課稅所得×稅率

根據以上資料可以計算出各期現金流量如下

年期	(1) 營運淨收入	(2) 貸款償還本利	(3) 整修費用	(4)=(1)－(2)－(3) 税前自有 CF	(5) 折舊費用	(6)=(1)－整修 －利息－折舊 需課稅所得	(7)=(4)－(6) ×20% 税後自有 CF
1	16,000,000	9,764,724	0	6,235,276	6,250,000	3,750,000	5,485,276
2	17,210,000	9,764,724	60,000	7,385,276	6,250,000	5,276,472	6,329,982
3	18,482,340	9,764,724	8,400	8,709,216	6,250,000	7,014,532	7,306,310
4	19,820,144	9,764,724	148,400	9,907,021	6,250,000	8,667,868	8,173,447

（五）銷售收入分析

税後出售資產利得＝銷售價格－銷售費用－增值稅－營利事業所得稅－未償還貸款餘額

最後銷售狀況如下

	銷售價格	90,085,438
－	銷售費用	3,603,418
－	增值稅（不計物價調整）	3,017,088
	税前淨收入	83,464,932
－	營利事業所得稅	16,692,986
－	未償還貸款餘額	42,527,917
	税後出售資產利得	24,244,029

（六）淨現值分析

$$淨現值(NPV) = -40,700,000 + \frac{5,485,276}{(1+12\%)^1} + \frac{6,329,982}{(1+12\%)^2} + \frac{7,306,310}{(1+12\%)^3}$$

$$+ \frac{8,173,447}{(1+12\%)^4} + \frac{24,244,029}{(1+12\%)^4} = -4,953,830$$

本案淨現值為負數，表示 4 年短期經營還無法為個案帶來足夠的利潤。

> **例題 14** │ 某人在銀行存入 1,000 元，年利率 6%，每月計息一次，問一年後未來值為多少？每年真實報酬率為多少？

（一）$FV = 1,000 \times (1 + \frac{0.06}{12})^{12} = 1,061.68$

（二）每年真實報酬(effective annual yield, EAY) $= EAY = (1 + \frac{r}{m})^m - 1$

或 $EAY = \frac{FV - PV}{PV}$

$EAY = (1 + \frac{0.06}{12})^{12} - 1 = 0.06168$

或 $EAY = \frac{1061.68 - 1000}{1000} = 0.06168$

十四　解決淨現值法與內部報酬率法之衝突

　　A 和 *B* 曲線分別代表 *A* 和 *B* 投資計畫在各種不同折現率下之淨現值。若以內部報酬率作為投資計畫之選擇，則 *A* 案優於 *B* 案。如果以 *A* 和 *B* 曲線之交點 *C* 所決定的報酬率之下，兩案的淨現值相同，若要求的報酬率小於 *C* 點，則 *B* 投

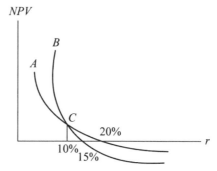

♀ 圖 9-13　淨現值法與內部報酬率法概念圖

資計畫的淨現值高於 *A* 投資計畫，故選擇 *B* 計畫。因此，淨現值與內部報酬率準則不一定會得到相同答案。

十五　財務管理報酬率

　　「財務管理報酬率」(Financial Management Rate of Return, FMRR)用以解決投資生命週期中，因為「現金流量」(*CF*)由正變負，以致產生多重 *IRR* 之問題。該法將所有負的 *CF* 逐期利用複利現值率，往前折現至期初，並與投資成本加總；其次，將所有正 *CF* 逐期利用複利終值率，往後計算其本利和至期末，並與售價加總。經此手續處理後，整個投資案以期初一筆金額，換取期末另一筆金額。將期末金額除以期初金額後，再開 *n* 次根號減 1 即得 *FMRR*。此法可用以決定持有投資之年期、選擇互斥之替選方案。

$$PVA = FVA \times \frac{1}{(1+i)^n}$$

$$\Rightarrow (1+i)^n = \frac{FVA}{PVA}$$

$$\Rightarrow (1+i) = \sqrt[n]{\frac{FVA}{PVA}}$$

$$\Rightarrow i = \sqrt[n]{\frac{FVA}{PVA}} - 1$$

例題 15 | FMRR 之計算

1.年期	2.現金流量	3.折現因子 (@10%)	4.複利現值	5.複利終值率 (@3%)	6.複利終值	7.重組後之現金流量
0	−10,000,000		−10,000,000		0	−25,777,611 （4.複利現值總和）
1	10,000,000			1.092727	10,927,270	0
2	−10,000,000	0.82644628	−8,264,463			0
3	−10,000,000	0.75131480	−7,513,148			0
4	4,000,000				4,000,000	14,927,270 （6.複利終值總和）

$$FMRR = \sqrt[4]{\frac{14,927,270}{25,777,611}} - 1 = -12.76\%$$

十六　當純收益非自始至終為永續時，以兩段式或兩層式方法求取權利價值

（一）兩段式

兩段式(the term and reversion method)之 Term，意指所有權上設定負擔之期間，該期間內所有權人受契約之束縛，以致就算市場之收益水準已經由「a」水準上升到「a_1」，依約只能收取「a」水準之租金，要等到設定負擔之期限屆滿，該權利始「回復」(reverse)到所有權人得自由處分之狀態（包括將租金提升為「a_1」），故其後謂之 reversion。前開概念可推廣應用於地用變更之情形，假若目前地用管制下之年純收益為「a」，預期 n 年後將有所變更，以致年純收益將上昇到「a_1」。無論是地權設定負擔，或地用變更使然，該不動產之價值，可依下列公式計算之：

$$不動產價值 = PMT \times PVIFA(i,n) + \frac{PMT_1}{i_1} \times PVIF(i_1,n)$$

（二）兩層式

兩層式(the layer method；或 the hardcore method)將 reversion 與 term 之收益差額($a_1 - a$)視為永續，惟其發生時間延遲 n 年，至於收益 a，則自始即可永續收益，該不動產所有權之價值，可依下列公式計算之：

$$不動產價值 = \frac{(PMT_1 - PMT)}{i_1} \times PVIF(i_1,n) + \frac{PMT}{i}$$

例題 16 | 小陳不動產設定為期 15 年之地上權，依約地上權人每年年底支付所有權人 300,000 元，報酬率為 10%，若該不動產之市場租金水準為 500,000 元，且該類不動產之通行報酬率為 11%，試問所有權之價值為何？

（一）兩段式不動產所有權價值

$$= 300,000 \times PVIFA(10\%,15) + \frac{500,000}{11\%} \times PVIF(11\%,15)$$
$$= (300,000元 \times 7.60608) + (500,000元 \times 9.09091 \times 0.209)$$
$$= 3,231,844元$$

（二）兩層式不動產價值

$$[(500,000元 - 300,000元) \times \frac{1}{11\%} \times \frac{1}{(1+11\%^{15})}] + (300,000元 \times \frac{1}{10\%})$$
$$= (200,000元 \times 1.90004) + (300,000元 \times 10)$$
$$= 380,008元 + 3,000,000元$$
$$= 3,380,008元$$

例題 17│剛畢業的小王找到生平的第一份工作，也申請了第一張信用卡，其信用卡契約書上的年利率是 11%。你知道小王實際支付的有效年利率為多少嗎？又若此信用卡非每月複利，而採「連續複利」(continuous compounding)計息，則其有效年利率又為何？

（一）信用卡通常每月應支付一次，未支付餘額再加入本金計算利息，即所謂的「循環信用利息」。在每月複利一次的情況下，小王信用卡之有效年利率為：

$$EAR = (1 + \frac{11\%}{12})^{12} - 1 = 11.57\%$$

因此小王信用卡實際支付的有效利率為 11.57%，而非契約所稱之 11%。

（二）在連續複利下

$$EAR = e^{11\%} - 1 = 11.63\%$$

可知連續複利下之有效利率比每年、每月複利一次之有效利率為高。

附註：當一年內複利次數無限多次時，稱為連續複利，即 m 趨近無限大，此時：

$$EAR = (1 + \frac{k}{m})^m - 1 = \lim_{m \to \infty}(1 + \frac{k}{m})^m - 1 = [\lim_{m \to \infty}(1 + \frac{1}{\frac{m}{k}})^{\frac{m}{k}}]^k - 1$$

$$= [\frac{\lim}{x \to \infty}(1 + \frac{1}{x})^x]^k - 1 = e^k - 1 \ (\text{令 } x = \frac{m}{k} \to \infty)$$

例題 18｜ 大明看上了一間房子，房東租售均可，售價總價 600 萬元，租金每月 2 萬元，押金三個月，期末無息退還，若大明有 200 萬元自備款，可向銀行借款 400 萬元，二十年內攤還本息，年利率為 6%，若押金與自備款之機會成本均以一年期定存，利率為 3% 計算，試以年成本法及淨現值法為大明比較租買何者划算（假設大明之邊際稅率為 30%，且預計住滿五年，房價預計上漲 5%，並為簡單起見，可假設貸款之償還及租金支付期間為每年一次，即每年複利）。（租買抉擇－年成本法及淨現值法）

（一）年成本法

租屋之年成本 $= 20,000 \times 12 + 20,000 \times 3 \times 3\% = 241,800$ 元

購屋年成本 $= 4,000,000 \times 6\% + 2,000,000 \times 3\% = 300,000$ 元

在不考慮稅賦優惠下，應考慮租屋。

若再考慮所得稅扣除額其自用住宅房貸利息扣除額（在無儲蓄投資之利息下）為 30 萬元，房租扣除額每年最高為 12 萬元，差額 18 萬元，若稅率為 30%，則稅盾效果為 54,000 元，故購屋年成本為 300,000－54,000＝246,000 元，仍高於租屋，因此，仍以租屋為宜。

（二）其他考慮因素

若單純由經濟支出面考量，可能大明會認為租屋較為划算，但若再考慮心理滿足因素、利率高低因素、自有住屋可自由裝潢、免搬遷、未來房價與租金漲跌趨勢等因素，大明可能不一定會租房子了。因此對未來房價漲跌預期將是大明購屋決策之重要條件。若未來房價走勢可預期，則淨現值分析將可更完整精確地進行購租屋決策之評估。

淨現值法

租屋（支出）之淨現值

$$= 20,000 \times 12 \times PVIFA(3\%,5) + 20,000 \times 3 - 20,000 \times 3 \times PVIF(3\%,5)$$
$$= 1,107,373 \text{ 元}$$

購屋之淨現值

＝（五年後房價－第五年底之貸款餘額）之折現值－期初自備款
　　－此五年間每期本利償額之折現值

1. 每期（年）之本利償額＝$4,000,000 \times MC(6\%,20) = 348,740$

2. 第五年底之貸款餘額（假設每年攤還本息）
　　$= 348,740 \times PVIFA(6\%,15) = 3,387,050$

3. 購屋之淨現值
$$= \frac{6,000,000 \times (1+5\%) - 3,387,050}{(1+3\%)^5} - 2,000,000 - 348,740 \times PVIFA(6\%,5)$$
$$= -956,284$$

購屋之淨現值為–956,284 元，低於租屋支出之淨現值 1,107,373 元，因此依 *NPV* 法，在未考慮稅盾下，應以購屋為宜。

NPV 法與年成本法結論不一定相同，因為年成本法未考慮貨幣的時間價值與期末房價之影響。

例題 19｜若中洲建設公司目前有 1,000 萬元的資金準備進行投資，經土地經紀人介紹後，有 *A* 及 *B* 二筆土地可供評估，投資 *A* 及 *B* 均需 1,000 萬元，而未來四年內之現金流量如下：

單位：萬元

年	A	B
0	–1,000	–1,000
1	200	500
2	400	400
3	500	400
4	600	300

在中洲建設公司尚未決定其必要報酬率前，初步估計其必要報酬率可能落於 5%～20%之間，則公司應該選擇哪一個方案呢？（有限資金下互斥方案之投資選擇評估）

（一）以試誤法找出 *A* 與 *B* 之 *IRR* 進行比較，求解得 *A* 之 *IRR* 為 21%，B 之 *IRR* 為 24%。

依 *IRR* 法評估，B 方案之 *IRR* 比 *A* 方案高，應該選擇 B 方案。但因必要報酬率尚未確定，故必須再以不同之折現率下，*A* 與 *B* 之淨現值來決定。

（二）A 及 B 方案在不同折現率下之淨現值

單位：萬元

折現率%	NPV_A	NPV_B
0	700	600
5	479	431
10	298	291
15	148	172
20	23	71
25	-82	-16

當折現率在 0～10% 間時，A 方案之淨現值比 B 方案大，應選 A 方案；當折現率在 10～20% 間時，B 方案之淨現值較大，應選擇 B 方案；而當折現率大於 25% 時，由於二方案之淨現值均小於 0，故均不接受。

（三）在折現率小於 10% 之情況下，A 之淨現值大於 B；在折現率大於 10% 時，B 之淨現值大於 A；而當折現率大於 24%（即 B 之 IRR）後，A 及 B 之淨現值則均小於 0。值得注意的是，在折現率等於 10% 時，A 與 B 之間淨現值約略相等，在二方案之淨現值曲線可看到一交點，稱為無異點，此點的折現率可使二方案之 NPV 相等，稱為交叉報酬率。因此中洲建設公司應先依公司之資金成本及風險程度找出必要報酬率，即：

必要報酬率＜10%，則選擇 A 方案

10%＜必要報酬率＜24%，則選擇 B 方案

必要報酬率＞24%，則二者均不接受

（四）上述 NPV 法與 IRR 法導出的結論不同時，應以 NPV 法為主，但其結果乃是因為 A 與 B 為投資期間相等之方案，若 A 與 B 投資期間不等時，是否也應採用 NPV 較大的方案呢？

答案為「不一定」。此時有二種變通方法可以解決這種問題，即將此二投資轉換為相等期限再行比較：其一為選取最小公倍數，即「連續重置法」，即假設互斥投資案可重複進行，讓二方案之總投資年限相等後，再比較其總淨現值之大小，依據比較結果接受總淨現值較大之方案；另一種為「約當年金法」，即將二方案之淨現值化為年金，若二者之必要報酬率相等，則接受年金值大者；若二者之必要報酬率不等，則再將其年金依永續年金法求得現值，接受現值大者。

例題 20｜街口轉角之土地為大銘所有，7-Eleven 及全家超商均有意向大銘承租該土地開店營業，7-Eleven 提出的條件是租約四年，大銘可獲利之淨現值為 300 萬元；而全家超商欲承租六年，大銘可獲利之淨現值為 450 萬元。若大銘在評估風險後，認為二方案之必要報酬率須為 10%，則大銘應選擇 7-Eleven 或全家超商？（互斥方案之評估－連續重置法）

由於 7-Eleven 及全家超商之投資期限不同，因此可採「連續重置法」評估，讓投資期限延至十二年（其最小公倍數）

這十二年間，租給 7-Eleven 之總淨現值為：

$$300 + 300 \times PVIF(10\%, 4) + 300 \times PVIF(10\%, 8) = 644.85 萬元$$

而租給全家超商之總淨現值為：

$$450 + 450 \times PVIF(10\%, 6) = 704.03 萬元$$

由上述結果比較可知，租給全家超商之總淨現值較高，故大銘應將土地租給全家超商。

> **例題 21** | 若大銘在市區精華路段另有一塊土地，麥當勞及肯德基均有意
> 承租，麥當勞提出的條件是租約七年，大銘可獲利之淨現值為 800 萬元；
> 而肯德基欲承租九年，大銘可獲利之淨現值為 1,000 萬元。若大銘在評估
> 後認為二者之必要報酬率為 10%，則大銘應選擇麥當勞或肯德基？（互
> 斥方案之評估－約當年金法）

　　若大銘採「連續重置法」，取二案投資期間之最小公倍數（即六十三
年）進行評估，則麥當勞需重複投資九次，肯德基需重複七次，過程極
為繁複不便。因此，類似情形即可採「約當年金法」，將各方案之淨現值
化為投資期間內之每年現金流量，再行比較。

　　這七年間麥當勞之約當年金為：

$$PMT = 800/PVIFA(10\%,7) = 164.33 \text{ 萬元}$$

　　這九年間肯德基之約當年金為：

$$PMT = 1,000/PVIFA(10\%,9) = 173.64 \text{ 萬元}$$

　　在比較約當年金後得知，大銘租給肯德基，其每年之獲利較高，故
大銘應租給肯德基。

> **例題 22** | 承上題，若大銘評估肯德基之風險程度較高，要求較高之報酬
> 率 12%，則大銘應選擇麥當勞或肯德基？（互斥方案之評估）

　　在必要報酬率不等之情況下，二方案之約當年金即應視為可永續重
置者，再將此永續年金依必要報酬率還原為現值進行比較，即：

肯德基之約當年金為：

$$PMT = 1,000/PVIFA(12\%,9) = 187.68 \text{ 萬元}$$

將此年金視為永續年金，求得現值為：

$$PV = 187.68/0.12 = 1,564 \text{ 萬元}$$

而麥當勞之永續年金現為：

$$PV = 164.32/0.1 = 1,643.2 \text{ 萬元}$$

麥當勞所得之現值較高，故大銘應將土地租給麥當勞。

例題 23 ｜ 若文京不動產投資公司欲投資一學生宿舍，以供學生租用，該投資案含土地、營建及開辦費用等期初投資額為 1,500 萬元，假設投資之必要報酬率為 10%，施工期間一年，隔年初起可永久出租，當未來收益不確定，則：

（一）若該不動產目前出租收益為每年 200 萬元，年初收取，假設未來出租收益均至少可維持 200 萬元，若只能於目前決定投資與否，則依照 NPV 法評估，在目前是否值得投資？

（二）若文京不動產投資公司認為不動產出租市場未來不甚穩定，自明年起，出租年收益可能漲至 300 萬元或跌至 100 萬元，之後即維持同一租金水準，直到永遠。而在未來前景不明之情況下，即可於現在或明年擇一有利點投資，則文京不動產投資公司應選擇在哪一時點進行投資？

（三）若文京不動產投資公司選擇延後一年再投資，則遞延選擇權之價值為多少？

（一）若只能於目前決定投資與否，則可將自明年起之租金視為永續年金，此時：

$$NPV = -1{,}500 \text{萬} + 200 \text{萬} / 10\% = 500 \text{萬元} > 0$$

可於目前逕行投資。

（二）若投資決策可遞延一期（於 $t=1$ 時）視租金變動決定：

當對未來漲跌情況不明時，設租金上漲機率為 0.5，表示風險中立。當 $t=1$ 時，我們只會選擇租金為 300 萬元時才投資，此時折現至原時點（$t=0$）之 NPV 為：

$$NPV = 0.5(\frac{-1{,}500\text{萬}}{1+10\%} + \frac{300\text{萬}}{10\%} \times \frac{1}{1+10\%}) = 682\text{萬} > 500\text{萬元}$$

因此應延至下一期再投資，因 NPV 較大。

（三）遞延選擇權之價值 = 682 萬 − 500 萬 = 182 萬元。

例題 24｜若文京不動產投資公司正評估一出租之辦公不動產，投資總額為 700 萬元，若該不動產可永久出租，每年租金之淨收益為 100 萬元，目前之利率為 13%，而自明年起利率可能降至 10%或升至 20%，直到永遠，且在風險中立之情況下，升降之機率均等，則：

（一）若只能在現在決定投資與否，文京不動產投資公司是否應於目前投資？

（二）若投資決策能遞延至明年，則文京不動產投資公司應在現在或明年投資？若在明年投資，遞延選擇權之價值為何？

（一）若在現在決定投資與否，應先決定現在之永續利率。假設自本年底起，每年支付 1 元直到永遠。而至第二年起，利率將升至 20% 或降至 10%，且機率均等，則其現值為第一年底之 1 元與「第二年底之 1 元及之後永續年金現值」之折現值，此現值將等於：

$$\frac{1}{r_c} = \frac{1}{1.13}[1 + (\frac{1}{2} \times \frac{1}{10\%} + \frac{1}{2} \times \frac{1}{20\%})] = 7.52$$

$$r_c = 13.29\%$$

若在目前評估投資與否，得：

$$NPV = \frac{100萬}{13.29\%} - 700萬 = 52萬元 > 0$$

應於現在進行投資。

（二）若決策可遞延至明年，則會選擇在利率為 10% 時投資，此時：

$$NPV = \frac{1}{1.13}[\frac{1}{2} \times (\frac{100萬}{0.1\%} - 700萬)] = 132.7萬元 > 52萬元$$

因此文京不動產投資公司應延至明年再投資。

遞延選擇權之價值 $= 132.7萬 - 52萬 = 80.7萬元$。

例題 25｜如上例，若假設該永續租金為一永續債券利息收入，且為可贖回債券，贖回時機為當利率降至永續利率時，則：（實質選擇權應用－當未來利率不確定時）

（一）此時新的永續利率為多少？

（二）目前是否值得投資？

（一）假設可贖回債券之利率降至票面利率以下即全額贖回，則：

$$\frac{1}{r_c'} = \frac{1}{1.13}[1 + (\frac{1}{2} \times \frac{1}{r_c'} + \frac{1}{2} \times \frac{1}{20\%})]$$
$$r_c' = 18\%$$

（二）$NPV' = \frac{100萬}{18\%} - 700萬 = -144.4萬元 < 0$

不值得投資。

例題 26｜如上題，在租金漲到多少時，對文京不動產投資公司而言，在今年或明年投資都無差異？此時初投資之 NPV 為多少？為什麼？（實質選擇權應用－當未來利率不確定時）

假設未來每年租金淨收益為 x 元，在目前才值得投資。此時之 NPV 要等於遞延一年才投資之 NPV，即：

$$\frac{x}{13.29\%} - 700萬 = \frac{1}{1.13} \times [\frac{1}{2} \times (\frac{x}{10\%} - 700萬)]$$

$$x = 126 \text{ 萬元}$$

此時在上例中之期初投資 NPV 為：

$$NPV' = \frac{126萬}{18\%} - 700萬 = 0$$

例題 27 | 老李向大遠百承租一攤位，租期五年，租金總計 100 萬元，期初給付。若老李預估未來五年內每年可獲利 30 萬元，則老李幾年可回收？（還本期間法）

$$還本期間(T) = \frac{CF_0}{CF} = \frac{1,000,000}{300,000} = 3.33(年)$$

老李承租大遠百之商場，約 3.33 年可以還本。

例題 28 | 欲承租之大遠百商場攤位市價為 200 萬元，老李預估該攤位每年可產生之毛收益為 50 萬元，所需之費用支出為 20 萬元。若老李目前準備了 40 萬元的自備款，欲向第一銀行貸款 160 萬元，年利率 9%，二十年內按月等額攤還本息。又假設此商場之攤位為地上權，可百分之百依直線折舊法於二十年內攤提，且老李適用於 30% 之邊際稅率，試以直接法製作老李投資第一年之現金流量表。（現金流量表）

（一）淨營運收入(NOI) = 500,000 - 200,000 = 300,000 元

（二）貸款 1,600,000 元，二十年（二百四十個月），年利率 9%（月利率 9%／12 = 0.75%），則每期（月）之償還額為：

1. $PMT = 1,600,000 \times MC(240, 0.75\%) = 14,400$（元／月）

2. 或用計算機算出 PMT 為 14,396 元

則每年之償債支出(DS)：14,396 × 12 = 172,752（元／年）

（三）本商場可百分之百於二十年內折舊完畢，故每年折舊為：

$$Dep = 2,000,000/20 = 100,000（元／年）$$

（四）第一年利息支出即為第一年每月支出之利息額加總，第一年利息累積支出為 142,784 元。

期數	期初貸款額	期付額	當期利息 (0.75%)	當期本金	貸款餘額
1	1,600,000	14,400	12,000	2,400	1,597,600
2	1,597,600	14,400	11,982	2,418	1,595,182
3	1,595,182	14,400	11,964	2,436	1,592,746
4	1,592,746	14,400	11,946	2,454	1,590,292
⋮	⋮	⋮	⋮	⋮	⋮
12	1,572,642	14,400	11,795	2,605	1,570,037

前十二期之累積利息額為：

$$12,000 + 11,982 + \cdots + 11,795 = 142,784（元）$$

實際（有效）總收入	500,000
－ 營運費用	−200,000
淨營運收入	300,000
－ 償債支出	−172,752
稅前現金流量	127,248
－ 稅	−17,165
稅後現金流量	110,083

淨營運收入	300,000
－ 利息	−142,784
－ 折舊	−100,000
可課稅所得	57,216
× 稅率	× 0.3
稅	17,165

老李第一年之稅前現金量為 127,248 元，且其應繳之營利所得稅為 17,165 元，因此其稅後現金流量為 110,083 元。

例題 29｜若大明正在評估一不動產專案，為期二年，該專案期初投資額
為 60 萬元，第一年預估可獲利 155 萬元，第二年因處理廢棄物需支出 100
萬元，若此投資之必要報酬率及再投資報酬率均為 5%，則：

（一）試求出此投資之內部報酬率(IRR)，並畫出此專案之 NPV 與折現率
　　　間關係之圖形及說明大明應如何抉擇。

（二）根據 NPV 法，大明將如何抉擇？

（三）根據修正之內部報酬率(MIRR)，大明應如何抉擇？

（一）現金流量圖

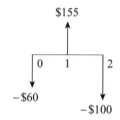

$$NPV = -60 + \frac{155}{(1+r)} - \frac{100}{(1+r)^2} = 0$$

令 $12r^2 - 7r + 1 = 0$

$(3r-1)(4r-1) = 0$

$r(IRR) = 33.3\%$ 或 25%

此時用 IRR 無法抉擇。

（二）當必要報酬率 $k = 5\%$，計算 NPV：

$$NPV = -60 + \frac{155}{(1.05)} - \frac{100}{(1.05)^2} = -3.08 < 0$$

不接受此專案。

（三）用 $MIRR$，$k = 5\%$（再投資報酬率）

1. 將正的現金流量用（再投資報酬率）複利為終值：

即 $FV = 155 \times 1.05 = 162.75$

2. 再將負的現金流量用 k 折現為現值：

即 $PV = 60 + 100 \times \dfrac{1}{(1.05)^2} = 150.7$

3. 令 $FV = PV \times (1 + MIRR)^n$

即 $162.75 = 150.7 \times (1 + MIRR)^2$

得 $MIRR = 3.92\%$

4. 將 MIRR 與必要報酬率 k 比較：

$MIRR = 3.92\% < 5\%$

因此不接受此專案。

十七 選擇權

選擇權(option)為一具期限之權利性契約，買方可在對自己有利的情況下，選擇執行契約，最簡單的形式為買權(call option)及賣權(put option)。買權的買方預期標的物未來將上漲，因此鎖定標的物的買價，於未來特定期間（如三個月、半年或一年）內，以約定價格執行「買進」標的物的權利；而買權的賣方在買方執行買進權利時，有義務以約定的價格賣出。相反地，賣權的買方預期標的物未來將下跌，因此鎖定標的物的賣價，於未來特定期間內，以約定價格執行「賣出」的權利；而賣權的賣方在買方執行賣出權利時，有義務以約定的價格買進。不論買權或賣權，買方因享有執行之權利，因此需支付給賣方權利金，類似保險契約中之保費；賣方因有義務配合買方執行之權利，因此不論買方執行與否，均收取權利金，其角色類似保險公司。

例題 30｜若棉花農買的賣權鎖定在賣價為一斤 30 元，而權利金固定為 5 元，試求出棉花市價在 10 元至 40 元間買一賣權之淨利及其損益平衡點。

買一棉花賣權之淨損益（鎖定賣價 30 元，權利金 5 元）

棉花市價	買一賣權之毛損益	買一賣權之淨損益（扣除權利金$5）
40	0（不執行）	−5
35	0（不執行）	−5
30	0（執行與否無差異）	−5
25	5（執行）	0
20	10（執行）	5
15	15（執行）	10
10	20（執行）	15

買一賣權之淨損益圖

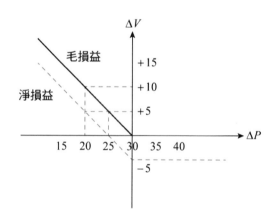

　　由上圖，買一賣權此一契約本身在棉花市價低於 25 元時，其淨損益（虛線）開始由負轉正，此為損益兩平點；而當市價高於 30 元以上時，則不執行，此時淨損益至多為 −5 元，即權利金成本。

> **例題 31**｜若文京建設債券之面額為 1,000 元，票面利率為 10%，十年期。假設每年還息，試問當市場利率：(1)上升 4%；(2)下跌 4%時，其價格彈性各為多少？（債券存續期間）

當 $Y_0 = 10\%$ 時，$P_0 = 1,000$ 元，每年還息 $= 1,000 \times 10\% = 100$ 元

（一）利率上升 4%，即 $Y_1 = 14\%$ 時之債券價格 P_1，即：

$$P_1 = 100 \times PVIFA(14\%,10) + 1,000 \times PVIF(14\%,10) = 791.3$$

（二）利率下跌 4%，即 $Y_2 = 6\%$ 時之債券價格 P_2，即：

$$P_2 = 100 \times PVIFA(6\%,10) + 1,000 \times PVIF(6\%,10) = 1,294.4$$

（三）收益率之價格彈性

$$E_{10\% \to 14\%} = \frac{\dfrac{791.3 - 1,000}{1,000}}{\dfrac{14\% - 10\%}{10\%}} = -0.522$$

$$E_{10\% \to 6\%} = \frac{\dfrac{1,294.4 - 1,000}{1,000}}{\dfrac{6\% - 10\%}{10\%}} = -0.736$$

價格彈性皆為負值，且 $|E(10\% \to 6\%)| > |E(10\% \to 14\%)|$，即利率下跌時之價格變動率比利率上升時之價格變動率高。

例題 32 | 若大鈞對於前例之文京建設債券有興趣,而該債券面額為 1,000 元,票面利率 10%,十年期,每年還息,則若大勝的必要報酬率為 14%,該債券之存續期間為多少?(債券存續期間)

$$D = \frac{\dfrac{100 \times 1}{1.14} + \dfrac{100 \times 2}{(1.14)^2} + \cdots\cdots + \dfrac{100 \times 10}{(1.14)^{10}} + \dfrac{1,000 \times 10}{(1.14)^{10}}}{\dfrac{100}{1.14} + \dfrac{100}{(1.14)^2} + \cdots\cdots + \dfrac{100}{(1.14)^2} + \dfrac{1,000}{(1.14)^{10}}} = \frac{5,018.1}{791.3} = 6.34 \text{ 年}$$

文京建設債券之存續期間為 6.34 年。

例題 33 | 若大鈞對於國泰建設發行的一系列債券有極高的興趣,且已知國泰建設債券面額為 1,000 元,票面利率為 8%,每年付息,目前市場利率為 10%,但可能在一年後升至 12%或降至 8%。假設大鈞打算持有該債券二年,且希望在此期間內債券總收益不受市場利率變動的影響,則大鈞應該投資到期日為何的國泰債券,使得該債券的存續期間等於二年?(假設市面上流通的國泰建設債券,其到期日為零點一年到十年不等,且此期間內各債券均可交易)(債券存續期間)。

(一) 因大鈞打算持有此債券二年,則必須找出某一到期日之債券,使其存續期間為二年;且由存續期間之特性已知,此債券之到期日應比存續期間(二年)長,因此可以試誤法進行檢測,找出大鈞應購買債券之到期日。先以 2.1 年測試。由題意已知,此債券每年付息 80 元,期末回收面額,因此 2.1 年之債券現金流量即如下所示:

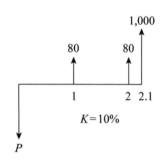

$$其存續期間(D) = \frac{\dfrac{80 \times 1}{1.1} + \dfrac{80 \times 2}{(1.1)^2} + \dfrac{1,000 \times 2.1}{(1.1)^{2.1}}}{\dfrac{80}{1.1} + \dfrac{80}{(1.1)^2} + \dfrac{1,000}{(1.1)^{2.1}}}$$

故大鈞應投資到期日為 2.1 年之國泰建設債券。

（二）檢測此債券在大鈞之存續期間（二年）內，價格對利率之敏感性。

　　1. 當市場利率升至 12%時，求在第二年底之債券總收益。

　　　　第二年底的債券總收益即為第一年底利息 80 元在第二年的終值加上第二年底的利息 80 元，再加上第 2.1 年面額 1,000 元在第二年底的折現值，即：

$$TR = 80 \times FVIF(12\%,1) + 80 + 1,000 \times PVIF(12\%,0.1) = 1,158 元$$

　　2. 當市場利率降至 8%時，其債券在第二年底的總收益，即：
$$TR = 80 \times FVIF(8\%,1) + 80 + 1,000 \times PVIF(8\%,0.1) = 1,158 元$$

　　3. 當市場利率不變，維持在 10%時，其債券在第二年底的總收益為：
$$TR = 80 \times FVIF(10\%,1) + 80 + 1,000 \times PVIF(10\%,0.1) = 1,158 元$$

　　由此可知，在此二年內不論市場利率如何變動，該債券的總收益始終為 1,158 元，不受利率變動影響；亦即大鈞應購買到期日為 2.1 年的債券，則在其存續期間二年內，總收益不會受到利率變動的影響。

大鈞購買到期日為 2.1 年的國泰建設債券，其在存續期間二年內，總收益不會受到利率變動影響的因素為利率變動時的價格風險與再投資風險二效應互相抵銷之故。當利率上升時，債券價格因此下降；但在到期前已收受的現金流量（如利息），則因利率上升有較高的再投資價值，因此在存續期間內，債券的價格即對利率變動免疫。

債券投資組合對利率變動的免疫也有其限制。首先，須假設債券無任何違約風險，且不可提前贖回；其次，必須鎖定在存續期間內之投資報酬率，因為未來當利率變動時，債券的價格將不會隨之變動，報酬率也因而受限。

例題 34 | 若太子建設的公司債為零息債券，面額 1,000 元，五年後到期，目前以 800 元折價發行，試問此債券之存續期間為多少？（債券存續期間）

已知零息債券之現金流量為期間內不付息，期末才支付面額，因此太子建設零息債券之存續期間即：

$$D = \frac{\sum_{t=1}^{n}[\frac{CF_t}{(1+Y)^t} \times t]}{\sum_{t=1}^{n}[\frac{CF_t}{(1+Y)^t}]} = \frac{\frac{1,000}{(1+Y)^5} \times 5}{\frac{1,000}{(1+Y)^5}} = 5 \text{ 年}$$

MEMO

Chapter 10

風險分析與管理

重點提示

　　投資分析的兩大主軸為利潤與風險的衡量，不可偏廢。任何的投資絕對有風險，管理風險的方法有：避免風險、移轉風險或減少風險。本章的重點如下：

1. 認識風險的定義與類型。

2. 運用各種財務分析方法判斷風險的大小，並能解釋其所代表的意義。

3. 熟悉避免風險、移轉風險或減少風險的策略與方法。

一 風險

風險是指投資者對未來投資情況沒有百分之百的把握,投資過程中因為個案內在因素,或市場外在因素的影響,可能會影響未來的投資報酬。

風險常見的定義如下:

(一) 損失的機率(或失敗的機率)

(二) 未能得到原先所預期結果的機率

(三) 未來預期與實際結果的差距

(四) 最有可能預期獲得利潤的變動範圍(或稱變異數,variance)

(五) 未能達到原先預期(或需要)報酬率的機率

最後二個定義因為較為明確且可以衡量,投資實務上較為常用。

二 風險與不確定區別

風險(risk)常與不確定性(uncertainty)兩者在本質上的差異乃是以是否已知未來可能發生的機率(probability)來區別。

(一) 當投資者已知未來發生損失的機率大小,則界定為風險

(二) 當投資者無法預知未來發生損失的機率大小,則稱為不確定性

故風險與不確定性兩者乃對未來可能發生的情況有不同的認知程度。

例題 1｜圖 10-1 為 A、B 兩個投資方案的內部報酬率曲線，假設李先生需要的內部報酬率(IRR)為 10%，兩案預期的投資報酬率皆為 15%，然而兩案因受到未來內部個案與外在市場等因素影響，未能達到投資者需要投資報酬率機率各有差別，A 案未能達到投資人所需要的 10%以上報酬率的機率有 20%，而 B 案只有 5%，如何判斷哪個方案的投資風險較大？

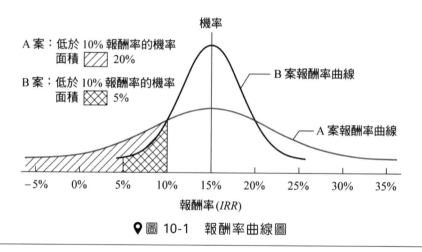

♥圖 10-1　報酬率曲線圖

（一）從圖可以看出 A、B 兩案的預期報酬率皆為 15%，預期利潤相同。

（二）但是 A 案的報酬率曲線較為平緩且分散，報酬率可能高達 30%以上，也可能低於 0，因此變異較大。其中，未達 10%需要報酬率的機率為 20%（▨ 的面積）。

（三）B 案的報酬率曲線分布較集中，表示投資報酬率與預期報酬率的變異不大，風險較小。其中，未達 10%需要報酬率的機率為 5%的 ▨ 面積，因此可以清楚了解 A 案的風險較大，而 B 案的風險較小。

從投資個案內外在角度來分類風險類型

　　風險的類型包括個案本身的內在風險(internal project risk)與市場環境的外在風險(external market risk)二類。

（一）個案內在風險屬於投資者可以控制的風險，包括：

1. 產品類型風險：係指建商開發新個案時，因產品定位錯誤，導致個案開發失敗的風險。

2. 區位風險：指房地產投資階段，基地區位選擇錯誤，影響該投資案的價值。

3. 營建風險：指興建階段，因為工程技術的瑕疵，或者營建管理不佳所造成的風險。

4. 財務風險：指公司本身財務週轉不靈所產生之風險。財務風險多因公司本身財務制度運作不良或收支無法平衡導致財務嚴重虧損，或者因為大環境的改變，例如銀行採取緊縮銀根政策，導致民間企業資金調度不易獲得籌措困難，而發生財務危機。

5. 銷售風險：指開發案的定價、行銷策略有問題，導致銷售困難，造成銷售率的預估不準確，影響個案的現金流量。

6. 經營管理風險：指建商的企業能力不佳，公司本身制度不健全等因素導致個案開發失敗之風險。

（二）市場外在風險屬於投資者不能控制的風險，包括：

1. 房地產市場風險：整個房地產市場結構變化產生的風險。如房地產市場供需變動、房價、地價或建材價格波動、購屋貸款條件變動與空屋率過高等皆會引起市場風險。市場風險為房地產投資的外在因素，非投資者個人所能掌控。

2. 總體經濟風險：國內總體經濟景氣變動，導致市場供需結構調整、價格波動等情況，影響投資者的利潤。例如總體經濟景氣不佳，購屋者購買力下降；或者房地產市場不景氣，投資需求減少；或者通貨膨脹導致建商投入資金成本增加、消費購屋者付出的資金增加等。個人投資者只能配合景氣循環趨勢與總體經濟的變動，研擬因應策略。

3. 金融市場風險：金融市場的利率高低與資金的寬鬆程度，會影響房地產市場的投資行為。利率直接影響投資者資金籌措的成本，利率愈高，投資者賺取的報酬相對會減少，故利率變動的風險關係到投資者取得資金的成本。資本市場的供需及政策會影響資金的寬鬆程度，貨幣供給額增加，才能營造較好的投資環境。

4. 政策法令風險：房地產市場深受政府政策法令的影響，公共政策介入程度很深。政府過去所實施的選擇性信用管制、全面實施容積率、優惠利率購屋方案都會影響供給者與投資者的行為。因此政策法令變動的風險，屬於投資者無法掌控的外在因素。

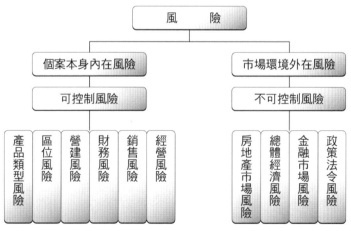

● 圖 10-2　風險類型圖－內在風險與外在風險

四 從財務的角度來分類風險的類型

Pyhrr 等人則從財務(financial risk)與資產(asset risk)角度分類風險。

（一）**財務風險**：乃指自有資金(equity)與債務(debt)周轉所產生的風險。

　　1. 內部(internal)風險：內部財務風險專指個案本身之收入與支出變動所產生的風險。

　　2. 外部(external)風險：外部財務風險則指個案以外投資人所能取得的資金周轉風險，此財務風險只考慮因財務周轉（包括自有資金來源、債務比例，與債務成本等）所產生的風險。

（二）**資產風險**：乃指個案本身生意經營上所產生的風險(business risk)。此資產風險也分成靜態(static)與動態(dynamic)風險。

　　1. 資產靜態風險：指天然災害風險如火災、水災、地震等所產生的損失，此部分風險通常已有長期記錄資料可預測其可能損失。

　　2. 資產動態風險：則指個案較不易預測且不易規避的風險，如個案的開發或經營所產生的風險。

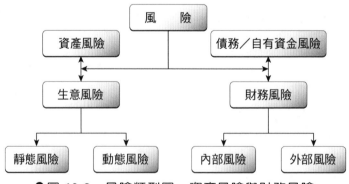

📍圖 10-3　風險類型圖－資產風險與財務風險

以債務保障比例、損益平衡點等兩個指標衡量
風險的大小

（一）債務保障比例(Debt Coverage Ratio, DCR)

$$債務保障比例(DCR) = \frac{營運淨收入(NOI)}{債務成本(DS)}$$

當 DCR 愈小時，表示營運淨收入愈不易償還貸款，此時風險將愈大；反之，當 DCR 愈大時，風險也將愈小。

（二）損益平衡點(Break-Even Point, BEP)

$$損益平衡點(Break-Even\ Point) = \frac{營運支出(OE)+償還債務(DS)}{可能總收入(PGI)}$$，當損

益平衡點愈小時，表示總支出占可能總收入的比例較小，換言之，成本較小，風險將愈小；反之，當損益平衡點愈大時，風險也將愈大。

 以 ROR、ROE、K 值等三個指標衡量風險的大小

（一）資產總報酬率(ROR)

$$資產總報酬率(ROR) = \frac{營運淨收入(NOI)}{資產總價(asset\ value)}$$

（二）自有資金報酬率(ROE)

$$自有資金報酬率(ROE) = \frac{現金流量(CF)}{自有資金(equity)}$$

（三）貸款常數(K)

$$貸款常數(K) = \frac{每年償還貸款金額(DS)}{貸款總額(mortgage)}$$

當 $ROE > ROR > K$ 時：表示投資者個人的報酬率較貸款銀行所獲得的報酬率要高，且資產總報酬率也將比貸款銀行所獲得的報酬率要高，在此狀況下，投資個人較為有利，也可將此條件($ROE > ROR$)之大小視為風險大小。當 ROE 較 ROR 愈大時，風險愈小。

當 $ROE < ROR < K$ 時：投資者個人的報酬率較貸款銀行所獲得的報酬率小，且資產總報酬率也將比貸款銀行所獲得的報酬率要小，因此對銀行較有利，但投資者不一定有能力償還貸款，因此風險較大。

例題 2│不動產投資利潤的來源為何？試以下列報表說明個案風險的來源及大小（內部報酬率分離法）。

總報酬率成分	各成分之現值	各成分占總報酬之百分比	分離結果
第一年的現金流量	$11,165	10.59%	
現金流量的成長	9,075	8.61%	
總現金流量			19.2%
稅賦抵扣	11,505	10.9%	10.9%
自有資金投資回收	53,848	51.11%	
償還貸款本金	5,509	5.23%	
淨折舊額	14,265	13.54%	
買賣房屋利得	$73,622		69.9%
總報酬	$105,367	100%	100%

（一）不動產投資利潤的來源

不動產投資報酬來源主要來自：(1)每年經營的現金流量；(2)相關稅賦優惠抵扣；(3)買賣不動產的差價等三部分。

（二）個案風險的來源及大小

從上表簡單分離的結果顯示，轉售之價格利潤占總內部報酬的69.9%，其影響報酬之風險最大，其次是經營中獲得的利潤占 19.2%，而稅賦抵扣利潤最小。換言之，如果個案轉售的價格不理想，將嚴重影響內部報酬率。

例題 3｜風險吸收指數(risk absorption ratio)？試計算下列案例的風險吸收指數（在 15%期望報酬率之下）？若投資者的風險容受力下限為 8%，本案是否值得投資？

年	現金流量
0	($25,000)
1	10,000
2	9,500
3	9,100
4	8,700
5	12,000

（一）風險吸收指數(Risk Absorption Ratio, RA)

當投資者期望報酬率已知的情況下，每投資一元的自有資金，其風險吸收能力大小。亦即每投資一元，可容忍多少的損失。

$$風險吸收指數(RA)＝每年淨現值(PMT)／自有資金(V_E)$$

（二）上述個案 5 年經營期間現金流量的淨現值共 7,802 元

年	現金流量	現金流量在 15%期望報酬率之現值
0	($25,000)	($25,000)
1	10,000	8,696
2	9,500	7,183
3	9,100	5,983
4	8,700	4,974
5	12,000	5,966
淨現值		$7,802

將淨現值 7,802 元分攤到 5 年經營期間，透過複利表第（五）欄複利年金累加現值率（年金現值利率因子）PVIFA(15%,5)＝3.352，將淨現值 $7,802÷3,352＝$2,328，或$7,802×0.29832＝$2,328，此為每年淨現值 (annualized net present value)(PMT)。

（三）此投資個案，風險吸收指數$(RA)=\dfrac{每年淨現值}{自有資金}=\dfrac{\$2,328}{\$25,000}=0.093$，即此個案每投資一元可容許 9.3%的損失，仍能達到投資者的 15%期望報酬率。

（四）當風險吸收指數愈大，表示投資案的風險吸收能力愈大，也就是當 RA 愈大時，可容忍的損失愈大，風險愈小。本案風險吸收指數為 9.3%＞投資者的風險容受力下限指數 8%，投資可行。

七 敏感度分析

（一）敏感度分析主要是在測試不同投資假設變數的改變後，對投資者所關心的報酬率或對貸款者所關心的債務保障比例等是否有敏感變

動的情況。對現金流量折現風險分析中，投資變數再提出二個最樂觀(optimistic)及最悲觀(pessimistic)的可能變數數值，繼續進行現金流量折現最樂觀及最悲觀風險分析。

（二）敏感度分析的關鍵是如何將不同投資假設變數給予適當（最樂觀、最可能及最悲觀）數值，然後綜合各投資變數的變動，以了解投資可能風險。

（三）敏感度分析變數數值的變動方法有兩種：

1. 針對單一變數分別給予技術上的固定增減比例，且其他變數數值不予變動，以了解單一變數的數值變動對投資報酬率或貸款風險的影響，然後找出關鍵變數後，再進一步深入探討關鍵變數的可能變化。

2. 針對各種變數數值同時給予機率上的不同增減比例，如此綜合各變數可能的投資情況，最後使投資者能掌握最好到最差的可能投資風險範圍。

八　蒙地卡羅風險分析

　　蒙地卡羅風險模型可以顯示不同報酬率可能發生的機率。假設影響投資不確定之因素為隨機變數，找出隨機變數之機率分配函數，再從這些機率分配函數隨機選樣，經由現金流量折現模型之操作而決定投資方案在各種不同情況下產生的報酬率。不同方案的結果有不同的分配函數，從中可決定最適方案。

九　投資者經營管理風險的方式

投資者可利用下列三種方式來經營與管理風險：

（一）避免風險

（二）移轉風險

（三）減少風險

十　投資者避免風險的策略

（一）**最基本的風險管理方法就是不要去投資**(Don't make the deal!)：假如投資房地產所能得到的期望利潤遠低於隱含的風險損失，那麼根本不能投資。

（二）**認清房地產景氣循環狀況**：當景氣跌至谷底開始向上攀升時，可考慮投資，否則就不去投資，以避免外在的市場風險。

（三）**避免貸款**：儘量利用自有資金進行投資，萬一投資失敗時，不必另外償還鉅額之貸款本息，減輕內部財務風險與負擔。

（四）**避免投資特殊類型之房地產**：例如區位環境不好之公寓，本身不熟悉之房地產（如旅館、商辦）等皆儘量不去投資，以減少動態的生意風險。

（五）**避免採浮動利率**：一般而言，固定利率通常會比浮動利率略高，故當預期未來市場利率上漲時，可利用固定利率貸款以免除內部財務之高風險。

十一　投資者移轉風險的策略

　　投資者將全部或部分風險移轉給他人，以降低本身承受之風險，其移轉方式有下列幾種：

（一）　**保險策略**：對於投資的不可抗力風險因素（如天災），或其他人為的風險（如租金損失）等，可透過保險方式，移轉風險給保險公司，降低自己承受的風險。但投資者需支付若干保險費用的成本，才能移轉此靜態的生意風險。

（二）　**尋找合夥人投資**：利用財務的規模經濟進行投資，不但可減少資金支出，而且能移轉部分生意與財務風險給其他合夥人，創造出最大利潤。

（三）　**長期租約**：與房客訂立長期租約，不僅可移轉空屋損失的風險給房客，並且亦能將通貨膨脹之風險與費用一併移轉掉，以減少動態之生意風險。

（四）　**土地合建**：建商或投資者考慮與地主合建，不但可節省搜尋成本，對於動態之生意風險亦可移轉給地主。

十二　投資者減少風險的策略

（一）　**降低貸款額度與期限**：貸款方式會增加投資者之財務風險，故減少貸款額度與縮短借貸期限，可減輕投資者成本及風險之負擔。

（二）　**購買價格**：投資者可進行買價之協商或談判，以提高期望利潤，減少自有資金負擔，進而降低動態之生意風險。

（三）**分散風險**：投資者對於投資產品之類型、規模、區位等項目，可利用投資組合方式分散風險，提高利潤。

（四）良好的財務會計控制及報表，亦可減少風險。

（五）良好的財務可行性研究，亦能降低風險。

（六）良好的房地產經營及企業管理政策。

（七）選擇良好的區位投資。

十三 解釋名詞

（一）稅前總資產報酬率(ROR)

營運淨收入(NOI)／資產總價。此報酬率未區分各資金來源之報酬率，純粹反應投資標的物整體的報酬率又稱為資金還原率。

（二）稅前自有資金報酬率(ROE)

稅前現金流量(CF)／自有資金(equity)。自有資金之多寡將影響報酬率的大小。通常 ROE 應大於貸款者報酬率(K)與總資產報酬率(ROR)，形成正槓桿(positive leverage)，才適合進行投資。

（三）稅後自有資金報酬率(ROE)

稅後現金流量／自有資金。房地產稅賦影響投資的效果很大，適當的房地產投資節稅(tax shelter)深深影響報酬率的結果，稅後投資報酬率更精確反映投資的利潤。

（四）稅後貸款自有資金報酬率

（稅後現金流量＋貸款已償還本金）／自有資金。當貸款償還方式通常以本利均等償還時，每期貸款償還包括部分投資本金，此部分應算做投資利潤，故將其加回，以反映自有資金的報酬率，又稱為經紀人報酬率。

（五）稅後貸款增值自有資金報酬率

（稅後現金流量＋貸款已償還本金＋房地產增值）／自有資金。此報酬率之計算才是最終投資者真正所獲得的報酬率，可以了解到房地產投資報酬率之各種來源，是最廣義的報酬率。

（六）債務保障比例(DCR)

營運淨收入(NOI)／每年償還貸款本利和(DS)。從貸款者（銀行）觀點來分析，當債務保障比例(DCR)愈大時，表示營運淨收入愈足以償還貸款，且有剩餘，表示貸款者風險愈小。

（七）損益平衡點(break-even point)

（經營支出＋每年償還貸款本利和）／可能總收入(PGI)。從整個投資個案觀點來分析，當損益平衡點愈大時，表示投資個案的總支出愈大，且可能總收入愈小，表示投資個案的風險愈大，損益可能愈難兩平，因此不值得投資。

（八）貸款比例（原價）(leverage ratio)

剩下貸款本金／房地產原價。貸款比例（成數）愈大時，隱含貸款者（銀行）的可能風險就愈大。由於每年償還貸款本利和，有部分是屬於本金償還，故隨著償還時間增加，貸款比例應會漸漸減少。

（九）貸款比例（現值）

剩下貸款本金／房地產現值。貸款比例（成數）較嚴謹的計算是應考慮房地產的增值或貶值（現值），而非以原價計算。房地產增值後，以現值計算可能貸款比例會較低，實際風險可能較小。但是如果房地產市場不景氣，房價下跌幅度甚大，以現值計算的貸款比例甚至有大於 1 者，表示當時未償還的貸款本金大於房地產現值，借款者面臨資產縮水與斷頭，還款意願不高，銀行的風險非常大。

（十）資本化指數(capitalization rate)

營運淨收入(NOI)／房地產現值。此指數反映房地產現值的資本化情形，此數值愈大，表示淨收入較高，房地產投資較有利。

（十一）租金指數(gross rent multiple)

房地產現值／可能租金總收入。房租與房價在一般情況下，存在著一定的比例關係，透過租金指數可以了解房價與房租之關係是否達到合理水準。如果租金指數偏高，表示房地產投資的經營收入不佳。

（十二）營運支出占可能總收入的比例

營運支出／可能總收入。營運支出占可能總收入的比例如果過大，顯然營運成本偏高，對房地產投資報酬有不利的影響。

Chapter 11

房地產交易協商、
經營管理與結束處分

重點提示

　　房地產的投資必須經過交易協商、經營管理、結束處分等三階段。本章為
房地產投資財務分析的後續決策。本章的重點如下：

1. 了解交易協商、經營管理、結束處分等三個階段的過程、內容與技巧。

2. 在前述章節進行投資分析之後，將投資報酬率或投資價值的分析結果，進行
   後續的交易協商步驟，選擇投資買進、協商後買進，或投資不可行等決策。

3. 將投資收入與成本的分析結果應用到經營管理或結束處分的決策上，以維持
   最大利潤的目標。

房地產交易協商前的準備工作

（一）擬定協商內容

房地產交易協商的內容應包括各項交易條件；這是進行房地產交易協商前最重要的準備工作。

1. 站在買方立場，協商的內容包括：(1)房地產價格、(2)房地產的交易內容與品質、(3)交易安全產品保障方式、(4)自備款付款方式與時間、(5)貸款條件、(6)交易費用、(7)售後管理維護、(8)使用契約文字內容等。

2. 站在賣方立場，較關心的協商內容包括：(1)房地產價格、(2)收款方式與時間、(3)收款的安全保障、(4)交易費用、(5)契約文字內容等。

（二）參考市場景氣

房地產交易協商之前，應先認清當前房地產的市場景氣狀況，如果當前是屬於不景氣的「買方市場」情況，買方協商的要求與氣勢就可以較強；反之，如果當前是屬於景氣的「賣方市場」情況，賣方協商的要求與氣勢就較強。

（三）仲介人員參與

有仲介人員介入的協商，成功的機率通常較大，因此仲介人員的水準必須優良。當有仲介人員介入交易協商時，要了解：1.協商的內容與條件是仲介人員的意見或是交易當事人的意見；2.深入了解仲介人員的背景；3.促使仲介人員成為我方協商之助力而非阻力。

（四）認清協商目標

協商之前應先認清此次協商的目標為：1.只是想了解對方協商條件；2.是想要達成交易目的。要了解協商是個溝通過程，應以獲得利益與解決問題疑慮為目標。

（五）收集市場資訊

　　進行協商前，應充分收集房地產市場相關資訊。收集資訊的管道有：1.注意房地產報章雜誌的交易訊息；2.直接到各地方的房屋仲介公司去詢問；3.電腦網路上提供的房屋交易資訊；4.內政部地政司每季出版的成交資訊；5.親自到售屋現場收集資訊。

（六）充實交易常識

　　交易協商前，購屋者應具備最基本房屋交易的常識。例如了解：1.一般交易的方式；2.付款方式；3.交易（產權）安全的確保；4.交易稅賦的負擔與相關法令規定；5.交易費用的收費項目等；6.其他細節規定。購屋者充實基本的交易常識可以幫助協商交易的順利進行。

（七）預估財務分析

　　事先計算好個案的財務與價格資料，評估是否值得購買或能否負擔得起，使自己充分掌握財務分析狀況，以理性客觀方式進行協商，將能成功。

 房地產交易協商進行時應注意事項

（一）協商場所

　　協商場所的安排：1.在自己較為熟悉的環境，心理上較安定；可事先做充分準備，安排有利自己的氣氛，並可節省往返時間及金錢等；2.在對方地盤，較不會受到在自己地盤可能受到的干擾、可以獲得對方更多資料的機會；以及省掉自己事先準備場地的麻煩等；3.第三處地盤，包括仲介公司或地政士事務所等專業場所，其好處是雙方較為公平，彼此心裡較為正常。

（二）協商人員

專業人員如仲介、律師、地政士、估價師、會計師、建築師等人員的介入，可以立即解決專業上的問題，也能協調雙方當事人的衝突與意見。

（三）協商態度

協商時態度將影響對方反應，1.展現誠懇與理性；2.尊重對方且多先聽對方的意見；3.透過對方的談話、資料，了解對方的想法與關鍵條件，促使協商能夠在知己知彼的情況下順利進行。

（四）協商技巧

在協商技巧上可以包括下列三點：1.事前準備工作的展示，例如：將對自己有利的財務計畫資訊與專業第三者意見提供出來；2.增加自己談判的籌碼，買方可盡量找出該房地產個案的缺點，賣方可強調房地產的優勢；3.掌握對方與自己的重要關鍵協商條件，例如：多掌握對方的個性背景以了解其真正的企圖行為，了解對方是否有其他如財務周轉、出國移民等困境，自己衡量各種重要關鍵的因素。

（五）協商內容

投資者在談判時應相互釐清協商內容，並預先擬定各項協商內容的優先次序，以便協商時能容易斟酌。

（六）協商記錄

最後在協商進行時，應有充分的記錄，才不至於事後反悔、前功盡棄。協商記錄方式，可以是文字書面與錄音等雙向進行。結束協商前，要求雙方在協商記錄文件上簽名，以示同意，甚至加入專業第三者的簽名以為見證。

房地產交易協商的成功關鍵

（一）事前應有充分的準備

事先把握協商內容，準備可能的替選方案，如此協商才能快速應變。

（二）利用財務分析模型

事先計算各種財務分析模型，透過具體數據較具說服力。如果將事前分析好的各種資料當場修正，將可順應萬變的協商過程。

（三）擬定投資策略計畫

完善的投資策略計畫包括投資構想與協商策略，計畫內容除投資目標、協商內容外，還包括協商步驟，投資者要能遵守擬定計畫的協商步驟，較易成功。

（四）認清協商底限

認清協商底限，即隱含設定自己協商的各種讓步計畫，當然如果能夠設法了解對方的協商底限，則更容易順利達成協商。

（五）不壓榨最後一毛錢

儘量壓低底價是討價還價的關鍵，但是不需要因為壓擠最後一點利益而可能造成雙方的協商失敗。協商目的是要滿足自己的目標，而非只是財富的最大利益。

（六）產生雙贏的感覺

協商過程應減少防禦性行為，減少彼此的爭辯問題，而多採取支持性行動，增加彼此溝通機會。以合作式的協商代替衝突式的協商，最後使彼此都有雙贏的感覺，如此才容易成功。

（七）善用仲介等專業人員

優良的仲介或地政士等專業人員，除具備交易協商的專業知識外，也較具備公正第三者的立場，容易獲取彼此的信賴。

四 房地產經營管理的方式

（一）自我經營管理

自我經營管理即是房地產投資者又兼房地產管理工作，臺灣在相關法令與專業經營管理者欠缺的情況下，投資者多半兼管理者。採取自我管理的方式必須自己有時間、且有相當的專業與經驗。

（二）委託專業經營管理者

房地產投資者通常擁有資金與週轉能力，但對房地產經營管理的專業知識較為缺乏，再加上其投資對象通常缺乏管理的規模經濟，因此專業經營管理者的需求應運而生。

投資者委託專業者經營管理的情況有：1.法人機構房地產投資者通常投資規模較大，委託專業經營管理者較具規模經濟；2.法人投資機構較具備房地產經營管理的專業；3.投資個人或機構不勝負擔繁雜瑣碎的經營管理事務；4.投資者缺乏足夠時間，也會委託專業者管理。在國外法人機構主要包括房地產投資信託公司(REITs)，在國內則是保險公司或財團等。

五　房地產經營管理的工作內容項目

（一）提供空間使用計畫

　　參考專業經驗與市場資訊，先擬定房地產空間的使用計畫，包括是否需要適度裝潢、添置家具供房客使用、改變隔間，或油漆粉刷等。事前估計有關費用，確立空間的使用計畫。

（二）建立房屋維護計畫

　　專業者應根據房屋目前的品質水準，提出未來房屋應進行的日常性與專案性的維護計畫與相關維護費用，確立房屋維護水準，以便日後可據以維護。

（三）預估經營期間之財務計畫

　　事先預估房地產經營期間租金收益與營運支出，以及財務周轉計畫，以確保投資成果。預估各項支出與收入，計算收支的損益平衡點，可以了解房地產應在多少比例的房地產使用率（或空屋率）下，可以產生多少自有資金的現金流量收入，達到損益平衡。

（四）房屋廣告出租

　　進行廣告促銷出租行動，能迅速找到良好房客，也可減少空屋損失。廣告內容須凸顯房屋品質水準與專業經營管理者的良好形象，可以以一年總收入(PGI)的一定比例作為廣告預算。

（五）挑選房客

　　在臺灣由於房租偏低，房東應該更重視房客的選擇。1.過濾房客的職業與身分，確立房客彼此間的合適性；2.經過面談，進一步了解房客背景，與承租期間等；3.調查房客過去的記錄，這點在國內查證較為困難。

（六）簽訂租約

租約的內容可約定：1.房租；2.是否包括水電、瓦斯等費用；3.未來房租的調整方式；4.房客的權利及義務；5.違約的相關罰則等，租賃雙方均需透過租賃契約約定權利義務，最好租約能經過公證，較有執行效力。

（七）房屋維護修理

房屋維修狀況可分為下列五種：1.避免（不要）維修；2.適當維修；3.延後維修；4.緊急維修；5.日常維修等。房屋維護修理的工作可僱請維修人員，維修狀況應有記錄，以便掌握房屋的維修過程。適度的維修可以維持房地產的價值。

（八）員工管理

聘僱適當的經營管理員工，組成有共識、和諧的經營管理團隊，才能使管理工作順利進行。專業者應對其聘僱員工給予適當的人事管理，以確保員工的品質水準。

（九）房客關係

和房客保持良好關係，了解房客的作息狀況，以便使租金能夠正常收取，同時能確保房客遵守住戶規約的各種規定。若能使房客滿意其住所而長住，則可減少更換房客的損失。

（十）財務記錄

應每月固定將房屋收支記錄於帳冊，了解其現金流量收入，同時透過財務記錄亦可掌握是否適合繼續經營房地產，還是要選擇適當時機進行出售等。

自願性房地產出售的處分方式

　　結束處分最常見的即是將房地產出售，出售方式有下列多種方式、策略可參考：

（一）**正常直接賣斷方式出售**：出售前應考慮是否必要適當的整修處理，以便獲取較好的價格。

（二）**條件式出售**：在某種買賣雙方約定的條件下才出售，例如銀行貸款取得才買，條件不成立則不需交易。買賣雙方的條件可以依買賣雙方的合意而定。

（三）**賣出租回方式出售**：類似國外的「sale and leaseback」，賣方出售房地產，犧牲未來增值、折舊利息扣抵的好處，但可以獲取當前投資機會與現金週轉。但是約定的回租租金關係到買方的收益與賣方如期支付的可能性，需透過契約詳細約定。

（四）**設定地上權出售**：所有權人可以將地上權出售，自己仍然保有管理處分權，約定地上權人在一定期限內有使用收益土地的權利。地上權人可以支付比所有權買斷較低的價格，取得土地的使用權，有利於資金的流動。所有權人可以賺取土地的收益，且仍然保有所有權與未來的增值。

（五）**分期分區出售**：大規模的土地開發，通常採用此方式出售以降低風險。

（六）**延後分期付款方式出售**：在房地產市場不景氣的情況下，賣方為吸引買方能夠負擔得起房價，所提出的讓步條件。換言之，房地產先成交移轉使用，再逐步慢慢付款。

七 房地產結束處分的非出售方式

（一）**贈與方式**：買賣雙方關係特殊，如父子或母女，雙方並無實際交易行為，因此相關稅賦不同。贈與人利用每年贈與的免稅額，將財產分年贈與移轉給受贈人，採取分年部分金額方式贈與，如此可減免鉅額的贈與稅。

（二）**信託方式**：不動產信託(trust)方式處理，在國外非常普遍，特別許多基金會均以此方式取得不動產。不動產所有權人可基於特定目的，將不動產信託給受託人經營管理，同時將不動產信託移轉予受託人，信託人享有不動產的受益權。

（三）**拋棄方式**：結束處分的最不得已手段即是拋棄該房地產，目前臺灣由於房地產昂貴，很難發生此種狀況。然而在國外常常看到有許多房地產被拋棄，形成鄰里社區的嚴重問題。

房地產價格探討

重點提示

　　本章探討房地產價格的本質、形成與困境,提出標準住宅之觀念,以及探討房地產價格與景氣之關係、預售屋與成屋價格之差異,並界定房地產價格的種類與影響因素,最後介紹特徵價格估價法。重點如下:

1. 認識房地產價格的形成與價格決定的困境。

2. 了解房地產價格與景氣的落差關係。

3. 了解影響房地產價格,以及影響預售屋與成屋價格的因素。

4. 了解特徵價格估價法的意義、特質與分析方法。

一 房地產價格之形成

　　房地產價格主要由市場供需雙方的協商交易過程形成。供給者（賣方）與需求者（買方）彼此交易協商的過程如下所述：

（一）買方立場

　　買方會有一個能忍受的最高價格，稱之為「買方上限」，此一上限受買方的負擔能力、價值的認定而異，若超過此一價格，買方將不會購買，因此，成交價格應低於買方上限；其下限當然愈低愈好，但因為房地產是一種正常財貨，並且交易是一種理性的經濟行為，故成交價應大於零。

（二）賣方立場

　　賣方必有一供給價格存在，一般又稱為「表價」或「訂價」；而其最低願意出售價格，稱之為「底價」，此一底價受土地及建造成本與所需最小利潤所影響，當然此底價亦受市場景氣及賣方資金週轉成本所影響，如果買方所出的價格較此底價還低，賣方將不會出售。相對的，賣方為出售其房地產同時也要決定其「訂價」，作為購買者選購之參考。因此，成交價格必介於賣方所決定的「訂價」及其「底價」之間。

（三）買賣雙方構成的市場價格

　　買賣雙方構成的市場價格，賣方期望售得的價格高出其「底價」愈多愈好，他最不願在「底價」時出售，因為此時利潤最少。當然買方也不願在「上限」買到一定品質的房地產，因為他所期望的價格愈低愈好。在這種互相對立的情況下，唯賴兩者在價格上達成協議才有成交的可能，否則交易價格就無法形成。

二　房地產價格決定的困境

（一）**房地產本身的異質性**：即房地產缺乏完全相同產品以致房價不易確認；再加上房地產品質因素很多且不易衡量，致房地產價格不易決定。

（二）**房地產市場與總體經濟市場兩者的景氣變動（供需狀況）不易掌握**：房地產的價格深受房地產市場景氣的影響，使得房地產價格的掌握有其困境。

（三）**缺乏充分資訊與相關制度**：由於房地產多半私下交易，缺乏如股票般的公開市場，因此房價與相關資料取得不易，再加上臺灣的仲介與估價制度均未健全，更導致房地產價格的掌握不易。

（四）**真實成交價格資料取得不易**：一般房價資料多為訂價（表價），然而成交價才是真實價格的反應，在房地產訂價與成交價存在不同景氣狀況的相當差距，因此如何掌握真實成交價格是一困境。

三　房地產價格與景氣的落差關係

（一）景氣循環的特性與房地產價格有相當密切的關係存在。景氣衰退初期(T_1)可能只是成交量減少而已，仍無法明顯看出價格下滑（此時景氣循環斜率由正轉負，但房價斜率仍為正），只能待交易量萎縮到某一程度，且直接影響到買賣雙方的議價空間時，房價才會開始往下掉（T_2之後房價斜率由正轉負），此現象少則兩三個月，多則滯延一年半載都有可能（$T_1 \sim T_2$的距離視市場狀況而定）。

（二）當景氣由衰而盛時$(A \to B)$，房價將是居高不下，且與景氣循環呈正向關係（AB、DE 斜率同為正），如果是由盛轉衰時$(B \to C)$，房價

將回軟，但下跌的時候必有滯延現象(time-lag)產生(E→F→G)。在景氣復甦時($T_3 \sim T_4$)，同樣也有滯延現象產生，即景氣由谷底往上爬(C→J)，但房價可能由 G 續降至 H 後才反彈(G→H→I)。故景氣循環只能說明房價，不能代替房價。

（三）圖中的景氣循環曲線分為六個階段：1.B 點是景氣巔峰期，房價仍舊處於向上衝的階段；2.由 B 到 K 是景氣剛走下坡的階段，房價正攀上最高點；3.當景氣由 K 續降至 G 時，房價才開始下跌；4.當景氣在 C 點的谷底盤旋之際，房價續降；5.當景氣開始由 C 到 J 復甦，房價才止跌回升；6.當景氣繼續由 J 繁榮至下一波的巔峰 L，房價同樣朝向另一個高峰邁進；由此可見，各種時機與房價的關係至為密切。

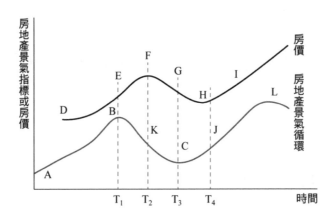

四 影響預售屋與成屋價格差距的主要因素

（一）持有成本

預售屋於交易日至交屋日與購買成屋之持有成本的影響因素：

1. 利率：預售屋依工期給付自備款，有別於成屋自備款一次給付的方式，故期間的孳息將影響持有成本多寡。

2. 折舊率：於交易日時選購預售屋或成屋，須考慮至交屋日時成屋的折舊多寡，故此亦為影響持有成本的因素。

3. 淨年租金：購買成屋可享有租金的收入，故此租金的多寡必將影響預售屋的機會成本。

4. 交屋期間：購屋者於交易日購買預售屋，至建商完工交屋期間的長短，將影響期間的孳息、折舊費用、租金等，故需予以考量。

5. 稅賦：由於購買預售屋於交屋日前轉手交易無須承擔稅賦；而成屋需考慮房屋稅與土地稅等持有成本。

6. 期款金額：預售屋之自備款比率、訂簽開款項及各期金額的大小，將影響其實際給付金額，故需予以考慮。

（二）產品風險

　　預售屋市場是虛構空間的買賣，賣者推出虛構的產品，而買賣只能根據各種文宣廣告來購買此想像的產品或符號，因此購買預售屋須承受相當的品質不確定因素，而有別於購買成屋，故此產品風險的差異將影響兩者的價差。

（三）預期市場景氣變動

　　因預售屋為約定未來特定期限交屋的契約買賣型式，與成屋之現貨交易方式不同，如預售屋的供給調節緩慢，投資門檻低，市場潛在的投資需求相對於成屋較多，故於交易日至交屋日之市場景氣變動的預期是影響預售屋與成屋價格差異的重要因素。

五 影響房地產價格的因素 🔍

（一）戶的特徵

戶的特徵是指房地產單元的內部情況，並藉著該房地產單元在居住上的特色，而造成對房地產價格之影響。戶的特徵一般可藉由樓層位置、面積、隔間及內部品質等四類屬性來衡量。

（二）棟的特徵

棟的特徵指建築基地上，整棟建築物所表現的狀況，包括：基地位置、建物類型、面積、公共設施、管理維護等。

（三）鄰里小環境特徵

鄰里小環境特徵指距房地產所在地 1 分鐘車程，或 15 分鐘步行，或 1 公里範圍內的主要行政鄰里的環境特徵。本類特徵是以在鄰里小環境範圍內影響房地產價格的鄰里屬性為主要探討對象，包括：公共設施可及性、嫌惡性設施，以及鄰里住戶屬性等。

（四）鄰里大環境特徵

鄰里大環境特徵，指以房地產所在地之鄉鎮市區為範圍的總體環境特徵。即是探討不同區域其整體環境的特色，影響到該區域整體的房地產價格異於其他區域的情形。內容包括：區位、大環境品質及土地使用混合度等。

（五）縣市環境特徵

縣市環境特徵指的是在縣市行政區域及其外圍範圍內，攸關居住品質而影響房地產價格的總體環境特徵而言。內容包括：行政區域、人口變遷、公共建設水準、自然環境水準等。

（六）總體環境特徵

總體環境特徵指在「時機」因素考量下，以國家、區域為範圍，各項總體影響房地產價格變動的特徵。包括：經濟面、金融面及房地產市場面等。

（七）其他個體特徵

其他個體特徵指影響房地產價格而未在上述各類特徵中提及的個體特徵。由於前六類特徵，主要是從「物」或「環境」本身的特色來考量影響房地產價格的屬性，但人的行為對房地產價格也可能發生影響，因而在此將其歸類為其他環境特徵，是屬於個體方面的特徵。可區分為建商特徵、賣屋者特徵、買屋者特徵及交易狀況等。

 六　特徵價格估價法的意義、特質與分析方法

（一）意義

特徵價格法(hedonic price method)主要依據房地產特徵的成套組合(package)特性，利用不能加以分割出售的特徵組合作為衡量房地產價格的重要因素。

（二）特質

1. 考量了供需雙方的效用，利用函數的型態來表示影響效用的內在與外在因素。

2. 可針對各種因子作敏感性分析，也可以針對影響層面較廣或較大的因子，做更詳細的函數型態設計，做各種因子間的連結關係分析。

3. 根據周延的經濟基礎，考慮投資使用者的效用反應，對於以往不明確的價格決定方式，提供了明確的解釋方式。

4. 相較於僅考慮供給面之原價法，或以未來預估的收益來衡量的收益還原法，以及忽略房地產是異質性產品的市場比價法，特徵價格法透過各種方式的測試，對於估價的主觀性具有緩和的作用。運用此方法有賴於利用電腦估價或資訊收集。

（三）分析方法

1. 橫斷面分析法：將影響房地產價格的個體因素視為房地產屬性。

2. 整合資料分析法：整合各年的橫斷面資料為基礎，研究個體因素對房地產價格的影響。

3. 時間數列資料分析法：將影響房地產價格的總體因素視為房地產屬性。

七 解釋名詞

（一）**標準住宅**：指在某特定時間、地區、類型，在住宅市場上成交的住宅中，能普遍代表這些住宅的住宅屬性(attributes)組合。

（二）**交易價格（房價）**：房地產交易價格乃其使用價格長期累積還原的結果。

$$V = \frac{R}{\rho}$$

R 為使用價格（租金），V 為交易價格（房價），ρ 為還原率。

（三）**使用價格（租金）**：指租賃使用之租金或購屋自住貸款之分期繳款行為，亦含有分期使用價格，稱為設算租金。

（四）**表價**：賣方根據成本、利潤、市場行情及買方可能反映所定出之價格。

（五）**詢問價**：買方根據自身財務負擔能力、個人偏好及意願、市場行情所提出之價格。

（六）**市價**：指正常合理買賣下的成交行情，根據美國房地產估價學會(AIREA)對市價的定義：一項資產在公開市場上出售，經過一段合理期間，找到一位對該資產有使用知識和使用能力的購買者，並提出最高的貨幣價格，而這個價格通常是買賣雙方在無任何壓力下所議定的。

（七）**成交價**：買賣雙方協商後決定的價格。

（八）**單價**：指房地產單元單位面積買賣的價格。

（九）**總價**：指買賣直接計算房地產單元的全部資產價值，單價乘上所交易的房地產單元的面積即為交易價格。

（十）**當期價格與固定價值**：在比較討論不同時期的房地產價格時，應先將當期價格（current price，以購買當時的幣值計算）經過消費者物價指數(CPI)調整為固定價格（constant price，固定某基期之相同幣值）。投資者在分析比較房地產價格時，應注意價格的調整，以免產生偏差。

MEMO

Chapter 13

房地產投資報酬率
分析

重點提示

　　本章重點在於認識房地產投資報酬率的意義、計算方式,以及比較各類報酬率計算方式的優缺點。其重點如下:

1. 認識房地產投資報酬率的意義。

2. 了解各種住宅投資報酬率的計算方式,以及比較各類報酬率計算方式的優缺點。

3. 比較房地產與其他各種投資工具的獲利性、安全性與變現性。

報酬率(rate of return)

報酬率係指將投資房地產所產生各期的稅後淨現金流量折現,使其與其自有資金投入相等之折現率,稱之為投資報酬率,此乃為投資者自有資金要求之投資報酬率(rate of Return On Equity, ROE)的概念。

二 住宅投資報酬率

住宅投資報酬率有三種計算方式,分述如下:

(一)價格變動法

投資不動產最大的獲利來源為資本利得(capital gain),故傳統計算報酬率的方式通常是直接以每年的價差來計算投資報酬率,其計算方式有兩種:

1. 年平均報酬率:房價預期增值計算(Expected Appreciation in House Prices, EAHP) $= (\dfrac{出售年住宅價格 - 購買年住宅價格}{購買年住宅價格}) \div 持有期間$

2. 累積報酬率 $= \dfrac{出售年住宅價格 - 購買年住宅價格}{購買年住宅價格}$

3. 權益預期增值(Expected Appreciation rate on Home Equity, EAHE)
$$= \dfrac{HP_1 - HP_0}{HP_0 \times (1 - \dfrac{L}{V})}$$

HP_1:出售年住宅價格

HP_0:購買年住宅價格

$\dfrac{L}{V}$:貸款成數比例(貸款金額／總價)

（二）淨收益報酬率法

　　整個住宅投資過程，其報酬來源除了資本利得外，亦可從經營中獲利、享受稅賦抵免以及貸款獲利(equity build-up)，因此計算住宅投資報酬率時，應考量整個投資淨收益。淨收益報酬率法計算住宅投資報酬率之公式如下：

$$住宅投資報酬率 = \frac{買賣淨收益 + 經營中淨收益 + 貸款淨收益}{自有資金投入}$$

（三）內部報酬率法

　　內部報酬率法(Internal Rate of Return, IRR)與淨現值法(Net Present Value, NPV)為目前財務界進行投資決策分析時，常用的兩個評估方式，二者皆考慮貨幣時間價值的現金流量折現(discounted cash flow)，是廣為大眾接受且較具學理支持的投資評估法。其公式表示如下：

$$\text{Investment Cost} = \frac{CF_1}{(1+IRR)^1} + \frac{CF_2}{(1+IRR)^2} + \frac{CF_3}{(1+IRR)^3} + \cdots\cdots + \frac{CF_n}{(1+IRR)^n}$$

 三　試述如何評估個案中債務與自有資金報酬率之關係

　　其二者之報酬率關係可以如下兩個重要公式說明：

（一）**總資產報酬率**(Rate of Return on Total Capital; ROR)，即結合自有資金及貸款等共同投資所獲取總資產之報酬率，其公式如下：

　　$ROR = 營運淨收入 \div 總資產投資$

　　其中，營運淨收入＝總收入－總支出（空屋損失＋營運支出）

（二）**自有資金報酬率**(rate of Return On Equity; ROE)，此即投資者自有資金之報酬率，投資者面臨投資決策時較為關心的是 *ROE* 而非 *ROR*，其公式如下：

> ROE＝稅前現金流量÷自有資金投入
>
> 現金流量＝營運淨收入－債務成本
>
> 債務成本＝營運淨收入÷DCR（債務保障比例）

四　價格變動法、住宅投資報酬率

（一）投資不動產最大的獲利來源為資本利得(capital gain)，故傳統計算報酬率的方式通常是直接以價差來計算投資報酬率，其計算方式有兩種：

1. 年平均報酬率＝$(\dfrac{\text{出售年住宅價格}-\text{購買年住宅價格}}{\text{購買年住宅價格}})÷\text{持有期間}$

2. 累積報酬率＝$\dfrac{\text{出售年住宅價格}-\text{購買年住宅價格}}{\text{購買年住宅價格}}$

（二）價格變動法可依其買賣價格幣值是否固定而有不同算法，但一般人計算報酬率時，係以買賣當年之住宅價格直接計算，故通常未考慮幣值之變動。

五　淨收益報酬率法、求算住宅投資報酬率

（一）整個住宅投資過程，其報酬來源除了資本利得外，亦可從經營中獲利、享受稅賦抵免以及貸款獲利(equity build-up)，因此計算住宅投資報酬率時，應考量整個投資淨收益。

（二）依國內環境投資住宅之淨收益來源可以區分為買賣淨收益、經營中淨收益以及貸款淨收益等三部分。

（三）淨收益報酬率法計算住宅投資報酬率之公式如下所示：

$$住宅投資報酬率 = \frac{買賣淨收益 + 經營中淨收益 + 貸款淨收益}{自有資金投入}$$

六　內部報酬率法求算住宅投資報酬率

（一）內部報酬率法(Internal Rate of Return, IRR)與淨現值法(Net Present Value, NPV)為目前財務界進行投資決策分析時，常用的兩個評估方式，二者皆考慮貨幣時間價值的現金流量折現(discounted cash flow)，是廣為大眾接受且較具學理支持的投資評估法。

（二）內部報酬率其定義是在投資成本(investment cost)等於預期未來各期現金流量之現值加總時之折現率，換言之，所謂 *IRR* 乃是指 *NPV* ＝0 時之折現率。其公式表示如下：

$$\text{Investment Cost} = \frac{CF_1}{(1+IRR)^1} + \frac{CF_2}{(1+IRR)^2} + \frac{CF_3}{(1+IRR)^3} + \ldots\ldots + \frac{CF_n}{(1+IRR)^n}$$

（三）由於 *IRR* 法一般忽略再投資時之報酬率，故應考慮期初資本投入、經營期間及出售等之影響來修正內部報酬率。

> **例題 1** | 今有臺北市文山區某一中古屋買賣案例係委託仲介公司於 75 年 2 月買進,購買價格為 288 萬元,貸款 7 成,78 年底賣出,售價為 720 萬元,試以價格變動法求算投資之年平均報酬率為多少?

(一) 本案購買價格為 288 萬元,貸款 7 成,故自有資金投入

$$= 288 \times (100\% - 70\%) = 86.4 \ \text{萬} \ \text{。}$$

(二) 年平均報酬率 $= (\dfrac{\text{出售年住宅價格} - \text{購買年住宅價格}}{\text{購買年住宅價格}}) \div \text{持有期間}$

$$= (720 - 288) \div 288 \div 4 = 37.5\%$$

因此每年的平均報酬率為 37.5%。

七 比較價格變動法、淨收益報酬率法與內部報酬率法三種投資報酬率計算方式的優劣

計算方法	價格變動法	淨收益報酬率法	IRR 法
優點	1. 計算簡易。 2. 符合一般人直覺之計算方式。	1. 因素考慮周全(除時間與風險外)。 2. 釐清房地產報酬來源。	1. 考慮現金流量時間性。 2. 可完全掌控投資計畫。 3. 適用於各種投資工具報酬之比較。
缺點	1. 忽略貨幣之時間價值及風險因子。 2. 未考慮交易成本、稅捐的負擔及抵扣問題。 3. 未考慮經營中之收益及支出。 4. 忽略貸款之負擔。	1. 忽略現金流量時間性。 2. 未考慮風險。	忽略再投資時報酬率之差異性,故可以採修正後之 IRR(MIRR) 作為投資報酬率的計算。

八　**從投資年期比較預售屋與中古屋的報酬率大小** 　🔍

（一）　**短期（投資一年內）**：由於預售屋不必負擔各項稅費，亦無須繳納銀行貸款本息，在自備款比例較少的情況下，預期其報酬率會高於中古屋。二者獲利率及風險相差十分懸殊，因此投資者短期買賣預售屋風氣盛行。

（二）　**交屋期（投資二年時）**：由於預售屋交屋後開始負擔各項稅費及貸款本息支出，故中古屋與預售屋之報酬率相近。

九　**比較房地產與其他各種投資工具的獲利性、安全性與變現性** 　🔍

投資工具	獲利性	安全性	變現性
銀行存款	低	高	佳
短期票券	低	高	佳
長期債券	低	高	尚可
股票	高	低	佳
房地產	受時機、區位、類型因素影響	安全性高，可保值	差
黃金	中等	價格波動大	佳
外幣存款	中等	有匯率風險	佳
共同基金	高／中等	低／中等	佳
期貨	高	低	佳
標會	中等	低	中等
海外不動產	不定	不定	差
國外證券	不定	不定	尚可

十 解釋名詞

（一）**住宅投資報酬率矩陣**(matrix)：係計算住宅投資報酬率時，報酬率會因買賣年的不同而呈現出不同結果，藉由相同購買年，不同出售年的住宅投資報酬率以矩陣方式表達，可以清楚看出不同買賣年總體資料的平均投資報酬率與不同持有期間之報酬率。並能從報酬率間之標準差或變異係數，據以估算風險程度。

（二）**報酬率**(rate of return)：指將投資房地產所產生各期的稅後淨現金流量折現，使其自有資金投入相等之折現率，稱之為投資報酬率，此乃為投資者自有之資金之投資報酬率(rate of Return On Equity, ROE)的概念。

（三）**整體資本還原比率**(overall capitalizational rate)：可視為整體資產之報酬率，其公式如下：

整體資本還原比率＝營運淨收益÷市場價格

又稱為總資產報酬率。

（四）**權益報酬率**(equity rate of return)：亦即投入資金報酬率，係投資人真正所享有的稅前投資報酬率，其公式如下：

權益報酬率＝稅前現金流入÷自有資金投入

又稱為自有資金報酬率。

（五）**稅後權益報酬率**(cash-on-cash rate of return)：亦即現金報酬率，係修正上述權益報酬率未考慮賦稅效果之缺失，此方式較為合理。其計算公式如下：

現金報酬率＝稅後現金流入÷自有資金投入

又稱為稅後自有資金報酬率。

（六）**經紀人報酬率**(broker's rate of return)：為了提高投資人購買不動產之動機，不動產經紀人常傾向於高估不動產之投資報酬率，故會將償還抵押借款時的權益增加(equity build-up)亦計入報酬中，由於經紀人報酬率中之權益增加部分並非資產所生之報酬，且對當期投資人並未有現金流入，故此公式之引用仍有爭議。計算公式如下：

經紀人報酬率＝（稅後現金流入＋權益增加）÷投入資金

（七）**內部報酬率**(IRR)：即未來各期現金流量折現後累加的現值等於期初資本投資之折現率。

MEMO

Chapter 14

不動產證券化

重點提示

　　不動產證券化在國外行之有年，但在國內卻仍屬於起步與鼓吹之階段。因此，對於不動產證券化的概念、目的、類型及操作方式的認識以及推動，都是國內房地產投資發展未來相當重要的課題，本章是考試的熱門議題。本章重點摘要如下：

1. 認識不動產證券化的意義、目的、特性與類型，以及熟記本章中之專有名詞與解釋。

2. 了解不動產投資信託(REITs)與不動產有限合夥的意義、類型、特性與優缺點，以及二者間之差異比較。

3. 了解不動產抵押權證券之意義、類型。並能就利率的變動，分析對不動產抵押權擔保債券、本利分離式不動產抵押權證券價格變動之影響。

4. 比較分析不動產抵押權證券和期貨與選擇權等避險投資工具之異同。

一 不動產證券化的意義與參與方式

（一）不動產證券化之意義

指對不動產之投資轉變為證券型態，投資者與標的物之間，由直接的物權關係，轉為持有債權性質之有價證券，使不動產的價值由固定的資本型態，轉化為流動性之資本性證券，從而結合不動產市場與資本市場，並以證券形式自資本市場募集基金，直接或間接方式參與不動產之投資與經營。

（二）參與方式

1. 直接參與不動產投資經營：指不動產之投資經營以證券形式募集資金，如採出售股票、受益憑證方式，並以此做分配經營損益的依據，而該「股票」或「受益憑證」有轉讓的特性，具有市場的流通性，而達到所謂的「動產化」、「證券化」，如美國之權益型不動產投資信託(equity REIT)。

2. 間接參與不動產投資經營：指以證券形式募集資金作為專營不動產之長期金融中介機構，以融資方式間接參與不動產市場，此經營之投資收益與風險仍繫於不動產市場景氣之變動，而投資人之證券同樣具有移轉交易的自由，如美國之抵押權型不動產投資信託(mortgage REIT)。

二 不動產證券化之目的

（一）積極目的

1. 促進不動產之有效利用：藉由所有權與經營權分離的運作，透過專業知識與充裕的資金配合，使不動產達到有效的利用。

2. 促進資金之有效利用：不動產投資經營者，經由證券形式自資本市場
取得資金，除可擴大投資參與，證券本身具有變現性、流通性，其融
資方式也可促進資金的循環，達到資金有效的利用。

（二）消極目的

1. 避免土地資源為財團把持，形成市場的壟斷：藉由證券化的運作，可
擴大不動產市場參與，增加競爭者，使多數人能分享土地資源所創造
的收益，避免市場為少數財團壟斷。

2. 藉由運作的透明化與有關管制措施的配合防止土地投機：在不動產證
券化的運作過程中，由於財務狀況必須對投資大眾公開，因而有助於
政府部門的管理，再加上對所募集資金限制從事於不動產投資，將可
有效防止土地投機炒作。

3. 透過專家操作經營，健全市場機能：不動產的投資經營，透過專家的
操作，可使市場趨於穩健，有助於健全市場機能。

4. 提供多樣化的投資管道，分散投資風險：對投資者而言，可以有價證
券方式投入不動產的投資，藉由適當的投資組合而降低投資風險。

5. 經營者得以證券形式募集資金，解決融資問題：藉由不動產證券化的
運作，經營者可以證券形式自資本市場取得經營所需資金，而不必完
全依賴銀行的抵押貸款或建築融資，因此有助於資金融通問題的解決。

三　不動產證券化的特性

（一）**流通性**：由於持有之股票或受益憑證等具有移轉交易的自由，使不
動產的價值，由固定資本型態轉化為流動的資本性證券，有助於投
資者資金的流通。

（二）**變現性**：由於實體不動產移轉需時甚久，且手續繁雜、變現性差，藉由證券化的運作後，可縮短移轉交易的時間，而提高其變現性。

（三）**公平性**：證券每單位的認購金額小，故便於小額投資人投資，因此可擴大市場參與層面，提高個人參與不動產市場的機會，使市場免於被壟斷。

（四）**專業化**：不動產的經營管理由具有專業知識的人員來提供服務，投資者不必參與經營，透過專業化的運作，可提高經營績效。

（五）**分散風險**：對個別投資者而言，不動產投資需要大筆金額，因而形成風險過度集中，但經由證券化後，透過資金聚合的大數法則原理可以達到個人財力難及的風險分散。

四 不動產證券化的共通法則及基本原理

（一）企業所有與企業經營分離

1. 具分離模式：指企業組織內，將投資與經營之職能加以區分，各由不同的人們為之。

2. 分離模式之類型
   (1) 不動產有限合夥人：一般合夥人具有表決權，但無權參與日常業務之經營控制。一般合夥人主要提供資金，而由經理合夥人控制經營。
   (2) 不動產投資信託：不動產投資信託之資本由投資人出資，而其受益憑證可自由轉讓，雖然投資人有盈餘分配請求權，但對信託財產的管理、法律上所有權的歸屬，以及實際的排他性控制權，皆由受託人擁有。此亦稱之為企業所有與企業經營分離之現象。

3. 所有與經營分離之經濟面分析

(1) 擴大資本規模：透過證券市場，企業得以迅速、大量的籌集所需資金，壯大資本規模。

(2) 投資者的價值取向：投資者以資本參與投資，主要在於獲得投資的利得，而非去參與經營。

(3) 專業化經營的趨勢：由於不動產的經營管理涉及多方面的知識，且藉由證券化的資金募集，會使公司資本規模擴大，經營趨向複雜化、專業化，故需要專業化經營。

（二）資金聚合的大數法則

大數法則或稱大數規律，就是在大數目裡，呈現出規律性現象，數目愈大，規律性愈穩定正確，所以在大數目裡，可以觀察到穩定的損失率。而不動產證券化利用資金聚合的大數法則原理，可以達到個人財力難及的風險分散與收益極大，再輔以專業經營管理，則可藉「經濟規模」降低交易成本與人力資源。

五　合夥與隱名合夥的差異

（一）隱名合夥人之出資，其財產權移屬於出名營業人（民法 702 條），而各合夥人之出資及其他合夥財產，為合夥人全體之公同共有（民法 668 條）。

（二）隱名合夥之事務專由出名營業人所執行，隱名合夥人僅有檢查權，而無執行之權。

（三）隱名合夥契約對外原則上不生關係，故隱名合夥人就出名營業人所為之行為對於第三人無任何權利與義務（民法 704 條），而合夥人對外則均為權利義務之主體，尤其對於合夥債務不足清償之債務時，各合夥人對於不足之額，連帶負其責任（民法 681 條）。

（四）隱名合夥無團體性，得因民法 708 條之法定原因而終止；而合夥則具有團體性，故其關係之終了，不稱終止，而稱解散（民法 692 條）。

六 不動產證券化的兩大主要型態

（一）不動產投資信託

　　此乃 1960 年美國國會通過不動產投資信託法案後創設之金融機構，藉以有價證券募集一般小額投資人之資金於不動產，其證券化形式主要為股票或受益憑證，依組織方式之不同而有所差異，而此募集而來的基金本身為非課稅之主體，然其機構之組織方式、資產內涵、收益來源、收益分配等需符合嚴格之規定，而投資人則可依本身之條件，於證券市場選購合適之證券參與不動產投資，如此除具有變現流通的功能外，尚可擴大投資參與層面。

（二）不動產有限合夥

　　在美國不動產有限合夥事業，於各州皆有其有限合夥事業法案加以規範。其成立為至少一名經理合夥人和一名以上的一般合夥人，而經理合夥人可為公司法人，其以不動產為投資標的物，而此事業本身為非課稅之主體。由經理合夥人負責經營管理，且對合夥事業負無限責任。其一般合夥人無權參與合夥事業之經營控制，但享有表決權，其負擔之風險也以出資部分為上限，即對於債務僅限於所出的資本額，但有權檢查帳冊，並可要求經理合夥人定期報告業務及財務狀況。

七　不動產抵押權證券化之主要形式

包括不動產之抵押權證券及不動產抵押權債券。

（一）不動產抵押權證券

當發生借貸關係時，借款人（所有權人）和貸款人（債權人）至地政機關辦妥抵押權設定後，則將權狀交與抵押權人，此時即取得該不動產之抵押權並從屬依存於債權，而該不動產仍由原所有權人繼續保有使用、收益之權，與傳統之抵押權有關規定完全適用。金融機構若能將資產科目中具風險之不動產抵押債權重新包裝(repackage)後，以發行不動產抵押債權擔保債券(Mortgage-Backed Security, MBS)售至資本市場，則可為金融機構提高資產流動性、降低流動性風險、減少因利率變動導致之營利短收風險及不動產景氣衰退引起之資產縮水風險，進而提高資本適足率(Capital Adequacy Ratio, CAR)及促進金融市場運作之效率，減少因持有不動產相關資產而引發之金融危機。不動產抵押債權證券化即屬「金融資產證券化」。金融機構在承做不動產（或房貸）放款後，將不動產（房貸）抵押債權售予政府或民間仲介機構，仲介機構再將資產中不動產抵押債權集合、重新包裝及小口化後，發行不動產抵押債權擔保證券(MBS)，售予 MBS 投資者。此時由於不動產抵押債權已出售至 MBS 投資者持分共有，金融機構雖創造債權，卻不長期持有，因此即可提升資產流動性，免除不動產市場低迷而引發之違約風險及市場利率急遽變動所導致的利率風險；而 MBS 投資者未來之現金流量即為借款人每期之本利償還額再扣除原放款機構之管銷費用，此類的 MBS 稱為不動產抵押債權轉手證券(Mortgage Pass-Through Security, MPTS)，意即放款機構再扣除管銷費用及應有利潤後，直接將每期收取的貸款償還「轉手」至 MBS 投資者，因此 MBS 即為以不動產債權為抵押品之擔保債券，未來該債券之價格即如一般債，隨市場利率反向變動。

（二）不動產抵押權債券

　　所謂不動產抵押權債券，為專業銀行按其本身性質，以所有之總資產及貸款所取得之債權，作綜合概括的擔保所發行之金融債券。此種債券，發行銀行對每一持券人負償還之責，持券人對於銀行貸款擔保品無直接的物權關係，僅有間接的債權關係，不需負擔風險，並可坐收到期債息，如需變現，可於證券市場出售，或向銀行質押，其融資性與安全性高。

 八　比較不動產抵押權證券化與不動產證券化之差異

項目 ＼ 種類	不動產抵押權（金融）證券化	不動產證券化
證券化之主要目的	透過銀行信用創造的功能，將不動產之抵押權予以證券化，以供資金融通。	藉由不動產證券化以結合資本市場與不動產市場，促進不動產與資金之有效利用。
證券形式與性質	此有價證券，如抵押權證券、不動產抵押權債券等，前者因含物權性質不得於證券市場買賣，而後者則可。	此有價證券如股票、受益憑證，可於證券市場交易為資本性證券。
經營主體	銀行本身。	不動產投資經營機構（雖美國契約型不動產投資信託事業，有銀行參與，然其為受託人身分，主要為資產保管機構）。
融資對象	無特別限制。	不動產經營者（以美國權益型不動產投資信託為例，其雖為中長期之金融中介機構，然是以融資方式間接參與不動產之經營）。
於不動產市場所扮演的角色功能	只為單純的融資功能。	直接參與不動產市場經營，或以融資方式間接參與。

不動產抵押債權證券(Mortgage-Backed Security, MBS)化之優點

（一）可以提高金融機構之資本適足性，其所募集之資金不需提存準備金與支付存款保險費，可降低金融機構之成本。

（二）不動產證券化所獲得之資金可做為其他投資用途，增加資本槓桿效果。

（三）不動產證券化所產生的信用保證收入、承銷收入等，可增加金融機構之收益。

（四）不動產抵押債權證券化金融機構原放款債權之利率風險將降低，增加市場競爭能力。

（五）增加金融機構除了存款以外的新資金來源。

（六）長遠可建立不動產專業銀行達到市場規模經濟。

（七）金融機構擔保之不動產證券具有較高之安全性，同時可以活絡不動產交易市場。

十　不動產投資信託之類型

可依基本型態、組織方式、是否有明定的期限來區分。

（一）基本型態

1. 權益型不動產投資信託(equity REIT)

此乃直接投資經營具收益性(income producing)不動產之投資組合，其主要的收入來自租金，或買賣不動產的交易利潤，由於不動產的經營

管理須有特定的專業人員，故大多數的 REIT，只擁有一種型態的不動產，一些甚至在某一特定的區域，以便掌握市場的資訊。

2. 抵押權型不動產投資信託(mortgage REIT)

指 REIT 投資於抵押權(mortgages)或不動產開發的貸款，而非直接投資經營不動產本身。

3. 混合型不動產投資信託(hybrid REIT)

此類型 REIT 其投資標的包含不動產與抵押權，於經營內涵上為上述權益型與抵押權型之組合，因此其投資組合較具多樣化。

4. 各類型 REIT 的比較分析

型態 比較項目	權益型	抵押權型	混合型
市場參與的角色	直接參與不動產經營	貸款給不動產經營者，為金融仲介的角色	兩者混合
投資的標的物	不動產	抵押權、貸款	兩者混合
收益的穩定性	高	低	中
投資風險	高	低	中

（二）組織方式

1. 契約制

係將信託人與受託人締結以不動產投資為標的之信託契約的受益權加以分割，使投資人取得表示此種權利的受益憑證。

2. 公司制

設立以不動產投資為目的之股份有限公司，使投資人取得其股份之型態，公司將其收益以股利形式分配給投資人。

（三）期限

1. 有明確期限的不動產投資信託(FREIT: finite-life REIT)

指成立時即明定經營期限，屆時即處分資產依股票或受益憑證將其分配予投資人，然此處分期限尚可於經營期中或期限將至時，由證券持有人表決是否繼續延長經營期限。此一明確期限的經營形式，有愈來愈受歡迎的趨勢。

2. 無明確期限的不動產投資信託

 不動產投資信託中契約制與公司制組織方式之差異

（一）契約制之投資人與不動產投資信託組織間為信託契約之關係，而公司制投資人與組織間之關係為股東與公司。

（二）公司制中投資人之資金則構成公司之資產；而契約制者，則組成信託財產。

（三）資金之管理運用上，契約制應依信託契約為之；而公司制則依公司之章程辦理。

（四）利益分配方面，契約制係信託收益之分配；公司制係股利之分配。

（五）依投資之計算而言，契約制乃以一般投資人之計算辦理，受託人只收取一定數額之服務費而已；公司制則自為計算之主體，一般投資人以股東或公司債權人之身分，參與公司利潤之分配。

（六）契約型以受託人之存在為前提；公司制未必以第三人為受託人，而其本身即帶有受託人之性格。

十二 不動產投資信託的特性與優缺點

（一）REIT 之主要特性

1. 金融中介的角色：REIT 可藉由募集而來的資金，作為不動產業者資金上的融通，扮演長期的金融中介角色。

2. 經營與所有的高度分離：REIT 之投資人為出資者，其事業之經營管理分別委由董事或受託人負責，此一經營與所有分離的專家經營方式，便可提升營運績效。

3. 投資標的物的多樣化：為彌補 REIT 在不動產短期交易的限制，准予投資其他的 REIT 證券或政府債券等，不僅限於不動產，如此標的物的多樣化也是 REIT 主要的特色之一。

4. 有效的結合不動產市場與資本市場：REIT 藉由股票或受益憑證的上市，從資本市場取得資金，再以直接參與經營或間接融資方式介入不動產市場，使不動產市場與資本市場得以有效的結合。

（二）REIT 的主要優點

1. 變現性、流通性高，並能擴大投資參與。

2. 導正不動產市場機能：由於相關法令對 REIT 之資產內涵、投資方式、收益來源等有嚴格之規定，禁止其短線交易以獲取差價，使其資金的投入能促進不動產的有效利用，進而導正市場機能。

3. 多樣化的投資選擇：REIT 可藉由不動產的種類、區位、經營方式等等做不同的投資組合，對投資人提供多樣化的投資選擇。

4. 節稅的優待：由於 REIT 大部分的收益皆分配給投資人，故其基金本體如共同基金一般，可享免稅的優待。

（三）REIT 的主要缺點

1. 權益型之投資風險
   (1) 地理區位多樣化(geographic diversity)的風險：藉由投資組合理論，選定各種不同區位的標的物，可避免投資風險的過度集中。但是擴大投資區域後，難以掌握市場資訊，又相對提高投資風險。
   (2) 空屋率(vacancy rates)的風險：當持有之不動產無法有效的出租時，將會影響其收益，而造成經營上的損失，此空屋率主要視區位、屋齡與鄰近的競爭等因素而定。
   (3) 收入的風險(revenue risk)：指參與性投資方式而言，其租金的收入乃一定的金額加某一比例的銷售數額，當其營業額下降時，REIT 的收益即相對的減少。
   (4) 財務槓桿的風險(leverage risk)：當 REIT 以其資產抵押貸款或以其他方式舉債時，可藉此擴大投資規模增加收益，但相對的會提高經營的風險。

2. 抵押權型的投資風險
   (1) 信用的風險(credit risk)：貸方無法償還本金與利息之可能性，稱為信用的風險，而此常繫於利率與貸款比率（貸款／資產）的大小。
   (2) 利率的風險(interest risk)：若 REIT 為長期固定利率的放款型式，則市場利率的上升，將造成現金流動(cash flow)與資產價值的損失。
   (3) 提前償還的風險(prepayment risk)：當市場利率下降，低於貸方借款之利率，將促其提前償還，而此決定權往往在於貸方，因而形成先付的風險。
   (4) 再投資的風險(reinvestment risk)：發生在市場利率下降時，此時再投資的報酬率，將低於原來的期望值，而產生再投資的風險。

十三 不動產有限合夥(RELP)的類型

（一）公開型的有限合夥(public limited partnership)

乃有限合夥之發起人以投資某類型不動產為標的，而藉由發行證券形式集合一群投資人，並募得資金，此時投資人只了解標的物的種類，但未能確切掌握未來的投資標的，故又稱為盲式聚合的聯合企業組織，其通常是全國性的發行，每單位之的金額小，募集的總金額大，投資人數多，標的物的區位多樣化，募集所花費的經費較高，且採先付費，至使真正投入標的物的資金減少許多，而投資人僅能依發起人過去的不動產經營紀錄及對標的物的種類做投資決策的參考，較不利於投資人。而此型式也稱為不明確資產計畫。

（二）私下型的有限合夥(private limited partnership)

私下型的不動產有限合夥，乃發起人可以透過購買的選擇權(option)，或完全的權屬(outright ownership)，使投資者可清楚的了解該標的物的情況，甚至可能被邀請至實地參觀，以做為投資的決策依據，此類型又稱為確定資產的聯合企業組織。其通常為區域性的發行，每單位的金額大，而投資人數較有限，募集金額較小，且先付費用較少，傾向於投資單一的標的。

（三）兩者之差異比較分析

項目 ＼ 種類	公開型之有限合夥	私下型之有限合夥
發行的範圍	通常為全國性的	區域性的
單位金額	小	大
募集金額	多	少
投資人數	多	少

項目 ＼ 種類	公開型之有限合夥	私下型之有限合夥
募集經費	高	低
區位之多樣化	高	低
先付費用	30～40%	12～20%
投資人參考文件	公開說明書	發行規約
聯邦證券交易委員會之註冊登記	要（全國性的）	不必

十四　不動產有限合夥的優缺點　

（一）優點

1. 專業化的經營：投資之標的物由具有專業知識的經理合夥人經營，除可彌補投資者於不動產專業知識與時間的不足外，尚可創造更高的收益。

2. 承擔有限的責任：一般投資人所承擔的風險以其出資為上限。

3. 分散投資風險：雖然投資單位的大小依有限合夥事業的個案而異，然其價金相對於直接投資不動產本身之數額而言，則減少很多，亦可降低其投資風險。

4. 稅的利益：若符合內地稅則之規定，則有限合夥事業本身即無稅務的負擔，可免於雙重的課稅。

（二）缺點

1. 中古交易市場過小：一般投資人，若購買上市的股票可旋及轉手交易，而購買不動產有限合夥的單位，則於募集結束的一段期間內禁止轉售，即使可以轉售也不易找到接手人。

2. 費用過大：指公開型的不動產有限合夥事業，其公開發行之費用，如公開說明書的製作、律師、會計師及其他經理與執行人員的費用等所占的比例過高，而此費用採先付費方式，因此募集之資金相對可以投入不動產的部分則減少。

3. 投資標的物不明確：指公開型不動產有限合夥，投資者只可由公開說明書了解標的物之種類，無法確切掌握投資標的，而只能由過去經理合夥人之經營記錄來做決策參考，因此相對的提高投資風險。

4. 投資報酬過低：過去不動產有限合夥的投資著重於節稅的利益，以致公開型的不動產有限合夥投資報酬率，甚至低於同期間持有之國庫券 (T-bills)。

十五　分析比較不動產投資信託與不動產有限合夥

	不動產投資信託	不動產有限合夥
經營者	基金經理人。	經理合夥人。
投資組合	至少 75%的資產必須投資於不動產或相關證券。 任一證券之投資不得超過總資產之10%。	以不動產為主。
節稅利益效果	課稅損失不得扣抵投資者其他所得，但可以保留至往後五年內抵扣。	只能抵免投資者的其他被動所得。
所得分配	95%以上之所得必須分配給投資人。	無限制。
流通性	高。	只有上市型的流通性較高。
財務透明度	高。	低。
市場風險	高。	上市型市場風險較高。
擁有之權利型態	股票或受益憑證。	合夥憑證及受益憑證。

十六　市場利率下跌時，對序列型不動產抵押債權擔保債券餘額層級投資人的現金價格、唯利式(IO)證券價格與唯本式(PO)證券價格之變動

（一）對序列型不動產抵押權擔保債券
(Collateralized Mortgage Obligations, CMO)之影響

1. 當市場利率下降，提前清償比率提高，致使低票面利率之層級提前清償，利差收入因此減少。

2. 提前清償回收之貸款償還額將必須以較低之市場利率重新投資，使得跌幅更加深。

3. 現金流量以較低之利率折現，會得到較高之現值。

4. 市場利率下降將使不動產抵押權擔保債券之餘額價值減少。

（二）對唯利式(IO)證券價格之影響

　　當市場利率下降時，將會加速提前清償，導致本金提前回收，結果利息收入減少，使得唯利式證券價格下跌。

（三）對唯本式(PO)證券價格之影響

　　當市場利率下跌時，提前清償會加速唯本式投資人本金之回收，縮短持有期間。此回收之本金將以較低之利率折現而得到較高之現值，亦即唯本式證券價格會上漲。

比較本利分離式不動產抵押權證券(MBS)（如唯利式與唯本式證券）、期貨及選擇權等避險工具之差異

（一）本利分離式不動產抵押權證券只適合市場上較有經驗的投資人，其必須經常觀察價格的變化，特別是要注意利率變動的高度敏感性以及提前清償的風險，如選擇避險性的投資工具時，應以期貨或選擇權較佳。

（二）本利分離式不動產抵押權證券具有流動性高與長期契約之優勢。而期貨契約之成本較低，但必須每日交割調整市價。選擇權的期限較短，但權利金成本高。故投資者應視資產組合型態來選擇適合的避險投資工具。

 辛迪嘉式（聯合組織）有限合夥
(limited partnership syndication)

類似企業組織中之合夥型態。合夥型態分成：一般合夥型態(general partnership)與有限合夥型態(limited partnership)。

（一）**一般合夥型態(general partnership)**：每一合夥人的地位相同，利益與損失由每個合夥人依其投入資金或事先約定參與分配比例分攤，每一合夥人具有參與管理和投資決策之權利，不動產投資較少採用此種方式。

（二）**有限合夥型態(limited partnership)**：至少有一位主要合夥人，以及一個以上之有限合夥人。主要合夥人負責整個辛迪嘉資金的投資運用與管理，並負無限清償責任。而有限合夥人則無權過問辛迪嘉之各項投資管理活動，亦無須負無限清償責任，投資利益之分配依照出資比例或事先之約定。

十九　不動產有限合夥的類型

　　不動產有限合夥組織依期發行規模、投資不動產的種類和能否公開交易而區分為三種型態：

（一）私下型的有限合夥(private limited partnership)

　　所謂私下型的有限合夥，是指發起人在發起成立不動產有限合夥時，即已確定投資的標的物。投資人可以清楚地了解到標的物的情況，甚至可能被邀請至實地參觀，以作為投資的決策依據，此類型又稱為確定資產的聯合企業組織(specific asset syndication)。在實際運作上，通常是發起人本身原本即擁有不動產投資標的物的所有權，藉由不動產有限合夥的運用而能對外募集資金從事該不動產的開發，同時發起人又能保有不動產之經營權。

（二）公開型的有限合夥(public limited partnership)

　　所謂公開型有限合夥，是指發起人以投資某類型不動產標的，而藉由發行證券形式集合一群投資人，並募得資金，而此時投資人只了解標的物的種類，但未能確切掌握未來的投資標的。此種形式又稱為盲式聚合的聯合企業組織(blind pool syndiction)。

（三）上市型有限合夥(master limited partnership, MLP)

　　不動產有限合夥的第三種類型是上市型有限合夥，這種類型的性質與公開型的有限合夥相同，但規模更大，投資人也更多。與前二類型最大的不同在於這種類型的參與憑證，可以像股票一樣在公開交易市場進行交易。參與這種類型的投資人，一方面可以享受不動產有限合夥稅負優惠的好處，另一方面又可以獲得與投資一般股票相同的高流動性。

不動產投資信託的類型

（一）依投資標的的分類

1. 權益型(equity REIT)

權益型 REITs 其資產組合中不動產實質資產投資應超過 75%，其投資標的物之所有權屬於整個信託基金。主要收入來源為不動產出售之資本利得和不動產出租之租金收入。

2. 抵押權型(mortgage REIT)

抵押權型 REITs 其資產組合中對不動產開發公司之放款、不動產抵押貸款債權或抵押貸款債權證券合計應超過 75%，此種 REITs 係間接參與不動產之經營，並非直接投資於不動產本身。貸款利息為主要收入來源，接近於一般債券投資，故其價值與利率變動有密切之關係。

3. 混合型(hybrid REIT)

顧名思義，此種 REITs 之投資標的包括不動產本身及不動產抵押放款，亦即權益型和抵押權型之混合。其投資組合比率究係不動產高，或抵押權高，則視市場需求而調整。

（二）依發行規模能否擴大分類

1. 封閉型(closed-end)

封閉型 REIT 之發行規模固定，投資人若有現金需求時，可以至公開交易市場買賣股票或受益憑證，而不能要求 REIT 以淨值贖回，同時，為保障投資人的權益不被稀釋(dilution)，這種 REIT 成立後不得另外新募資金。

2. 開放型(open-end)

開放型 REIT 與封閉型之不同，是在於開放型的發行規模可以視經濟景氣狀況而增加發行。

（三）依時間長短分類

1. 定期型(finite-life REIT)

定期型 REITs 於成立時即明定存續期間，屆時即處分資產依股票或受益憑證將其分配予投資人，因此在存續期間即將到期時，REIT 的市價會與當時淨值相當接近。不過，經營的期限尚處於經營期中或期限將至時，由證券持有人表決是否繼續延長經營期限。由於 REIT 之證券於市場交易之價格，往往不能反應其真正的淨值，尤期是權益型 REIT。因此投資人為避免市價與淨值折價過大，以及為分享屆時資產清算時不動產增值的利益，此明確期限的經營形式，有愈來愈受歡迎的趨勢。

2. 不定期型(infinite-life REIT)

不定期型 REITs 係不定期出售資產在轉購其他資產，若經營績效良好，其存續沒有期間限制。投資人購買這種類型 REIT 可以不斷收取不動產的投資利益。

（四）依有無負債的分類

1. 負債型

大多數的 REIT 除了發行憑證募集資金外，均會以所擁有之不動產辦理抵押貸款以增加財務槓桿。美國 1991 年 REITs 整體負債比率（負債除以權益）達 1.75，可見運用財務槓桿之普遍。

2. 未負債型

未負債型 REITs 不使用財務槓桿,完全以自有資金購買不動產,不再將擁有之不動產辦理抵押貸款,以擴充資產規模。

（五）依資產面或負債面的分類

1. 資產面的證券化

指證券化發起人在從事證券化的過程中,資產負債表中資產科目的組成結構改變了。這種證券化的過程在沒有淨利得或損失的情況下,負債面並不會有任何變化,證券發起人從事這類資產面證券化的目的是在於轉換資產結構以規避風險和追求報酬。

2. 負債面的證券化

指證券化發起人在從事證券化的過程中,因融通資產的取得或改變資本結構的證券化行為。而融通資產的過程,又可以分為股權的融資與債權的融資,股權融資是指發起人以證券化方式從事外部融通以增加業主權益的規模,而債權融資是指發起人以證券化方式從事外部融通以增加負債的規模。

 不動產抵押債權擔保債券 (Mortgage-Backed Bond, MBB)之評價

（一）由投資銀行或證券公司等金融機構承銷,並經公正、獨立的債券公司信用評等機構評等後,發行銷售至資本市場。

（二）多數以超額擔保發行,因此抵押權群組之市值大於發行債券之面額,二者之差額為股東權益。

（三）評等因素：1.抵押權品質：債權類型、貸款比率、有無保險；2.貸款利率；3.抵押權群組區域分散情形；4.超額擔保品的數量；5.提前清償率；6.抵押權鑑定與債務保障比例。

（四）債券價格與必要報酬率呈反向變動。

（五）債券到期日或期限愈長，債券價格之利率風險愈高。

（六）債券票面利率愈低，債券價格愈低。

二十二　各種類型不動產證券

（一）不動產投資信託(REIT)

　　成立不動產投資信託基金或公司方式，發行受益憑證（或股票），直接向大眾募集資金，再交由經理人投資於不動產相關事業。

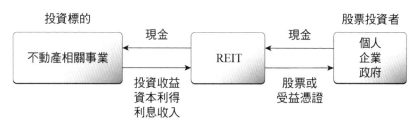

♀ 圖 14-1　不動產投資信託(REIT)概念圖

（二）不動產有限合夥(RELP)

1. 至少一名經理合夥人與一名以上有限合夥人組成，以不動產投資經營為目的。

2. 事業本身為非課稅主體。

3. 經理合夥人負責經營管理與無限責任。

4. 一般合夥人僅出資,分享損益與查帳。

5. 私下型／公開型／上市型。

(三) 不動產抵押債權證券(MBS)

金融機構將不動產抵押債權重新包裝後,發行不動產抵押債權證券,出售至資本市場。

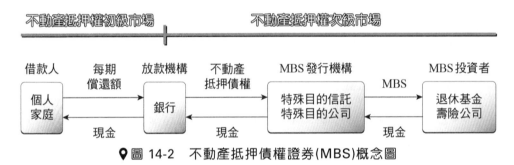

📍圖 14-2　不動產抵押債權證券(MBS)概念圖

(四) 不動產抵押債權轉手證券(MPTS)

1. 不動產抵押債權者集合多數債權,經重新包裝後,以較小單位轉售予投資人,發行者在扣除管銷費用及應有利潤後,直接將每期收取之貸款償額「轉手」給 MBS 投資者。

2. 證券價格與市場利率呈反向變動。

3. 政府直(間)接保證。

（五）不動產抵押債權債券(MBB)

1. 金融機構以不動產抵押債權向外質借，但仍擁有其所有權。定期付息，到期還本。

2. 投資人與房貸借款人之間無關係。

3. 無提前清償問題。

4. 須有超額不動產抵押債權（信用增強）。

5. 不動產抵押債權價值高於 MBB。

♀圖 14-3　不動產抵押債權債券(MBB)概念圖

（六）不動產抵押債權轉付債券(MPTB)

1. 金融機構以不動產抵押債權向外質借，但仍擁有其所有權。

2. 將回收之貸款償額，扣除管理等費用外，直接轉手給債券投資者。

3. 移轉提前清償風險。

（七）序列型不動產抵押債權擔保債券(CMO)

1. 依據過去抵押放款提前清償之經驗值來制訂不同到期日之多期式債券。

2. 藉由重導現金流量及時點以降低提前清償風險。

3. 分為短、中、長期、零利層級、以及餘額層級。

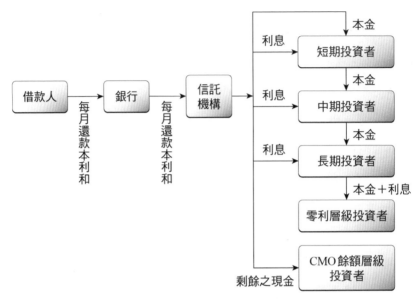

♀圖 14-4　序列型不動產抵押債權擔保債券概念圖

二十三　我國不動產證券化條例內容

（一）分成不動產投資信託與不動產資產信託。

（二）採契約制。

（三）受託機構以信託業為限。

（四）公開或私下募集。

（五）原則為封閉基金。

（六）投資在不動產及相關權利之比例由主管機關定之。

（七）租稅優惠：

　　1. 免證交稅。

　　2. 信託利益併入所得課徵所得稅。

　　3. 地價稅稅率千分之十。

4. 地價稅及房屋稅：

(1) 開發期間無法使用者，免徵。

(2) 開發期間仍可使用者，減半徵收。

(3) 開發完成後，減半徵收二年。

5. 建築物耐用年限縮短 1/2 計算折舊費用。

二十四　不動產投資信託運作流程

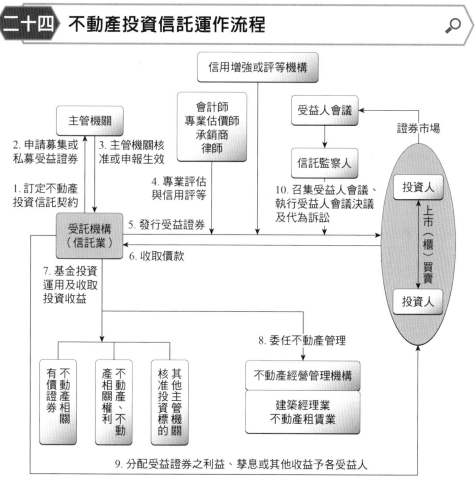

♀圖 14-5　不動產投資信託運作流程圖

二十五 不動產資產信託運作流程

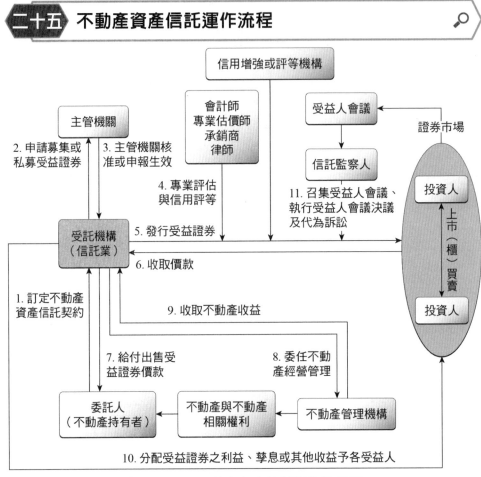

◉圖 14-6　不動產資產信託運作流程圖

二十六　金融資產證券化之流程

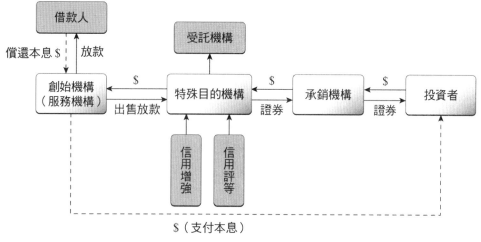

♀圖 14-7　金融資產證券化之流程圖

二十七　解釋名詞

（一）**投資**：投資一詞有廣狹二義，廣義的投資定義是為獲得未來可能的價值而犧牲當前既有的價值。狹義之投資，則專指投資於生產事業，即生產事業之股東或擁有該事業之股票。

（二）**信託**：信託法第一條規定：「稱信託者，謂委託人財產權利轉移或為其他處分，使受託人依信託本旨，為受益人令利益或為特定關係之目的，管理或處分信託財產之關係。」

（三）**投資信託**：所謂投資信託，係多數投資者共同匯集基金，而此基金由專業的管理者來營運，使基金具安全性，並使其獲得較高收益性的投資，其利益則由投資者分享的一種制度。

（四）**合夥**：民法第 667 條之規定：「稱合夥者，謂二人以上互約出資以經營共同事業之」。而此一般性的合夥，所有的合夥人在出資利益的分配與承擔風險上，已達成了協議，與合夥所產生利潤及虧損後，皆由合夥人負完全責任。

（五）**隱名合夥**：依民法第 700 條之規定：「乃當事人約定，一方對於他方所經營之事業出資，而分受其營業所生之利益及分擔其所生之損失契約」。出資的合夥人不出名登記，所以是僅出資但不參與經營的隱名合夥人。

（六）**不動產投資信託**：其構想源自於共同基金(mutual fund)，意圖透過資金的聚合達到個人財力難及的巨額不動產投資，其基金本身為非課稅之主體，然事業組織、資產內涵、收益來源、收益分配等，需符合嚴格之法律規定。

（七）**不動產有限合夥**：由經理合夥人(general partner)與有限合夥人(limited partner)所組成，其成立要件需至少一名經理合夥人和一名以上的有限合夥人，即組成人數只需 2 人以上即可。而經理合夥人乃為一個或一個以上的個人或公司，或個人與公司的組合。此有限合夥事業乃以不動產投資經營為目的，且事業本身為非課稅之主體，損益直接分配由投資人負擔，此又稱為稅的管道(tax conduit)。而該事業之經營管理由經理合夥人負責，且負無限責任，其有限合夥人以出資方式參與該事業而無權參與合夥事業之經營控制，其負擔之風險也以出資部分為上限，且有權依約分享該事業之損益、檢查帳冊等權利。

（八）**轉手證券**：擁有房貸債權者集合多數債權，經重新包裝整理後，以較小的單位轉售予投資人，即轉手證券發行者定期收受債務人之貸款償還額後轉交給證券投資人。

（九）**衍生性之不動產抵押權證券**：由於轉手證券的現金流量時點有不確定性，為了要降低提前清償的風險，衍生出兩種不動產抵押權證券：1.不動產抵押權擔保債券；2.本利分離式不動產抵押權證券。

（十）**不動產抵押權擔保債權**(CMO)：依據抵押放款之提前清償經驗值制定不同到期日之多期式債券，藉由重新計算現金流量與時點來降低提前清償風險的衝擊。不動產抵押權擔保債權由於到期日不同，可以吸引不同期限偏好的投資者，與傳統長天期式不動產抵押權證券以吸引長期投資者為主有所不同。

MEMO

Chapter 15

房地產景氣指標建立與分析

重點提示

　　本章重點在認識房地產投資與景氣的關係，以及房地產景氣循環的原因，房地產景氣衡量的方法與經濟景氣指標選取之標準，並從投資、生產、交易與使用四個層面說明適當之房地產景氣指標。其重點如下：

1. 認識房地產投資與房地產景氣的關係，以及釐清影響總體經濟與房地產景氣循環的原因。

2. 了解房地產景氣指標建立之衡量方式與指標選取標準。

3. 分析如何從投資、生產、交易與使用四個層面選取適當之房地產景氣指標。

景氣與景氣循環

（一）**景氣**(business condition)：代表一定期間內，綜合一切工商經濟活動量的多寡與頻率的高低，它的特徵主要表現在構成數列上的變異性(volatility)、持續性(persistence)及共同移動性(co-movements)，因此，完整經濟循環的過程包括上升擺動(upswing)的擴張期(expansion)與下降擺動(downswing)的收縮期(contraction)。當某種個體或總體產業活動頻率或數量相對興盛時稱景氣現象（最高點稱高峰），而其相對衰退時稱不景氣現象（最低點稱谷底）。

（二）**景氣循環**(business cycle)：指產業活動的興盛（景氣）與衰退（不景氣）現象彼此交替重複出現之情形。

（三）重複現象出現的期間稱為**循環週期**(cycle)。

（四）週期較短且為固定期間之現象則稱為「**季節性變動**」(seasonal fluctuation)。通常季節性變動的幅度較週期變動幅度要小，景氣循環因素對產業興衰的影響較大。

（五）總體或個別產業的興衰也受「**趨勢**」(trend)影響，趨勢指當期（或未來）產業活動的興衰是受過去前期活動狀況的影響，一般而言，趨勢對景氣的影響較為穩定且能掌握。

（六）其他無法了解掌握的個別特殊因素，統稱為**殘餘因素**(residual)。故產業的景氣現象可以如下函數關係表示：

景氣＝f（趨勢、季節、循環、殘餘）

影響總體經濟景氣循環的因素

（一）　「外因學說」(external theory)：發生於經濟體制外的變因，進而衝擊經濟體系出現循環性波動。如：戰爭、地理新發現、技術創新、資源開發、人口增加以及心理學說(psychological theory)等。

（二）　「內發學說」(internal theory)：發生於經濟體制內的變因。如：貨幣性過度投資理論、消費不足理論、儲蓄過度理論、加速原理等皆強調經濟模型內的經濟變數的不確定性(intrinsic uncertainty)調整引發循環性的波動。

（三）　**基本上，景氣變動由眾多因素與各種環境交互影響而成**，包括實質產出與就業面的波動、貨幣與價格面的波動，這些景氣波動彼此糾纏不清，而其表現出來的現象不外是「供需失衡」，此失衡可能是投資、生產的失衡，也可能是交易價、量的失衡。

 造成房地產景氣循環波動

（一）金融貨幣的因素

　　房地產業的活動與金融貨幣政策關係密切，當貨幣供給鬆緊不同時，房地產景氣就會有興衰的循環，而貨幣控制的不易正是循環的主因。引申而來的是，政府部門以貨幣供給的金融手段來控制房地產景氣，效果最大。例如：將貨幣與抵押貸款市場的結構視為是住宅建築生產量的影響因素。

（二）從房地產業（特別是營建業）本身的特性來看

營建業活動本身有季節性，例如：歐美冬季多雨，故營建活動大幅減少；臺灣有所謂：三月、十月「黃金檔期」，七月鬼月業績就要「度小月」的說法。

（三）門檻需求理論(threshold condition theory)

民間曾流行「七年房地產景氣一循環」之說法，認為儲蓄到一定年限，始有能力籌足購屋自備款來跨越買房子的「門檻」。惟此一說法從家戶平均可支配所得、一致性之換屋行為與消費儲蓄上解釋均令人質疑。

（四）蛛網理論(cobweb theory)

蛛網理論以靜態預期方式，探討房地產市場中，當需求或供給發生變動時，從舊均衡點轉向新均衡點變動的動態過程。由於房屋的生產週期較長，從建築業獲知房地產景氣變動而做決策，至產品的供應約有一年（如透天厝）至三年（如高樓大廈）不等的時間落差，因此，房地產無法於短期間做彈性的調整，故有循環現象。此乃因決策與結果間的平均期間落差愈長預測錯誤機率愈可能失調(maladjustment)，嚴重性也隨之擴大，一旦社會越趨動態化，預測錯誤將成為經濟波動的主要原因。

（五）房地產業活動時間落差的現象

房地產各階段景氣之時間落差(time-lag)造成房地產活動特別具有景氣循環的現象。從房地產生命週期劃分說明如下：

1. 計畫的落後

當經濟情況改變時，各項投資、生產、交易、使用的計畫皆順應情況而改變，但由於資訊不足及判斷力不夠迅速或正確，遂常使各項計畫無法掌握時效，造成計畫上的延遲，即認知與決策間的落差。

2. 生產的落後

房地產的商品生產期有 1～3 年之久，相對於一般商品，一旦投入就難以撤資，供給彈性可說是較小，因此在市場反應無法迅速調整，造成了很長的延遲，也影響著房地產的景氣波動。

3. 資訊管道獲知的延遲

因為資訊不足，房地產交易很難適時、適地的有秩序交易，此種特色在國內的房地產市場，特別明顯，尤其是交易市場缺乏透明化，買賣雙方的媒合往往需耗費大量的搜尋成本。

四 影響房地產景氣循環的各種潛在影響因素

（一）經濟因素

1. 物價上漲引起通貨膨脹致使貨幣價值降低，一般人寧願持有真實財貨而不願持有貨幣，使得房地產成為人民搶購對象。

2. 房地產金額龐大，利率高低影響更大。當資金寬鬆、利率低時，建商可以用較低成本取得資金，投資意願自然會增加，因此利率高低將影響房地產市場景氣。倘若投資管道順暢將會誘導資金合理分配，資金將不會大量集中於房地產市場，而房地產交易活動將呈現較平穩狀態。

（二）社會因素

1. 人口成長、人口遷移、結婚率高低等因素將影響住宅需求。

2. 由於房地產區位固定，無法移動，所以國內外有任何重大的政治事件時，會對民心造成重大打擊，從而影響房地產市場的景氣。

（三）政策方面

1. 過重的稅賦將使人們不願去購買或出售房地產。

2. 公告現值調整接近市價，短期內會使土地增值稅增加，造成持有土地者將稅賦轉嫁給購買者，房價即可能被抬高，進而影響房地產市場的景氣。長期可使稅的負擔公平化，對於房地產市場產生影響。

3. 重新規定地價一事也是建商炒作房地產的題材，常常造成房價上漲的預期心理。

4. 房地產從投資至使用階段需要大筆資金，故金融政策愈寬鬆對於房地產景氣愈有利；反之，則不利。

5. 住宅政策係因應國民對住宅的需求，配合全國經濟計畫並順應地理環境及國家特徵的住宅建設指導方針，像國宅興建即為明顯的例子。不景氣時，停止興建國宅則是避免供過於求，不使市場景氣雪上加霜的政策工具。

（四）房地產本身方面

1. 產品成本變化之影響，以地價而言，地價與房地產景氣互為因果，地價上漲可能會帶動房地產交易，而房地產交易熱絡，亦會促使地價更加上揚。

2. 建材價格對於市場交易亦有所影響，只是影響程度隨著建材價格占房價比例的下降而逐漸減少。

3. 制度作法改變，例如預售制度解決資金取得之困難，合建做法促使建商及地主兩蒙其利，仲介公司帶動中古屋市場交易等作法均對市場景氣有所幫助，另外是傳播媒體的推波助瀾可間接促使市場景氣急速的擴張或緊縮。

五　臺灣歷年房地產景氣變化及政策影響

表 15-1　歷年房地產景氣變化綜理表

時間	現象	成因	政府措施	結果	檢討
民國62~63年上半年	62年上半年，由於世界性通貨膨脹、貿易順差，美元貶值、物價節節升高，引發人民之購屋行為。62年下半年市場交易較為平穩。63年上半年由於政府之干預措施，持續已久的房地產熱潮開始冷卻。	1. 物價上漲。 2. 美元貶值。 3. 僑胞歸國置產。 4. 建材價格暴漲。 5. 石油價格上漲。	1. 62.06 高樓禁建。 2. 63.01「穩定當前經濟措施方案」。	1. 62.06 之措施並未達到預期效果，建材價格反而更高，而高樓禁建反而讓建商往郊區大量興建。 2. 63.01 之措施掃除了房地產界之投機心理，市場景氣因而冷卻下來。	1. 事前準備有欠周詳。 2. 房價仍居高不下。 3. 促使建商以預售方式募集資金。
民國67、68、69年	67年3月美元貶值。國際油價醞釀上漲，帶動了沉寂已久的房地產市場交易大增，但因中美斷交而受挫。68年3月石油價格調整、放寬融資消息等因素，使得市場交易開始活絡。69年上半年房地產價格暴漲，至下半年由於各種抑制措施出現，交易活動銳減。	1. 油價調整。 2. 物價上漲。 3.「改善投資環境實施要點」的公布公教人員調薪、水電價格上升。 4. 容積率實施塑造高品質、高價位形象。	1. 69.07 追查資金來源。 2. 69.07 空地限建。	1. 抑制投機者購屋。 2. 增加建地供給定房價。	1. 良好措施但是國內經濟不景氣，使得房地產市場低迷很長的時間。 2. 實施時機稍晚。 3. 抑制土地投機，但是資金流動的扭曲、土地資源浪費均為負面影響。

表 15-1　歷年房地產景氣變化綜理表（續）

時間	現象	成因	政府措施	結果	檢討
民國 76、77、78年	75年年底房地產交易略有起色，76年2月國泰人壽高價標下華航旁之土地，加上重新規定地價，房價節節升高；至77年1月將經國先生逝世，市場交易稍沉寂。77年4月國內房地產又開始活絡，直至10月後，市場交易稍微平穩至78年。	1. 地價上漲。 2. 游資充斥。 3. 外匯存底過高。 4. 美元貶值。 5. 利率低。 6. 貨幣供給居高不下。 7. 各項公共設施之推波助瀾。	1. 77.10 興建合理價位住宅方案。 2. 78.03 緊縮空地貸款。 3. 78.04 大幅提高存放款利率。	建商融資受困，購屋者負擔加重，交易量明顯地減少。	1. 空地貸款對大財團或有門路之建商或實機稍晚。 2. 實施時機稍晚。 3. 國內通貨膨脹歷力仍在，恐引發人民之購屋保值心理。
民國 79~84年	78年的選擇性信用管制出現效果，房價開始疲軟，79年政權和平移轉，80年中止動員戡亂時期，美伊戰爭、蘇聯瓦解，國內外政治情勢皆有動盪。	國內經濟開始脫離大幅成長。	82年政府提出振興經濟方案，央行調降存款準備率。	當時已出現預售屋成交率下降，仲介業停業、空屋率高等現象，房地產市場景氣逐漸衰退。	

表 15-1　歷年房地產景氣變化綜理表（續）

時間	現象	成因	政府措施	結果	檢討
民國 85～90 年	超額的供給促使房價下跌、民眾觀望、買氣下降。88～90 年，由於國內政黨輪替、政治一直動盪不安、經濟景氣持續衰退，廠商外移，各行各業皆面臨嚴冬的困境。	1. 國內的經濟成長率低於 10%，且一再下修。 2. 廠商外移，失業率提高。 3. 80 年宣布全省全面實施容積率，建商提前搶照，大量住宅於 84 年前後陸續釋出，造成 85 年以後各地空屋率居高不下。	1. 90.08 自用住宅優惠稅率調降為 1.2%。 2. 90.08 行政院再增撥二千億元優惠購屋貸款。 3. 90.08 土地增值稅減半徵收兩年。	銀行承受許多違約借款人的不動產，拍賣價格已經腰斬，房價下跌嚴重，建商倒閉、停止推案，房地產市場景氣連續衰退，情況已非常嚴重。	
民國 91～96 年	國內房地產自民國 92 年第二季開始反轉復甦，迄至民國 94 年第一季，已連續七季呈現上漲趨勢。由於近期國際經濟成長趨緩，加上原油價格攀升，未來恐不利房地產市場發展。	由於市場利率長期處於低檔，加上土地增值稅調降措施之繼續執行，使得市場出現持續復甦的榮景。	土地增值稅率修法通過確定永久調降。政府決定續撥 3,000 億元優惠利率房貸。國泰人壽發行國內首檔不動產投資信託基金，規模約為 100 億元。	國內房價約上漲一成，不動產供給量開始增加，不良資產則減少。	從房地產景氣可以看出市場呈現穩定的復甦，惟未來受到總體經濟成長趨緩、國際油價上漲、不動產供給量又增加，以及中國提出反分裂法等影響，房地產的榮景仍待考驗。

表 15-1　歷年房地產景氣變化綜理表（續）

時間	現象	成因	政府措施	結果	檢討
民國 97~98 年	國內外經濟景氣的低迷，使得房地產市場景氣積弱不振，金融風暴引發全球的經濟不景氣、消費不景氣，各企業裁員減薪，買方觀望看跌，房市急凍。	1. 美國次級房貸風暴。 2. 經濟景氣不佳。 市場閒置的資金成為房地產市場投資保值需求浮現。	1. 97 年推出因應景氣振興經濟方案。 2. 規劃推動「愛台 12 建設」。 3. 98~101 年促進就業方案。 4. 發放振興經濟消費券。 5. 證交稅減半徵收、遺產稅及贈與稅之稅率則大幅調降，並提高免稅額度。	房地產市場成為資金避低買進的避風港，對市場成為一股正面的力量；台灣經濟成長率下修到負數；失業率的竄升成為挫傷市場的購買力另一波負面力量。	由於美國金融風暴發生，台灣競技受到波及，政府採取救市措施，投資衝擊是正反和失業兩種力量的拉鋸戰，經濟是否持續回溫是觀察重點。

● 表 15-1　歷年房地產景氣變化綜理表（續）

時間	現象	成因	政府措施	結果	檢討
民國 99～100 年	縣市合併，房地產市場呈現成長復甦格局，總體經濟好轉，房價北熱南溫，市場北熱南溫。	1. 核定五都升格直轄市。 2. 股市重回 7,000 點。 3. 市場資金寬鬆，利率維持低檔。 4. 兩岸簽署金融監理備忘錄（MOU）。 5. 兩岸簽署 ECFA。	1. 央行升息與金融管制。 2. 停止標售精華區國有土地。 3. 政府積極研擬抑制房價飆漲措施。	房價上漲態勢明顯，政府一直研議降溫措施，金融面出現風險控管的警訊。	供給量持續增加，縣市合併後建設題材大力加持，市場出現看漲的預期心理。
民國 100～102 年	經濟衰退與政策壓抑的利空，資金氾濫與重劃開發題材的利多激戰之下，多方小勝一籌。市場價格緩步推升，價漲量增的高檔小幅盤升格局。	1. 歐洲債信風暴。 2. 北部區域房價過高。	1. 政府課徵奢侈稅。 2. 立法院三讀通過修正土地改三法，明定不動產交易實價登記制度與不動產交易資訊透明機制。	國內開發商與購屋者的觀望氛圍，維持價穩的格局，市場買氣相對保守。	美國量化寬鬆退場步調低於市場預期，奢侈稅也在國內經濟委靡不振下，由大幅調整轉變為微幅修正。北部市場出現震盪，中南部房市繼續往上改堅。後市值得觀察。

351

表 15-1 歷年房地產景氣變化綜理表（續）

時間	現象	成因	政府措施	結果	檢討
民國103年迄今	呈現價漲量縮的高檔盤整格局。北部價跌量穩的局面。	1. 日本採取量化寬鬆。 2. 奢多稅解套。 3. 美國量化寬鬆退場。 4. 民生物價上漲。 5. 實價登錄附議成案。 6. 服務貿易延後簽定。 7. 立法院通過房屋稅條例修訂提高囤屋者稅率。 8. 財政部宣布制定房地合一實價課稅制度。 9. 高雄氣爆事件。 10. 合宜住宅弊案。 11. 都市更新建築容積獎勵辦法調整。	1. 非自用房屋稅率調高。 2. 財政部研議房地合一實價課稅方案。 3. 豪宅及部分地區限縮貸款成數。	市場過度推案，供給持續增加，政府的稅改方案讓投資客有所顧忌，市場持續觀望。	預期整體國民所得有較佳表現，資金部分則有歐洲與日本可能跟進量化寬鬆。市場價量持續微跌，但整體政經環境動盪不安，仍可能衝擊市況。

六　一般景氣指標的衡量方式　　　🔍

（一）景氣綜合指數(composition index)

　　指數乃是衡量某些現象在不同時間或地點的變動情形，為測量現象之相對或平均變動的一種統計方法。而景氣綜合指數即是利用評分制度選出統計數列綜合加權而成的一種指數，此一指數能反映景氣變化方向與變化的大小。

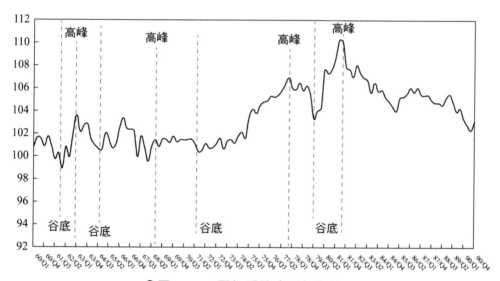

♥圖 15-1　歷年房地產景氣指數圖

（二）景氣對策信號(monitoring indicators)

　　景氣對策信號係一組類似交通管制信號：紅、黃、綠燈所組成之標誌，提供政府採取因應措施之參考。

🐷 表 15-2　歷年房地產景氣對策信號

年季別	民國97年				民國98年				民國99年			
	第1季	第2季	第3季	第4季	第1季	第2季	第3季	第4季	第1季	第2季	第3季	第4季
土地減建物買賣登記件數	◑	◑	▽	◑	◑	▽	▽	▽	◎	◑	◎	◑
建照執照面積	◑	◑	▽	◑	◑	▽	▽	▽	◎	◑	◎	◑
預售與新建平均房價變動率	◑	◑	▽	◑	◑	▽	▽	▽	◎	◑	◎	◑
住宅使用率	◑	◑	▽	◑	◑	▽	▽	▽	◎	◑	◎	◑
綜合判斷（分）	◑	◑	▽	◑	◑	▽	▽	▽	◎	◑	◎	◑
	12	12	10	12	12	10	10	10	9	10	9	10

註：●：紅燈　◑：黃紅燈　◎：綠燈　▽：黃藍燈　○：藍燈

（三）廠商經營調查（或稱營建氣候指標）

廠商意願調查係綜合企業家對目前市場情況及未來半年內之景氣判斷而成，用以反映企業家預期心理的指標。

七　經濟景氣指標選取之標準

（一）經濟重要性

經濟重要性係指該數列所包括與所能反映總體經濟活動之範圍與程度，經濟數列所涵蓋的經濟範圍愈廣，其重要性愈高。

（二）統計充足性

此一評分標準是用來判斷統計數列品質及其編纂方法之優劣。

（三）時間一致性

時間一致性係指循環轉折點出現的時間與基準循環極為一致者。上述基準循環係由全國所有經濟活動所共同形成的循環。由某依經濟活動或個別統計數列所形成的循環稱為「特定循環」。一般而言，特定循環與基準循環轉折點的時間一致，稱為同時指標，如果領先或落後基準循環轉折點則稱之為領先指標亦或是落後指標。

（四）循環對應性

特定循環與基準循環之間的對應關係，可分為正向與反向對應二種；若基準循環呈現擴張局面，個別指標數列之變動亦隨之擴張，則二者間為正向對應關係。反之若特定循環隨基準循環擴張而成收縮變動，則二者成反向對應關係。

（五）曲線平滑性

時間數列可分為四個構成因子，及長期趨勢(T)，循環變動(C)，季節變動(S)，與不規則變動(I)。若依指標數列之循環變動平滑而少出現不規則變動，則稱其具有曲線平滑性。

（六）資料及時性

如資料發布愈早，有助於分析者使用，因此，資料即時性是良好指標所應具備的條件之一。

（七）資料精確性

係指該數列的數字是否經常修正而言。

八 投資、生產、交易與使用四個層面說明適當之房地產景氣指標

表 15-3　投資、生產、交易與使用等四階段的房地產景氣指標

階段	投資面	生產面	交易面	使用面
指標	1. 貨幣供給變動率(+) 2. 中期放款利率(−) 3. 貸款成數高低(+) 4. 平均每人國民生產毛額變動率(+) 5. 前期住宅投資(+) 6. 營建股股價指數(+) 7. 北市土地減建築物買賣移轉登記件數(+)	1. 建築執照面積(+) 2. 使用執照面積(+) 3. 房屋建築類指數(+) 4. 房屋建築人數(+) 5. 住宅投資實質水準(+) 6. 臺北市開工面積(+)	1. 平均房價變動率（訂價）(+) 2. 銷售率(+) 3. 契稅件數(+) 4. 北市建築物買賣移轉登記件數(+) 5. 物價指數	1. 量方面 　空屋率(−) 　用電量不足基本度數之戶數(−) 　自有住宅比例(+) 2. 質方面 　每戶住宅面積大小(−)

註：(+)代表該指標對房地產景氣有正面影響；(−)則反之。

九 解釋名詞

（一）**房地產景氣**：綜合衡量房地產投資、生產、交易，與使用等階段的活動興衰頻繁程度。

Chapter 16

不動產抵押債權及
相關證券之評價

REAL ESTATE INVESTMENT

重點提示

　　本章重點在於說明不動產抵押債權及相關證券之評價，包括基本抵押債權評價、提前清償、扣除管理費、不同利率水準、償還一段期間、重新融資等之財務評估，以及不動產抵押債權擔保債券(MBB)、不動產抵押債權轉手證券(MPTS)、本利分離式 MBS(strip)債券和擔保抵押貸款債券(CMO)之評價。

不動產抵押債權擔保債券
(Mortgage-Backed Bond, MBB)

（一）由投資銀行或證券公司等金融機構承銷，並經公正、獨立的債券公司信用評等機構評等後，發行銷售至資本市場。

（二）多數以超額擔保發行，因此抵押權群組之市值大於發行債券之面額，二者之差額為股東權益。

（三）評等因素：1.抵押權品質、債權類型、貸款比率、有無保險；2.貸款利率；3.抵押權群組區域分散情形；4.超額擔保品的數量；5.提前清償率；6.抵押權鑑定與債務保障比例。

（四）債券價格與需要報酬率呈反向變動。

（五）債券到期日或期限愈長，債券價格之利率風險愈高。

（六）債券票面利率愈低，債券價格愈低。

 不動產抵押債權轉手證券
(Mortgage Pass-Through Security, MPTS)

屬於資產型證券，通常由政府或民間保險公司擔保支付保證，*MPTS* 之支付流程為發行機構每月自借款人收取本金及利息償還額，並扣除服務費用後，再轉手至投資者。

MBB 與 MPTS 之差異比較

（一） MBB 為負債型債券，發行機構仍持有抵押權，故須承擔借款人提前清償之風險。MPTS 為資產型證券，抵押權隨 MPTS 售出而移轉至投資者，故提前清償風險由 MPTS 投資者承擔。

（二） 由於 MBB 承擔提前清償風險，故發行價格較高，收益率較低。

（三） 由於 MBB 承擔提前清償風險，故市場利率變動引發之提前清償，不影響 MBB 價格。而市場利率變動引發之提前清償，影響 MPTS 之價格。

 本利分離式 MBS(strip)之評價

　　將利息自不動產抵押債權中分離，分為唯本式(Principal Only, PO)與唯利式(Interest Only, IO)證券。PO 類似零息債券，以折價券形式發行，其現金流量與價值均由期初開始逐漸遞增，而 IO 則相反。

五 **序列型不動產抵押債權擔保債券（擔保抵押貸款債券）(Collateralized Mortgage Obligations, CMO)**

　　CMO 為多期式債券，為降低借款者提前清償之風險，以及吸引不同期限偏好的投資者，發行者將不動產抵押債權之擔保品對外發售債券，並自借款人償還之本利攤還額中，轉支付給購買不同期限（或層級 tranche）之 CMO 投資者。就 CMO 之投資人，可分為短期、中期、長期、零息(zero-coupon)與餘額(residual)層級（權益）投資人，投資人會如期獲

得利息（零息層級除外）支付，而本金之支付則依期由短至長之順序，先償還短期投資人之本金，期滿再償還次一級投資人之本金，待長短期投資人期滿回收本利後，零息層級投資人才開始逐期回收本利。至於餘額層級投資人則是取得付清各層級投資人本利與管理費後之剩餘現金流量。

六 序列型不動產抵押債權擔保債券(CMO)之評價

　　不動產抵押權擔保債券(Collateralized Mortgage Obligation, CMO)乃為降低投資者之提前清償風險及吸收不同期限偏好的投資者所設計，其本質上為轉支付式的多期型債券，發行者留置不動產抵押權群組於資產中，並以之為擔保品對外發售，其現金流量型態為發行機構收受借款人所償還之本利償額後，轉支付至不同期限之 CMO 層級(tranche)，期限之長短可依發行機構設計，短則一、二年，長則達十年以上，或與抵押權群組等長期限。除了兼具 MBB 之債券特性及 MPTS 之轉手證券特性外，針對同一抵押權群組所發行的多期式(multi-class)證券乃 CMO 異於其他不動產抵押權相關證券之處。

　　就 CMO 不同期限的層級而言，其本金、利息及提前清償額的轉支付現金流量也因期限的長短而有先後次序之不同，與一般債券類似，期限愈長的層級，由於面臨較高的利率風險，其票面利率自然也愈高。一般而言，短期限層級的 CMO 通常會受到流動性需求較高的投資者青睞，如銀行、信用合作社、公司及投資基金等；而長期限層級的 CMO 則會吸引負債期限偏長的投資者，如退休基金、壽險公司及長期之國外投資者等。正由於不同投資者具有「期限配合」之需求，才使得 CMO 得以成功發行。

就 *CMO* 發行總面額而言，由於其具 *MBB* 之債券特性，因此其發行通常需要超額擔保品，亦即總面額須小於抵押權群組之貸款額，而二者之差額即為發行機構之權益資金。當借方每月攤還本利至放款及發行機構後，現金即依層級之長短轉支付至 *CMO* 投資人，其支付架構為如期支付各層級之利息（除零息層級外），而本金之償還則依期限由短至長之順序，先償還較短層級之本金，待短層級 *CMO* 期滿回收本金後，再償還期限較長層級的本金，而要在所有長短期層級期滿回收後，零息層級才會逐期回收本金及利息。至於餘額(residual)層級，則為每期付清各層級之本利償額及管理費用後所剩餘之現金流量，又稱為權益層級。

基本抵押債權之評價

> **例題 1**｜若阿福欲投資一不動產抵押債權，且此房貸目前月付 4 萬元，償還期尚餘二十四年，貸款餘額為 500 萬元。如果未來提前清償的機率微乎其微，則在阿福要求報酬率為 10%下，此不動產抵押債權之合理價格為多少？

畫出阿福購入此抵押債權之現金流量。由於提前清償之機率甚微，因此假設阿福在此二十四年間每月之現金流量即為房貸支付額 4 萬元，即：

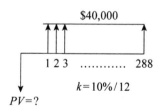

$$PV = 40,000 \times PVIFA(\frac{10\%}{12}, 288)$$
$$= 40,000 \times 109.008358$$
$$= 4,360,334 \text{ （元）}$$

此抵押權之合理價格為 4,360,334 元。

提前清償下，不動產抵押債權之評價

例題 2 | 小誠是一不動產抵押債權經紀人(mortgage broker)，現正評估一抵押債權的價值，此抵押債權為二十年期，貸款總額為 600 萬元，貸款年利率固定為 5%，按月攤還本息。若小誠預計此貸款的借款人將於七年後提前清償，則在投資者的必要報酬率為 10%下，此抵押債權目前的價格為何？

（一）先計算該貸款之每月本利償額。已知貸款額為 600 萬元，貸款利率為每年 5%，二十年期，按月攤還本利，則每月之本利償額為：

$$6,000,000 \times MC(\frac{5\%}{12}, 240)$$
$$= 6,000,000 \times 0.006600$$
$$= 39,600(\text{元})$$

（二）求算該抵押債權在第七年年底提前清償時之貸款餘額。則第七年年底之貸款餘額為：

$$39,600 \times PVIFA(\frac{5\%}{12}, 156)$$
$$= 39,600 \times 114.537038$$
$$= 4,535,667(\text{元})$$

（三）畫出此抵押債權之投資者在七年間之現金流量，並求其在必要報酬率 10% 下之現值，即：

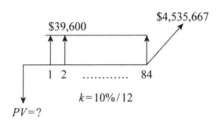

$$PV = 39,600 \times PVIFA(\frac{10\%}{12},84) + 4,535,667 \times PVIF(\frac{10\%}{12},84)$$
$$= 39,600 \times 60.237417 + 4,535,667 \times 0.498042$$
$$= 4,644,354(元)$$

此抵押債權目前之價格為 4,644,354 元。

銀行扣除服務管理費後抵押債權之評價

例題 3｜若小玉對土銀資產中之一不動產抵押債權頗具投資興趣，其貸款額度為 600 萬元，年利率 12%，三十年內按月攤還本利。如果小玉預估此借款人在第十二年底時將提前清償，且已知土銀雖對提前清償無支付罰金之要求，卻在轉支付抵押債權貸款償額還款時需收取 0.25% 之服務管理費，即抵押債權之投資者將只收到貸款利率為 11.75% 之本利償額，則在小玉之必要報酬率為 10% 下，該抵押債權目前之合理價格為何？

（一）先求該不動產抵押債權之每月本利償額及第十二年底之貸款餘額。已知該貸款為 600 萬元，年利率 12%，三十年內按月攤還本利，則每月之本利償額為：

$$6,000,000 \times MC(\frac{12\%}{12}, 360)$$
$$= 6,000,000 \times 0.010286$$
$$= 61,716(元)$$

第十二年底之貸款餘額為：

$$61,716 \times PVIFA(\frac{12\%}{12}, 216)$$
$$= 61,716 \times 88.343095$$
$$= 5,452,182(元)$$

（二）計算在銀行扣除服務管理費後，其轉支付至投資者之本利償額，即貸款額 600 萬元，貸款利率 11.75%，在三百六十個月內之每月本利償額。則每月之本利償額為：

$$6,000,000 \times MC(\frac{11.75\%}{12}, 360)$$
$$= 6,000,000 \times 0.010094097$$
$$= 60,565(元)$$

（以上之利率因子，在附錄表無法查得，可利用貸款常數公式 $MC(i,n) = \frac{i(1+i)^n}{(1+i)^n - 1}$ 得知）

（三）畫出小玉購入此抵押債權後之十二年內之現金流量，並求其在必要報酬率 10%下之現值。即：

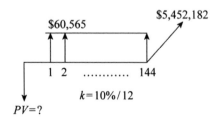

$$PV = 60,565 \times PVIFA(\frac{10\%}{12}, 144) + 5,452,182 \times PVIF(\frac{10\%}{12}, 144)$$
$$= 60,565 \times 83.678146 + 5,452,182 \times 0.302710$$
$$= 6,718,397 \text{（元）}$$

此抵押債權之合理價格為 6,718,397 元。

不同市場利率水準下之抵押債權評價

例題 4 | 若國泰銀行資產中有一筆 600 萬元的不動產抵押債權，貸款年利率為 5%，三十年內按月攤還本利，則服務於康和投資銀行抵押債權評價部門的大慶，在下列各情況所評估出的抵押債權之合理價格各為多少？

（一）在市場利率為 7.75%時。

（二）市場利率突然升至 10%時。

（三）承（二），在市場利率為 10%且預計借款人於第十年底將因移民而提前清償時。

（一）先求算該抵押債權每月之本利償額。已知貸款額為 600 萬元，貸款年利率 5%，三十年內按月攤還本利，則每月之本利償額為：

$$6,000,000 \times MC(\frac{5\%}{12}, 360)$$
$$= 6,000,000 \times 0.005368$$
$$= 32,208 \text{（元）}$$

（二） 在市場利率（即必要報酬率）為 7.75% 下，該抵押債權之價格即為
年金 32,208 元在三百六十期內以利率（7.75%／12）折現之總值，
即：

$$32,208 \times PVAIF(\frac{7.75\%}{12}, 360)$$
$$= 32,208 \times 139.584437$$
$$= 4,495,736(元)$$

（以上之利率因子，在附錄表無法查得，可利用複利年金累加現值
率公式 $PVIFA(i,n) = \frac{(1+i)^n - 1}{i(1+i)^n}$ 得知）

（三） 在市場利率為 10% 下，該抵押債權之價格即為年金 32,208 元在三
百六十期內以利率（10%／12）折現之總值，即：

$$32,208 \times PVIFA(\frac{10\%}{12}, 360)$$
$$= 32,208 \times 113.954658$$
$$= 3,670,252(元)$$

（四）1. 若借款人將於第十年底提前清償，則先求其第十年底之貸款餘
額。已知貸款額為 600 萬元，貸款年利率為 5%，三十年內按月
攤還，則第十年底之貸款餘額為：

$$32,208 \times PVIFA(\frac{5\%}{12}, 240)$$
$$= 32,208 \times 151.520240$$
$$= 4,880,164(元)$$

2. 畫出投資者在此十年間之現金流量及求其在 10%之市場利率下
之折現總值。

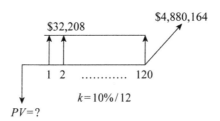

$$PV = 32,208 \times PVIFA(\frac{10\%}{12},120) + 4,880,164 \times PVIF(\frac{10\%}{12},120)$$
$$= 32,208 \times 75.672432 + 4,880,164 \times 0.369422$$
$$= 4,240,098 \text{（元）}$$

因此

(1) 在市場利率為 7.75%時，此抵押債權之合理價格為 4,495,736
元。

(2) 在市場利率 10%時，此抵押債權之合理價格為 3,670,252 元。

(3) 在市場利率為 10%且將於第十年底提前清償時，此抵押債權
之合理價格為 4,240,098 元。

償還一段期間後抵押債權之評價

例題 5 | 若小張在五年前向臺銀借款 600 萬元購屋，年利率 8%，二十年
內按月攤還本利，則在目前市場利率為 2%，通貨膨脹率為 3%，預期風
險為 4%之下，小張此不動產抵押債權之合理價格應為多少？

（一） 先求小張在五年前借款初期約定條件下，未來二十年內每月應償還之本利額。小張每月之本利償額為：

$$6,000,000 \times MC(\frac{8\%}{12},240)$$
$$= 6,000,000 \times 0.008365$$
$$= 50,190(元)$$

（二） 投資者之必要報酬率＝2%＋3%＋4%＝9%，即投資者之必要報酬率為 9%時，該抵押債權之合理價格即為投資者未來十五年內每月可得之本利償額之折現總值，即：

$$50,190 \times PVIFA(\frac{9\%}{12},180)$$
$$= 50,190 \times 98.593409$$
$$= 4,948,403(元)$$

即在投資者之必要報酬率為 9%下，該抵押債權之合理價格應為 4,948,403 元。

重新融資之財務評估

例題 6│若小華五年前向世華銀行借款 600 萬元購屋，貸款利率為 8%，三十年內按月攤還本利。五年後，市場利率下跌，世華銀行答應小華調降貸款利率的要求，將貸款利率調降為 6%，但必須「即時」支付貸款餘額之 1%為提前清償罰款，則小華借新還舊是否划算？（假設小華可取得現金之資金成本亦為 8%）

（一）先計算小華在五年前借款 600 萬元時，三十年間每月應還之本利償額。在貸款利率 8% 下，則每月之本利償額為：

$$6,000,000 \times MC(\frac{8\%}{12}, 360)$$
$$= 6,000,000 \times 0.007338$$
$$= 44,028(元)$$

（二）計算小華五年後之貸款餘額。則第五年底之貸款餘額為：

$$44,028 \times PVIFA(\frac{8\%}{12}, 300)$$
$$= 44,028 \times 129.560075$$
$$= 5,704,271(元)$$

（三）計算提前清償舊貸款之罰款金額，即貸款餘額之 1%，為：

$$5,704,271 \times 1\% = 57,043(元)$$

（四）計算小華在新貸款利率 6% 下，在二十五年間償還貸款餘額 5,704,271 元之每月本利償額。則未來二十五年間之每月償額為：

$$5,704,271 \times MC(\frac{6\%}{12}, 300)$$
$$= 5,704,271 \times 0.006443$$
$$= 36,753(元)$$

（五）計算小華以 6% 重新融資後，其在二十五年間每月所節省之本利償額，即：$44,028 - 36,753 = 7,275(元)$

（六）計算小華在期初「即時」支付罰金 57,043 元，而在之後二十五年間每月節省本利償額 7,275 元之現值，省下的金額為：

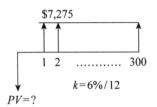

$$7,275 \times PVIFA(\frac{6\%}{12}, 300)$$
$$= 7,275 \times 155.206864$$
$$= 1,129,130(元)$$

因為省下的金額為 1,129,130 元大於期初「即時」支付罰金 57,043 元，故小華借新還舊划算。

例題 7 │ 承上題，若世華銀行允許小華將提前清償之罰金加入貸款餘額中，並於所剩之二十五年內按月攤還，則小華未來二十五年內每月之本利償額為何？比原償額少了多少？

若罰金 57,043 元可累加至貸款餘額 5,704,271 元中，並於二十五年內攤還，即表示新貸款額為 57,043 元＋5,704,271 元＝5,761,314 元，則每月新的本利償額為：

$$5,761,314 \times MC(\frac{6\%}{12}, 300)$$
$$= 5,761,314 \times 0.006443$$
$$= 37,120(元)$$

比起原貸款本利償額 44,028 元少了 6,908 元，因此小華借新還舊較划算。

例題 8｜承上題，若五年後台新銀行提供較低的房貸利率 5%，小華有意轉向台新銀行借款，但世華銀行仍要求小華「即時」支付貸款餘額之 1% 為提前清償罰款，且因不動產市場低迷，台新銀行只願意提供比當時貸款餘額少了 50 萬元之貸款額，年利率 5%，在二十五年內按月攤還本息，則小華自世華銀行轉貸至台新銀行是否划算？（假設小華可取得現金之資金成本亦為 8%）

（一）承第六題解題，已知原貸款契約之每月本利償額為 44,028 元，五年後之貸款餘額為 5,704,271 元，提前清償須「即時」支付之罰金為貸款餘額之 1%，即 57,043 元。

（二）若轉至台新銀行貸款，僅提供少於貸款餘額 50 萬之貸款額，即 5,204,271 元，則在未來二十五年，5%下，每月應還之本利償額為：

$$5,704,271 - 500,000 = 5,204,271$$

$$5,204,271 \times MC(\frac{5\%}{12}, 300) = 5,204,271 \times 0.005846 = 30,424(元)$$

（三）小華若轉貸至台新銀行，可借得之貸款額少於原貸款餘額 50 萬元，表示小華應籌得現金 50 萬元，加上台新承諾放款之 5,204,271 元，方得以償還原貸款餘額 5,704,271 元。假設此 50 萬元之資金成本亦為 8%，因此應比較支付轉貸之罰款 57,043 及自籌 50 萬元，與轉貸後未來三百個月內每月可節省之本利支出之現值相比，如下圖所示：

轉貸前每月償還 44,028 元，轉貸後每月償還 30,424 元，每月節省的本利支出為：

$$44,028 - 30,424 = 13,604（元）$$

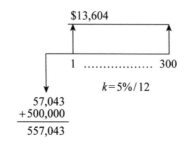

$$\begin{array}{c}57,043\\+500,000\\\hline557,043\end{array}$$

轉貸後可節省本利支出之現值為：

$$13,604 \times PVIFA(\frac{5\%}{12},300)$$
$$=13,604 \times 171.053228$$
$$=2,327,008(元)$$

大於支付轉貸之成本 557,043 元（罰款 57,043 元及自籌 50 萬元），與轉貸後可節省的本利現值 2,327,008 元相比，表示即使轉貸之額度少了原貸款餘額 50 萬元，且即時支付貸款餘額 1%為罰金之情形下，轉貸的決定仍是划算的。

例題 9│若小華在第五年底借新還舊，並打算再過十年後移民美國，屆時可能將所借得 6%利率之新貸款提前清償，則小華在第五年底時借新還舊的作法是否划算？（假設必須即時支付等額罰金，但僅支付一次）

（一）求算小華在舉新債（貸款額 5,704,271 元，6%，二十五年期）每月之償還額為：

$$5,704,271 \times MC(\frac{6\%}{12},300)$$
$$=5,704,271 \times 0.006443$$
$$=36,753(元)$$

故舉新債後第十年底之貸款餘額為：

$$36,753 \times PVIFA(\frac{6\%}{12}, 180)$$
$$= 36,753 \times 118.503515$$
$$= 4,355,360(元)$$

（二）計算小華在原貸款後第十五年底（即舉新債後第十年底）之貸款餘額。

$$44,028 \times PVIFA(\frac{8\%}{12}, 180)$$
$$= 44,028 \times 104.638064$$
$$= 4,607,005(元)$$

（三）畫出小華在舉新債後 10 年間所支付及可節省之現金流量。

由第六題解題中已知，小華在期初應支付 57,043 元做為提前清償之罰金，則其每月便可節省本利償額 7,275 元及第十年底（即原貸款之第十五年底）應支付之貸款餘額為 4,607,005 − 4,355,360 = 251,645（元），即：

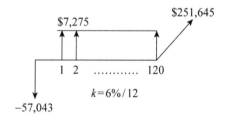

（四）比較支付轉貸之罰款 57,043 元，與轉貸後未來每月可節省之本利支出 7,275 元及第十年底應支付之貸款餘額為 251,645（元）之現值。先求算轉貸後可節省的現值為：

$$7,275 \times PVIFA(\frac{6\%}{12},120) + 251,645 \times PVIF(\frac{6\%}{12},120)$$
$$= 7,275 \times 90.073453 + 251,645 \times 0.549633$$
$$= 793,597 元$$

因為**轉貸後可節省的現值為** 793,597 元大於支付轉貸之罰款 57,043 元，故小華應重新融資。

> **例題 10**｜假設大鈞證券公司剛自台新銀行購入 1,300 萬元之不動產抵押債權群組，而欲就此群組發行總價 1,000 萬元之不動產抵押債權擔保債券 (*MBB*)。若大鈞證券所發行之 *MBB* 面額為 1 萬元，票面利率為 9%，每年付息，十年期，則當投資者之必要報酬率為 10%時，該 *MBB* 之合理價格應為多少？而又過了二年後，若投資者之必要報酬率分別為：(1)9%、(2)12%、(3)8%，該 *MBB* 之合理價格各應為多少？

（一）先畫出投資者購入 *MBB* 後之現金流量圖。其在十年間每年可得利息收入 10,000×9% = 900 元，在第十年底收回面額 1 萬元，即：

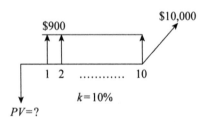

（二）將十年間之 900 元年金收入，以及第十年底之 1 萬元終值收入依
　　　10%折現，可得折現值之和為：

$$PV = 900 \times PVIFA(10\%,10) + 10,000 \times PVIF(10\%,10)$$
$$= 900 \times 6.144567 + 10,000 \times 0.385543$$
$$= 5,530 + 3,855$$
$$= 9,385(元)$$

（三）二年後，該 *MBB* 之期限只剩八年，在這八年間之現金流量為：

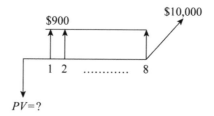

1. 當投資者之必要報酬率 $k = 9\%$，該債券之合理價格為：

$$P = 900 \times PVIFA(9\%,8) + 10,000 \times PVIF(9\%,8)$$
$$= 900 \times 5.534819 + 10,000 \times 0.501866$$
$$= 4,981 + 5,019$$
$$= 10,000(元)$$

　　　不用計算即應了解當必要報酬率等於票面利率時，該債券恆為
「平價券」，即合理價格等於面額 1 萬元。

2. 當 $k = 12\%$時，求該債券之合理價格：

$$P = 900 \times PVIFA(12\%,8) + 10,000 \times PVIF(12\%,8)$$
$$= 900 \times 4.967460 + 10,000 \times 0.403883$$
$$= 4,471 + 4,039$$
$$= 8,510(元)$$

3. 當 $k = 8\%$ 時，求該債券之合理價格：

$$P = 900 \times PVIFA(8\%,8) + 10,000 \times PVIF(8\%,8)$$
$$= 900 \times 5.746639 + 10,000 \times 0.540269$$
$$= 5,172 + 5,403$$
$$= 10,575(元)$$

過了二年後，若投資者之必要報酬率分別為 9%、12% 及 8%，則該 *MBB* 之合理價格分別為 10,000 元、8,510 元及 10,575 元。

以上範例為一般債券（或陽春債券，vanilla bond）之支付型態，但若證券公司依不動產抵押債權群組發行不支付利息的債券並只在期末償還本金時，此債券則勢必以折價券的型態售出，方得以吸引投資者，即所謂「零息債券」(zero-coupon bond)。以下舉例說明。

例題 11｜承上題，若大鈞證券公司打算依該不動產抵押債權擔保債券群組發行零息的 *MBB*，面額為 1 萬元，十年期，則在投資者之必要報酬率分別為 12%、10% 及 8% 之情況下，該零息 *MBB* 的合理價格應各為多少？

該零息債券之面額為 1 萬元，十年期，即表示在第十年底才有現金流入 1 萬元，現金流量為：

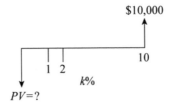

其合理價格即為終值 1 萬元以 $k\%$ 折現所得之現值。

（一）當 $k = 12\%$ 時：

$$PV = 10,000 \times PVIF(12\%, 10)$$

$$= 10,000 \times 0.321973 = 3,220 \text{（元）}$$

（二）當 $k = 10\%$ 時：

$$PV = 10,000 \times PVIF(10\%, 10)$$

$$= 10,000 \times 0.385543 = 3,855 \text{（元）}$$

（三）當 $k = 8\%$ 時：

$$PV = 10,000 \times PVIF(8\%, 10)$$

$$= 10,000 \times 0.463193 = 4,632 \text{（元）}$$

　　在 12%、10% 及 8% 之必要報酬率下，該零息 *MBB* 之價格應分別為 3,220 元、3,855 元及 4,632 元。

　　由以上第十題及第十一題的例子可知，*MBB* 之價格與市場利率（或投資者要求報酬率）呈反向變動關係。

例題 12｜ 若交通銀行資產中有 600 萬元的不動產抵押債權，此抵押債權群組為 10%固定利率，十年期，每年支付本息。假設交通銀行欲將此抵押債權群組以證券的型態(*MPTS*)轉手售出，扣除期初貸款餘額之 1%為服務管理費，若預計發行五十張的 *MPTS*，則在無提前清償之假設下，此十年間每一張 *MPTS* 之現金流量應為多少？又當市場利率分別為 9%、10% 及 8%之下，每張 *MPTS* 之合理價格應為多少？

🐷 表 16-1　交銀所發行 *MPTS* 之現金流量（10%固定貸款利率，十年期，無提前清償）

單位：元

年	期初貸款餘額 (A)	本利償額 (B)	服務管理費 (1%)* (C)=(A)×1%	*MPTS* 之現金總流量 (D)=(B)−(C)	每張 *MPTS* 之現金流量 (E)=(D)÷50
1	6,000,000	976,472	60,000	916,472	18,329
2	5,623,528	976,472	56,235	920,237	18,405
3	5,209,408	976,472	52,094	924,378	18,488
4	4,753,876	976,472	47,539	928,933	18,579
5	4,252,792	976,472	42,528	933,944	18,679
6	3,701,599	976,472	37,016	939,456	18,789
7	3,095,286	976,472	30,953	945,519	18,910
8	2,428,342	976,472	24,283	952,189	19,044
9	1,694,704	976,472	16,947	959,525	19,191
10	887,702	976,472	8,877	967,595	19,352

註*：服務管理費為期初貸款餘額之 1%。

（一）先算出此不動產抵押債權群組每期（年）之本利償額。已知借款額度為 600 萬元，貸款利率為每年 10%，每年支付本息，十年期。則每年之本利償額為：

$$6,000,000 \times MC(10\%,10)$$
$$= 6,000,000 \times 0.162745 \qquad 即表 16\text{-}1 之欄(B)。$$
$$= 976,470(元)$$

（二）再求出每年底（即次年初）之貸款餘額。

第一年年底（即第二年初）之貸款餘額為：

$$976,470 \times PVIFA(10\%,9)$$
$$= 976,470 \times 5.759024$$
$$= 5,623,514(元)$$

其餘年限如上直接計算，各年之貸款餘額如表 16-1 之欄(A)。

（三）計算發行機構所收取之服務管理費，即年初貸款餘額之 1%。將各年初之貸款餘額乘以 1%，即得當年之服務費，如第一年之服務費為第一年初之貸款餘額 600 萬元乘上 1%，即為 6 萬元，其餘類推，如表 16-1 之欄(C)所示。

（四）計算 *MPTS* 可收取之現金總流量，即每年之抵押債權群組所支付之本利償額減去當年之服務管理費，如表 16-1 之欄(D)所示。

（五）求出個別 *MPTS* 之現金流量，則在共有五十張 *MPTS* 之下，每張之現金流量即為表 16-1 之欄(D)除以 50，如欄(E)所示。

（六）計算每張 *MPTS* 在 9%、10%及 8%下之合理價格，即針對其每年之現金流量（欄(E)）依折現率還原求其折現值之和，即：

1. 在 9%下，每張 *MPTS* 之合理價格為：

$$PV = \frac{18,329}{1.09} + \frac{18,405}{(1.09)^2} + \frac{18,488}{(1.09)^3} + \cdots + \frac{19,352}{(1.09)^{10}}$$
$$= 120,000 （元）$$

2. 在 10%下，每張 *MPTS* 之合理價格為：

$$PV = \frac{18,329}{1.10} + \frac{18,405}{(1.10)^2} + \frac{18,488}{(1.10)^3} + \cdots + \frac{19,352}{(1.10)^{10}}$$
$$= 114,845 （元）$$

3. 在 8%下，每張 *MPTS* 之合理價格為：

$$PV = \frac{18,329}{1.08} + \frac{18,405}{(1.08)^2} + \frac{18,488}{(1.08)^3} + \cdots + \frac{19,352}{(1.08)^{10}}$$
$$= 125,522 （元）$$

在市場利率為 9%、10%、8% 下,每張 MPTS 之合理市價分別為 120,000 元、114,845 元及 125,522 元。

例題 13│承上題,若交通銀行依固定提前清償率(CPR)法預估該抵押債權群組每年之提前清償率為 10%,則在其他條件均相同之情況下,此十年間每一張 MPTS 之現金流量應為多少?又當市場利率分別為 9%、10%、8% 之下,每張 MPTS 之合理價格又為多少?

在提前清償率為 10% 之假設下,MPTS 投資者在此十年間之現金流量如表 16-2 所示,計算過程如下。

表 16-2　交銀所發行 MPTS 之現金流量

年	期初貸款餘額 (A)	本利償額 (B)	提前清償之本金額 (C) =(A)×10%	總償額 (D) =(B)×(C)	服務管理費(1%) (E) =(A)×10%	MPTS 之現金總流量 (F) =(D)−(E)	每張 MPTS 之現金流量 (G) =(F)÷50
1	6,000,000	976,472	600,000	1,576,472	60,000	1,516,472	30,329
2	5,023,528	872,288	502,353	1,374,641	50,235	1,324,406	26,488
3	4,151,240	778,125	415,124	1,193,249	41,512	1,151,737	23,035
4	3,373,115	692,856	337,312	1,030,168	33,731	996,437	19,929
5	2,680,258	615,407	268,026	883,433	26,803	856,630	17,133
6	2,064,851	544,702	206,485	751,187	20,649	730,538	14,611
7	1,520,148	479,562	152,015	631,577	15,202	616,375	12,328
8	1,040,586	418,435	104,059	522,494	10,406	512,088	10,242
9	622,150	358,477	62,215	420,692	6,222	414,470	8,289
10	263,673	290,041	0*	290,041	2,637	287,404	5,748

註*:在第十年之提前清償額為 0,因當期之本利償額即已還清貸款餘額。

（一） 先算出此不動產抵押債權群組第一年之本利償額，同上例之（一）。已知借款額度為 600 萬元，貸款利率為每年 10%，每年支付本息，則由第十二題可知第一年之本利償額為 976,470 元。

（二） 求第一年提前償還之本金額。已知提前償還之本金額為期初貸款餘額之 10%，因此第一年之提前償還額為：

$$6,000,000 \times 10\% = 600,000 \text{（元）}$$

（三） 求第一年此不動產抵押債權群組之總償額。即本利償額 976,470（元）加上提前償還之本金額 600,000（元），等於 1,576,470（元）。

（四） 求第一年之服務管理費。已知服務管理費為期初貸款餘額之 1%，因此第一年之服務管理費為：$6,000,000 \times 1\% = 60,000$（元）。

（五） 求不動產抵押債權轉手證券(MPTS)投資者之總現金流量。即抵押債權群組之總償額減去服務管理費，因此第一年 MPTS 之總現金流量為：$1,576,470 - 60,000 = 1,516,470$（元）。

（六） 求每張 MPTS 之現金流量。在總發行量為五十張之情況下，在第一年每張 MPTS 之現金流量為：$1,516,470 \div 50 = 30,329$（元）。

（七） 求算第一年底（即第二年初）之貸款餘額。即在無提前清償下之貸款餘額減去提前清償之本金額，且由第十二題之步驟 2 得知無提前清償下第一年年底之貸款餘額為 5,623,514 元，因此本例中第一年底之貸款餘額為：$5,623,514 - 600,000 = 5,023,514$（元）。

（八）求第二年之本利償額。已知第二年初（即第一年底）之貸款餘額為 5,023,514 元，在年利率 10%、償還期限為九年下，因此第二年之本利償額為：

$$5,023,514 \times MC(10\%,9)$$
$$= 5,023,514 \times 0.173641$$
$$= 872,288(元)$$

（九）重複以上步驟，求出十年間之現金流量，見表 16-2。

（十）計算每張 MPTS 在市場利率分別為 9%、10% 及 8% 下之合理價格，即求表 16-2 中之(G)欄在 9%、10% 及 8% 下之折現總值，如上例之步驟（六）。

1. 在 9% 下，每張 MPTS 之合理價格為：

$$PV = \frac{30,329}{1.09} + \frac{26,488}{(1.09)^2} + \cdots + \frac{5,748}{(1.09)^{10}}$$
$$= 120,000 \ （元）$$

（讀者應可由市場利率等於票面利率下，推論 MPTS 以「平價」發行，即 $6,000,000 \div 50 = 120,000$ 元）

2. 在 10% 下，每張 MPTS 之合理價格為：

$$PV = \frac{30,329}{1.10} + \frac{26,488}{(1.10)^2} + \cdots + \frac{5,748}{(1.10)^{10}}$$
$$= 116,102 \ （元）$$

3. 在 8%下，每張 *MPTS* 之合理價格為：

$$PV = \frac{30,329}{1.08} + \frac{26,488}{(1.08)^2} + \cdots + \frac{5,748}{(1.08)^{10}}$$
$$= 124,129 \text{（元）}$$

在市場利率為 9%、10%、8%下，每張 *MPTS* 之合理市價分別為 120,000 元、116,102 元及 124,129 元。

本利分離式 *MBS* (strip)之評價

本利分離式不動產抵押權證券(stripped MBS)乃 *FNMA* 在 1986 年首度將利息自不動產債權中分離，以本利分離的形式發行，包括唯利式(Interest Only, IO)及唯本式(Principal Only, PO)證券。*PO* 類似「零息債券」，係以折價券之形式發售，其現金流量自初期由少漸增，其價值則自期初之低價隨時間遞增；而 *IO* 之現金流量則自初期由多漸減，其價值自期初之高價隨時間遞減。

例題 14 │ 若花旗銀行資產中有 1,000 萬元的不動產抵押債權，且此抵押債權群組為 11%固定利率，十年期，每年支付本息。花旗銀行欲以此抵押債權群組發行本利分離式 *MBS*，即 *IO* 及 *PO*，則在無提前清償之情況下，在此十年間 *IO* 及 *PO* 投資者之現金流量為何？又在市場利率分別為 11%、12%及 10%下，*IO* 及 *PO* 之合理價格又為何？

貸款額為 1,000 萬元，貸款利率 11%，十年期，則在無提前清償之假設下，可算出每年之本利償額、利息償額及本金償額，如表 16-3 所示。

🐷 表 16-3　花旗銀行所發行之 *IO* 及 *PO* 之現金流量

年	期初貸款餘額 (A)	本利償額 (B)	IO 現金流量 （利息償額 11%） (C)=(A)×11%	PO 現金流量 （本金償額） (D)=(B)-(C)	期末貸款餘額 (E)=(A)-(D)
1	10,000,000	1,698,014	1,100,000	598,014	9,401,986
2	9,401,986	1,698,014	1,034,218	663,796	8,738,190
3	8,738,190	1,698,014	961,201	736,813	8,001,377
4	8,001,377	1,698,014	880,151	817,863	7,183,514
5	7,183,514	1,698,014	790,187	907,828	6,275,686
6	6,275,686	1,698,014	690,325	1,007,689	5,267,997
7	5,267,997	1,698,014	579,480	1,118,535	4,149,462
8	4,149,462	1,698,014	456,441	1,241,573	2,907,889
9	2,907,889	1,698,014	319,868	1,378,146	1,529,743
10	1,529,743	1,698,014	168,272	1,529,743	0

（一）先算出每年之本利償額，可採貸款常數之公式：

$$MC(i,n) = \frac{i(1+i)^n}{(1+i)^n - 1}$$

得 $MC(11\%,10) = \dfrac{0.11 \times (1.11)^{10}}{(1.11)^{10} - 1} = 0.1698014$

因此每年之本利償額為：

$$10,000,000 \times 0.1698014 = 1,698,014 \ （元）$$

（二）再求算第一年之利息償額，即期初貸款餘額乘以貸款利率 11%，因此第一年之利息償額（*IO* 現金流量）為：

$$10,000,000 \times 11\% = 1,100,000 \ （元）$$

（三）求算第一年之本金償額（*PO* 現金流量），即當期本利償額（1,698,014 元）減去利息償額（1,100,000 元），即 598,014 元。

（四）求算第一年底之貸款餘額，即期初之貸款餘額（1,000 萬元）減去當期之本金償額（598,014 元），為 9,401,986 元。

（五）重複以上步驟，可得十年間 *IO* 及 *PO* 之現金流量，如表 16-3 所示。

（六）計算此十年間 *IO* 現金流量在市場利率為 11%、12% 及 10% 下之折現總值。

1. 在 11% 下，*IO* 之合理價格為：

$$PV = \frac{1,100,000}{1.11} + \frac{1,034,218}{(1.11)^2} + \cdots + \frac{168,272}{(1.11)^{10}}$$
$$= 4,612,484（元）$$

2. 在 12% 下，*IO* 之合理價格為：

$$PV = \frac{1,100,000}{1.12} + \frac{1,034,218}{(1.12)^2} + \cdots + \frac{168,272}{(1.12)^{10}}$$
$$= 4,464,247（元）$$

3. 在 10% 下，*IO* 之合理價格為：

$$PV = \frac{1,100,000}{1.10} + \frac{1,034,218}{(1.10)^2} + \cdots + \frac{168,272}{(1.10)^{10}}$$
$$= 4,769,189（元）$$

（七）計算此十年間 *PO* 現金流量在市場利率為 11%、12%及 10%下之折
　　　現總值。

　　　1. 在 11%下，*PO* 之合理價格為：

$$PV = \frac{598,014}{1.11} + \frac{663,796}{(1.11)^2} + \cdots + \frac{1,529,743}{(1.11)^{10}}$$
$$= 5,387,516 \text{（元）}$$

　　　2. 在 12%下，*PO* 之合理價格為：

$$PV = \frac{598,014}{1.12} + \frac{663,796}{(1.12)^2} + \cdots + \frac{1,529,743}{(1.12)^{10}}$$
$$= 5,129,912 \text{（元）}$$

　　　3. 在 10%下，*PO* 之合理價格為：

$$PV = \frac{598,014}{1.10} + \frac{663,796}{(1.10)^2} + \cdots + \frac{1,529,743}{(1.10)^{10}}$$
$$= 5,664,374 \text{（元）}$$

　　　值得讀者注意的是，在市場利率為 11%（即貸款利率）下，*IO* 及 *PO*
價格之和恰等於 1,000 萬元，即類似市場利率等於債券之票面利率時，其
市價等於面額之間的關係。

例題 15│承上例，若花旗銀行採用固定提前清償率(*CPR*)法，假設貸款
額之提前清償率為每年 10%，在此十年間，*IO* 及 *PO* 之現金流量為何？
又在市場利率分別為 11%、12%及 10%下，*IO*、*PO* 及提前清償之本金額
之價格又為何？

（一）貸款額為 1,000 萬元，貸款利率 11%，十年期，可算出第一年之本利償額、利息償額（即 *IO* 現金流量）及本金償額（即 *PO* 現金流量），如第十四題之步驟（一）～（三）所示，其第一年之本利償額、利息償額及本金償額分別為 1,698,014 元、1,100,000 元及 598,014 元，見表 16-4 之欄(B)、(C)及(D)。

🐷 表 16-4　花旗銀行所發行之 *IO* 及 *PO* 之現金流量

年	期初貸款餘額 (A)	本利償額 (B)	*IO* 現金流量（利息償額 11%）(C)=(A)×11%	*PO* 現金流量（本金償額）(D)=(B)–(C)	提前清償之本金額 (E)=(A)×10%	期末貸款餘額 (F)=(A)–(D)–(E)
1	10,000,000	1,698,014	1,100,000	598,014	1,000,000	8,401,986
2	8,401,986	1,517,412	924,218	593,194	840,199	6,968,593
3	6,968,593	1,354,144	766,545	587,599	696,859	5,684,135
4	5,684,135	1,206,260	625,255	581,005	568,414	4,534,716
5	4,534,716	1,071,901	498,819	573,082	453,472	3,508,162
6	3,508,162	949,204	385,898	563,307	350,816	2,594,039
7	2,594,039	836,127	285,344	550,783	259,404	1,783,852
8	1,783,852	729,976	196,224	533,752	178,385	1,071,715
9	1,071,715	625,811	117,889	507,922	107,172	456,621
10	456,621	506,850	50,228	456,621	0*	0

註*：第十年之提前清償之本金金額為 0，因本金已於規劃中之本金償額攤還完畢。

（二）計算第一年提前清償之本金額，為期初貸款餘額之 10%，即 $10,000,000 \times 10\% = 1,000,000$（元），見表 16-4 之欄(E)。

（三）計算第一年底之貸款餘額，為期初貸款餘額減去當期之本金償額提前清償本金額，即 $10,000,000 - 598,014 - 1,000,000 = 8,401,986$（元），見表 16-4 之欄(F)。

（四）計算第二年之本利償額。已知第二年初（即第一年底）之貸款餘額
為 8,401,986 元，則在貸款利率為 11%、還款期間為九年之下，可

採貸款常數之公式：$MC(11\%,9) = \dfrac{0.11 \times (1.11)^9}{(1.11)^9 - 1}$

求出第二年之本利償額為：

$$8,401,986 \times MC(11\%,9) = 1,517,412 \text{（元）}$$

（五）計算第二年之利息償額，即期初貸款餘額之 11%，為：

$$8,401,986 \times 11\% = 924,218 \text{（元）}$$

（六）計算第二年之本金償額，即本期本利償額減本期利息償額，為：

$$1,517,412 - 924,218 = 593,194 \text{（元）}$$

（七）計算第二年提前清償之本金額，即期初貸款餘額之 10%，為：

$$8,401,986 \times 10\% = 840,199 \text{（元）}$$

（八）計算第二年底之貸款餘額，即期初貸款餘額減本期之本金償額及提
前償還本金金額，為：

$$8,401,986 - 593,194 - 840,199 = 6,968,593 \text{（元）}$$

（九）重複以上步驟，求算出每年 *IO* 及 *PO* 之現金流量，如表 16-4 所示。

（十）計算 *IO* 在市場利率分別為 11%、12%及 10%下之合理價格，即求表 16-4 中之(C)欄在 11%、12%及 10%下之折現總值，如上例之步驟（六）所示。

1. 在 11%下，*IO* 之合理價格為：

$$PV = \frac{1,100,000}{1.11} + \frac{924,218}{(1.11)^2} + \cdots + \frac{50,228}{(1.11)^{10}}$$
$$= 3,502,175 （元）$$

2. 在 12%下，*IO* 之合理價格為：

$$PV = \frac{1,100,000}{1.12} + \frac{924,218}{(1.12)^2} + \cdots + \frac{50,228}{(1.12)^{10}}$$
$$= 3,407,458 （元）$$

3. 在 10%下，*IO* 之合理價格為：

$$PV = \frac{1,100,000}{1.10} + \frac{924,218}{(1.10)^2} + \cdots + \frac{50,228}{(1.10)^{10}}$$
$$= 3,601,675 （元）$$

（十一）計算 *PO* 在市場利率分別為 11%、12%及 10%下之合理價格，即求表 16-4 之(D)欄在 11%、12%及 10%下之折現總值。

1. 在 11%下，*PO* 之合理價格為：

$$PV = \frac{598,014}{1.11} + \frac{593,194}{(1.11)^2} + \cdots + \frac{456,621}{(1.11)^{10}}$$
$$= 3,330,110 （元）$$

2. 在 12%下，*PO* 之合理價格為：

$$PV = \frac{598,014}{1.12} + \frac{593,194}{(1.12)^2} + \cdots + \frac{456,621}{(1.12)^{10}}$$
$$= 3,199,784 \text{（元）}$$

3. 在 11%下，*PO* 之合理價格為：

$$PV = \frac{598,014}{1.10} + \frac{593,194}{(1.10)^2} + \cdots + \frac{456,621}{(1.10)^{10}}$$
$$= 3,469,103 \text{（元）}$$

（十二）計算提前清償之本金額在市場利率為 11%、12%及 10%下之市價，即求表 16-4 之(E)欄在 11%、12%及 10%下之折現總值。

1. 在 11%下，提前清償本金額之價格為：

$$PV = \frac{1,000,000}{1.11} + \frac{840,199}{(1.11)^2} + \cdots + \frac{107,172}{(1.11)^9}$$
$$= 3,167,715 \text{（元）}$$

2. 在 12%下，提前清償本金額之價格為：

$$PV = \frac{1,000,000}{1.12} + \frac{840,199}{(1.12)^2} + \cdots + \frac{107,172}{(1.12)^9}$$
$$= 3,082,988 \text{（元）}$$

3. 在 10%下，提前清償本金額之價格為：

$$PV = \frac{1,000,000}{1.10} + \frac{840,199}{(1.10)^2} + \cdots + \frac{107,172}{(1.10)^9}$$
$$= 3,256,647 \text{（元）}$$

因此唯本式(PO)證券之價格即為原 *PO* 價格加上提前清償本金額之價格，即

在 11%下，*PO* 之價格 = 3,330,110 + 3,167,715 = 6,497,825（元）

在 12%下，*PO* 之價格 = 3,199,784 + 3,082,988 = 6,282,772（元）

在 10%下，*PO* 之價格 = 3,469,103 + 3,256,647 = 6,725,750（元）

值得讀者注意的是，當市場利率為 11%（即貸款利率）時，*IO*、*PO* 及提前償還本金金額之市價總值亦為 1,000 萬元，與無提前清償時之情況相同。

若將習題中的第十四題（無提前清償）、第十五題（提前清償率為 10%）中 *IO* 與 *PO* 在不同市場利率下的價格製表比較，可得表 16-5。由表 16-5 中可看出，在提前清償率為 10%下，*PO* 之價格因本金之提早回收而上漲，如 *PO*(10%)所示；而 *IO* 之價格則因提前清償導致利息收入減少而下跌，如 *IO*(10%)所示，顯示出 *IO* 價格對利率變動及提前清償率有較高之敏感性。

🐷 表 16-5　*IO* 及 *PO* 在不同提前清償假設下之價格與市場利率間之關係

市場利率(%)	*IO* 價格		*PO* 價格	
	無提前清償下	提前清償率 10%下	無提前清償下	提前清償率 10%下
8	5,110,651	3,816,393	6,283,163	7,224,441
9	4,935,009	3,706,294	5,962,265	6,967,578
10	4,769,189	3,601,676	5,664,374	6,725,750
11	4,612,484	3,502,175	5,387,516	6,497,825
12	4,464,247	3,407,458	5,129,912	6,282,772
13	4,323,886	3,317,217	4,889,952	6,079,652
14	4,190,858	3,231,169	4,666,181	5,887,603

註：此處提前清償率 10%下之 *PO* 價格包括原規劃之本金償額及提前償還之本金金額，即表 16-4 之(D)及(E)欄。

例題 16 | 若荷蘭銀行資產中有 1,000 萬元的不動產抵押債權，此抵押權群組為 12%固定利率，十年期，每年支付本息。假設荷蘭銀行欲以此抵押權群組發行總面額 900 萬元不同期限之 CMO，如表 16-6 所示，則在無提前清償之假設下，此十年間各層級之現金流量應為多少？又荷蘭銀行以 100 萬元自有資金投資之餘額（權益）層級之內部報酬率為多少？

表 16-6　荷蘭銀行所發行不同期限之 CMO 層級條件

資產	負債	期限（年）	票面利率	額度
10,000,000 （10 年期貸款利 12%）	A 層級	1～3	10%	3,000,000
	B 層級	3～5	11%	2,500,000
	Z（零息）層級	5～10	12%	3,500,000
	總額度			9,000,000
	權益資金			1,000,000
總資產 10,000,000	總負債及權益			10,000,000

（一）先求算此抵押權群組於 10 年間應支付之現金流量，如表 16-7 所示。表 16-7 中欄(A)～(D)之求算過程請讀者參照第十四題之表 16-3；而欄(E)為抵押權群組將轉支付至 CMO 之金額，為抵押權群組之貸款總額減去發行機構之權益額度（1,000,000 元），在期初時 CMO 之發行總額 9,000,000 元。

表 16-7　抵押權群組每年應支付之現金流量

年	原抵押權群組之期末貸款餘額 (A)	抵押權群組之本利償額 (B)	利息償額(12%) (C)=(A)×12%*	本金償額 (D)=(B)−(C)	待轉入 CMO 之總餘額 (E)=(A)−1,000,000
0	10,000,000				9,000,000
1	9,430,158	1,769,842	1,200,000	569,842	8,430,158
2	8,791,936	1,769,842	1,131,619	638,223	7,791,936
3	8,077,126	1,769,842	1,055,032	714,809	7,077,126
4	7,276,540	1,769,842	969,255	800,586	6,276,540

🐷 表 16-7　抵押權群組每年應支付之現金流量（續）

年	原抵押權群組之期末貸款餘額 (A)	抵押權群組之本利償額 (B)	利息償額(12%) (C)=(A)×12%*	本金償額 (D)=(B)–(C)	待轉入 CMO 之總餘額 (E)=(A)–1,000,000
5	6,379,883	1,769,842	873,185	896,657	5,379,883
6	5,375,627	1,769,842	765,586	1,004,256	4,375,627
7	4,250,861	1,769,842	645,075	1,124,766	3,250,861
8	2,991,123	1,769,842	510,013	1,259,738	1,991,123
9	1,580,216	1,769,842	358,935	1,410,907	580,216
10	0	1,769,842	189,626	1,580,216	0

註*：此欄之(A)表前期期末（即當期期初）之貸款餘額。

（二）求算此 10 年間 A 層級之現金流量。

1. 計算 A 層級每年之利息償額。已知 A 層級之發行額為 3,000,000 元，票面利率 10%，期限為 1～3 年，則第 1 年之利息償額為 3,000,000×10%＝300,000（元），餘可類推，見表 16-8。

🐷 表 16-8　荷蘭銀行所發行 A、B 及 Z 層級 CMO 之現金流量

	A 層級（票面利率 10%，發行額 3,000,000 元）			
年	期末待轉入餘額 (A)	利息償額 (B)=(A)×10% (註)	來自抵押權群組之本金償額及 Z 層級之應計利息 (C)	總現金流量 (D)=(B)+(C)
0	3,000,000			
1	2,010,158	300,000	989,842	1,289,842
2	901,535	201,016	1,108,623	1,309,639
3	0	90,154	901,535	991,689
4	0	0	0	0
⋮				
10				

表 16-8　荷蘭銀行所發行 A、B 及 Z 層級 *CMO* 之現金流量（續）

年	期末待轉入餘額 (A)	利息償額 (B)=(A)×11%*	來自抵押權群組之本金償額及 Z 層級之應計利息 (C)	總現金流量 (D)=(B)+(C)
	B 層級（票面利率 11%，發行額 2,500,000 元）			
0	2,500,000			
1	2,500,000	275,000	0	275,000
2	2,500,000	275,000	0	275,000
3	2,159,878	275,000	340,122	615,122
4	769,222	237,587	1,390,656	1,628,243
5	0	84,614	769,222	853,836
6	0	0	0	0
⋮				
10				

註*：此處利息之計算均以前期期末（即當期期初）餘額乘以利率。

年	期末待轉入餘額 (A)	應計利息 (B)=(A)×12%*	利息償額 (C)=(A)×12%*	來自抵押權群組之本金償額及 Z 層級之應計利息 (D)	總現金流量 (E)=(C)+(D)
	Z 層級（票面利率 12%，發行額 3,500,000 元）				
0	3,500,000				
1	3,920,000	420,000	0	0	0
2	4,390,400	470,400	0	0	0
3	4,917,248	526,848	0	0	0
4	5,507,318	590,070	0	0	0
5	5,379,883		660,878	127,435	788,313
6	4,375,627		645,586	1,004,256	1,649,842
7	3,250,861		525,075	1,124,766	1,649,841
8	1,991,123		390,103	1,259,738	1,649,841
9	580,216		238,935	1,410,907	1,649,842
10	0		69,626	580,216	649,842

2. 計算 A 層級第 1 年來自抵押權群組之本金償額及 Z 層級之應計利息。由於 Z 層級為零息債券，故在 A、B 層級到期之前，Z 層級並不支付本利，但仍計算應得利息，此應計利息為加入 A、B 層級之本金償額，並累加至 Z 層級之期末餘額。在第 1 年中，Z 層級之應計利息為 420,000 元($3,500,000 \times 12\% = 420,000$)，加上 A 層級來自抵押權群組之本金償額 569,842 元(見表 16-7 第 1 年之 (D))，即為 989,842 元。

3. 計算第 1 年之期末待轉入餘額。即前期之餘額減去當期之本金償還額及 Z 層級之應計利息，為 $3,000,000 - 989,842 = 2,010,158$（元）。餘類推。

4. 計算第 2 年本金償還額及 Z 層級之應計利息。可知 Z 之應計利息為 470,400 元，本金償還額為 638,223 元（表 16-7 第 2 年之 (D)），其和為 1,108,623 元。
第 2 年之期末待轉入餘額為：

$$2,010,158 - 1,108,623 = 901,535(元)$$

5. 計算第 3 年本金償還額及 Z 之應計利息。其原應為 $714,809 + 526,848 = 1,241,657$（元），但因前期期末之餘額僅為 901,535 元，故此年(C)欄之金額即為餘額全數 901,535 元，二者之差額即流入 B 層級，第 3 年之本金償還額及 Z 之應計利息欄中，即 $1,241,657 - 901,535 = 340,122$（元），至第 4 年 A 層級期滿後，已無現金流量。

（三）求算此 10 年間 B 層級之現金流量。

1. 求算每年之利息償還額，即前期期末之餘額乘以票面利率 11%。值得注意的是，在第 1、2 年 B 層級雖有利息償還額流入，但無本金償還額。

第 3 年之期末待轉入餘額為：

$$2,500,000 - 340,122 = 2,159,878（元）$$

2. 求算第 4 年之本金償還額及 Z 之應計利息，為 800,586 元（表 16-7 第 4 年之(D)）加上 590,070 元，為 1,390,656 元。

第 4 年之期末待轉入餘額為：

$$2,159,878 - 1,390,656 = 769,222（元）$$

3. 求算第 5 年之本金償還額及 Z 之應計利息。其原應為 896,657 元（表 16-7 第 5 年之(D)）加上 Z 之應計利息 660,878 元，即 1,557,535 元，但因前期期末餘額僅為 769,222 元，故此年(C)欄之金額即為餘額全數 769,222 元，即 B 層級於第 5 年期滿，此年 Z 之應計利息 660,878 元即可支付予 Z 層級，而超額之本金償還額，即 896,657 - 769,222 = 127,435（元），為 B 層級之剩餘轉入 Z 層級在第 5 年之本金償還額。

B 層級之剩餘轉入 Z 層級在第五年之本金償還：

$$896,657 - 769,222 = 127,435（元）$$

第 5 年之期末待轉入餘額為：

$$5,507,318 - 127,435 = 5,379,883（元）$$

（四）求算 Z 層級此 10 年間之現金流量。

　　1. 已知在 A、B 期滿前，Z 層級均無本利償還額，故在第 1 年至第 4 年 Z 之總現金流量均為 0，但因期初即發行，故應計利息則累加至應轉入之餘額中。

　　2. 計算第 6 年至第 9 年之本利償還額。由於此時只剩 Z 層級，故抵押權群組支付之現金流量即流入 Z 中，見表 16-7 中第 6 至 9 年之欄(D)。

　　3. 計算第 10 年之本利償還額。因前期期末餘額僅為 580,216 元，故本期本金償還額即為餘額全數。

（五）求算餘額（權益）層級之現金流量，即發行機構收受自抵押權群組之本利償還額（表 16-7 之欄(B)）減去支付予 A、B 及 Z 層級之總現金流量（表 16-8），見表 16-9 之欄(C)。

🐷 表 16-9　荷蘭銀行所發行餘額層級 *CMO* 之現金流量

年	抵押權群組之本利償額 (A)	A、B 及 Z 層級之總現金流量 (B)	餘額層級之現金流量 (C)=(A)−(B)
0			(1,000,000)
1	1,769,842	1,564,842	205,000
2	1,769,842	1,584,639	185,203
3	1,769,842	1,606,811	163,031
4	1,769,842	1,628,243	141,599
5	1,769,842	1,642,149	127,693
6	1,769,842	1,649,842	120,000
7	1,769,842	1,649,842	120,000
8	1,769,842	1,649,842	120,000
9	1,769,842	1,649,842	120,000
10	1,769,842	649,842	1,120,000
			IRR=15.37%

（六）求荷蘭銀行投資發行此餘額層級之報酬率。

因期初投入自有資金為 1,000,000 元，而在第 1 至 10 年之現金流量
為 205,000 元、185,203 元、……、1,120,000 元，故其投資報酬率
為： $1,000,000 = \dfrac{205,000}{(1+IRR)^1} + \dfrac{185,203}{(1+IRR)^2} + \cdots + \dfrac{1,120,000}{(1+IRR)^{10}}$

讀者可經由查表及內插表求得 $IRR = 15.37\%$。

Chapter 17

不動產抵押貸款
分析

 重點提示

　　本章重點在於說明各種不動產抵押貸款的還款方式，包括固定利率抵押貸款、浮動利率抵押貸款，以及其他各種還款方式；其次，則是說明各種貸款的融資決策，以及融資的真實交易成本。

固定利率抵押貸款

固定利率抵押貸款(Fixed-Rate Mortgage, FRM)即貸款利率在貸款期間內不隨著市場利率變動，完全固定，且由於貸方必須承擔在貸款期間內利率變動的風險，因此其利率水準通常高於浮動利率貸款之起始利率。

（一）氣球式貸款

氣球式貸款(balloon mortgage)，係指最後一期的還款金額比之前任一期還款金額要多的貸款方式，而最後一期的償額即稱為氣球償額(balloon payment)。其還款方式在貸款期間內只支付利息或部分攤銷(partially amortized)貸款本金，直到期末才償還本金或未償還之貸款餘額，其名便是由期末「膨脹」的還款金額而來。

（二）累進償還抵押貸款（漸進加付法）

累進償還抵押貸款(Graduated-Payment Mortgage, GPM)，又稱為漸進加付法；即借款人在初期先支付較低的本金與利息，而後逐漸增加其支付金額，直到某一期間後，其支付額又趨於固定，因此亦屬氣球式貸款的一種。此種抵押貸款可以用來減低通貨膨脹對借方還款能力之衝擊。亦即通貨膨脹率提高，會減少實質購買力，因而真實支付貸款的負擔期初時很高，而期末時則很低。漸進加付法主要在於減輕期初還款本息負擔，然後再逐漸增加支付，至一段時間後才變成同額支付。

（三）固定還本貸款

固定還本貸款(Constant-Amortization Mortgage, CAM)即在貸款期間內，每期攤還固定本金金額，而利息支出則依每期期末貸款餘額及當期利率計算的還款方式；其貸款期間內之利息還款金額依期數漸減，而本金還款金額則是固定。

（四）固定償額（付款）貸款

固定償額貸款(Constant-Payment Mortgage, CPM)之償還方式即借方應在貸款期間內，每期償還固定的本利和金額給貸方。

（五）雙週還款貸款

雙週還款貸款(biweekly payment mortgage)為每雙週還款一次，貸款期限縮短近半，當然利息總支出也因此遞減，適用於中高收入的貸款購屋族。通常雙週還款貸款也屬於固定償額貸款(CPM)的一種。

 二　變動利率抵押貸款

（一）隨價調整抵押貸款

隨價調整抵押貸款(Price Level Adjusted Mortgage, PLAM)乃貸款餘額隨著「物價水準」而調整，其中最普遍的指標為消費者物價指數(Consumer Price Index, CPI)，因此基本上亦屬於變動利率貸款。隨價調整法有若干缺點：1.通貨膨脹率無法事先預估需由政府公布，其反映過去的物價上漲幅度，卻未必是未來物價上漲之好指標：2.通貨膨脹過高時，若借方工資調整幅度小於貸款餘額調整幅度，會增加借方之財務壓力，同樣亦造成貸方經營上之困擾。

（二）浮動利率抵押貸款

浮動利率抵押貸款(Adjustable-Rate Mortgage, ARM)的特色為貸款利率可在一特定期間內隨著市場利率水準而調整，利率變動之風險也因此由借款人承擔。

（三）可調整抵押貸款

可調整抵押貸款(Adjustable Mortgage Instrument, AMI)亦屬於浮動利率貸款，惟當利率變動時，借款人可依其喜好將利率上漲所導致的每期償還增額，以延長支付年限或累計至貸款餘額於所餘期數攤還。

 ## 三　其他類型抵押貸款

（一）可轉換抵押貸款

可轉換抵押貸款(Convertible Mortgage Instrument, CMI)賦予浮動利率貸款之借款人在利率水準走低時，可將原浮動利率「轉換」為固定利率貸款，並鎖定低利貸款成本的權利。

（二）遞延付息抵押貸款

遞延付息抵押貸款(Deferred-Interest Mortgage, DIM)乃借款人在貸款初期或某一期間以低於市場利率或應付利率之利率水準支付償額，並在之後計利補償差額給貸方的償還方式，其適用於借款人失業、收入不穩定或浮動利率之漲幅超過所得成長之速度時。

（三）彈性償額抵押貸款

彈性償額抵押貸款(Flexible-Payment Mortgage, FPM)之還款方式乃借款人在貸款初期，如前五年內，只支付利息，而在所餘之還款期數內則應完全攤銷貸款。此類抵押貸款也是考量借款人初期經濟能力不足的償還方式。

（四）共享增值抵押貸款

在共享增值抵押貸款(Shared-Appreciation Mortgage, SAM)之約定中，貸方提供借款人較低的貸款利率，惟借款人須在出售房屋時，將一部分之增值與貸方分享。此種抵押貸款之設計係為了處理未來通貨膨脹不確定之問題，起始契約利率較低，之後隨通貨膨脹調整。此類貸款方式較適用於投資客而不適用於打算長期居住的購屋借款人，且不動產價值也難以確定是否增值。

（五）逆向年金抵押貸款

逆向年金抵押貸款(Reverse-Annuity Mortgage, RAM)與前述之固定償額貸款(*CPM*)相反，後者是在期初借出一額度後，在貸款期間內每期支付一固定償額（即類似年金）；而前者則是累積償額至一程度後，才以擁有的房屋權益（home equity，即已償還之累計本金額）為抵押向銀行申請借款，因此屬於權益抵押貸款(equity mortgage)的一種。

（六）不提前清償抵押貸款

不提前清償抵押貸款(Prepayment-Protection Mortgage, PPM)即在貸款起始前，借貸雙方即約定不論未來利率如何變動，借款人均不可提前清償。

（七）賣方融資抵押貸款

當購屋（地）者所準備之自有資本及銀行貸款仍不足以支付房（地）價總額時，賣方（建商或地主）在期盼成交下，有時會將不足款項以「放款」之型態借錢給購屋（地）者，以順利成交，在此情況下，賣方即成為購屋（地）者之第二債權人（第一債權人可能為銀行），此類貸款稱為賣方融資或購買金錢抵押貸款(Purchase Money Mortgage, PMM)。

（八）抵利型抵押貸款(interest offset mortgage)

　　抵利型抵押貸款係指借款人在原放款銀行有某一額度之存款，該筆存款特定額度之孳息可扣抵貸款之本金攤還。通常可抵利之存款額度愈多，本金之攤還速度愈快；對銀行而言，也同時承做了同一客戶之存款及放款業務，因此頗受銀行及借款者之歡迎。

（九）期末還本法

　　期末還本之方式，借款人於貸款期間只支付利息，期滿始償還全部貸款。如果貸款期間通貨高度膨脹，則借款人於期滿還本之負擔將被稀釋；反之，如果通貨膨脹幅度不大，借款人於期滿還本之負擔很重，故住宅長期貸款如採期末還本，為減輕將來還款之壓力，有時同步安排借款人投保相同期間之保險，屆時二者同時期滿，遂可以保險金償還貸款，解決期滿還本負擔沉重之問題。

四　固定還本貸款和固定付款貸款之比較　　

　　以每月支付的本息而言，固定付款貸款方式為固定，而固定還本貸款方式一開始之本息較高，而後逐月遞減，亦即後者期初借錢時負擔較重，對初次借錢購屋者不利，惟其優點為還本速度較快，風險小。

例題 1 | 假設小陳購屋一戶，以固定還本貸款方式貸款 120,000 元，貸款年限為 10 年，年利率 12%，按月複利計算，試問：

（一）每月應還本金？

（二）每月月初貸款餘額？

（三）每月應付利息？

（四）每月貸款支出？各是多少？

重點：定期、定額還本，即貸款後，除了按期償還利息外，尚須定額攤還本金。

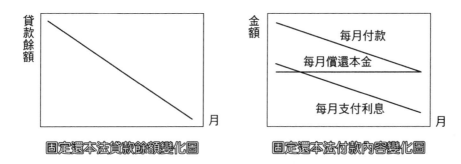

固定還本法貸款餘額變化圖　　固定還本法付款內容變化圖

（一）每月償還定額本金＝120,000÷120 月＝1,000 元，每月之貸款餘額將隨本金清償而遞減。

（二）期初貸款額為 120,000 元，則第二個月月初貸款餘額為 119,000 元（120,000－1,000＝119,000）。

（三）每月應付利息為每月月初之貸款餘額乘以月利率。例如：第二個月月初貸款餘額為 119,000 元，則利息為 119,000×（12%／12）＝1,190元。

（四）每月貸款支付，以第二個月為例，應還本金為 1,000 元，應付利息為 1,190 元，則第二個月應付貸款本利和為 1,000＋1,190＝2,190 元。

月份	期初餘額	應還本金	應付利息	每月償還本利和	期末餘額
1	120,000	1,000	1,200	2,200	119,000
2	119,000	1,000	1,190	2,190	118,000
3	118,000	1,000	1,180	2,180	117,000
⋮	⋮	⋮	⋮	⋮	⋮
119	2,000	1,000	20	1,020	1,000
120	1,000	1,000	10	1,010	0

例題 2 | 假設小陳購屋一戶,以固定付款貸款方式貸款 120,000 元,貸款年限為 10 年,年利率 12%,按月複利計算,試問:1.每月償還貸款本利和?2.每月償還本金?各是多少?

重點:每期支付貸款本利和都相同(本利均等攤還)。

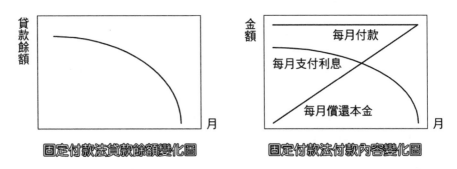

固定付款法貸款餘額變化圖　　固定付款法付款內容變化圖

(一)每月償還貸款本利和以本利均等攤還額公式計算

$$I_n = PV \times \frac{i(1+i)^n}{(1+i)^n - 1} = 120,000 \times \frac{\frac{12\%}{12}(1+\frac{12\%}{12})^{10\times12}}{(1+\frac{12\%}{12})^{10\times12} - 1} = 120,000 \times 0.014347$$

$$= 1,721.65$$

(二)每月應付利息為期初餘額乘以月利率,故第一個月之應付利息為 120,000 ×(12% / 12)= 1,200 元。將每月應攤還之本利和扣除每月應付利息剩餘之部分即為每月應還本金,因此第一個月應還本金 = 1,721.65 - 1,200 = 521.65 元。

(三)以此類推,每月本利分攤如下表。

月份	期初餘額	應還本金	應付利息	每月償還本利和	期末餘額
1	120,000.00	521.65	1,200.00	1,721.65	119,478.35
2	119,478.35	526.87	1,194.78	1,721.65	118,951.48
3	118,951.48	532.14	1,189.51	1,721.65	118,419.35
⋮	⋮	⋮	⋮	⋮	⋮
119	3,392.33	1,687.73	33.92	1,721.65	1,704.61
120	1,704.61	1,704.60	17.05	1,721.65	0.00

累進償還抵押貸款

例題 3｜ 小陳購屋向銀行貸款 120,000 元，年利率 12%，貸款期限 10 年，採用漸進加付法償還貸款，第一年每月償還固定金額，第二年起至第五年底每月支付之貸款本息每年增加 6%，第六年起年息再增加 6%後改為固定貸款本息，試問第一年每月應支付之貸款本利和？

假設第一年每月支付 x 元，則第二年起每月支付 $(1+6\%)x$，第三、四、五年每月之支付分別為 $(1+6\%)^2 x$，$(1+6\%)^3 x$，$(1+6\%)^4 x$，從第六年至第十年，每月之支付為 $(1+6\%)^5 x$，亦即：

年期	a. $FVIF(i,n)$	b. $PVIFA(i,n)$	c. $PVIF(i,n)$	a×b×c
1	1	11.2551	1	11.2551
2	1.06	11.2551	0.8874	10.5876
3	1.1236	11.2551	0.7875	9.9597
4	1.1910	11.2551	0.6989	9.3691
5	1.2624	11.2551	0.6202	8.8135
6～10	1.3382	44.9550	0.5504	33.1150
加總	83.1			

$$120,000 = x\sum_{t=1}^{12}\frac{1}{(1+0.01)^t} + (1+0.06)x(\sum_{t=1}^{12}\frac{1}{(1+0.01)^t})\cdot\frac{1}{(1+0.01)^{12}}$$

$$+(1+0.06)^2 x(\sum_{t=1}^{12}\frac{1}{(1+0.01)^t})\cdot\frac{1}{(1+0.01)^{24}} + (1+0.06)^3 x(\sum_{t=1}^{12}\frac{1}{(1+0.01)^t})\cdot\frac{1}{(1+0.01)^{36}}$$

$$+(1+0.06)^4 x(\sum_{t=1}^{12}\frac{1}{(1+0.01)^t})\cdot\frac{1}{(1+0.01)^{48}} + (1+0.06)^5 x(\sum_{t=1}^{60}\frac{1}{(1+0.01)^t})\cdot\frac{1}{(1+0.01)^{60}}$$

故 $120,000 = 83.1x$ ， $x = 1,444.04$ 元。

隨價調整法

例題 4│小陳以隨價調整法借得 10 年期購屋貸款 10 萬元，年利率 12%，問第一年中，每月攤還貸款本利和為多少？若第一年年底政府公布物價指數上漲 6%，則第二年起每月攤還貸款本利和為多少？

（一）第一年每月攤還貸款本利和為

$$100,000 \times MC(\frac{12\%}{12},120) = 100,000 \times 0.014347 = 1,434.71 \text{元} 。$$

（二）第一年後剩餘之貸款餘額為：

$$1,434.71 \times PVIFA(\frac{12\%}{12},108) = 1,434.71 \times 65.857 = 94,486.83 \text{元} 。$$

（三）第一年底通貨膨脹率為 6%，因此第一年後的貸款餘額應為：

$$94,486.83 \times (1+0.06) = 100,156.04 \text{元} 。$$

（四）第二年起每月攤還貸款本利和為：

$$100,156.04 \times MC(\frac{12\%}{12},108) = 100,156.04 \times 0.015184 = 1,520.77 \text{元} 。$$

變動利率抵押貸款(adjustable rate mortgages)

 五 浮動利率抵押貸款的基本內容

（一）通常變動利率法釘住一個利率指標調整，該利率指數能反映物價上漲率和真實利率，放款者只需估計對風險貼水之要求。

（二）變動利率設定的起始利率低於固定利率，乃因變動利率貸款從貸方移轉了一部分風險給借方。

（三）變動利率法將貸方風險移轉給借方，可能會增加借方之財務困難度提高，導致增加借方違約風險。

（四）為了控制借方之風險，一般限制利率調整之上下限，故有上下限合約的貸款利率較高。

（五）限制條件下所產生之實際支付利率和新貸款利率會有所差額，其累積便成為借方之新債務，一般稱為負償債(negative amortization)。允許負償債的合約規定超過上限的部分應記入下期的負債總額，會使債額增加，而不允許負償債的合約規定，利率超過上限的部分完全不計算，造成貸方損失，故會要求較高的利率。

例題 5│假設 A、B、C、D 四人各購屋一戶，並都取得 10 年期 10 萬元的貸款，若四人各自的貸款條件如下：

貸款人	A	B	C	D
貸款種類	固定利率	一年浮動利率	一年浮動利率	一年浮動利率
起始利率	12%	7.5%	9%	10%
附加利率	--	2%	2%	2%
調整上限	--	無	2%	2%
負償債	--	--	可	不可

假設第二、三、四年的利率指標分別是 12%、15% 和 10%，試求第二、三、四年後的貸款餘額及每月償還貸款本利和？

A 每年的貸款餘額和每月償還貸款本利和：

年數	一	二	三	四
貸款利率	12%	12%	12%	12%
每月償還貸款本利和	1,434.7	1,434.7	1,434.7	1,434.7
期末貸款餘額	94,486.17	88,273.8	81,273.54	73,385.47

每月償還貸款本利和

$$= 100,000 \times MC(\frac{12\%}{12}, 120) = 100,000 \times 0.014347 = 1,434.7$$

第一年期末貸款餘額

$$= 1,434.7 \times PVIFA(\frac{12\%}{12}, 108) = 1,434.7 \times 65.857790 = 94,486.17$$

第二年期末貸款餘額 $= 1,434.7 \times PVIFA(\frac{12\%}{12}, 96) = 88,273.8$

第三年期末貸款餘額 $= 1,434.7 \times PVIFA(\frac{12\%}{12}, 84) = 81,273.54$

第四年期末貸款餘額 $= 1,434.7 \times PVIFA(\frac{12\%}{12}, 72) = 73,385.47$

B 每年的貸款餘額和每月償還貸款本利和：

年數	一	二	三	四
利率指標	--	12%	15%	10%
附加利率	2%	2%	2%	2%
調整上限	無	無	無	無
貸款利率	7.5%	14%	17%	12%
每月償還貸款本利和	1,187	1,519.35	1,672.37	1,444.63
期末貸款餘額	93,017.67	87,461.07	81,835.08	73,893.63

B 每年的實際貸款利率為利率指標加上附加利率。

$$第一年每月償還貸款本利和為 100,000 \times MC(\frac{7.5\%}{12}, 120) = 1,187$$

$$第一年期末貸款餘額 = 1,187 \times PVIFA(\frac{7.5\%}{12}, 108) = 93,017.67$$

第二年每月償還貸款本利和為

$$93,017.67 \times MC(\frac{14\%}{12}, 108) = 1,519.35$$

$$第二年期末貸款餘額 = 1,519.35 \times PVIFA(\frac{14\%}{12}, 96) = 87,461.07$$

第三、四年計算略。

C 每年的貸款餘額和每月償還貸款本利和：

年數	一	二	三	四
利率指標	--	12%	15%	10%
附加利率	2%	2%	2%	2%
調整上限	2%	2%	2%	2%
貸款利率	9%	14%	17%	12%
實付利率	9%	11%	13%	12%
每月應償還貸款本利和	1,266.8	1,527.88	1,720.86	1,534.25
每月實際償還貸款本利和	1,266.8	1,368.11	1,512.60	1,534.25
期末貸款餘額	93,539.73	89,998.43	86,911.43	78,477.36

第一年每月償還貸款本利和為 $100,000 \times MC(\frac{9\%}{12},120)=1,266.8$

第一年期末貸款餘額 $=1,266.8 \times PVIFA(\frac{9\%}{12},108)=93,539.73$

第二年每月應償還貸款本利和為

$93,539.73 \times MC(\frac{14\%}{12},108)=1,527.88$

第二年每月實際償還貸款本利和為

$93,539.73 \times MC(\frac{11\%}{12},108)=1,368.11$

　　第 二 年 應 付 與 實 付 貸 款 本 利 和 之 差 額 為：$159.77(=1,527.88-1,368.11)$，稱為負償債，應計入貸款餘額，共計 12 個月，其總和為 $159.77 \times FVIFA(\frac{14\%}{12},12)=2,045.18$。

原第二年期末貸款餘額 $=1,527.88 \times PVIFA(\frac{14\%}{12},96)=87,935.25$。

故第二年底貸款餘額 $=87,953.25+2,045.18=89,998.43$ 元。

第三、四年計算略。

D 每年的貸款餘額和每月償還貸款本利和：

年數	一	二	三	四
利率指標	--	12%	15%	10%
附加利率	2%	2%	2%	2%
調整上限	2%	2%	2%	2%
實付利率	10%	12%	14%	12%
每月實際償還貸款本利和	1,321.5	1,425.25	1,523.39	1,435.03
期末貸款餘額	93,866.73	87,693.59	81,290.89	73,402.25

第一年每月償還貸款本利和為 $10,000 \times MC\left(\dfrac{10\%}{12},120\right) = 1,321.5$

第一年期末貸款餘額 $1,321.5 \times PVIFA\left(\dfrac{10\%}{12},108\right) = 93,866.74$

第二年每月應償還貸款本利和為 $93,866.74 \times MC\left(\dfrac{12\%}{12},108\right) = 1,425.25$

第二年期末貸款餘額 $1,425.25 \times PVIFA\left(\dfrac{12\%}{12},96\right) = 87,693.59$

第三、四年計算略。

> **例題 6** ｜ 大雄向西南銀行借一筆 500 萬元之不動產抵押貸款，貸款期限為二十年，年利率採浮動利率，首年之年利率為 6%，還款方式採等額付款方式（即此筆貸款為等額付款貸款，其在固定利率下，每期付款總金額固定不變），每月計息並付款一次，試問若自第十三個月起，年利率調升至 7.2%，此時大雄每個月之貸款支出總額為多少？此筆借款在還完第七十二個月貸款金額後，大雄尚欠西南銀行多少餘額未清償？（2002 年不動產估價師高考）

（一）每月償還金額為：

$$5,000,000 \times MC(0.5\%,240)$$
$$= 5,000,000 \times 0.007164$$
$$= 35,820(元)$$

（二）第一年底（第十二個月底）之貸款餘額：

$$35,820 \times PVIFA(\dfrac{6\%}{12},19 \times 12)$$
$$= 35,820 \times 135.854246$$
$$= 4,866,299(元)$$

（三） 第二年起利率漲為 7.2%（每月 0.6%），計算每月償額：

$$4,866,299 \times MC(0.6\%, 228)$$
$$= 4,866,299 \times \frac{0.6\% \times (1+0.6\%)^{228}}{(1+0.6)^{228}-1}$$
$$= 4,866,299 \times 0.00806$$
$$= 39,222(元)$$

（四） 求第七十二個月後之貸款餘額：

$$39,222 \times PVIFA(\frac{7.2\%}{12}, 168)$$
$$= 4,144,765(元)$$

期末還本法

例題 7│假設 A 投資案，其投資人融資 2,000,000 元，為期 10 年，自有資金投入為 1,000,000 元，每年營運淨收入為 500,000 元，每年年底繳交抵押貸款利息一次，當利率為 10%時，其現金流量、NPV_E 及 IRR_E 各是多少？

融資 2 百萬元後 A 投資案之現金流量（每期只還利息）

年期	營運淨收入	貸款額/利息	稅前現金流量 /BTCF/BTER	折現因子 (@10%)	折現現金流量
0	—	—	—	—	−1,000,000
1	500,000	200,000	300,000	0.90909091	272,727
2	500,000	200,000	300,000	0.82644628	247,934
3	500,000	200,000	300,000	0.75131480	225,394
4	500,000	200,000	300,000	0.68301346	204,904
5	500,000	200,000	300,000	0.62092132	186,276
6	500,000	200,000	300,000	0.56447393	169,342

年期	營運淨收入	貸款額/利息	稅前現金流量 /BTCF/BTER	折現因子 (@10%)	折現現金流量
7	500,000	200,000	300,000	0.51315812	153,947
8	500,000	200,000	300,000	0.46650738	139,952
9	500,000	200,000	300,000	0.42409762	127,229
10	500,000	2,200,000	−1,700,000	0.38554329	−655,424
					NPV_E=72,284
					IRR_E=5.25%

註：IRR_E 以試誤法和內插比例法求算。

可調整抵押貸款

例題 8｜某甲向臺灣銀行借款 800 萬元購屋，貸款利率為浮動，起始利率為每年 9%，在三十年內按月攤還本息，若二年後市場利率上漲，依約定貸款利率應調整為 9.5%，則：(1)自第三年起，某甲每月之償額應為多少？(2)若某甲不願承擔上漲之新償額，而欲以原償額支付及延長償還期限，則某甲之償還期限尚有多久？

（一）某甲前二年之每月償額：

$$8,000,000 \times MC(0.75\%,360) = 8,000,000 \times 0.008046 = 64,368 \text{（元）}$$

（二）第二年底之貸款餘額為：

$$LB_2 = 64,368 \times PVIFA(\frac{9\%}{12},336)$$
$$= 64,368 \times 122.504035 = 7,885,339 \text{（元）}$$

（三）新的貸款利率 9.5% 下，每月之償額：

$$7,885,339 \times MC(0.7917\%,336) = 7,885,339 \times 0.00852 = 67,183 \text{（元）}$$

（四） 在延長年限下以原償額支付，求償還期限：

$$7,885,339 \times MC(0.7917\%, n) = 64,368$$
$$MC(0.7917\%, n) = 0.0081629$$

以內插比例法，求得 n 約為 444 個月，即約為 37 年。

彈性償額抵押貸款

例題 9｜某甲向銀行借款 500 萬元購屋，貸款年利率 6%，償還期限二十年，每月還款，前二年為寬限期，每月還息，之後十八年每月等額攤還本息，則某甲在前二年及之後十八年間每月應償還多少本息？

（一） 前二年每月應還利息：$5,000,000 \times (\frac{6\%}{12}) = 25,000$ （元）

（二） 之後十八年（216 個月）間，按月攤還本息，每月償額為：

$$5,000,000 \times MC(0.5\%, 216)$$
$$= 5,000,000 \times 0.00758$$
$$= 37,908(元)$$

逆向年金抵押貸款

例題 10｜某甲已退休，並擁有一棟市價約 800 萬元的透天厝，他希望以逆向年金抵押貸款向第一銀行借款，雙方約定貸款年利率為 12%，期限十五年，且第一銀行預示在十五年後某甲之貸款餘額上限為 500 萬元，則：

> （一）某甲在這十五年內每月至多可借得多少錢？
> （二）若某甲在十年後出售此屋，則屆時他所欠的逆向年金抵押貸款之貸款累積金額為多少？

（一）銀行預告十五年（一百八十個月）後，貸款餘額上限為 500 萬元（年金終值），則每月可借得之金額：

$$5,000,000 = A \times FVIFA(1\%,180)$$
$$= A \times 499.58$$
$$\Rightarrow A = 10,008(元)$$

（二）第十年底之貸款累積金額：

$$FVA = 10,008 \times FVIFA(1\%,120)$$
$$= 10,008 \times 230.04 = 2,302,227(元)$$

例題 11｜某甲在幾年前貸款購屋，貸款利率每年 8%，到現在仍剩三十個月才還清，貸款餘額為 90 萬元，某甲打算起一個會，收足 90 萬元後將貸款還清。此會（含會首本人）計三十一人，未來每月某甲應繳回 3 萬元，計三十個月，在不計會員違約之風險下，某甲藉起會償還貸款可節省多少利息支出（以現值計）？

（一）計算貸款餘額 90 萬元下，每月之償還金額：

$$900,000 \times MC(\frac{8\%}{12},30) = 900,000 \times 0.03689 = 33,199.5 （元）$$

（二）起會每月房貸節省：$33,199.5 - 30,000 = 3,199.5$ （元）

（三）利息支出之節省：

$$3,199.5 \times PVIFA(\frac{8\%}{12}, 30) = 86,735 \text{ （元）}$$

共享增值抵押貸款

例題 12 │ 假設貸款 60,000 元，貸款期限 30 年，採共享增值抵押貸款 (*SAM*)，年利率 9%，在第 10 年底或房屋出售時，貸方取得不動產增值的 50%，房屋現值為 90,000 元，通貨膨脹率每年增加 6%，試問貸方取得多少不動產增值？貸方實際利率為多少？

$$90,000 \times (1 + 6\%)^{10} = 161,176 元$$

$$161,176 - 90,000 = 71,176 元 \text{（不動產增值）}$$

$$71,176 \times 50\% = 35,588 元 \text{（貸方分享增值）}$$

$$60,000 \times MC(\frac{9\%}{12}, 360月) = 482.76 元 \text{（每月償還本利和）}$$

$$482.76 \times PVIFA(\frac{9\%}{12}, 240月) = 53,657 元 \text{（貸款餘額）}$$

$$53,657 + 35,588 = 89,245 \text{（十年後之貸款餘額加不動產增值）}$$

$$60,000 = 482.76 \times PVIFA(\frac{i}{12}, 120月) + 89,245 \times PVIF(\frac{i}{12}, 120月)$$

以試誤法和內插比例法估算，則：

$$i = 12.17\%$$

貸款融資決策

例題 13｜ 小陳購買一棟 10 萬元之房屋，銀行提供兩種貸款條件：1.貸款 8 萬元，年利率 10%，貸款 10 年。2.貸款 9 萬元，年利率 11%，貸款 10 年。假設現行年利率為 12%，都按月攤還，問小陳應選擇哪一種貸款？在何種情形下小陳應選擇貸款 9 萬元？

（一）求算兩種貸款方式每月本利均等攤還額

貸款額(1)	本利均等攤還率(MC)(2)	本利均等攤還額(1)×(2)
80,000	0.013215	1,057.20
90,000	0.013775	1,239.75
兩種方式之差額		182.55

（二）若貸款 9 萬元，每月必須多支付 182.55 元，而每月所多支付之金額折算的現值（複利年金累加現值）為 182.55×69.70（複利年金累加現值利率，$PVIFA(1\%,120)$）$=12,723.83$ 元，高於 1 萬元，故小陳應貸款 8 萬元。

（三）要求貸款 9 萬元之條件為 $182.55 \times PVIFA(X,120) = 10,000$，採內插法可以解出 $X = 0.01542$（$X \times 12 = $ 年利率，約為 18.5%），亦即多借 1 萬元之利率為 18.5%，除非小陳所借 1 萬元之投資報酬率高於 18.5%，否則不應多借 1 萬元。

例題 14｜ 同上題，若小陳打算借款 3 年後還款，在年利率 12% 之下，應否貸款 9 萬元？何種情況之下可以選擇貸款 9 萬元？

（一）1. 借 8 萬元，3 年後貸款餘額尚有：

$$1,057.2 \times PVIFA(\frac{10\%}{12},84) = 1,057.2 \times 60.2367 = 63,682.2 \text{ 元}$$

　　2. 借 9 萬元，3 年後貸款餘額尚有：

$$1,239.75 \times PVIFA(\frac{11\%}{12},84) = 1,239.75 \times 58.4029 = 72,405 \text{ 元}$$

　　3. 若借款 9 萬元，3 年後還款時尚須多支付 8,722.8 元(72,405－63,682.2)，以及前例中已知每月必須多支付 182.55 元，故在年利率 12%之下，多支付款項之現值為：

$$182.55 \times PVIFA(1\%,36) + 8,722.8 \times PVIF(1\%,36) = 11,592.71 \text{ 元}$$，此一現值大於 1 萬元，故不應借款 9 萬元。

（二）要求貸款 9 萬元之條件為

$$182.55 \times PVIFA(X,36) + 8,722.8 \times PVIF(X,36) = 10,000$$

　　1. 試誤法：

報酬率	現值
0.015417	10,043.36
X	10,000
0.015833	9,935.12

　　2. 內差比例法：

$$\frac{0.015417 - X}{0.015417 - 0.015833} = \frac{10,043.36 - 10,000}{10,043.36 - 9,935.12} \Rightarrow X = 0.0155836$$ （年利率約為 18.7%），亦即小陳所借 1 萬元之投資報酬率必須高於 18.7%，否則不應多借 1 萬元。

例題 15｜同上題，若貸款 9 萬元之攤還年期改為 12 年。假設現行年利率 12%之下，小陳應否貸款 9 萬元？何種情況之下可以選擇貸款 9 萬元？

（一）貸款 8 萬元與 9 萬元每月攤還本利和之差異：

貸款額	年期	本利均等攤還率	本利均等攤還額	1～10 年 每月多付	11～12 年 每月多付
90,000	12	0.012536	1,128.24	71.04	1,128.24
80,000	10	0.013215	1,057.2		

故在年利率 12%之下，每月多付貸款本息之現值為：

$$71.04 \times PVIFA(1\%,120) + 1,128.248 \times PVIFA(1\%,24) \times PVIF(1\%,120)$$

$=12,213.6$ 元，此一現值大於 1 萬元，故不應借款 9 萬元。

（二）要求貸款 9 萬元之條件為：

$$71.04 \times PVIFA(X,120) + 1,128.248 \times PVIFA(X,24) \times PVIF(X,120) = 10,000$$

以試誤法及內插比例法可解出 $X = 0.011146$（年利率約為 13.37%），亦即小陳所借 1 萬元之投資報酬率高於 13.37%，否則不應多借 1 萬元。

例題 16｜同上題，若小陳貸款 8 萬元，年利率 10%，貸款 10 年。在 5 年後，利率下降，小陳可以取得一個年利率 6%的 5 年期貸款，惟需支付 3,000 元手續費，試問小陳應否轉貸？

（一）五年後之貸款餘額尚剩下 $1,057.2 \times PVIFA(\dfrac{10\%}{12}, 60) = 49,757.51$ 元。

（二）若重新貸款 49,575.51 元，年利率 6%，貸款 5 年，則每月應攤還本利和為 $49,757.51 \times MC(\dfrac{6\%}{12}, 60) = 961.96$ 元，故重貸後每月節省 95.24 元（$1,057.2 - 961.96$）。

（三）每月節省 95.24 元之現值為 $95.24 \times PVIFA(X, 60)$，至少要等於手續費 3,000 元才會轉貸，亦即 $95.24 \times PVIFA(X, 60) = 3,000$，利用內插比例法可解出 $X = 0.024167$（年利率為 29%），即年利率低於 29%時，小陳應轉貸。

融資實質交易成本（手續費與增量成本）

> **例題 17**｜某君向銀行借了 100,000 元購屋。貸款年限是 10 年，年利率是 12%加 3 點。如果選擇高利率貸款，則年利率為 15%，但不含點數費。問在兩種情形下實質利率各多少？

（一）選擇高利率 15%貸款的情形，實際利率就是 15%。

（二）選擇低利率，12%加 3 點的情形：

在年利率 12%，每月所付貸款本息為：

$$A = 100,000 \times MC(\dfrac{12\%}{12}, 120) = 1,434.71$$

$100,000 \times 3\% = 3,000$（點數費(point)，即手續費，在國外 1 點代表收 1%手續費，本例為 3 點，故收 3%費用）

實際拿到之貸款額 $= 100,000 - 3,000 = 97,000$ 元

故實際之每月利率 r 之計算：$97,000 = 1,434.71 \times PVIFA(r, 120)$

以試誤法和內插比例法求解 r：

$r = 1.06\%$（月利率），換成年利率約為 12.73%。

提前清償

> **例題 18**｜假設某君向銀行借了 100,000 元購屋。貸款年限是 10 年，年利率是 12%，點數是 3 點。如果選擇高利率 15%，則銀行不計點數。某君購屋 5 年後，因故提前還款。問某君借這兩種貸款所付的實質利率為何？

（一）選擇高利率時，不論何時還款，其利率成本都是 15%。

（二）選擇低利率時（12%年利率加 3 點），依前例每月還款 1,434.71 元。惟起始借方僅收到 97,000 元貸款金額，故五年後還本時貸款餘額為：

$$1,434.71 \times PVIFA(0.01,60) = 64,497.44$$

（三）借方總計支付了五年貸款本息，每月 1,434.71 元。在五年後又支付餘額 64,497.44 元。這些現金流量折算為成交時的 97,000 元：

$$97,000 = 1,434.71 \times PVIFA(r,60) + 64,497.44 \times PVIF(r,60)$$

以試誤法和內插比例法求解 $r = 1.07\%$ 或年利率 12.94%

（四）結論：當收取點數費時，會使實際利率增高，並大於原利率 12%，如果借方提早還本則實際利率還會更高。借方所付出的實際利率和貸款時間關係如圖 17-1：

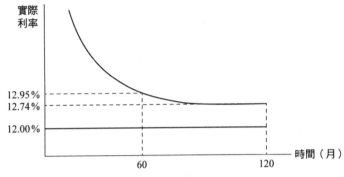

圖 17-1　實際利率與貸款時間關係圖

貸方利用點數和其他額外成本來增加實際利率，有兩個優點：

1. 有一些固定的手續費必須馬上收回，而不能以利息方式收回。因為借方若提早還款，則貸方所應得的利息就減少了，而預計以利息方式收回的一些貸款費用就收不回來。

2. 在利率成本上升時，貸方同業可能還未調整利率，以點數等方式提高實際利率較不會引起借方的注意。

例題 19｜假設貸款 60,000 元，期限 30 年，年利率 12%，手續費(origination fee)為貸款金額的 3%，試問貸款的實際利率成本為多少？若貸款餘額在第 5 年底提前清償(early repayment)，試問實際利率成本（收益）為多少？若提前清償違約罰款為貸款餘額的 3%，則實際利率成為多少？

$$60,000 \times 3\% = 1,800$$

$$60,000 - 1,800 = 58,200$$

（一）每月償還貸款本利和：

$$PMT = 60,000 \times MC\,(\frac{12\%}{12}, 360月) = 617.17 \,元$$

$$58,200 = 617.17 \times PVIFA\,(\frac{i}{12}, 360月)$$

$$i = 12.41\%$$

（二）提前清償：

$$58,200 = 617.17 \times PVIFA\,(\frac{i}{12}, 60月)$$
$$+617.17 \times PVIFA\,(\frac{12\%}{12}, 300月) \times PVIF\,(\frac{i}{12}, 60月)$$

$$58,200 = 617.17 \times PVIFA\,(\frac{i}{12}, 60月) + 58,598.16 \times PVIF\,(\frac{i}{12}, 60月)$$

$$i = 12.82\%$$

（三）違約罰款：

$$617.17 \times PVIFA\,(\frac{12\%}{12}, 300月) = 58,598$$

$$58,598 \times 3\% = 1,758$$

$$58,598 + 1,758 = 60,356 \,（貸款餘額+罰款）$$

$$58,200 = 617.17 \times PVIFA\,(\frac{i}{12}, 60月) + 60,356 \times PVIF\,(\frac{i}{12}, 60月)$$

$$i = 13.25\%$$

貸款時手續費或額外成本之計算

> **例題 20** | 假設現行市場年利率是 12%。惟某甲風險較一般人高，所以銀行希望能收到 13%的實際利率。貸款年限 10 年，估計某甲 5 年內就會還款，若其貸款 100,000 元。則銀行應收多少額外成本？

若某甲貸款 1 元，貸款 10 年，每月必須支付 $1/PVIFA(1\%,120)$，即貸款常數(Mortgage Constant, MC)，也就是為了償還一元債務每月負擔的貸款本息。此貸款常數為：

$$MC(1\%,120) = 1/PVIFA(1\%,120) = 0.014347$$

如果以年利率 13%計算（月利率 0.010833）這些貸款本息的現值為：

$$MC(1\%,120) \times PVIFA(0.010833,60) = 0.014347 \times (43.950107) = 0.62923$$

5 年後的貸款餘額(Loan Balance, LB)為：

$$LB(1\%,60) = 0.014347 \times PVIFA(0.01,60) = 0.64497$$

如果以年利率 13%計算（月利率 0.010833），貸款餘額的現值：

$$LB(1\%,60) \times PVIF(0.010833,60) = 0.64497 \times 0.52387 = 0.33789$$

現值 $= 0.62923 + 0.33789 = 0.96712$。

$1 - 0.96712 = 0.03288$，應收額外成本 3.288%，也就是 3,288 元。

例題 21 | 假設某貸款年利率為 12%，貸款年限 30 年，按月複利攤還，今管理者希望能收到 13%年利率，預估 10 年內還款，則在原貸款條件下，管理者應收取多少手續費，以便獲得 13%之收益？

$$ND = MC(\frac{12\%}{12}, 360) \times PVIFA(\frac{13\%}{12}, 120)$$
$$+ MC(\frac{12\%}{12}, 360) \times PVIFA(\frac{12\%}{12}, 240) \times PVIF(\frac{13\%}{12}, 120)$$
$$= 0.010286 \times 66.974419 + 0.010286 \times 90.89416 \times 0.27444 = 0.9453$$

$$1 - ND = 1 - 94.53\% = 5.47\%$$

∴ 管理者應收取 5.47%手續費，以便在原貸款條件下，取得 13%之收益。

MEMO

Chapter 18

國內相關研究與
政策時勢

REAL ESTATE INVESTMENT

重 點 提 示

　　本章重點在於說明國內相關之不動產投資與市場分析研究，特別是針對住宅市場的研究成果加以整理分析。其次則是針對政府提出之房地產振興措施加以整理與分析，以利於掌握時勢考題之脈動。

一　自然空屋率理論

（一）在自然空屋率理論中，將對住宅之超額供給或超額需求定義為自然空屋率(V_N)與實質空屋率(V_A)的差額($V_N - V_A$)，此差額又稱為空屋隙(V_G)，在自然空屋率情況下，此時實質租金變動等於零，新建數量為 ds，此時新屋剛好補足因折舊或毀損之房屋。

（二）當住宅市場有超額需求存在時，會使得實質空屋率下降至V_A^1，低於自然空屋率($V_N > V_A^1$)，此時屋主會調高價格水準，而價格上漲將導致新建及現有存量改建數量之增加，並使得超額需求減少。

（三）反之，當住宅市場有超額供給存在時，會使實質空屋率上升至V_A^2，高於自然空屋率($V_N < V_A^2$)，此時屋主將會調降價格水準，此將導致新建數量之減少及轉用，並使超額供給減少。

（四）當其他條件不變時，市場調整至均衡的速度，將視供需面的反應以及價格調整之速度而定，而價格的變動率取決於空屋率。

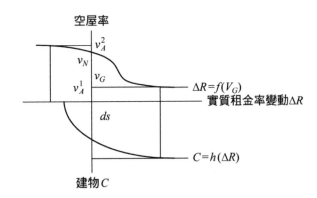

二　國內空屋之計算方式以及各種方式之優劣

（一）空屋計算方式

1. 台電用電不足底度戶數資料推估方法

   係採用台電表燈不足底度戶數來計算，以單向低壓電表 10 安培（20 度）為底度，臺灣地區正常家庭每戶使用此電量一般約為四日，因此以每月用電低於四日為不足底度標準。

2. 住宅存量戶數與家戶數推估方法

   此一方式推估之空屋數＝民國八十九年普查空屋數＋使用執照戶數－拆除戶數－新增加家庭戶數。

3. 地政機關建物登記資料推估方法

   由於地政機關的資料為建物登記簿上的內容，這部分並無法指出住宅的使用現況，但是若同一所有權人在同一縣市同時持有超過一戶住宅，假設一個所有權人都僅居住一戶住宅，此時可以認定所有權人非居住的那戶住宅可能是閒置的房屋。但從其他利用的角度來看，這部分住宅也可能用於出租，因此地政機關所提供的住宅存量資料，也可以大概估計出可能存在的空屋數量，只是在精確度上有較大的偏誤，其推估方法如下：

   > 建物登記資料空屋數＝（同一所有權人在同一縣市持有超過二戶（含）的住宅數－該所有權人總人數）×（1-該縣市的空屋出租率）

（二）各種空屋推估方式分析

1. 上述三種空屋推估方式中，前二種方式不論是台電資料或住宅存量資料基本上都無法反映出空屋的品質狀況，但對於空屋數量之推估相較於地政機關登記資料來得精確，而第一種方式推估之誤差程度，依相關實際研究可知又比第二種方式之偏誤性來得低。

2. 地政機關登記方式，由於登記資料可能存在著合住的現象，因此（同一所有權人在同一縣市持有超過二戶（含）的住宅數－該所有權人總人數）可能出現低估的情形，再者（1－該縣市的空屋出租率）應採用多少比例，不易估算，如以全部出租住宅計算，則空屋數將被低估。

3. 綜合而言，以台電資料推估空屋數最為精確，而住宅存量推估之空屋數可以作為佐證之參考，至於地政事務所登記資料推估之空屋數則可以作為空屋屬性分析之用。

 三　餘屋，其計算方式與評估方法

（一）餘屋之定義與推估方法

　　國內研究將餘屋定義為指同一建設或開發相關法人公司在同一縣市完成建物第一次登記，尚未移轉且持有超過 10 戶（含）以上的法人公司，其名下所持有的住宅。

（二）推估方法分析

　　從餘屋推估方式分析可知，目前研究討論之餘屋主要為登記在建設公司名下，經地政機關完成第一次建物登記後仍未售出者。就實質來看，餘屋之探討係為釐清建設公司法人名下持有之房屋，以便於協助建商解

決經營困境、復甦房地產業、提供市場資訊、刺激購買誘因、提供政策決策依據與繁榮經濟景氣等。從住宅存量的角度來看，餘屋可說是一種狹義上解釋的空屋，也就是說，餘屋的數量為空屋數量之一部分，故也可以相互比較分析。

四 目前國內空屋數超過百萬戶會造成的問題

（一）消費者訊息不對稱

空屋數量龐大充斥，造成消費者選擇房屋時，資訊紛雜，增加搜尋成本，且欠缺對空屋做出適當之評鑑，則極易使消費者陷於資訊不對稱之狀態，臻而蒙受欺騙與損失。

（二）空屋持有人之資金積壓套牢

原本持有空屋當作投資、保值、儲存與投機用途者，資金慘遭套牢，而面臨房地產長期不景氣情況之下，此類空屋脫手不易。

（三）以屋換屋者困難度增加

換屋者於購置新屋之同時，如欲將目前居住之房屋處理出售，會因為市場空屋數量龐大，連帶造成換屋者原持有之房屋在市場上必須與龐大之空屋競爭，造成換屋者資金之週轉取得困難度增加，導致換屋意願或能力受阻。

（四）社會資源浪費與成本增加

閒置之空屋除了造成個人之資金財產週轉積壓等問題外，其閒置也等同於全體社會資源之無形浪費。

（五）妨礙都市景觀

目前法令對一般空屋並無強制規定要管理與維護，因而在缺乏管理與維護之下，往往容易頹敗窳漏，破壞都市的整體形象，且危及廣大民眾的生命安全。

（六）滋生治安問題

空屋在乏人維護管理之下，有可能成為藏汙納垢之處，淪為不良分子聚集或滋事的場所，形成社會治安的問題。

（七）人口及產業之外移

空屋數量多的地區，除了空屋本身品質不佳外，往往代表著地區之生活機能或就業機能不足，以致於無法吸引人口與產業進入，或是屬於衰敗老化之地區，造成人口與產業逐漸外移。

（八）政府管制與住宅供給之衝擊

都市計畫建築容積管制之發布，造成發展未成熟地區之搶建、過早和過度開發，增加政府興建公共設施之財政支出。其次，空屋數量龐大，而政府仍積極介入住宅市場興建軍眷住宅，有違市場機制，並造成政府與民間之對立和衝突。

五　餘屋充斥對房地產市場之影響

（一）造成市場供需失衡

房地產市場景氣時與容積管制下之搶建，使得房屋市場過度供給。其次，市場資訊封閉也是供需失衡發生之導因，加上國人房屋自有率已超過八成，而新購屋者數量持續下滑與購屋負擔與日俱艱，且投資管道多元化，投資房地產之變現性低，均使得餘屋問題日益嚴重。

（二）相關產業經營困難

　　市場上龐大數量的餘屋，造成建設公司法人囤積大量的房屋，形成資金嚴重積壓，加上貸款利息之負擔，極易周轉不靈，臻而連帶影響上中下游產業、金融業，造成連鎖性之產業與金融危機。

（三）住宅品質與居住品質不佳

　　部分餘屋產品設計錯誤、品質不佳、區位不當、整體設施機能不足，可能導致閒置或廢棄，臻而連帶造成房屋市場品質不佳，引發社會治安與環境問題。

（四）國宅、軍眷住宅與民間住宅之競合

　　政府為照顧中低收入戶、軍眷與榮眷等，先後興建相當數量之房屋嘉惠特定族群，惟此類房屋之售價往往低於市價，造成公部門嚴重干擾自由市場經濟。

（五）住宅資訊之匱乏

　　房地產市場餘屋數量充斥，主要原因在於市場參與者缺乏正確之住宅資訊，以致於盲目投資，並促使投機炒作風氣盛行。

（六）租賃市場之轉機

　　隨著國內工商業之發達與國際化之趨勢，未來勢必要提供必要之租賃房屋供流動之人口所需，並且給予經濟不穩定之年輕人，適當之租賃住宅，以減少購屋之負擔壓力。

餘屋過剩對總體經濟造成之影響

（一）影響經濟成長率

國內經濟成長逐年趨緩，而火車頭之房地產市場不景氣也反映出傳統產業面臨之困境，並衝擊經濟成長，大量閒置之餘屋實為阻礙經濟成長的原因之一。

（二）國內生產毛額成長趨緩

房地產市場不景氣所衍生的龐大數量餘屋，造成國內生產毛額成長幅度之縮減。

（三）貨幣供給緊縮

房地產市場不景氣，資金需求減緩，而餘屋數量的囤積，也使金融機構在融資放款業務方面更趨於保守。

（四）物價指數波動緩和

在經濟不景氣狀況下，消費支出有趨緩減少之情勢，而房地產市場也反映出同樣之情形。

（五）人口結構改變

臺灣地區目前人口數的成長率都低於 1%，顯示人口成長變動情形比例相當低，而在人口結構中，又發現明顯有高齡化社會之現象，整體家庭結構也從大家庭逐漸轉型為小家庭，住宅需求類型變化值得重視。

建商手中過剩的餘屋對金融市場造成之影響

（一）緊縮建築融資餘額

　　從長期趨勢分析，建築貸款餘額近幾年都呈現逐年遞減之現象，顯示因為經濟不景氣的關係，使得建築貸款餘額大幅度減少，而閒置的大量餘屋，也使銀行業者對建商之融資趨於保守。

（二）調降中長期放款利率

　　由於整體經濟的不景氣，加上房地產市場餘屋的長期滯銷，都明顯的增加了建築業者的資金成本。政府一再推出低利優惠貸款方案，即是希望刺激房地產市場景氣的復甦。

（三）逾放比率與壞帳增加

　　房地產業正處於景氣低迷，市場囤積了相當多的空屋與餘屋，並且許多金融機構逾放之對象與不動產業有所關聯，也更加惡化了逾放之情況。其次，由於餘屋數量龐大，造成資金周轉不靈，廠商紛紛宣告跳票倒閉，而隨之也使得銀行承接呆帳之風險提高，進而對金融機構本身產生了負面之影響。

八 空屋形成的原因以及空屋的類型

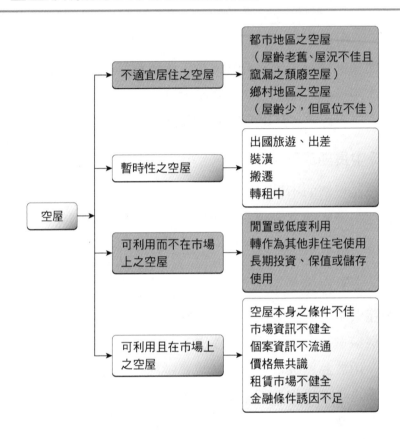

九　餘屋形成的原因與類型

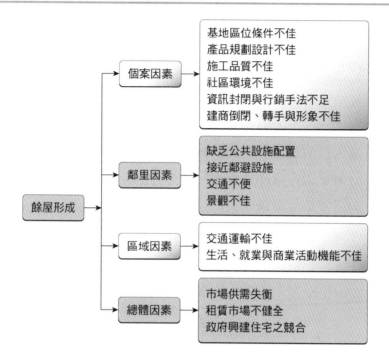

```
                    ┌─ 個案因素 ─→  基地區位條件不佳
                    │               產品規劃設計不佳
                    │               施工品質不佳
                    │               社區環境不佳
                    │               資訊封閉與行銷手法不足
                    │               建商倒閉、轉手與形象不佳
                    │
                    │               缺乏公共設施配置
                    ├─ 鄰里因素 ─→  接近鄰避設施
                    │               交通不便
  餘屋形成 ─→       │               景觀不佳
                    │
                    ├─ 區域因素 ─→  交通運輸不佳
                    │               生活、就業與商業活動機能不佳
                    │
                    │               市場供需失衡
                    └─ 總體因素 ─→  租賃市場不健全
                                    政府興建住宅之競合
```

十　以住宅存量－流量模型說明住宅存量市場與流量市場價格與數量之間的關係

（一）住宅存量－流量模型一般作為探討住宅存量市場與新建住宅市場中價格與數量的關係，為近二十年不動產相關理論中的最大貢獻。

（二）相較於傳統的住宅存量－流量模型僅描述靜態的價量關係，此一模型考量了住宅生產期間長的影響。

（三）假設短期住宅的供給量視為固定，則由住宅需求水準 D 決定每單位的住宅服務價格，而此一價格就是市場租金 R，其經由還原利率可以求出住宅價格 $P = R/i$。

（四）再者從住宅價格 P 與新建住宅的供給成本 $COST$ 共同決定了新建住宅的數量 $QNEW$，即 $QNEW = f(P, COST)$。

（五）流量市場的新建住宅扣除原住宅存量 ST 中折舊拆除比例 d 的數量（ $d \times ST$ ），即得到新增加的住宅存量 $\Delta ST = QNEW - d \times ST$。

（六）綜上可知，住宅存量市場可視為是居住空間的消費市場，說明住宅消費需求與租金的關係。而新建住宅市場則可視為是住宅資產的投資市場，說明新建住宅供給與成本收益的關係。

（七）整體而言，住宅存量市場與流量市場和價格的關係，是由住宅存量市場的租金水準影響住宅流量市場的價格。反之，在數量方面，則是住宅流量市場的新建數量影響住宅存量市場供需落差的調整。當住宅存量市場供需失衡時，可以透過租金的變動來影響住宅價格與新建住宅供給量，使市場逐漸回復均衡。

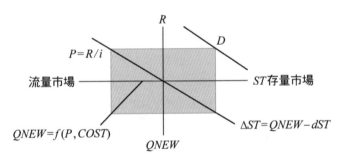

十一 資產管理公司(AMC)、重整信託公司(RTC) 的定義與對房地產市場的影響

（一）**資產管理公司**：依金融機構合併法第十五條規定，以收購金融機構之不良資產為目的之公司。負責取得、清理、經營正常銀行的不良不動產抵押資產，藉以降低銀行之逾放，一般為民營公司。

（二）**重整信託公司**：以處理倒閉儲蓄貸款機構或利息與本金逾三個月未予繳付、或債務人已破產或倒閉，或利率明顯低於市場利率之放款為業務之公司，主要為處理失敗之金融機構，一般為公營，由政府出資。

（三）**資產管理公司對不動產市場之影響**

1. 正面影響

    (1) 可將不良資產集中處理，有助於降低供給面之壓力，並能透過專業經營管理，重新包裝不動產，以整體行銷方式來增加需求，加上長期經營與制度配合，有利於不良資產價格的止跌回升。

    (2) 資產管理公司為民間機構，在追求利潤與資金運用上必會加速不良資產之處理時效。

    (3) 相較於法院拍賣之緩慢與利息、資金成本之積壓，資產管理公司能更有效率的處理不良債權。

    (4) 資產管理公司出售之不動產會將資訊公開，方便民眾選購，促進交易完成。

    (5) 搭配不良債權證券化之推行，有利於資產管理公司之資金募集，使房地產市場活絡，並讓更多的投資人加入此一市場。

    (6) 可解決目前銀行過多之逾放金額，讓銀行專注於本業之經營。

    (7) 同時解決基層金融機構之合併與重整問題。

2. 負面影響

(1) AMC 以折價方式從金融機構中收購不動產，若以短期賺取價差經營方式再出售手中不動產，恐會造成不動產市場價格破壞，使原已購屋者因房價縮水，不再繼續繳納貸款，造成銀行不良債權增加。

(2) 由於消費者預期房價下跌，會使需求減少，致使原本低迷的房地產市場更加萎縮，無法去化大量的空屋與餘屋。

 金融資產證券化能有助於資產管理公司之運作與推行

（一）可藉由金融資產證券化取得大量資金挹注不良債權之處理，增加資產之流通性與變現性。

（二）提供更多樣化的投資管道，疏導游資，避免壟斷行為之發生，健全市場機能與提高市場公平的參與。

（三）將所有權與經營權分開，藉由專業經營服務來獲得報酬與投資效益。

（四）以投資組合來降低分散風險。對個別投資者而言，增加一個投資管道。

 解決過多不良不動產債權的措施

（一）應先清查基層金融機構之逾放，以及進行合併與重整。

（二）訂定拍賣法與透過公正專業之不動產估價師進行鑑價。

（三）推動資產證券化，以利於資金之募集與開放投資管道。

（四） 開放外資與中資投資國內房地產市場，以增加資金之來源與房地產
　　　之去化。

（五） 改善國內整體投資環境，活絡總體經濟將有助於房市之復甦。

十四　我國不動產證券化條例之問題

（一）缺乏主體，信託功能不彰

　　現行不動產證券化條例規範之不動產證券，包括不動產投資信託與
資產信託，無論是由銀行辦理是項業務或設立新的不動產投資信託公
司，都是以個別信託基金方式辦理，信託業主、受託機構與不動產專業
顧問公司的權責無法釐清。若依現行不動產證券化條例，實際執行時將
面臨不動產開發專業主體性之不足，由於個別基金本身並無法人之主體
性，而不動產專業顧問公司又無實際參與專案融資之權責，使得信託基
金兼具發起人與受託機構雙重角色，其決策機制將欠缺監督與制衡之效
果。是以，唯有賦予不動產投資信託具有特殊目的之公司之主體性，方能
彰顯信託之功能，而不動產證券化此一投資管道才有機會獲得投資者的
信任。

（二）風險由投資者自行承擔

　　現行不動產證券條例規定不動產投資信託之主辦機構（信託業或銀
行）無須參與投資。因此對於不動產證券化募集之資金、運用與利益分
配都未必會有專案之負責人直接參與。以致於風險的承擔將完全落在不
參與經營的投資者身上。即使在投資契約中設計完善的避險機制，仍受
限於專案的運作與出資者無必然的直接關係，使得投資者缺乏投資誘
因，而欲藉由不動產投資信託方式增加資產流動性之想法，困難度亦高。

（三）流動性低，難以保有長期收益與保值

　　一般不動產投資的特質是長期收益穩定、保值，若無法獲得這兩項保證，投資者將會從事其他流動性高的投資，如股票，以便隨時回收資金。其次，當企業擁有高獲利性之不動產事業，且籌資管道多元時，是否仍有必要再運用不動產資產信託一途，值得商榷？若為一獲利性高之事業，在現金收入豐裕時，當不會再把賺錢的資產換成受益憑證？即使發起企業因某些特定因素，需採不動產證券化募集資金，一旦受益憑證轉讓完成後，原始發起企業與信託基金之關係將轉弱。此時，未參與經營的投資者，風險則頓時增高，將難以保有一般不動產投資長期收益穩定與保值之特性。

（四）優惠稅賦減免

　　不動產證券化條例內容第五十二條規定優惠稅賦之減免項目包括土地稅及房屋稅，同條例第五十三條亦規定允許彈性選擇固定資產折舊年限。上述稅務上之優惠由於臺灣土地稅與房屋稅稅基偏低，因此，對專案開發之不動產公司並無明顯之利益。且受限於僅有信託業得設置信託基金，對投資人增加了信託制度的枷鎖，進而弱化了前述優惠稅賦減免之效果。相較於歐美專案公司在主要有限合夥(MLP)的架構下，合夥公司可為非課稅主體之規定，現行不動產證券化條例所提供的誘因明顯不足。

（五）未彰顯不動產投資背後更深層之積極性目的

　　立法目的中應彰顯「促進不動產有效利用」、「提升環境品質」等積極性之目標。

（六）不動產資產信託易生弊端

　　雙軌並行疊床架屋，應採單軌制之不動產投資信託，我國之不動產證券化包括依美國模式成立之「不動產投資信託」與依日本模式成立之

「不動產資產信託」，然若就制度與實行之經驗觀察，可發現若單純採美國模式之「不動產投資信託」，實足可涵蓋「不動產資產信託」之功能。

（七）受益證券發行者資格太狹隘

目前僅限於信託業者，未來應有具有不動產、財務投資、信託等專業人員，因為信託業之不動產經營與不動產投資專案分析之專業能力不足。不動產事業具有高度之專業性，不論是不動產開發、不動產經營管理、不動產行銷、不動產投資專案分析、不動產金融、或不動產信託，均需有相當之不動產專業人才參與，方得確保該事業之成功。

（八）信託財產投資標的應放寬

應納入抵押權、選擇權等更多樣化之投資標的與工具，方能符合不動產市場真實之投資狀況。

（九）對受益證券發行者規範過多，對吸引大眾投資之誘因不足

對受託機構應簡化其申請之行政流程，推行單一窗口，對投資大眾應提供可行之稅賦減免之誘因。

十五　解釋名詞

（一）**空屋**：又稱空閒家宅、空閒住宅、空宅。行政院普查處將空屋定義為，凡家宅在普查標準時刻無人居住者，其居住人如因特殊緊急事故外出未返，但無遷居之意思者，不適作空閒住宅。或指「住宅存量」中，可提供居住使用但卻未使用或低度使用之「住宅單位」。

（二）**空屋率**：將空屋數除以住宅存量後以百分率表示之比率。

（三）**自然空屋率**：市場上提供之住宅產品有時間落差，為了克服時間落差所造成的產品供給限制，以及住宅市場資訊閉塞與訊息不對稱，並為求降低搜尋與換屋時之交易成本，市場上便須要提供一定數量的空屋住宅產品，以便於調節市場之供需狀況，提供買賣雙方選擇與交易，而此一合理空屋數量所占的比率稱之。

（四）**住宅存量**：又稱住宅單位數、家宅數量，係指住宅單位之普查總量。

（五）**住宅單位**：指房屋或其他處所，編有路街門牌號碼，並且有人居住或可供家庭居住者，以每套住宅設備所構成之空間單元，為一完整之住宅單位。

Chapter 19

歷屆考題詳解

🔆 **重點提示**

101 年高考專技不動產估價師「不動產投資」考題

102 年專技估價師高考不動產投資分析

103 年專技估價師高考不動產投資分析

104 年技專估價師高考不動產投資分析

105 年專技估價師高考不動產投資分析

106 年專技估價師高考不動產投資分析

107 年專技估價師高考不動產投資分析

108 年專技估價師高考不動產投資分析

109 年專技估價師高考不動產投資分析

90 年~100 年高考專技不動產
估價師「不動產考題」請掃描

REAL ESTATE INVESTMENT

101 年高考專技不動產估價師「不動產投資」考題

考題 1 │ 甲公司針對一投資方案進行評估,該案投資年限為兩年,期初投資額為新臺幣 200 萬元,第一年可獲利 430 萬元,但第二年則因景氣衰退而可能損失 231 萬元。試就以上條件,求出:

(一)此投資案之內部報酬率(Internal Rate of Return, IRR),並以折現率為橫軸,淨現值(Net Present Value, NPV)為縱軸,畫出此案之淨現值曲線及內部報酬率落點,並建議甲公司投資決策。(8 分)

(二)若甲公司可能因資金來源不同等因素而可能有兩個必要報酬率,即 3% 及 8%,試求出此二者必要報酬率下之淨現值,並提供你的建議,及說明此結果有別於一般財務原則之原因。(12 分)

(三)假設目前市場上之無風險利率為 2%,甲公司之必要報酬率為 5%,試就此專案提出投資可行性之建議。(5 分)

(一) $-200 + \dfrac{430}{1+IRR} - \dfrac{231}{(1+IRR)^2} = 0$ 1

$-200 \times (1+IRR)^2 + 430 \times (1+IRR) - 231 = 0$

利用 $ax^2 + bx + c = 0$ 之二個根為:

$$X = \frac{-b \pm \sqrt{b^2 - 4ac}}{2a}$$

故解出 $IRR = 5\%$ 或 10%

由右圖可知,IRR 有兩個解。

當甲公司之必要報酬率在 5% 與 10% 之間,則 $NPV > 0$;反之,當必要報酬率 $< 5\%$ 與

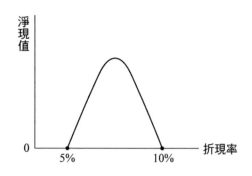

>10%，則 $NPV < 0$。此違反「必要報酬率愈小，NPV 愈大」之財務原理，故建議甲公司不宜採 IRR 法作為投資決策原則。

（二）　1. 必要報酬率 3%：

$$NPV = -200 + \frac{400}{1+3\%} - \frac{231}{(1+3\%)^2} = -0.264$$

2. 必要報酬率 8%：

$$NPV = -200 + \frac{400}{1+8\%} - \frac{231}{(1+8\%)^2} = 0.103$$

當甲公司之必要報酬率為 3%，則 $NPV < 0$，不可以投資；當甲公司之必要報酬率為 8%，$NPV > 0$，可以投資。此結果違反財務一般原則，因必要報酬愈小者，表示投資資金成本與投資風險愈小，對投資愈有利。其理由係因較高必要報酬反而將未來負的現金流量折現為較低現值，最後使淨現值為正；相反地，較低必要報酬率，反而將未來負現金流量折現為較高的現值，最後淨現值為負，故 NPV 法於此種非正常型計畫並不適用。

（三）　綜上，為避免上開誤導情形，對未來負現金流量，採無風險利率加以折現。

$$NPV = -200 + \frac{400}{1+5\%} - \frac{231}{(1+2\%)^2} = -12.51$$

因為 $NPV < 0$，故本計畫不值得投資。

> **考題 2**│試就以下四個因素：貨幣供給額（或信用程度）、通貨膨脹率（或物價水準）、經濟成長（或總產出）及貨幣的流通速度，說明其間之關係，並探討資產價格如何受其影響。（10 分）另根據上式，就以下臺灣不動產市場曾歷經的漲幅：民國 62 年、民國 76 年及民國 98 年，簡述當時不動產市場發展的情況，並比較此三波漲幅可能之泡沫程度。（15 分）

（一）經濟學家費雪(Fisher)提出貨幣方程式理論：

$$MV = PQ$$

M：貨幣供給量

V：貨幣的流通速度

P：物價水準

Q：總產出

上式代表貨幣數量乘以貨幣的流通速度，會等於商品的價格乘以其產量。申言之，貨幣供給量增加，其他條件不變，短期將導致物價上漲，甚至通貨膨脹。

（二）貨幣供給量、通貨膨脹、經濟成長及貨幣的流通速度對資產價格之影響：

1. 貨幣供給量：貨幣供給量增加，利率下跌，購買資產之成本下降，對於資產需求增加，因而資產價格上漲。

2. 通貨膨脹：貨幣不斷貶值，民眾將購買資產以求保值，對資產需求增加，資產價格因此上漲。

3. 經濟成長：民眾將更富有，消費者之購買力增強，對資產需求增加，資產價格因此上漲。

4. 貨幣的流通速度：流通速度快，表示市場交易熱絡，資產價格上漲。

（三）民國 62 年、76 年及 98 年之不動產市價及泡沫程度：

1. 民國 62 年：當時石油價格上漲，帶動物價快速上漲，民眾紛紛搶購房地產保值，至不動產價格高漲。

2. 民國 76 年：當時國內游資過多，但投資管道有限，過多游資爭逐稀少之房地產，至不動產價格高漲。

3. 民國 98 年：銀行利率不斷降低，低利率使得購買不動產之資金成本下降；加上海外資金回流與國際熱錢流入，造成資金過多；再加上金融海嘯時，政府過度舉債推動財務政策，並採取寬鬆貨幣政策，醞釀通貨膨脹。

綜合上述，民國 62 年屬於成本推動型通貨膨脹，不動產價格高漲期間約 1 年，因此泡沫程度最小；民國 76 年屬於需求拉動型通貨膨脹，不動產價格高漲期間約 3 年，因此泡沫程度其次；民國 98 年屬於停滯型通貨膨脹，不動產價格高漲期間約 6 年，因此泡沫程度最大。

考題 3 | 若某不動產標的明年淨收益為 R，假設期末收取，且未來每年淨收益可持續成長 g，則在必要報酬率為 k 之情況下，試列式推導此不動產標的之基本價值。（8 分）另若某不動產標的的面積為 300 平方公尺，其營運預期在未來第一、二、三年將分別獲取租金及其他項目收入的淨營運收益(Net Operating Income, NOI)新臺幣 50 萬元、60 萬元及 70 萬元，假設年底收取，之後淨營運收益預計固定成長 2%，直到永遠。又在該區域內類似不動產標的超過 30 筆，將這些類似不動產進行價格（單位為萬元）及面積（單位為平方公尺）之簡單迴歸分析後，得出迴歸式之截距項為 60，面積之係數為 3.5，若市場平均之必要報酬率為 10%，試估算該不動產之泡沫程度。（17 分）

（一）明年淨收益為 R，未來每年淨收益可持續成長 g，必要報酬率為 k。

$$\frac{R}{1+k}+\frac{R(1+g)}{(1+k)^2}+\frac{R(1+g)^2}{(1+k)^3}+\cdots+\frac{R(1+g)^{n-1}}{(1+k)^n}=\frac{\dfrac{R}{1+k}[1-(\dfrac{1+g}{1+k})^n]}{1-\dfrac{1+g}{1+k}}$$

$$=\frac{R}{k-g}[1-(\frac{1+g}{1+k})^n]$$

當 n 趨近無窮大，且 $k>g$，則不動產基本價值 $=\dfrac{R}{k-g}$

（二）1. 不動產基本價值：

$$\frac{50}{1+10\%}+\frac{60}{(1+10\%)^2}+\frac{70}{(1+10\%)^3}+\frac{70(1+2\%)}{(10\%-2\%)(1+10\%)^3}=818.18萬元$$

2. 不動產市價：

市價 $=60+3.5\times$ 面積

市價 $=60+3.5\times300=1{,}110$ 萬元

3. 泡沫價格：

不動產市價－不動產基本價值＝泡沫價格

$1{,}110-818.18=291.82$ 萬元

因此，該不動產泡沫程度為 291.82 萬元。

考題 4 │ 某甲規劃投資一家飯店，共有 200 個房間，平均每間房租為每日新臺幣 3,000 元，一年以 365 天計，假設無其他收入，預估閒置率為 20%，且營運費用率為預估總收益之 30%。若某甲向銀行融資 6 億元，期限 20 年，按年等額攤還本息，貸款年利率 6%。某甲打算待業績穩定後在第 5 年底還清貸款後出售此飯店，預計可售價格為 20 億元，在某甲之必要報酬率為 10%及不計稅負與折舊之假設下，試求算此飯店在目前之合理投資價格。（25 分）

> （註：假設每年總收益不計時間價值在當年底直接合計；可應用以下之利率因子：
> $PVIF(6\%,5) = 0.7473$ ； $PVIF(10\%,5) = 0.6209$ ；
> $PVIFA(6\%,5) = 4.2124$ ； $PVIFA(6\%,15) = 9.7122$ ；
> $PVIFA(6\%,20) = 11.4699$ ； $PVIFA(10\%,5) = 3.7908$ ；
> $PVIFA(10\%,15) = 7.6061$ ； $PVIFA(10\%,20) = 8.5136$ ）

（一）　可能總收入： $0.3 \times 365 \times 200 = 21,900$ 萬元

（二）　有效總收入： $21,900 \times (1 - 20\%) = 17,250$ 萬元

（三）　營運淨收益：

　　　　$21,900 \times 30\% = 6,570$ 萬元

　　　　$17,250 - 6,570 = 10,950$ 萬元

（四）　償債支出： $60,000 \times MC(6\%,20) = 5,231$ 萬元

（五）　稅前現金流量： $10,950 - 5,231 = 5,719$ 萬元

（六）　第五年底之貸款餘額：

　　　　$5,231 \times PVIFA(6\%,15) = 50,805$ 萬元

（七）　權益現值：

　　　　$5,719 \times PVIFA(10\%,5) + (200,000 - 50,805) \times PVIF(10\%,5) = 114,315$ 萬元

（八）　合理投資價格：

　　　　權益現值＋貸款金額＝合理投資價格

　　　　$114,315 + 60,000 = 174,315$ 萬元

102 年專技估價師高考不動產投資分析

考題 1 ｜若甲想在 A 大學附近投資興建套房，經其初步估計，總開發成本（含土地）約為 2,000 萬元，其中 1,000 萬元為營建成本，可於 25 年內定額折舊完畢，若甲打算出資 500 萬元，其他 1,500 萬元則向銀行貸款，貸款利率為每年 9%，10 年內按月平均攤還本息，規劃中之套房數共 60 間，每間之年租金為 5 萬元，但預估平均閒置率為 5%，且每年之經營管理費用約為 10 萬元，則在營利事業所得稅率為 17% 下，試求：營運費用比率；（3 分）現金兩平比率；（4 分）債務保障比率；（3 分）淨收益乘數；（5 分）資本還原率；（5 分）及稅前股東權益報酬率之比率。（5 分）
利率因子參考表：
[$MC(0.75\%,120) = 0.01267$ ； $MC(0.75\%,180) = 0.01014$ ；
$MC(1\%,120) = 0.01435$ ； $MC(1\%,180) = 0.012$]

（一）每年償還本息

$$1,500 \times MC(\frac{9\%}{12},120) = 19.005 萬元$$

$$19.005 \times 12 = 228.06 萬元$$

（二）第一年繳付之利息

$$19.005 \times PVIFA(\frac{9\%}{12},108) = 1,403.32 萬元$$

$$1,500 - 1,403.32 = 96.68 萬元（本金）$$

$$228.06 - 96.68 = 131.38 萬元（利息）$$

（三）第一年現金流量表

$300($ 可能總收入 $PGI = 60 \times 5)$

$\dfrac{-15(\text{閒置損失} V 5\%)}{285(\text{有效總收入} EGI)}$

$\dfrac{-10(\text{經營費用} OE)}{275(\text{營運淨收益} NOI)}$

$\dfrac{-228.06(\text{償債支出} DS)}{46.94(\text{稅前現金流量} BTCF)}$

$\dfrac{-17.62(\text{所得稅} T)}{29.32(\text{稅後現金流量} ATCF)}$

（四）所得稅

$275($ 營運淨收益 $)$

$-40($ 折舊 $= 1,000 \div 25)$

$\dfrac{-131.38(\text{利息})}{103.62(\text{可課稅所得})}$

$\dfrac{\times 17\%}{17.62(\text{所得稅})}$

（五）財務比率

1. 營運費用比率 $= \dfrac{\text{營運費用}}{\text{有效總收入}} = \dfrac{10}{285} = 3.51\%$

2. 現金兩平比率 $= \dfrac{\text{營運費用} + \text{償債支出}}{\text{有效總收入}} = \dfrac{10 + 228.06}{285} = 83.53\%$

3. 債務保障比率 $= \dfrac{\text{營運淨收益}}{\text{償債支出}} = \dfrac{275}{228.06} = 1.21$

4. 淨收益成數 $= \dfrac{\text{資產總投資}}{\text{營運淨收益}} = \dfrac{2,000}{275} = 7.27$

5. 資本還原利率 $= \dfrac{\text{營運淨收益}}{\text{資產總投資}} = \dfrac{275}{2,000} = 13.75\%$

6. 稅前股東權益報酬率 $= \dfrac{\text{稅前現金流量}}{\text{自有資金}} = \dfrac{46.94}{500} = 9.39\%$

> **考題 2** | 試就下列各子題予以申論：若公司需用不動產而優先採行租賃但非購買時，其可能理由為何？（9分）投資者或開發商要如何選擇收益型不動產的開發區位，以便吸引潛在的承租戶？（8分）收益型不動產的租金調整方式有那幾種？（8分）

（一）採行租賃而非購買的理由

1. 多數公司（承租戶）認為租賃比購買具有成本效益，因為承租戶在他想要租賃的不動產區位，所需要的經營空間可能會小於所必須購買的建築物空間量體；因此，當承租戶購買整棟建建築物空間時，勢必要投入大量的資金；其次，公司對於多餘的承租空間，必須進行相關的招租、管理與維護工作，迫使公司必須涉入不動產業，造成公司要額外承擔更多的風險，以及從事不動產相關事業。

2. 即使承租戶可以買下整個不動產，還是會優先選擇租賃，原因在於：

   (1) 購買不動產會降低公司經營的靈活度，當公司要搬遷時，必須花費長時間和大量的人力資本來處分不動產。

   (2) 公司購買不動產必須投入經營、管理和維護工作，導致公司經營活動的分散。

   (3) 如果公司決定要減少空間面積的使用，他就必須涉入不動產仲介業務，尋找其他承租戶來租賃過剩的空間，如此公司必須從事額外不相關的不動產經營活動。

（二）區位選擇

　　承租戶選擇收益型不動產的區位時，主要考量因素有三：

1. 要能夠增加銷售收益。

2. 要能夠減少營運成本。

3. 最好能同時兼顧前二個因素。

　　因此，進行收益型不動產不同競爭區位的選擇分析時，如果各區位的不動產成本都相同時，承租戶將會選擇能帶來最高收益的區位；因此，承租戶對於能獲得高利潤的區位，將會出現競租行為來競標最佳區位；反之，當各區位不動產的收益情況都相同時，承租戶將會選擇成本最低的區位；透過不同廠商對空間區位的競爭和利潤分析的過程，將導致如下結果：

(1) 廠商之間對於空間的競爭過程，將導致最有利潤的區位獲得最高租金；最終，該區位將擁有最高的土地價值，並獲得開發商最適的開發行為（如：興建辦公室或零售不動產等）。

(2) 集體承租戶的收益和成本支出結構將會支配區位的開發用途，故投資者或開發商應考量集體承租戶之看法。

(3) 好的區位將產生較佳的租金與較大的空間密度，使得開發商會在此種區位上集約開發，興建高層建築物與集合建築物，以便獲得高租金，並聚集大量的承租戶，創造聚集經濟效益。

(4) 對於需要大面積土地和設施的廠商而言，通常對成本支出非常敏感，故在區位選擇上，將會選擇低租金地區，進行大規模經營，因此投資者或開發商應選擇郊區進行投資開發，以滿足此類承租戶之需求。

（三）租金調整方式

1. 均一租金(flat rents)：在租賃期間租金維持不變，通常用在公寓租賃，其也可以運用在租期短或是承租戶轉換頻率高之租賃契約中。

2. 遞增租金(step-up rents)：在租約中規定，特定期間或特定金額下，租金可以調升，通常用於辦公室、零售和倉儲業之租賃契約中。

3. 指數租金(index rents)：以特定指數做為租金調整的基準，此一方法可以用來代替遞增租金或與其相結合，消費者物價指數是常用的指數，此一方法可將不預期的通貨膨脹風險轉嫁給承租戶，而承租戶則會協商指數的調整上限，以及要求比前二個方法低的基本租金；當通貨緊縮時，則會協商利率調整下限，通常用於辦公室、零售和倉儲業之租賃契約中。

4. 依收益／銷售績效調整租金(rents adjusted based on revenue/sales performance)：在某些零售租約中，全部或部分的租金可以依零售業的銷售績效來決定，又稱為百分率租金(percentage rent)，例如可以依前三種方法協商定出基本租金，另外約定當營業額超過特定金額時，超過的部分再收取另一筆百分率租金，反之當承租戶的收益下降時，則只收取基本租金。

考題 3 | 住宅抵押貸款有許多種風險，而這些風險當中，最主要的是借款者提前清償及違約風險對整個貸款影響最大。一般而言，借款者在繳款期限到達時，有那四種付款行為可以選擇？並請說明為何借款者提前清償如同執行美式選擇權的買權？以及借款者違約如同執行歐式選擇權的賣權？（25分）

（一）借款者在繳款期限到達時，有下列四種付款行為可以選擇：

　　1. 還清貸款：借款者依約於貸款期限到達時，還清貸款

　　2. 申請展期：借款者向銀行申請延期貸款期限

　　3. 重新融資：即借新還舊，重新申請貸款，以清償原貸款

　　4. 轉貸：向其他銀行申請貸款，以清償原貸款

（二）借款人提前清償如同執行美式選擇權的買權：所稱美式選擇權，指選擇權之買方於到期日（含）之前的任何一天均可行使權利。當房價下跌時，借款人按期繳息，則借款人頂多損失利息。當房價上漲時，借款人提前清償而轉售房屋，則獲利可觀。因為是美式選擇權，借款人可以中途行使權利，故借款人得選擇提前清償。如圖（一）所示。

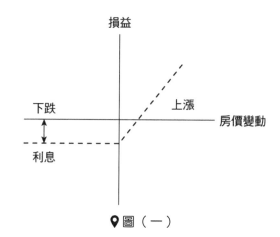

♀圖（一）

（三）借款人違約如同執行歐式選擇權的賣權：所稱歐式選擇權，只選擇權之買方只能在到期日當天才能行使權利。當房價上漲時，借款人不違約，則借款人頂多損失利息。當房價下跌時，借款人違約不繳款，任由銀行拍賣擔保品。因為歐式選擇權，借款人不可以中途行使權利，故借款人只能選擇違約。如圖（二）所示。

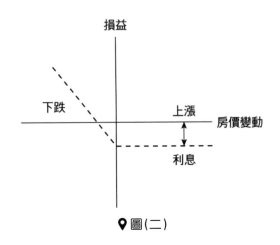

圖(二)

考題 4 | 不動產投資的主要風險為何?若有不動產證券化基金 C 與 T,在景氣繁榮、景氣持平及景氣衰退三種情況下,會產生下列報酬:

情況	發生機率	基金 C 報酬率	基金 T 報酬率
景氣繁榮	0.3	0.15	0.25
景氣持平	0.5	0.10	0.20
景氣衰退	0.2	0.02	0.01

請計算該基金 C 及 T 之期望報酬率、標準差及變異係數,並分析投資基金 C 或 T 何者風險較大?(25 分)

（一）不動產投資主要風險：

  1. 外部因素：

    (1) 總體經濟風險：景氣波動,總體經濟不佳,投資利潤減少。

    (2) 金融市場風險：市場資金寬鬆程度及利率高低,影響資金籌措及投資成本。

    (3) 通貨膨脹風險：物價上漲嚴重時,建材大幅上漲,投資成本增加。

  (4) 政策法令風險：政府所實施之選擇性信用管制、實施容積率、空地限建等造成市場鉅大變化。

  (5) 政治風險：國內政局不穩定，消費者缺乏信心，致房地產市場交易萎縮。

 2. 內部因素：

  (1) 業務風險：由於投資不動產區為欠佳，規劃產品錯誤等，致投資失敗。

  (2) 財務風險：舉債太多，負債比率過高，致財務周轉不靈。

  (3) 流動性風險：未售出之餘屋，投資資金遭受套牢，致流動性不足。

  (4) 銷售風險：產品定位、訂價錯誤，行銷策略不當，致銷售業績不理想。

  (5) 經營管理風險：制度不健全、管理績效不彰，致經營管理出問題。

（二）基金 C 之期望報酬率、標準差及變異係數：

 1. 期望報酬率：

$$E(C) = 0.3 \times 0.15 + 0.5 \times 0.10 + 0.2 \times 0.02 = 0.099$$

 2. 標準差：

$$Var(C) = 0.3 \times (0.15 - 0.099)^2 + 0.5 \times (0.10 - 0.099)^2 + 0.2 \times (0.02 - 0.099)^2$$
$$= 0.0070218$$

$$\sigma_C = \sqrt{0.0070218} = 0.0838$$

 3. 變異係數：

$$CV_C = \frac{0.0838}{0.099} = 0.8465$$

（三）基金 T 之期望報酬率、標準差及變異係數：

    1. 期望報酬率：

$$E(T) = 0.3 \times 0.25 + 0.5 \times 0.20 + 0.2 \times 0.01 = 0.177$$

    2. 標準差：

$$Var(T) = 0.3 \times (0.25 - 0.177)^2 + 0.5 \times (0.20 - 0.177)^2 + 0.2 \times (0.01 - 0.177)^2$$
$$= 0.0074$$

$$\sigma_T = \sqrt{0.0074} = 0.086$$

    3. 變異係數：

$$CV_T = \frac{0.086}{0.177} = 0.4859$$

（四）風險比較：基金 C 之變異係數(0.8465)較高，故風險較大。基金 T 之變異係數(0.4859)較低，故風險比較小。

103 年專技估價師高考不動產投資分析

考題 1 ｜ 資本化率（cap rate 或 capitalization rate）為收益型不動產定價之重要衡量指標，假設某公正調查單位公布的 Cap Rate 結果如表一與表二，請回答下列問題：

（一）資本化率的定義與其投資分析中的意涵。（5 分）

（二）就一特定次市場類型的不動產而言，影響該次市場資本化率的因素。（5 分）

（三）選擇表一中 2013 年強勢辦公室市場的前三名，並根據（二）的因素，討論可能的原因。（5 分）

（四）討論表一中臺北在 2012 與 2013 年差距可能代表的意義。（5 分）

（五）討論表二中 C 城市各商用不動產類型的情形，並以（二）的因素提出合理的解釋。（5 分）

🐷 表一：各大都市 A 級辦公室市場的平均Cap Rate(%)

	2013 年 1 月	2012 年 1 月
北京	4.41	6.13
香港	2.77	3.42
洛杉磯	7.36	7.49
倫敦	4.10	4.20
巴黎	4.60	4.70
新加坡	3.90	4.50
臺北	2.60	3.00
東京	4.50	4.80

表二：2012年C城市各不動產類型之平均Cap Rate(%)	
旅館	8.20
出租公寓	4.85
辦公室	3.80
零售不動產	6.85

（一）資本化率：單一年度收益與不動產價格之比率。其意涵如下：

　　1. 屬於必要報酬率，指投資者所要求之必要報酬率，性質為機會成本，故資本化率愈大，不動產價格愈低。

　　2. 資本化率不只考慮資本報酬率(return on capital)。並考慮資本回收(return of capital)。換言之，未來每年淨收益成長，或期末資產增值，資本化率變小。

（二）影響次市場資本化率之因素：

　　1. 獲利率：就特定次市場類型的不動產而言，如投資該市場之不動產的獲利率較高；則資本化率較高；如投資該市場之不動產的獲利率較低，則資本化率較低。

　　2. 預期租金成長或衰退：就特定次市場類型的不動產而言，如預期該市場之未來租金成長，則資本化率趨低；如預期該市場之未來租金衰退，則資本化率趨高。

　　3. 預期不動產增值或貶值：就特定次市場類型的不動產而言，如預期該市場之未來不動產增值，則資本化率趨低；如預期該市場之未來不動產貶值，則資本化率趨高。

（三）2013 年強勢辦公室市場，資本化率降幅愈大，不動產價格漲幅愈高。因此，由表一可知，就資本化率降幅較大者，依序北京、香港、新加坡，代表 2013 年最強勢三個市場。此乃歐債危機後，熱錢流向新興亞洲之故。

（四）臺北在 2012 年 2013 年之差距：臺北 2012 年之資本化率為 3%，2013 年為 2.6%，降幅達 13.33%，代表 2012 年至 2013 年臺北市辦公室市場不動產價格大幅上漲，其原因除上述歐債危機後，熱錢流向新興亞洲外，政府對住宅持續打房，資金從住宅市場轉向辦公室市場。

（五）2012 年 C 城市各商用不動產類型之情形：

1. 就獲利率而言：設資本回收(return of capital)相同情況下，則獲利率最佳為旅館，其次為零售不動產出租公寓，最差為辦公室。

2. 就增值性而言：設資本報酬(return on capital)相同情況下，則增值性最佳為辦公室，其次為出租公寓及零售不動產，最差為旅館。

考題 2 ｜某大樓社區共有住戶 30 戶，使用 2 座電梯，住戶每年初繳付提存「電梯更新基金」，俟電梯使用年限（10 年）到期後供更換新電梯之用，每年所提基金存入銀行專戶（年利率 3%），請問：

（一）若十年後電梯每座更換須 200 萬元，請問該社區住戶每戶每年須向該基金繳交若干元？（10 分）

（二）至提滿 5 年後，該基金之餘額為若干？（5 分）

（三）承上，此時預期第十年更換電梯時，電梯價格將較原預估價格上漲百分之十，請問該社區住戶對電梯更新基金繳納方式應如何改變，以資因應？（10 分）

利率因子參考值		
年金現值利率因子	PVIFA(3%,5)	4.5797
	PVIFA(3%,6)	5.4172
	PVIFA(3%,10)	8.5302
年金終值利率因子	FVIFA(3%,5)	5.3091
	FVIFA(3%,6)	6.4684
	FVIFA(3%,10)	11.464
終值利率因子	FVIF(3%,5)	1.1593
	FVIF(3%,6)	1.1941
	FVIF(3%,10)	1.3439

（一）該社區住戶每戶每年繳交金額：

200×2＝400萬元（2座電梯更換所需金額）

$$400 \times SFF(3\%,10) \times \frac{1}{1+3\%} = 400 \times \frac{1}{FVIFA(3\%,10)} \times \frac{1}{1+3\%}$$

$$= 400 \times \frac{1}{11.464} \times \frac{1}{1+3\%} = 33.88\text{萬元}$$

33.88÷30＝1.13萬元

答：該社區住戶每戶每年年初須向該基金繳交 1.13 萬元。

（二）提滿 5 年後之基金餘額：

$33.88 \times FVIFA(3\%,5) \times (1+3\%) = 33.88 \times 5.3091 \times (1+3\%) = 185.27\text{萬元}$

答：提滿五年後，該基金餘額 185.27 萬元。

（三）電梯價格上漲之因應：

$400 \times (1+10\%) = 440\text{萬元}$

$185.27 \times FVIF(3\%,5) = 185.27 \times 1.1593 = 214.78\text{萬元}$

$440 - 214.78 = 225.22\text{萬元}$

$$225.22 \times SFF(3\%,5) \times \frac{1}{1+3\%}$$

$$= 225.22 \times \frac{1}{FVIFA(3\%,5)} \times \frac{1}{1+3\%}$$

$$= 255.22 \times \frac{1}{5.3091} \times \frac{1}{1+3\%}$$

$$= 41.19\text{萬元}$$

41.19÷30＝1.373萬元

答：從第六年起，該社區住戶每戶每年年初須向該基金繳交 1.373
萬元。

考題 3｜假設某君購屋的成交價為 $5,000,000，某君僅支付頭期款 $500,000，其餘向甲銀行貸款$4,500,000，而這$4,500,000 中區分為二種貸款：$3,600,000 為主貸款，貸款期限 20 年，年利率為 2.5%；剩下的 $900,000 為次貸款（非次級房貸），貸款期限 20 年，年利率 6.5%。假設在固定本息攤還下，請回答下列問題（請計算到小數點下兩位，四捨五入）：

（一）月應付款各為何？（5 分）

（二）倘若某君持有貸款直至到期日皆能如期付款，那麼總貸款金額隱含的貸款利率為多少？（8 分）

（三）倘若 10 年後，某君得到一筆獎金，進而將利率高的次貸款餘額全部提前清償，但主貸款仍如期付款至到期日，那麼總貸款金額隱含的貸款利率為何？（12 分）

複利因子：

	年利率 2.5%月利率 0.2083%			
月	FVIF 終值利率因子	FVIFA 年金終值利率因子	PVIF 現值利率因子	PVIFA 年金現值利率因子
120	1.2837	136.1719	0.7790	106.0784
240	1.6479	310.9747	0.6068	188.7138

	年利率 6.5%月利率 0.5417%			
月	FVIF 終值利率因子	FVIFA 年金終值利率因子	PVIF 現值利率因子	PVIFA 年金現值利率因子
120	1.9122	168.4032	0.5230	88.0685
240	3.6564	490.4209	0.2735	134.1250

	年利率 3.2%月利率 0.2667%			
月	FVIF 終值利率因子	FVIFA 年金終值利率因子	PVIF 現值利率因子	PVIFA 年金現值利率因子
120	1.3765	141.2030	0.7265	102.5781
240	1.8949	335.5748	0.5277	177.0968

月	年利率 3.4%月利率 0.2833%			
	FVIF 終值利率因子	*FVIFA* 年金終值利率因子	*PVIF* 現值利率因子	*PVIFA* 年金現值利率因子
120	1.4043	142.6843	0.7121	101.6073
240	1.9720	343.0520	0.5071	173.9632

月	年利率 3.6%月利率 0.3%			
	FVIF 終值利率因子	*FVIFA* 年金終值利率因子	*PVIF* 現值利率因子	*PVIFA* 年金現值利率因子
120	1.4326	144.1857	0.6981	100.6492
240	2.0522	350.7400	0.4873	170.9076

（一）月應付款：

1. 主貸款：

$$36,00,000 \times MC(\frac{2.5\%}{12}, 240) = 36,00,000 \times \frac{1}{PVIFA(\frac{2.5\%}{12}, 240)}$$

$$= 36,00,000 \times \frac{1}{188.7138} = 19,077元$$

2. 次貸款：

$$900,000 \times MC(\frac{6.5\%}{12}, 240) = 900,000 \times \frac{1}{PVIFA(\frac{6.5\%}{12}, 240)}$$

$$= 900,000 \times \frac{1}{134.1250} = 6,710元$$

答：主貸款每月應付 19,077，次貸款每月應付 6,710 元

（二）總貸款金額隱含的貸款利率：

設 *X* 代表隱含的貸款利率。

$$19,077 + 6,710 = 25,787元$$

$$4,500,000 \times MC(\frac{X}{12},240) = 25,787$$

$$MC(\frac{X}{12},240) = 0.00573$$

$$PVIFA(\frac{X}{12},240) = \frac{1}{0.00573} = 174.52$$

採用內插法：

年利率	PVIFA
3.2	177.0968
X	174.52
3.4	173.9632

$$X = 3.2\% + (3.4\% - 3.2\%) \times \frac{177.0968 - 174.52}{177.0968 - 173.9632} = 3.36\%$$

答：隱藏的貸款利率為 3.36%

（三）10 年後貸款提前清償下之總貸款金額的貸款利率：

$$6,710 \times PVIFA(\frac{6.5\%}{12},120)$$
$$= 6,710 \times 88.0685$$
$$= 590,940元（次貸款10年後之貸款餘額）$$

故 r 約為 0.2667%

$0.2667\% \times 12 = 3.2\%$（年貸款利率）

答：10 年後貸款提前清償下之總貸款金額隱藏的貸款利率為 3.2%

考題 4 | 某壽險業者擬投資購買商辦大樓,今有兩個投資標的,其相關資料如下(償還規劃為每年償還一次,故可應用年貸款常數),假設只考慮投入年期第一年之現金流量,請問:

(一)兩投資標的之綜合資本報酬(還原)率、稅前自有資金報酬率分別為多少?(16分)

(二)該壽險業者應投資那一標的?另該案是否滿足金融監督管理委員會對最低租金收益率(2.875%)之要求?(5分)

(三)又在此租金收益率下,此二大樓之合理價格分別為何?(4分)

相關資料內容	忠孝大樓	信義大樓
可出租戶數(戶)	100	80
投資成本(元)	$100,000,000	$85,000,000
毛租金(元)	$144,000	$162,000
抵押貸款金額(元)	$60,000,000	$55,000,000
貸款利率	6%	6%
貸款年數(年)	30	30
貸款常數	0.07265	0.07265
空置率	5%	7%
地價稅及房屋稅額(元)	1,730,000	1,300,000
營運費用率	30%	30%

	忠孝大樓	信義大樓
可能總收入	14,400,000	12,960,000
－閒置損失	720,000	907,200
有效總收入	13,680,000	12,052,800
－地價稅及房屋稅	1,730,000	1,300,000
－營運費用	4,104,000	3,615,840
營運淨收益	7,846,000	7,136,960
－償債支出	4,359,000	3,995,750
稅前現金流量	3,487,000	3141,210

（一）綜合資本報酬率與稅前自有資金報酬率：

　　1. 忠孝大樓：

　　　（1）綜合資本報酬率：

$$綜合資本報酬率 = \frac{營運淨收益}{投資成本} = \frac{7,864,000}{100,000,000} = 7.85\%$$

　　　（2）稅前自有資金報酬率：

$$稅前自有資金報酬率 = \frac{稅前現金流量}{自有資金} = \frac{3,487,000}{40,000,000} = 8.72\%$$

　　2. 信義大樓：

　　　（1）綜合資本報酬率：

$$綜合資本報酬率 = \frac{營運淨收益}{投資成本} = \frac{7,136,960}{85,000,000} = 8.40\%$$

　　　（2）稅前自有資金報酬率：

$$稅前自有資金報酬率 = \frac{稅前現金流量}{自有資金} = \frac{3,141,210}{30,000,000} = 10.47\%$$

（二）投資標的之選擇：

　　1. 壽險業者應選擇信義大樓，因為信義大樓之綜合資本報酬率及稅前自有資金報酬率均大於忠孝大樓。

　　2. 金融監督管理為委員會之最低租金收益率要求：

$$信義大樓之租金收益率 = \frac{每年毛租金}{投資成本} = \frac{12,960,000}{85,000,000} = 15.25\%$$

綜上，信義大樓之租金收益率 15.25%滿足金融監督管理委員會最低收益率(2.875%)之要求。

（三）合理價格：

    1. 忠孝大樓：

$$忠孝大樓之合理價格 = \frac{毛租金}{2.875\%} = \frac{14,400,000}{2.875\%} = 500,869,565元$$

    2. 信義大樓：

$$信義大樓之合理價格 = \frac{毛租金}{2.875\%} = \frac{12,960,000}{2.875\%} = 450,787,609元$$

104 年技專估價師高考不動產投資分析

考題 1 ｜王先生觀察不動產市場的長期趨勢，擬選擇不動產作為投資工具。限於資金不夠充裕，他正在考慮投資不動產投資信託基金。下列不動產投資信託證券化相關基金的資料如下：

投資標的	年報酬率（%）	標準差（%）
A 房地產證券化基金	21	17
B 房地產指數基金	30	11
C 房地產證券化基金	17	14
D 亞太房地產基金	23	13
E 歐洲房地產基金	13	9
相關係數：$\rho_{AB} = 0.4$，$\rho_{CD} = 0.5$，$\rho_{DE} = 0.2$，$\rho_{BE} = 0.8$，$\rho_{CE} = 0.7$		

（一）請問不動產投資信託基金與實體的不動產投資，在經營的主體和流動性方面有何不同？

（二）投資人若擬選擇單一標的進行投資，請以平均數變異數準則(Mean-Variance Criterion, MVC)和變異係數(Coefficient of Variation, CV)判斷較佳的投資標的為何？並說明之。

（三）投資人若擬在以下 AB、CD、DE、BE、CE 等標的投資組合中選擇較佳之投資標的，其中投資組合內各投資標的的投資比例各為 50%，請計算各該組合之利潤與風險，判斷較佳的投資組合為何？並說明之。

（一）不動產投資信託基金與實體的不動產投資之不同

　　1. 經營主體：不動產投資信託基金係多數投資者共同匯集基金，此基金由專業不動產投資信託公司的管理者來營運；實體不動產投資之經營主體為個人或公司法人，經營型態較無固定型式。

2. 流動性：不動產投資信託基金屬於有價證券買賣，持有之股票或受益憑證等具有移轉交易的自由，使不動產的價值，由固定資本型態轉化為流動性較佳的資本性證券，投資者資金的流通性高；實體不動產移轉需時甚久，且手續繁雜，流通性差。

（二）較佳的投資標的為 B

1. 平均數變異數準則(MVC)：找出報酬相對較高且風險相對較小的投資方案。

A、B、C、D 四種投資標的比較，以 B 之報酬率最高標準差（即風險）為最低，故較 A、C、D 為佳；E 標的標準差（即風險）為最低，但 B 的報酬率較 E 佳，性 B 的風險亦較 E 高，依 MVC 無法判定 B 優於 E，故 B、E 二者均可視為有效率的投資標的。

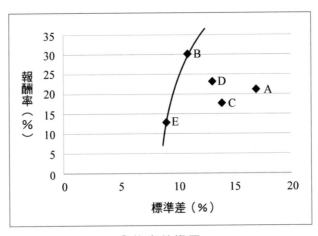

效率前緣圖

2. 變異係數(CV)：變異係數愈小代表每賺取一單位的報酬所分擔的風險愈小，是較佳的投資標的。

(1) A 之變異係數$=\dfrac{17\%}{21\%}=0.8095$

(2) B 之變異係數＝$\dfrac{11\%}{30\%}$＝0.3667

(3) C 之變異係數＝$\dfrac{14\%}{17\%}$＝0.8235

(4) D 之變異係數＝$\dfrac{13\%}{23\%}$＝0.5652

(5) E 之變異係數＝$\dfrac{9\%}{13\%}$＝0.6923

B 投資之變異係數最小，故 B 標的為較佳的投資標的。

3. 以平均變異數準則而言，B、E 均為可投資標的；以變異係數而言，B 標的變異係數最小，B 為較佳之投資標的。

（三）較佳的投資組合為 BE。其評估方法如下：

利潤以報酬率代表，風險以變異數代表

1. AB 投資組合

利潤：50%×21%+50%×30%=25.5%

風險：$(50\% \times 17\%)^2$ ＋ $(50\% \times 11\%)^2$ ＋ $2 \times 50\% \times 50\% \times 0.4 \times 17\% \times 11\%$ =0.0139

2. CD 投資組合

利潤：50%×17% + 50%×23% =20%

風險：$(50\% \times 14\%)^2$ ＋ $(50\% \times 13\%)^2$ ＋ $2 \times 50\% \times 50\% \times 0.5 \times 14\% \times 13\%$ =0.0137

3. DE 投資組合

利潤：50%×23% + 50%×13% =18%

風險：$(50\% \times 13\%)^2$ ＋ $(50\% \times 9\%)^2$ ＋ $2 \times 50\% \times 50\% \times 0.2 \times 13\% \times 9\%$ =0.0074

4. BE 投資組合

利潤：50%×30% + 50%×13% =25.5%

風險：(50% × 11%)^2 + (50% × 9%)^2 + 2×50%×50%×0.8×11%×9% =0.009

5. CE 投資組合

利潤：50%×17% + 50%×13% =15%

風險：(50% × 14%)^2 + (50% × 9%)^2 + 2×50%×50%×0.7×14%×9% =0.0113

綜合上述，AB、CD、DE、BE、CE 等投資組合依平均變異數準則(MVC)判斷，AB 及 BE 的報酬率較高(25.5%)，而 BE 的風險最小，故選擇 BE 投資組合。

再以變異係數(CV)分析：

1. AB 投資組合之變異係數 $=\dfrac{\sqrt{0.0139}}{25.5\%}= 0.46$

2. CD 投資組合之變異係數 $=\dfrac{\sqrt{0.0137}}{20\%}=0.58$

3. DE 投資組合之變異係數 $=\dfrac{\sqrt{0.0074}}{18\%}= 0.47$

4. BE 投資組合之變異係數 $=\dfrac{\sqrt{0.009}}{21.5\%}= 0.44$

5. CE 投資組合之變異係數 $=\dfrac{\sqrt{0.0113}}{15\%}=0.71$

綜上，以 BE 投資組合之變異係數最小。

> **考題 2** | 某君擬投資一辦公大樓，經該大樓提供過去之財務報表資料及對未來景氣研判，得知情境如下：
>
> （一）該大樓平均每年之租金收入為新臺幣 3,000 萬元，營運費用為每年新臺幣 1,000 萬元。
>
> （二）銀行可貸款 7 成，貸款利率 5%，15 年內每年等額平均償還本息。
>
> （三）研判景氣持穩，預估未來 3 年內該大樓無閒置空間情況，且營運總收益自投資後第 2 年起逐年穩定成長 5%，營運費用每年增加 2%，第 4 年後不再成長。
>
> | 利率因子參考值 | | |
> |---|---|---|
> | 年金現值利率因子 | PVIFA(5%,15) | 10.3797 |
> | 現值利率因子 | PVIF(5%,15) | 0.4810 |
> | 終值利率因子 | FVIF(5%,15) | 2.0789 |
> | 年金終值利率因子 | FVIFA(5%,15) | 21.579 |
>
> 請問，在自有資金要求之報酬率為 10%且不考慮稅賦之情況下，該辦公大樓在第 1、2、3 年年初時之合理價格應各為若干？

（一）第一年年初時之合理價格：

令 A 為第一年年初時之合理價格。

$$\frac{2,000-A\times0.7\times MC(5\%,15)}{(1+10\%)} + \frac{3,000(1+5\%)-1,000(1+2\%)-A\times0.7\times MC(5\%,15)}{(1+10\%)^2} +$$

$$\frac{\left[3,000(1+5\%)^2-1,000(1+2\%)^2-A\times0.7\times MC(5\%,15)\right]}{(1+10\%)^3} +$$

$$\frac{\left[3,000(1+5\%)^3-1,000(1+2\%)^3-A\times0.7\times MC(5\%,15)\right]\times PVIFA(5\%,11)}{(1+10\%)^4} = A$$

A=41,837 萬元

（二）第二年年初時之合理價格：

$$\frac{3,000(1+5\%)-1,000(1+2\%)-A\times0.7\times MC(5\%,15)}{(1+10\%)^1} +$$

$$\frac{\left[3,000(1+5\%)^2-1,000(1+2\%)^2-A\times0.7\times MC(5\%,15)\right]}{(1+10\%)^2} +$$

$$\frac{\left[3,000(1+5\%)^3-1,000(1+2\%)^3-A\times0.7\times MC(5\%,15)\right]\times PVIFA(5\%,11)}{(1+10\%)^3} = A$$

A=40,506 萬元

（三）第三年年初時之合理價格：

$$\frac{\left[3{,}000(1+5\%)^2-1{,}000(1+2\%)^2-A\times0.7\times MC(5\%,15)\right]}{(1+10\%)^1}+$$

$$\frac{\left[3{,}000(1+5\%)^3-1{,}000(1+2\%)^3-A\times0.7\times MC(5\%,15)\right]\times PVIFA(5\%,11)}{(1+10\%)^2}=A$$

A=38,851 萬元

第一年年初時之合理價格：41,837 萬元

第二年年初時之合理價格：40,506 萬元

第三年年初時之合理價格：38,851 萬元

考題3│假設陳老先生退休後擁有一棟房屋價值新臺幣 500 萬元，向 A 銀行辦理逆向年金抵押貸款(Reverse Annuity Mortgage, RAM)，雙方約定貸款年利率為 12%，按月本利均等攤還，還款期限 10 年，貸款餘額上限為新臺幣 300 萬元，試問：

（一）陳老先生每月月初可自 A 銀行領取多少錢？

（二）第 3 年年底此一逆向年金抵押貸款餘額(RAM balance)將是多少元？

（三）假設陳老先生希望前 5 年每月月初都可自 A 銀行領得新臺幣 14,851.5 元，在貸款餘額上限與還款期限都不變的情況下，自第 6 年起，陳老先生每月月初可自 A 銀行領取多少錢？

（註：可應用以下利率因子：

PVIFA(12%,3)=2.401831 ； FVIFA(12%,3)=3.374400 ；

PVIFA(12%,5)=3.604776 ；

FVIFA(12%,5)=6.352847 ； PVIF(12%,5)=0.567427 ；

FVIF(12%,5)=1.762342 ；

PVIFA(12%,10)=5.650223 ； FVIFA(12%,10)=17.548735 ；

SFF(12%,10)=0.056984 ；

PVIFA(1%,36)=30.107505；FVIFA(1%,36)=43.076878；

PVIFA(1%,60)=44.955038；

FVIFA(1%,60)=81.669670；PVIF(1%,60)=0.550450；

FVIF(1%,60)=1.816697；

PVIFA(1%,120)=69.700522；FVIFA(1%,120)= 230.038689；

SFF(1%,120)=0.004347）

（一）陳老先生每月月初可自 A 銀行領取 12,912 元

　　　令 A 為每月月初可自 A 銀行領取的錢

　　　PMT=3,000,000×SFF(1%,120)/(1+1%) =12,912

　　　PMT=12,912 元

（二）第三年年底之逆向抵押貸款餘額為 353,407 元

　　　12,912×PVIFA(1%,36)/(1+1%)=353,407 元

（三）陳先生自第六年起每月月初可自 A 銀行領取 9,389 元

　　　14,851.5×FVIFA(1%,60)×FVIF(1%,60)×(1+1%)=2,225,538 元

　　　3,000,000－2,225,538=774,462 元

　　　PMT=774,462/FVIFA(1%,60)/(1+1%)=9,389

　　　PMT=9,389 元

考題 4 ｜ 何謂 ROR(Rate of Return on Total Capital)？何謂 ROE(Rate of Return on Equity)？何謂 K 值(Mortgage Constant, MC 或 K)？試以這三個指標及正、負槓桿說明投資可以獲利的情形。

（一）ROR(Rate of Return on Total Capital)

總資產報酬率(ROR)＝營運淨收入(NOI)／資產總價。為每年回收的營運淨收入占總資產總價的比例，為資產的總報酬率。此報酬率未區分各資金來源之報酬率，純粹反應投資標的整體的報酬率，又稱為資金還原率。

（二）ROE(Rate of Return on Equity)

自有資金報酬率(ROE)＝現金流量(CF)／自有資金。自有資金之多寡將影響報酬率的大小。通常 ROE 應大於貸款者報酬率(K)與總資產報酬率(ROR)，形成正槓桿(positive leverage)，才適合進行投資。

（三）正槓桿與負槓桿：

正槓桿之情形：當 ROR＞K，則 ROE＞K，且 ROE＞ROR，正的財務槓桿表示：投資者的報酬率高於整體個案的總報酬率，且兩者皆高於銀行的報酬率，因此借款進行投資是可行的。

負槓桿之情形：當 ROR＜K，則 ROE＜K，且 ROE＜ROR，負的財務槓桿表示：投資者的報酬率低於整體個案的總報酬率，且兩者皆小於銀行的報酬率，因此以銀行的報酬率最高，借款進行投資，償債之後的現金流量有限，投資不可行。

105 年專技估價師高考不動產投資分析

> **考題 1** | 美國在西元 2000 年末期的次貸風暴衝擊全球經濟，關於風暴的起源，實肇因於高風險的住宅抵押貸款，通常被稱為次級房屋貸款。請回答下列問題：
>
> （一）請說明何謂次級房屋貸款(Subprime Mortgage)。
>
> （二）請說明次級房屋貸款與國內所謂的銀行二胎之差異。
>
> （三）次級房屋貸款造成借款者財務支付能力及世界性金融風暴的問題，請詳細說明其緣由。

（一）次級房屋貸款之意義：所謂次級房貸，指次優等抵押貸款，其與一般抵押貸款最大不同在於這種貸款提供給信用程度較差，還款能力較弱之購屋者。美國金融機構在這波低利率、房市景氣中，大量承作次級房貸，使次級房貸規模急速膨脹。然當美國聯準會(FED)為了抑制通貨膨脹而持續升息，導致借款者還款壓力大增，造成次級房貸違約率大幅升高，衝擊金融機構。另外，以次級房貸包裝發行之不動產抵押貸款證券化，也都面臨資產大幅減損之風險。

（二）銀行二胎房貸之意義：借款人辦理房貸，將其房屋設定第一順位抵押權於銀行；再就該房屋設定抵押後的殘值，再向銀行辦理第二順位貸款，並設定第二順位抵押權。

　　　兩者差異：

　　　1. 對象的差異：次級房貸，指這種貸款提供給信用能力較差、還款能力較弱之購屋者。二胎房貸未必貸款提供給信用能力較差、還款能力較弱之購屋者。

2. 貸款順位的差異：次級房貸，一般設定第一順位抵押權。二胎房貸，除原有第一順位抵押權外，再設定第二順位抵押權，以增加借貸金額，然第二順位抵押權人之受償順序在第一順位之後。

（三） 美國次級房貸風暴之緣由：

1. 在低利率時期，由於資金成本降低、融資容易，銀行大量承作次級房貸。而次級房貸借戶之信用狀態較差，還款能力亦較差。當利率提升或借戶失業時，這些借戶無力繳息還本，違約率大增。

2. 美國證券化機制將次級房貸包裝成相關金融商品行銷全球。使得純粹美國次級房貸違約事件波及全球金融市場，而產生系統風險。

3. 由於證券化商品具有市場性，因而金融機構積極創造債權，並以證券化方式移轉風險，從中牟利；但金融機構核貸標準隨著大量承作而逐漸寬鬆，終於導致違約風險增加。

4. 現行證券化商品包裝過於複雜，一般投資人無從深入了解其內容，因而一旦其中部分出現問題，將產出骨牌效應，形成拋售贖回之恐慌心理，因而加深次級房貸之嚴重性。

　總之，美國次級房貸風暴的影響範圍擴及全球，其主因是「證券化」機制，將次級房貸抵押包裝成相關商品銷售全球。在資產證券化下，金融機構為了獲取高額報酬，積極地創造債權，並移轉風險予投資者。當原本單純的次級房貸違約率上升，卻造成全球金融風暴。另一原因是現行金融商品過度包裝，而使投資人對此複雜金融商品不甚了解，一旦有風吹草動，造成恐慌心理，而爭相拋售或贖回，加深次級房貸對全球經濟之影響。

考題 2｜某公司正在考慮投資商業不動產，目前有兩個方案可供選擇，方案 A，租賃期限 10 年，租金成本於第一年及第五年年底分兩次給付，每次給付 6,500,000 元，若採取此方案，該公司稅後現金流量每年為 1,800,000 元。方案 B，租賃期限 5 年，不動產的租金成本於期初即全部付清，租金 5,000,000 元，若採取方案 B，公司稅後現金流量每年為 1,500,000 元（兩方案均自第一年即有現金流入）。如果兩種投資之風險相當，公司資金成本 8%，若方案 B 可連續重置，試問以淨現值法(NPV)分別計算兩方案之 NPV，並說明應該採取何種方案為佳？如以獲利能力指數(Profitability Index)分析，請分別計算兩方案之獲利能力指數，並說明應選擇那個方案為佳？（所有數字計算至小數點以下兩位，四捨五入）

（一）方案 A 與方案 B 之淨現值：

1. 方案 A

$$NPV_A = -\frac{6,500,000}{1+8\%} - \frac{6,500,000}{(1+8\%)^5} + \frac{1,800,000}{1+8\%} + \frac{1,800,000}{(1+8\%)^2} + \cdots$$
$$+ \frac{1,800,000}{(1+8\%)^{10}} = 1,635,873$$

2. 方案 B

$$NPV_B = -5,000,000 + \frac{1,500,000}{1+8\%} + \frac{1,500,000}{(1+8\%)^2} + \cdots + \frac{1,500,000}{(1+8\%)^5}$$
$$= 989,065$$

方案 A 之淨現值為 1,635,873 元，方案 B 之淨現值為 989,065 元

以淨現值作決策：方案 A 之計畫年限 10 年，方案 B 之計畫年限 5 年，故採連續重置法將方案 B 重複進行至 10 年，再作比較。

1. 方案 A 之 NPV＝1,635,873 元

2. 方案 B 重置後之 NPV＝1,662,206 元

$$NPV_B = 989,065 + \frac{989,065}{(1 + 8\%)^5} = 1,662,206 \text{ 元}$$

3. 採 NPV>0，且最大者，故選擇方案 B。

答：以淨現值作決策，應採行方案 B。

（二）方案 A 與方案 B 之獲利能力指數：

1. 方案 A

$$PI_A \frac{\frac{1,800,000}{1 + 8\%} + \frac{1,800,000}{(1 + 8\%)^2} + \cdots + \frac{1,800,000}{(1 + 8\%)^{10}}}{\frac{6,500,000}{1 + 8\%} + \frac{6,500,000}{(1 + 8\%)^5}} = 1.16$$

2. 方案 B

$$PI_B \frac{\frac{1,500,000}{1 + 8\%} + \frac{1,500,000}{(1 + 8\%)^2} + \cdots + \frac{1,500,000}{(1 + 8\%)^5}}{5,000,000} = 1.2$$

方案 A 之獲利能力指數為 1.16，方案 B 之獲利能力指數為 1.2。

以獲利能力指數作決策：

1. 方案 A 之 PI＝1.16

2. 方案 B 之 PI＝1.2

3. 採 PI>1，且最大者，故選擇方案 B。

答：以獲利能力指數作決策，應採行方案 B。

考題 3 | 請回答下列問題：

（一）就浮動利率抵押貸款(Adjustable-Rate Mortgage, ARM)而言，當利率急遽升高時，銀行是否仍可將所有放款風險移轉給借款人而不承擔其他任何風險？

（二）解釋何以美國之銀行常見承做固定利率抵押貸款(Fixed-Rate Mortgage, FRM)，但臺灣則相對較少見？

（三）解釋何謂「負攤還」(Negative Amortization)？就浮動利率抵押貸款而言，「負攤還」的機制於短期間利率急遽升高時，可否降低銀行的風險？

（一）浮動利率抵押貸款，利率波動的風險將造成借款人還款金額增加，惟當利率急遽升高時，銀行將承擔債務人違約、延遲繳款或提前還本之風險。因此，銀行無法將所有放款風險移轉給借款人而不承擔任何風險。

（二）美國金融市場發達，美國銀行可以在金融市場以固定利率「交換(SWAP)」浮動利率，而達到避險之目的。但臺灣金融市場不像美國發達，故臺灣銀行很少承做固定利率抵押貸款。

（三）負攤還：

　　1. 意義：指當利率上升時，借款人之還款壓力加重，恐超出其經濟能力負荷，因此設定貸款利率上限，一旦利率超過此一上限。借款人實際負擔此一上限利率之償還額，其不足部分計息累加至貸款餘額，由所餘之貸款期限償還。

　　2. 短期內利率上升，浮動利率貸款之借款人可能因此承擔較高的償債壓力而導致違約，故可以應用「負攤還」方式，減輕借款人負擔，降低違約行為。

考題 4｜請回答下列問題：

（一）若某銀行提供給借款人一個重新融資之管道，此貸款管道稱為「包裹式貸款(Wraparound loan)」，試討論「包裹式貸款」和「次順位抵押貸款(Second mortgage)」，對於借貸雙方之優勢。

（二）假設小黃在 A 銀行有一筆住宅抵押貸款餘額 400 萬元，貸款年利率 5%，按月本利均等攤還，貸款期限尚有 15 年；隨著房地產的景氣繁榮，小黃擁有的住宅價格上漲至 900 萬元。因此，小黃想要以該住宅再向銀行抵押貸款 200 萬元；經商洽 A 銀行，該銀行願意在原 400 萬元抵押貸款下，再提供小黃 200 萬元的次順位抵押貸款，貸款年利率 13%，按月本利均等攤還，貸款期限 15 年；在此同時，B 銀行則願意提供一個 600 萬元的包裹式貸款給小黃，貸款年利率 7%，按月本利均等攤還，貸款期限 15 年；試問小黃應選擇那一家銀行辦理貸款？

（註：可應用以下利率因子：

PVIFA(5%,15) ＝ 10.379658；FVIFA(5%,15) ＝ 21.578564；MC(5%,15) ＝ 0.096342；

PVIFA(7%,15) ＝ 9.107914；FVIFA(7%,15) ＝ 25.129022；MC (7%,15) ＝ 0.109795；

PVIFA(13%,15) ＝ 6.462379；FVIFA(13%,15) ＝ 40.417464；MC (13%,15) ＝ 0.154742；

PVIFA(0.4167%,180) ＝ 126.451911；FVIFA(0.4167%,180) ＝ 267.297872；MC(0.4167%,180) = 0.007908；

PVIFA(0.5833%,180) = 111.258726；FVIFA(0.5833%,180) = 316.951276；MC (0.5833%,180) = 0.008988；

PVIFA(1.0833%,180) ＝ 79.037897；FVIFA(1.0833%,180) ＝ 549.704720；MC(1.0833%,180) = 0.012652）

（一）包裹式貸款與次順位抵押貸款對借貸方之優勢：

1. 包裹式貸款可以在原貸款之外重新融資，提供第二筆貸款金額，惟必須保證償還第一順位的本金和利息，將第一筆貸款和第二筆整合包裹，即為包裹式貸款。借方如有剩餘資金，可以優先清償次順位抵押貸款，減輕利息負擔。

    (1) 對於借方而言，提高貸款金額增加利息收入，又可保證第一筆貸款可以獲得清償。

    (2) 對於貸方而言，包裹式貸款利率較第二順位抵押貸款低，又可增加貸款額度，特別是原有屋主要出售房屋給買方，而買方因信用條件不佳無法取得足額貸時亦可適用。或是向其他銀行重新融資，助還前次貸款，整合成一筆貸款。

2. 次順位抵押貸款是原借款人在第一順位的貸款之外，增加借款金額，然而因為係屬第二順位，受償順序在第一順位之後，風險較高，利率亦較高。

    (1) 對於借方而言，純綷是在原借貸之外的第二順位抵押權，和第一順位抵押權無連動關係，因此權利義務關係較清楚切割，且可要求較高之利率。

    (2) 對於貸方而言，在擔保品價值和還款能力足夠的情形下，可以向其他銀行或金融機構申請第二順位抵押貸款，獲得資金的融通。

（二）A 銀行與 B 銀行之比較：

A 銀行之每月償額：

$$400 \times \mathrm{MC}\left(\frac{5\%}{12}, 180\right) = 400 \times 0.007908 = 3.16$$

$$200 \times \mathrm{MC}\left(\frac{13\%}{12}, 180\right) = 200 \times 0.012652 = 2.53$$

3.16＋2.53＝5.69

B 銀行之每月償額：

$$600 \times \mathrm{MC}\left(\frac{7\%}{12}, 180\right) = 600 \times 0.008988 = 5.39$$

小黃如在 A 銀行辦理貸款，每月償額 5.69 萬元；如在 B 銀行辦理貸款，每月償額 5.39 萬元。故小黃應選擇 B 銀行辦理貸款。

106 年專技估價師高考不動產投資分析

考題 1｜ 小李目前無自用住宅，欲購置住宅一戶，總價 1,000 萬元，自備款 300 萬元，餘額則經由房貸支付，貸款償還年限為 30 年，又按月本利均等攤還方式還款。這其中 500 萬元適用於政府購屋優惠低利貸款，房貸利率採混合式固定利率計算，第一年年息 1.9%，第二年年息 2%，第三年起年息 2.02%，機動計息。其餘則辦理銀行一般房貸，年息 3%，貸款償還年限為 30 年。小李考量目前利率仍低，因此不選擇寬限期。試問：

（一）第一年小李每月所需償還多少金額的貸款？

（二）第三年年底小李還剩下多少本金未償還？

（三）前三年政府低利優惠貸款相較於銀行一般房貸，能替小李省下之金額現值為多少？

複利年金累加現值率因子　PVIFA

	PVIFA（年利率 1.9%，月利率 0.1583%）	PVIFA（年利率 2%，月利率 0.1667%）	PVIFA（年利率 2.02%，月利率 0.1683%）	PVIFA（年利率 3%，月利率 0.25%）
12 月	11.877433	11.870979	11.869751	11.807254
324 月	253.313761	250.181524	249.591059	221.876815
336 月	260.428394	257.101680	256.474782	227.134679
348 月	267.409258	263.884894	263.220989	232.237341
360 月	274.258869	270.533876	269.832429	237.189382

（一）第一年小李每月所需償還之金額：

$$500 \times MC\left(\frac{1.9\%}{12}, 360\right) = 500 \times \frac{1}{274.258869} = 1.82 \text{ 萬元}$$

$$200 \times MC\left(\frac{3\%}{12}, 360\right) = 200 \times \frac{1}{237.189382} = 0.84 \text{ 萬元}$$

$$1.82 + 0.84 = 2.66 \text{ 萬元}$$

答：第一年小李每月所需償還之金額為 2.66 萬元。

（二）第三年底小李未償還之本金：

借款 500 萬元：

$$1.82 \times \text{PVIFA}\left(\frac{1.9\%}{12}, 348\right) = 1.82 \times 267.409258 = 486.68 \text{ 萬元}$$

（第一年底未還本金餘額）

$$486.68 \times \text{MC}\left(\frac{2\%}{12}, 348\right) = 486.68 \times \frac{1}{263.884894} = 1.84 \text{ 萬元}$$

（第二年每月償還額）

$$1.84 \times \text{PVIFA}\left(\frac{2\%}{12}, 336\right) = 1.84 \times 257.101680 = 473.07 \text{ 萬元}$$

（第二年底未還本金餘額）

$$473.07 \times \text{MC}\left(\frac{2.02\%}{12}, 336\right) = 473.07 \times \frac{1}{256.474782} = 1.84 \text{ 萬元}$$

（第三年每月償還額）

$$1.84 \times \text{PVIFA}\left(\frac{2.02\%}{12}, 324\right) = 1.84 \times 249.591059 = 459.25 \text{ 萬元}$$

（第三年底未還本金餘額）

借款 200 萬元：

$$0.84 \times \text{PVIFA}\left(\frac{3\%}{12}, 324\right) = 0.84 \times 221.876815 = 186.38 \text{ 萬元}$$

（第三年底未還本金餘額）

$$459.25 + 186.38 = 645.63 \text{ 萬元}$$

答：第三年底小李未償還之本金為 645.63 萬元。

（三）前三年政府低利優惠貸款能替小李省下之金額現值：

第一年省下之金額現值：

$$500 \times MC\left(\frac{3\%}{12}, 360\right) = 500 \times \frac{1}{237.189382} = 2.11 \text{ 萬元}$$

$$2.11 - 1.82 = 0.29 \text{ 萬元}$$

$$0.29 \times PVIFA\left(\frac{3\%}{12}, 12\right) = 0.29 \times 11.807254 = 3.42 \text{ 萬元}$$

第二年省下之金額現值：

$$2.11 - 1.84 = 0.27 \text{ 萬元}$$

$$0.27 \times PVIFA\left(\frac{3\%}{12}, 12\right) \times PVIF\left(\frac{3\%}{12}, 12\right)$$
$$= 0.27 \times 11.807254 \times 0.970482 = 3.09 \text{ 萬元}$$

第三年省下之金額現值：

$$2.11 - 1.84 = 0.27 \text{ 萬元}$$

$$0.27 \times PVIFA\left(\frac{3\%}{12}, 12\right) \times PVIF\left(\frac{3\%}{12}, 24\right)$$
$$= 0.27 \times 11.807254 \times 0.941835 = 3 \text{ 萬元}$$

合計 $3.42 + 3.09 + 3 = 9.51$ 萬元

答：前三年政府低利優惠貸款，能替小李省下之金額現值為 9.51 萬元。

> **考題 2** | 某商用不動產已知市價為 15 億元，貸款比例 75%，以每月本利均等攤還方式償還，年利率 2%，貸款期限 20 年，銀行要求的債務保障比例(DCR)為 1.4，若該不動產總樓地板面積為 1,000 坪，可出租的樓地板面積為 700 坪，空屋損失占可能總收入的 5%，營運費用每坪每月 750 元，一年的地價稅、房屋稅合計為 3,500 萬元，要求的權益報酬率為 6%，目前市場租金行情為每坪每月 6,000 元。試問：
>
> （一）本案的房價租金指數(housing price to rent ratio)為何？其所代表之意義為何？
>
> （二）以前門法評估，投資者應否投資？
>
> （註：得應用以下利率因子：
>
> PVIFA(2%, 240)=49.569
>
> FVIFA(2%, 240)=5744.437
>
> PVIFA(2%/12, 240)=197.674
>
> FVIFA(2%/12, 240)=294.797
>
> MC(2%, 240)=0.0202
>
> MC(2%/12, 240)=0.005059）

（一）房價租金指數

$$房價租金指數 = \frac{房價}{一年房租} = \frac{150,000}{0.6 \times 700 \times 12} = 29.76$$

代表須累積 29.76 年的房租，始等於房價。房價租金指數愈大，表示以租金回收不動產價格之年期愈長。

（二）前門法評估：

評論結論：由此可知，最低租金要求為每坪每月 17,158 元，而目前市場租金行情為每坪每月 6,000 元，故本案不值得投資。

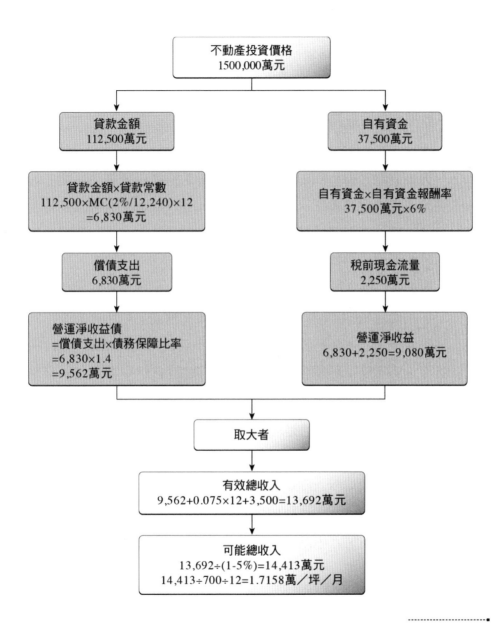

> **考題 3**│不動產具備那些異於一般商品的特性？不動產市場又因其標的資產與其他投資工具有極大的差異，而有那些獨特的特性？

（一）不動產異於一般商品之特性：

    1. 不可移動性：「不動產」定著於土地上，因此房地產投資因素中，大家最關心區位的因素（在美國一般房地產投資者都熟知三大房地產投資要訣："Location, Location, Location"）。因為此特性，所以房地產投資應較關心地區性市場(local market)，此特性也是房地產投資和其他商品最大不同之處。

    2. 異質性：因為區位條件、建築型式、鄰里環境等各個因素都可能不相同，因此房地產商品沒有辦法像其他商品般生產完全相同的房地產，這便產生房地產市場價格不容易統一的結果。因此房地產投資者應了解所投資房地產的異質性何在，以及這些異質性的價格差距是否合理。

    3. 昂貴性：房地產常常是許多人一生中所購買或投資最貴的商品，少則百萬，多則千萬，因此大家購買或投資時都應該非常慎重的考慮，仔細比較，才決定是否投資。

    4. 長久性：房地產不易損壞，生命週期很長，一般房屋建築物的耐用年限有五、六十年，土地則幾乎無限，因此增加一般人對房地產的投資意願。

    5. 不可分割性：投資某一房地產，投資者不僅僅投資該房地產本身，也同時購買了其周圍環境、公共設施、鄰居關係等。鄰里環境的好壞與房地產本身的價值密不可分，因此投資房地產應認清房地產整體的內涵。

6. 投資與消費雙重性：房地產不像黃金、股票只有投資性，房地產同時也可以居住或使用，產生消費性，因此深獲投資者的喜好，增加房地產的投資意願。

（二）不動產市場之特性

1. 地區性市場：由於房地產的不可移動性，房地產市場的供給、需求與價格均由地區所決定，因此熟知地區性市場的各種狀況，是投資房地產的首要工作。

2. 私下交易，資訊不易公開：由於房地產多為私下個別交易，一般人無法獲知真正交易價格，交易資訊不易獲得，房地產因而不易產生競爭性的市場結構，投資者應特別重視房地產資訊之掌握。

3. 市場的供給調整緩慢：由於土地取得，施工期限等限制因素，使得房地產的供給有 2~3 年的時間落差，房地產市場短期供給缺乏彈性，但長期還是有彈性，投資者應有較長遠的眼光了解房地產市場。

4. 市場的需求調整亦緩慢：房地產的需求長期隨所得及人口的增加而增加，其速度平緩。短期在缺乏供給彈性下，房價太貴，消費者則無能力購買，無法產生有效的購屋需求。

5. 市場有景氣循環的現象：因為房地產的供需有所延遲，也因為房地產與其他各經濟產業相互影響，房地產市場亦產生景氣循環的現象，投資者應對市場景氣有所認識。

6. 公共介入性強：房地產市場受到都市發展、公共建設、都市計畫法規、甚而貸款或稅賦等財金政策的強烈影響，因此投資者應對公共政策及計畫保持相當的敏感度。

> **考題 4** | 某壽險公司以自有資金 200 億元購買一已適合營運之複合型不動產,包含旅館、辦公室與購物中心三種不動產類型,總樓地板面積共計 28,000 坪,其中旅館占 35%、辦公室占 25%、購物中心占 40%,各類型不動產之持有成本亦按此比例分攤。年初開始營運,年淨營運收益:旅館 2.5 億元、辦公室 1.5 億元、購物中心 6 億元,年末切割出售,預估期末售價旅館 80 萬元/坪、辦公室 80 萬元/坪、購物中心 78 萬元/坪,旅館報酬率之變異數 0.00352、辦公室報酬率之變異數 0.00122、購物中心報酬率之變異數 0.00452。旅館與辦公室之相關係數為 0.8、辦公室與購物中心之相關係數為 0.1、旅館與購物中心之相關係數為 0.5。在不考慮稅賦之情況下:
> (一)請計算個別不動產類型分別出售的投資報酬率。
> (二)請計算壽險公司投資此案的總投資報酬率與組合風險值。

(一)個別不動產分別出售之投資報酬率:

　　1. 旅館之投資報酬率:

　　　旅館之自有資金:$2,000,000 \times 35\% = 700,000$ 萬元

　　　旅館之樓地板面積:$28,000 \times 35\% = 9,800$ 坪

　　　預估旅館期末售價:$80 \times 9,800 = 784,000$ 萬元

　　　　$25,000 + 784,000 = 809,000$ 萬元

　　　投資報酬率 $= \dfrac{809,000 - 700,000}{700,000} = 15.57\%$

　　2. 辦公室之投資報酬率:

　　　辦公室之自有資金:$2,000,000 \times 25\% = 500,000$ 萬元

　　　辦公室之樓地板面積:$28,000 \times 25\% = 7,000$ 坪

　　　預估辦公室期末售價:$80 \times 7,000 = 560,000$ 萬元

　　　　$15,000 + 560,000 = 575,000$ 萬元

　　　投資報酬率 $= \dfrac{575,000 - 500,000}{500,000} = 15\%$

3. 購物中心之投資報酬率：

購物中心之自有資金：$2,000,000 \times 40\% = 800,000$ 萬元

購物中心之樓地板面積：$28,000 \times 40\% = 11,200$ 坪

預估購物中心期末售價：$78 \times 11,200 = 873,600$ 萬元

$60,000 + 873,600 = 933,600$ 萬元

投資報酬率$= \dfrac{933,600 - 800,000}{800,000} = 16.7\%$

答：旅館之投資報酬率為 15.57%。

辦公室之投資報酬率為 15%。

購物中心之投資報酬率為 16.7%。

（二）總投資報酬率與組合風險值：

1. 總投資報酬率：$15.57\% \times 35\% + 15\% \times 25\% + 16.7\% \times 40\% = 15.88\%$

2. 組合風險值：

(1) 組合變異數：

$(35\%)^2 \times 0.00352 + (25\%)^2 \times 0.00122 + (40\%)^2 \times 0.00452$

$+ 2 \times 35\% \times 25\% \times 0.8 \times \sqrt{0.00352} \times \sqrt{0.00122}$

$+ 2 \times 35\% \times 40\% \times 0.5 \times \sqrt{0.00352} \times \sqrt{0.00452}$

$+ 2 \times 25\% \times 40\% \times 0.1 \times \sqrt{0.00122} \times \sqrt{0.00452}$

$= 0.002128545 = 0.21\%$

(2) 組合標準差：$\sqrt{0.002128545} = 4.61\%$

答：組合變異數為 0.21%，組合標準差為 4.61%。

107 年專技估價師高考不動產投資分析

> **考題 1** | 都市房價相當昂貴，但同時存在許多閒置或低度利用土地，許多文獻應用實質選擇權理論(real option)解釋此現象，請說明實質選擇權理論的內涵為何？若政府採用課徵空地稅方式處理都市閒置或低度利用土地問題，可能產生何種經濟效果？

（一）實質選擇權之意涵：

選擇權並未附著於金融商品（如股票、期貨、利率、匯率等），而存在於計畫或資產之上。換言之，在進行實質資產（不動產）投資決策時，加上選擇權概念，以選擇最有利時機介入，及在執行後採取擴充、縮減、轉換或放棄之可能。析言之：

1. 傳統 NPV 法是假定：(1)投資方案立即被執行，不延緩；(2)投資方案執行到最後一天，不考慮中途停止；(3)投資方案執行過程中，不擴充、不縮減、不轉變。將上述三項假定加以調整，加入選擇權特性，使投資評估更具彈性。

2. 加入實質選擇權後，使投資者擁有更大決策彈性，以選擇最有利時機介入，以及在執行後選擇擴大、縮小，甚至轉換、退出之權利。

（二）實質選擇權之應用：

1. 一般將實質選擇權分為遞延選擇權、提前選擇權、擴充或縮減選擇權、轉換選擇權及放棄選擇權等五種類型。其中，遞延選擇權可解釋都市精華區存在許多閒置空地或低度利用土地之現象。

2. 遞延選擇權，亦稱等待選擇權，指等待資訊更充分或更有利時機後，再進行投資。如建設公司購地後，房地產市場受政府打房影響，急轉直下，此時建設公司購地後就不直接推案及開發，而進行養地，即屬遞延選擇權之應用。因此，以實質選擇權之遞延選擇權可解釋都市精華區存在許多閒置空地或低度利用土地之現象。

（三）課徵空地稅處理都市閒置或低度利用土地可能產生下列經濟效果：

　　1. 課徵空地稅之正面效果：

　　　　(1) 加重土地持有成本，促其開發利用。

　　　　(2) 加重土地持有成本，促其縮短閒置期間。

　　　　(3) 採寓禁於徵之手段，去除投機養地動機。

　　2. 課徵空地稅之負面效果：

　　　　(1) 扭曲土地資源利用，一旦政策錯誤，嚴重擾亂市場機能。

　　　　(2) 象徵或應付式建築，形成資源浪費。

　　　　(3) 未考慮需求面，造成土地資源錯誤分派。

考題 2 | 若某 65 歲老人甲擁有市價 1,000 萬元的住宅一戶，擬透過逆向抵押貸款(reverse mortgage)解決其日常生活資金不足問題，在貸款年數 30 年，貸款成數 7 成，固定年利率 2%的條件下，請問其第 1 個月及第 121 個月實際可領取的生活費金額各為多少？請列出詳細數學計算過程，並說明理由。又從承作金融機構角度，請說明逆向抵押貸款有何潛在風險？

（一）第 1 個月實際可領取的生活費：

　　貸款年限 30 年，相當於 360 個月。

　　1,000 × 70% = 700 萬元（貸款金額）

700÷360=1.944 萬元（每個月可領金額）

答：第 1 個月實際可領取的生活費金額為 1.944 萬元。

第 121 個月實際可領取的生活費金額：

每個月可領金額 1.944 萬元。

1.944×120=233.28 萬元（已撥貸款金額）

233.28×2%12=0.3888 萬元（第 121 個月應繳利息）

1.944−0.3888=1.5552 萬元（第 121 個月實際可領金額）

答：第 121 個月實際可領取的生活費金額為 1.5552 萬元。

（二）金融機構之潛在風險：

1. 房屋未來價值之不確定性，萬一未來房價走跌，擔保品價值不足以涵蓋貸款金額，銀行風險增加。

2. 借款人不再用心維修房屋之道德風險。因借款人屬於老年人，將來身故時，如繼承人不償還貸款，銀行就只能將房子拍賣。因此，房屋的維修關係著未來擔保品之價值。

3. 逆向抵押貸款，每月撥付金額為貸款金額除以貸款期間所得到之金額，再扣除當期應繳利息。現行臺灣大部分銀行皆採當月應繳利息若超過每月撥付本金的三分之一，其超過部分可採掛帳方式，直到契約終止時一次清償。因此，掛帳金額愈多，未償還本金餘額愈高，銀行風險愈高。

考題 3｜某一住宅更新案擬以權利變換方式進行，請問過程中有那些主要的費用支出？站在政府審查立場，在評估其財務可行性時，有那些必須特別注意的地方？

（一）住宅更新案以權利變換方式進行之主要費用支出如下：

1. 重建費用：包含建築設計費、營建費用、外接水、電、瓦斯管線工程費等。

2. 權利變換費用：包含規劃費用、估價費用、簽證費、測量費、土地改良物拆遷補償及安置費用、地籍整理費用等。

3. 貸款利息：包含工程費用及權利變換費用之利息。

4. 稅捐：包含印花稅及其他有關稅捐。

5. 管理費用：包含人事行政管理費、營建工程管理費、銷售管理費、風險管理費等。

（二）政府審查其財務可行性時，應特別注意的地方：

1. 檢視各項費用支出是否有巧立名目或虛增金額現象。

2. 檢視權利變換前各住戶之基地權利價值，估值是否切實合理。

3. 檢視權利變換後區分所有建物各住宅單元之估值是否切實合理。

4. 檢視共同負擔比例之計算值是否偏高。

考題 4｜若某投資人擬購買一個收益性不動產，並準備在經營一段期間後將其出售，請問如何評估其財務可行性？又此評估方法在實務操作過程中可能遇到的問題與解決方法為何？

（一）採「內部報酬率法」評估其財務可行性。亦即：

$$0 = -CF_0 + \frac{CF_1}{1 + IRR} + \frac{CF_2}{(1 + IRR)^2} + \cdots + \frac{CF_n}{(1 + IRR)^n}$$

其中：

IRR：內部報酬率。

CF_0：期初投資成本。

CF_i，$i = 1,2,3,...,n$：未來第 i 期現金流量。

n：期數。

由上式解出 IRR(Internal Rate of Return)，又 R 代表投資者所要求之報酬率。

1. 當 IRR＞R，表示財務可行。

2. 當 IRR＝R，表示投資與否對公司價值皆無影響，因而投資或不投資皆可。

3. 當 IRR＜R，表示財務不可行。

（二）此評估方法在實務操作過程中之問題及解決方法：

1. 再投資報酬率過於樂觀：內部報酬率法隱藏再投資報酬率與原先投資報酬率相同之不合理假設，即投資者各期所獲得現金流入之再投資報酬率與原先投資報酬率相同。此一不合理假設，將造成內部報酬率高估之嫌。

   為了解決上述問題，可以另訂合理之再投資報酬率代入，所求得之報酬率，稱為「修正後內部報酬率（Modified Internal Rate of Return, 簡稱 MIRR）」。

(1) 當 IRR＞R，表示財務可行。

(2) 當 IRR＝R，表示投資或不投資皆可。

(3) 當 IRR＜R，表示財務不可行。

2. 當非正常型投資計畫，內部報酬率法有可能產生多重解的問題。此時如採用修正後內部報酬率法就會產生單一解。惟除期初投資成本外，之後之現金流量不論正負，均移至期末處理，仍有不妥。

為了解決上述問題，將各期所有負的現金流量折現至期初，而與期初投資成本加總，另將各期所有正的現金流量複利至期末，而與期末處分資產所得加總。再以期末總和除以期初成本總和，開期數次根號後，再減一，所得之報酬率，稱為「財務管理報酬率（Financial Management Rate of Return，簡稱 FMRR）」。

(1) 當 IRR＞R，表示財務可行。

(2) 當 IRR＝R，表示投資或不投資皆可。

(3) 當 IRR＜R，表示財務不可行。

108年專技估價師高考不動產投資分析

> **考題1** ｜ 何謂 BOT(Build-Operate-Transfer)？民間機構打算參與投資 BOT 案，所需進行之投資分析事項有那些？

（一）BOT 之意義：由政府規劃並提供土地，經由競標而得之民間機構投資興建並為營運，營運期間屆滿後，移轉該建設之所有權予政府。BOT 之特點如下：

1. 高複雜性多邊協商：由於 BOT 模式，涉及政府、投資廠商、營造廠商、銀行、保險公司、顧問公司等多方面，因此合約關係複雜度高；且合作關係無一定準則，因此協商為解決問題之必要途徑。

2. 高度財務槓桿：由於投入資金非常龐大，因此舉債程度相當高，亦即投入自有資金比例非常低。

3. 高度風險性：BOT 模式參與者眾，所需資金龐大，營運時間長，因此整個投資案之風險極高。

（二）參與投資 BOT 案所需進行之投資分析事項：

1. 評估是否有堅強團隊：推動 BOT，需要一支有能力、有經驗、有財力的堅強團隊，始克有成。

2. 評估是否得到政府支持：政府與民間部門是合作夥伴，通力合作。政府有義務提供必要的公共資源及公權力協助。

3. 評估是否具有財務可行性：採用淨現值法(NPV)及內部報酬率法(IRR)評估 BOT 案是否有利可圖。

4. 評估是否有充裕資金：股東權益資金、銀行聯貸資金及其他籌集
資金管道，需要確實可行，財務結構健全。

5. 評估是否可以管控風險：BOT 的風險非常大，應該規劃一套減
少風險、分散風險及移轉風險的措施。

> **考題 2**｜何謂淨現值法(Net Present Value Method)？何謂內部報酬率法
> (Internal Rate of Return Method)？並請論述不動產投資者如何運用此兩
> 種方法進行投資分析？另此兩方法何時會發生決策衝突？

（一）淨現值法：

1. 意義：將一項投資計畫未來所產生之現金流量，以投資者所要求
   之報酬率加以折現，再減去期初之投資成本，所得到的值，稱為
   淨現值。

2. 公式：

$$NPV = -CF_0 + \frac{CF_1}{(1 + R)} + \frac{CF_2}{(1 + R)^2} + \cdots + \frac{CF_n}{(1 + R)^n}$$

NPV：淨現值

CF_0：期初投資成本

CF_i，i =1,2,3,..,n：未來第 i 期現金流量

R：投資者所要求之報酬率

n：期數

3. 評估準則：

(1) 獨立計畫：

NPV＞0，可以投資。

NPV＝0，投資與否對公司價值（股東財富）無影響，故投資或不投資皆可。

NPV＜0，不可以投資。

(2) 互斥計畫：NPV 愈大愈好，故應優先選擇 NPV＞0 且最大之投資計畫。

（二）內部報酬率法：

1. 意義：當淨現值等於零，所求得之折現率，稱為內部報酬率。

2. 公式：

$$0 = -CF_0 + \frac{CF_1}{(1 + IRR)} + \frac{CF_2}{(1 + IRR)^2} + \cdots + \frac{CF_n}{(1 + IRR)^n}$$

$$IRR = \sqrt[n]{\frac{CF_1(1 + IRR)^{n-1} + CF_2(1 + IRR)^{n-2} + \cdots + CF_n}{CF_0}} - 1$$

IRR：內部報酬率

CF_0：期初投資成本

CF_i，i ＝1,2,3,...,n：未來第 i 期現金流量

n：期數

3. 評估準則：R 表示投資者所要求之報酬率。

當 IRR＞R，可以投資。

當 IRR＝R，投資與否對公司價值（股東財富）無影響，故投資或不投資皆可。

當 IRR＜R，不可以投資。

（三）淨現值法與內部報酬率法之決策法則：

1. 淨現值法(NPV)：衡量投資價值之方法。NPV 愈大，代表投資價值愈大。故 NPV 必須大於零，且愈大愈好。

2. 內部報酬率(IRR)：衡量投資報酬率之方法。IRR 愈大，代表投資報酬率愈大，也就是效率愈高。故 IRR 必須大於投資者所要求之必要報酬率，且愈大愈好。

（四）淨現值法與內部報酬率法發生決策衝突：

1. 發生時機：在互斥計畫中，如分別以 NPV 法與 IRR 法作決策，其結果有可能不同。如圖所示，A、B 二個互斥計畫，由於 $IRR_B > IRR_A$，故以 IRR 法作決策，應選擇 B 計畫。如投資者所要求之報酬率(R)小於 A 計畫與 B 計畫二條線交點 S（銜接點或無異點）所對應之折現率 K（銜接率或交叉率），則以 NPV 法作決策，應選擇 A 計畫。此時，以 NPV 法及 IRR 法作決策，結果衝突。總之，R＜K，發生決策衝突；相反地，R＞K，不會發生決策衝突。

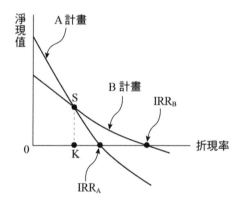

2. 發生原因：

   (1) 投資規模差異：投資規模大的計畫，對折現率較敏感；投資規模小的計畫，對折現率較不敏感。

   (2) 現金流量差異：現金流量集中於遠期之計畫，對折現率較敏感；現金流量集中於近期之計畫，對折現率較不敏感。

(3) 折現率差異：通常可以接受之投資計畫，符合 IRR > R，因此 IRR 法所採用之折現率(IRR)較 NPV 法所採用之折現率(R)為大。對於投資規模大或現金流量集中在遠期之計畫，以 IRR 法評估較不利。

(4) 再投資報酬率差異：IRR 法之再投資報酬率為 IRR，NPV 法之再投資報酬率為 R。當投資計畫被接受時，符合 IRR > R，故 IRR 法之再投資報酬率較 NPV 法為高。

3. 解決之道：規模較大之計畫，應以 NPV 法之決策為準。

> **考題 3** | 何謂不動產投資之槓桿比率(Leverage Ratio)與風險值？請以下列假設資料，說明槓桿比率與風險值各為多少？
> 假設資料：某項不動產投資時之市場價值為 1 億元，淨年租金收益為 400 萬元，投資者向金融機構融資（借款）5,000 萬元投資，融資年利息支出為 120 萬元，未來可能之市場變動如下：上漲機率為 60%，市場價值上漲 20%，淨年租金收益為 460 萬元；下跌機率為 40%，市場價值下跌 20%，淨年租金收益為 360 萬元。

（一）槓桿比率之意義：指舉債金額與不動產市場價格之比值。舉債金額愈大，槓桿比率愈大；舉債金額愈小，槓桿比率愈小。公式如下：

$$槓桿比率 = \frac{舉債金額}{不動產價格}$$

（二）風險值之意義：以變異數或標準差代表風險值。變異數與標準差均在描述對期望值之離散程度。離散程度愈大，表示風險愈大；離散程度愈小，表示風險愈小。公式如下：

$$Var(X) = \sum_{i=1}^{n} \left[X_i - E(X) \right]^2 \cdot P_i$$

$$\sigma = \sqrt{Var(X)}$$

Var(X)：變異數

σ：標準差

E(X)：期望值

X_i：第 i 個可能值

P_i：發生 X_i 的機率

（三）槓桿比率：

$$槓桿比率 = \frac{5,000}{10,000} = 50\%$$

（四）現金流之風險值：

$$ＲＯＥ：上漲之報酬率 = \frac{460 - 120}{5,000} = 6.8\%$$

$$ＲＯＥ：下跌之報酬率 = \frac{360 - 120}{5,000} = 4.8\%$$

$$E(X) = 60\% \times 6.8\% + 40\% \times 4.8\% = 6\%$$

$$Var(X) = 60\% \times (6.8\% - 6\%)^2 + 40\% \times (4.8\% - 6\%)^2$$

$$= 0.096\%$$

$$\sigma = \sqrt{0.096\%} = 0.9798\%$$

（五）資產價值之風險值：

$$上漲之報酬率 = \frac{12,000 - 10,000}{5,000} = 40\%$$

$$下跌之報酬率 = \frac{8,000 - 10,000}{5,000} = -40\%$$

$$E（X） = 60\% \times 40\% + 40\% \times (-40\%) = 8\%$$

$$Var（X） = 60\% \times (40\% - 8\%)^2 + 40\% \times (-40\% - 8\%)^2$$

$$= 15.36\%$$

$$\sigma = \sqrt{15.36\%} = 39.19\%$$

答：槓桿比率為 50%，現金流之風險值（以標準差表示）為
0.9798%，資產價值之風險值（以標準差表示）為 39.19%。

考題 4 | 王先生向銀行貸款 1,000 萬元購屋，貸款期間為 20 年，年利率
為 2.0%，請利用附表計算：按月付息，本金到期一次還清；本金定額償
還(Constant Amortization Mortgage)；本息定額償還(Constant Payment
Mortgage)，三種還款方式分別需付給銀行之利息總額。

附表：利率因子

年	年利率	2%		月利率	0.1667%		
	FVIF 複利 終值率	*FVIFA* 複利年金 終值率	*SFF* 沉入 基金率	*PVIF* 複利 現值率	*PVIFA* 複利年金 累加現值率	*MC* 本利 均等攤還率	
月							
1	1.001667	1.000000	1.000000	0.998336	0.998336	1.001667	
2	1.003337	2.001667	0.499584	0.996674	1.995010	0.501251	
3	1.005009	3.005004	0.332778	0.995016	2.990026	0.334445	
4	1.006685	4.010013	0.249376	0.993360	3.983385	0.251043	
5	1.008363	5.016698	0.199334	0.991707	4.975092	0.201001	
6	1.010044	6.025061	0.165973	0.990056	5.965148	0.167640	
7	1.011728	7.035104	0.142144	0.988408	6.953556	0.143811	
8	1.013414	8.046832	0.124273	0.986763	7.940320	0.125940	
9	1.015103	9.060246	0.110372	0.985121	8.925441	0.112039	
10	1.016796	10.075349	0.099252	0.983482	9.908923	0.100919	
11	1.018491	11.092145	0.090154	0.981845	10.890768	0.091821	
12	1.020188	12.110636	0.082572	0.980211	11.870979	0.084239	
年							月
1	1.020188	12.110636	0.082572	0.980211	11.870979	0.084239	12
2	1.040784	24.465766	0.040873	0.960814	23.507045	0.042540	24
3	1.061796	37.070327	0.026976	0.941800	34.912845	0.028643	36
4	1.083232	49.929354	0.020028	0.923163	46.092936	0.021695	48
5	1.105101	63.047985	0.015861	0.904895	57.051786	0.017528	60
6	1.127411	76.431468	0.013084	0.886988	67.793772	0.014751	72
7	1.150172	90.085128	0.011101	0.869435	78.323185	0.012768	84
8	1.173392	104.014441	0.009614	0.852230	88.644233	0.011281	96
9	1.197081	118.224964	0.008458	0.835365	98.761039	0.010125	108
10	1.221248	132.722376	0.007535	0.818834	108.677643	0.009202	120
11	1.245903	147.512468	0.006779	0.802631	118.398009	0.008446	132
12	1.271056	162.601149	0.006150	0.786747	127.926019	0.007817	144
13	1.296717	177.994447	0.005618	0.771178	137.265480	0.007285	156
14	1.322895	193.698511	0.005163	0.755918	146.420124	0.006830	168
15	1.349603	209.719615	0.004768	0.740959	155.393607	0.006435	180
16	1.376849	226.064160	0.004424	0.726296	164.189514	0.006091	192
17	1.404645	242.738677	0.004120	0.711923	172.811359	0.005787	204
18	1.433003	259.749825	0.003850	0.697835	181.262588	0.005517	216
19	1.461933	277.104402	0.003609	0.684026	189.546576	0.005276	228
20	1.491447	294.809340	0.003392	0.670490	197.666633	0.005059	240
21	1.521557	312.871713	0.003196	0.657221	205.626002	0.004863	252
22	1.552275	331.298737	0.003018	0.644216	213.427865	0.004685	264
23	1.583613	350.097774	0.002856	0.631467	221.075336	0.004523	276
24	1.615584	369.276334	0.002708	0.618971	228.571473	0.004375	288
25	1.648200	388.842079	0.002572	0.606723	235.919269	0.004239	300
26	1.681474	408.802826	0.002446	0.594716	243.121660	0.004113	312
27	1.715421	429.166350	0.002330	0.582947	250.181524	0.003997	324
28	1.750052	449.941383	0.002223	0.571411	257.101680	0.003890	336
29	1.785383	471.135629	0.002123	0.560104	263.884894	0.003790	348
30	1.821427	492.757753	0.002029	0.549020	270.533876	0.003696	360
31	1.858199	514.816394	0.001942	0.538156	277.051281	0.003609	372
32	1.895713	537.320364	0.001861	0.527506	283.439714	0.003528	384
33	1.933985	560.278654	0.001785	0.517067	289.701727	0.003452	396
34	1.973029	583.700436	0.001713	0.506835	295.839821	0.003380	408
35	2.012861	607.595066	0.001646	0.496805	301.856449	0.003313	420
36	2.053497	631.972092	0.001582	0.486974	307.754014	0.003249	432
37	2.094954	656.841252	0.001522	0.477337	313.534873	0.003189	444
38	2.137248	682.212891	0.001466	0.467891	319.201335	0.003133	456
39	2.180396	708.095915	0.001412	0.458632	324.755664	0.003079	468
40	2.224415	734.501896	0.001361	0.449556	330.200079	0.003028	480

（一）按月付息，本金到期一次還清：

$$1,000 \times \frac{2\%}{12} = 1.6667萬元$$

$$1,6667 \times 240 = 400萬元$$

（二）本金定額償還：

$$1,000 \div 240 = 4.1667萬元$$

$$(1,000 + 995.83 + 991.6666 + \cdots\ldots +4.1667) \times \frac{2\%}{12}$$
$$= \left[\frac{(1,000 + 4.1667) \times 240}{2}\right] \times \frac{2\%}{12} = 200.83 \text{ 萬元}$$

（三）本息定額償還：

$$1,000 \times \text{MC}\left(\frac{2\%}{12}, 240\right) = 1,000 \times 0.005059 = 5.059 \text{ 萬元}$$

$$5.059 \times 240 = 1214.16 \text{ 萬元}$$

$$1214.16 - 1,000 = 214.16 \text{ 萬元}$$

答：

1. 按月付息,本金一次還清之利息總額為 400 萬元。

2. 本金定額償還之利息總額為 200.83 萬元。

3. 本息定額償還之利息總額為 214.16 萬元。

109 年專技估價師高考不動產投資分析

考題 1｜請試述下列名詞之意涵：

（一）市場胃納率(Market Absorption Rate)

（二）債務保障比率(Debt Coverage Ratio)

（三）風險吸收指數(Risk Absorption Ratio)

（四）不動產投資信託基金(REIT Fund)

（五）五 P 授信原則

（一）市場胃納率：屬於市場上之需求面分析；指調查一定期間範圍內市場上之需求數量，即胃納量。在一定期間市場需求數量中，實際購買之數量，即胃納率。

$$胃納率 = \frac{已購買的數量}{可購買的數量}$$

（二）債務保障比率：指營運淨收益與每年償還貸款之比率。

$$債務保障比率 = \frac{營運淨收益}{每年償還貸款}$$

債務保障比率愈大，表示營運淨收益愈足以償還貸款，因此風險愈小。債務保障比率愈小，表示營運淨收益愈不足以償還貸款，因此風險愈大。一般而言，DCR 必須大於一，且愈大愈好。

（三）風險吸收指數：指每投資一塊錢，可以容受多少損失，仍能達到投資者所要求之必要報酬率。風險吸收指數愈大，表示風險愈小；反之，風險吸收指數愈小，表示風險愈大。

$$風險吸收指數 = \frac{年度化之淨現值}{自有資金}$$

（四）不動產投資信託基金：以投資不動產、不動產相關權利或不動產相關證券或債券為投資標的，向投資人募資，發行受益證券。小額投資人透過 REITs，亦可參與不動產資及分享獲利。

（五）五 P 授信原則：銀行授信評估的五項原則：

1. People（借款戶）：評估借款戶之職業、所得、能力、信用、社會地位等。

2. Purpose（資金用途）：評估借款戶之資金用途是否正當、合理、可行。

3. Payment（還款來源）：評估借款戶之還款來源是否可靠、明確、穩當。

4. Protection（債權保障）：評估當借款戶一旦發生問題時，透過擔保品、背書、保證等，是否足以確保債權。

5. Perspective（未來展望）：評估借款戶所經營事業之未來展望。

考題 2│在臺灣民眾購屋可依照個人需求選擇購買預售屋與成屋，請比較分析國內預售屋與成屋特性的差異。（15 分）並請說明預售屋履約保證機制中，「不動產開發信託」與「價金返還保證」之涵意為何？

（一）預售屋之意義：指領有建造執照尚未建造完成而以將來完成之建築物為交易標的之物。

（二）成屋之意義：指領有使用執照，或於實施建築管理前建造完成之建築物。

（三）預售屋之特性：

　　1. 優點：

　　　（1）以選擇權模式，進行不動產投資。

　　　（2）以財務槓桿操作，以小搏大。

　　　（3）可以用現在的房地價，購買未來（二、三年後）的房屋。

　　　（4）可以在二年內或三年內，按工程進度分期繳納自備款，類似「分期付款」，減輕付款壓力。

　　　（5）可以選擇自己喜歡之樓層及面向，選擇機會較多。

　　　（6）可以於施工前變更隔間，較有客製化的彈性，符合自我需求。

　　2. 缺點：

　　　（1）建設公司若中途倒閉，無法交屋。

　　　（2）預售時之虛擬意境與建築完工後之實際意境，在認知上有差異，預售屋之購屋糾紛較成屋多，對消費者缺乏保障。

（四）成屋之特性：上開預售屋之優點，即成屋之缺點；預售屋之缺點，即成屋之優點。

（五）不動產開發信託：由建商或起造人將建案土地及興建資金信託予某金融機構或經政府許可之信託業者執行履約管理，興建資金應依工程進度專款專用。

（六）價金返還保證：預售屋由金融機構承作價金返還保證，當建設公司無法履約完工時，金融機構必須返還購屋者所繳交之價金。

> **考題3**│何謂不動產證券化？（10分）所謂架構式融資(Structured Finance)
> 之涵意又為何？並請說明我國募集之不動產投資信託基金，投資於開發
> 型不動產或不動產相關權利標的有何限制？

（一）不動產證券化：指受託機構依規定成立不動產投資信託或不動產資產信託，向不特定人募集發行或向特定人私募交付受益證券，以獲取資金之行為。我國不動產證券化商品分為下列二種：

    1. 不動產資產信託：委託人移轉其不動產或不動產相關權利予受託機構，並由受託機構向不特定人募集發行或向特定人私募交付不動產資產信託受益證券，以表彰受益人對該信託之不動產、不動產相關權利或其所生利益、孳息及其他收益之權利而成立之信託。

    2. 不動產投資信託：向不特定人募集發行或向特定人私募交付不動產投資信託受益證券，以投資不動產、不動產相關權利、不動產相關有價證券及其他經主管機關核准投資標的而成立之信託。

（二）架構式融資：將銀行存放款、抵押貸款、商業票據等包裝成證券化商品，再由證券化商品層層包裝為結構性金融商品，出售予投資人，以募集資金。

（三）募集之不動產投資信託基金投資於開發型不動產或不動產相關權利，以下列各款標的為限：

    1. 都市更新條例核定之都市更新事業計畫範圍內之土地、建築物及不動產相關權利。

    2. 促進民間參與公共建設法所稱公共建設。

    3. 經中央目的事業主管機關核准參與之公共建設。

考題 4｜不動產機構甲擬投資 10,000 萬元購買零售商場作為永續出租經營，現行利率為 10%，未來每年租金淨收益為 1,200 萬元。明年利率可能下降為 8% 或上升為 15%，利率的上升及下降機率相同，以後利率將固定不變。請問目前甲該投資方案是否可行？若投資方案可延至明年，在目前或明年投資何者較有利？明年投資時的遞延選擇權價值是多少？（請計算到小數點下兩位，四捨五入）

（一）目前進行投資：

$$\text{傳統 NPV} = -10,000 + \frac{1,200}{10\%} = 2,000 \text{ 萬元}$$

答：因 NPV 大於零，故目前甲該投資方案為可行。

（二）延至明年再進行投資：

$$\text{擴充 NPV} = \frac{1}{2}\left[\frac{-10,000}{(1+10\%)} + \frac{1,200}{8\%} \times \frac{1}{(1+10\%)}\right]$$
$$+ \frac{1}{2}\left[\frac{-10,000}{(1+10\%)} + \frac{1,200}{15\%} \times \frac{1}{(1+10\%)}\right]$$

$$= 1,363.64 \text{ 萬元}$$

答：目前進行投資之 NPV 為 2,000 萬元，延至明年再進行投資之 NPV 為 1,363.64 萬元。因此，現在投資較有利。

（三）延遞選擇權價值：

∵擴充 NPV ＝傳統 NPV ＋遞延選擇權價值

∴遞延選擇權價值＝擴充 NPV －傳統 NPV ＝ 1,363.64 － 2,000 ＝ －636.36 萬元

答：遞延選擇權價值為 －636.36 萬元。

📈 附錄一 年複利表

複利因子

（一） 複利未來值率　　$FVIF = (1+i)^n$

（二） 複利年金未來值率　　$FVIFA = \dfrac{(1+i)^n - 1}{i}$

（三） 複利年金償還基金率　　$SFF = \dfrac{1}{FVIFA} = \dfrac{i}{(1+i)^n - 1}$

（四） 複利償還現值率　　$PVIF = \dfrac{1}{FVIF} = \dfrac{1}{(1+i)^n}$

（五） 複利年金累加現值率　　$PVIFA = \dfrac{(1+i)^n - 1}{i(1+i)^n}$

（六） 本利均等償還率　　$MC = \dfrac{i(1+i)^n}{(1+i)^n - 1} = \dfrac{1}{PVIFA}$

年	年利率	1%				
	FVIF 複利 終值率	FVIFA 複利年金 終值率	SFF 沉入 基金率	PVIF 複利 現值率	PVIFA 複利年金 累加現值率	MC 本利 均等攤還率
1	1.010000	1.000000	1.000000	0.990099	0.990099	1.010000
2	1.020100	2.010000	0.497512	0.980296	1.970395	0.507512
3	1.030301	3.030100	0.330022	0.970590	2.940985	0.340022
4	1.040604	4.060401	0.246281	0.960980	3.901966	0.256281
5	1.051010	5.101005	0.196040	0.951466	4.853431	0.206040
6	1.061520	6.152015	0.162548	0.942045	5.795476	0.172548
7	1.072135	7.213535	0.138628	0.932718	6.728195	0.148628
8	1.082857	8.285671	0.120690	0.923488	7.651678	0.130690
9	1.093685	9.368527	0.106740	0.914340	8.566018	0.116740
10	1.104622	10.462213	0.095582	0.905287	9.471305	0.105582
11	1.115668	11.566835	0.086454	0.896324	10.367628	0.096454
12	1.126825	12.682503	0.078849	0.887449	11.255077	0.088849
13	1.138093	13.809328	0.072415	0.878663	12.133740	0.082415
14	1.149474	14.947421	0.066901	0.869963	13.003703	0.076901
15	1.160969	16.096896	0.062124	0.861349	13.865053	0.072124
16	1.172579	17.257864	0.057945	0.852821	14.717874	0.067945
17	1.184304	18.430443	0.054258	0.844377	15.562251	0.064258
18	1.196147	19.614748	0.050982	0.836017	16.398269	0.060982
19	1.208109	20.810895	0.048052	0.827740	17.226008	0.058052
20	1.220190	22.019004	0.045415	0.819544	18.045553	0.055415
21	1.232392	23.239194	0.043031	0.811430	18.856983	0.053031
22	1.244716	24.471586	0.040864	0.803396	19.660379	0.050864
23	1.257163	25.716302	0.038886	0.795442	20.455821	0.048886
24	1.269735	26.973465	0.037073	0.787566	21.243387	0.047073
25	1.282432	28.243200	0.035407	0.779768	22.023156	0.045407
26	1.295256	29.525631	0.033869	0.772048	22.795204	0.043869
27	1.308209	30.820888	0.032446	0.764404	23.559608	0.042446
28	1.321291	32.129097	0.031124	0.756836	24.316443	0.041124
29	1.334504	33.450388	0.029895	0.749342	25.065785	0.039895
30	1.347849	34.784892	0.028748	0.741923	25.807708	0.038748
31	1.361327	36.132740	0.027676	0.734577	26.542285	0.037676
32	1.374941	37.494068	0.026671	0.727304	27.269589	0.036671
33	1.388690	38.869009	0.025727	0.720103	27.989693	0.035727
34	1.402577	40.257699	0.024840	0.712973	28.702666	0.034840
35	1.416603	41.660276	0.024004	0.705914	29.408580	0.034004
36	1.430769	43.076878	0.023214	0.698925	30.107505	0.033214
37	1.445076	44.507647	0.022468	0.692005	30.799510	0.032468
38	1.459527	45.952724	0.021761	0.685153	31.484663	0.031761
39	1.474123	47.412251	0.021092	0.678370	32.163033	0.031092
40	1.488864	48.886373	0.020456	0.671653	32.834686	0.030456
41	1.503752	50.375237	0.019851	0.665003	33.499689	0.029851
42	1.518790	51.878989	0.019276	0.658419	34.158108	0.029276
43	1.533978	53.397779	0.018727	0.651900	34.810008	0.028727
44	1.549318	54.931757	0.018204	0.645445	35.455454	0.028204
45	1.564811	56.481075	0.017705	0.639055	36.094508	0.027705
46	1.580459	58.045885	0.017228	0.632728	36.727236	0.027228
47	1.596263	59.626344	0.016771	0.626463	37.353699	0.026771
48	1.612226	61.222608	0.016334	0.620260	37.973959	0.026334
49	1.628348	62.834834	0.015915	0.614119	38.588079	0.025915
50	1.644632	64.463182	0.015513	0.608039	39.196118	0.025513

年	年利率	2%				
	FVIF 複利 終值率	*FVIFA* 複利年金 終值率	*SFF* 沉入 基金率	*PVIF* 複利 現值率	*PVIFA* 複利年金 累加現值率	*MC* 本利 均等攤還率
1	1.020000	1.000000	1.000000	0.980392	0.980392	1.020000
2	1.040400	2.020000	0.495050	0.961169	1.941561	0.515050
3	1.061208	3.060400	0.326755	0.942322	2.883883	0.346755
4	1.082432	4.121608	0.242624	0.923845	3.807729	0.262624
5	1.104081	5.204040	0.192158	0.905731	4.713460	0.212158
6	1.126162	6.308121	0.158526	0.887971	5.601431	0.178526
7	1.148686	7.434283	0.134512	0.870560	6.471991	0.154512
8	1.171659	8.582969	0.116510	0.853490	7.325481	0.136510
9	1.195093	9.754628	0.102515	0.836755	8.162237	0.122515
10	1.218994	10.949721	0.091327	0.820348	8.982585	0.111327
11	1.243374	12.168715	0.082178	0.804263	9.786848	0.102178
12	1.268242	13.412090	0.074560	0.788493	10.575341	0.094560
13	1.293607	14.680332	0.068118	0.773033	11.348374	0.088118
14	1.319479	15.973938	0.062602	0.757875	12.106249	0.082602
15	1.345868	17.293417	0.057825	0.743015	12.849264	0.077825
16	1.372786	18.639285	0.053650	0.728446	13.577709	0.073650
17	1.400241	20.012071	0.049970	0.714163	14.291872	0.069970
18	1.428246	21.412312	0.046702	0.700159	14.992031	0.066702
19	1.456811	22.840559	0.043782	0.686431	15.678462	0.063782
20	1.485947	24.297370	0.041157	0.672971	16.351433	0.061157
21	1.515666	25.783317	0.038785	0.659776	17.011209	0.058785
22	1.545980	27.298984	0.036631	0.646839	17.658048	0.056631
23	1.576899	28.844963	0.034668	0.634156	18.292204	0.054668
24	1.608437	30.421862	0.032871	0.621721	18.913926	0.052871
25	1.640606	32.030300	0.031220	0.609531	19.523456	0.051220
26	1.673418	33.670906	0.029699	0.597579	20.121036	0.049699
27	1.706886	35.344324	0.028293	0.585862	20.706898	0.048293
28	1.741024	37.051210	0.026990	0.574375	21.281272	0.046990
29	1.775845	38.792235	0.025778	0.563112	21.844385	0.045778
30	1.811362	40.568079	0.024650	0.552071	22.396456	0.044650
31	1.847589	42.379441	0.023596	0.541246	22.937702	0.043596
32	1.884541	44.227030	0.022611	0.530633	23.468335	0.042611
33	1.922231	46.111570	0.021687	0.520229	23.988564	0.041687
34	1.960676	48.033802	0.020819	0.510028	24.498592	0.040819
35	1.999890	49.994478	0.020002	0.500028	24.998619	0.040002
36	2.039887	51.994367	0.019233	0.490223	25.488842	0.039233
37	2.080685	54.034255	0.018507	0.480611	25.969453	0.038507
38	2.122299	56.114940	0.017821	0.471187	26.440641	0.037821
39	2.164745	58.237238	0.017171	0.461948	26.902589	0.037171
40	2.208040	60.401983	0.016556	0.452890	27.355479	0.036556
41	2.252200	62.610023	0.015972	0.444010	27.799489	0.035972
42	2.297244	64.862223	0.015417	0.435304	28.234794	0.035417
43	2.343189	67.159468	0.014890	0.426769	28.661562	0.034890
44	2.390053	69.502657	0.014388	0.418401	29.079963	0.034388
45	2.437854	71.892710	0.013910	0.410197	29.490160	0.033910
46	2.486611	74.330564	0.013453	0.402154	29.892314	0.033453
47	2.536344	76.817176	0.013018	0.394268	30.286582	0.033018
48	2.587070	79.353519	0.012602	0.386538	30.673120	0.032602
49	2.638812	81.940590	0.012204	0.378958	31.052078	0.032204
50	2.691588	84.579401	0.011823	0.371528	31.423606	0.031823

年	年利率	3%				
	FVIF 複利 終值率	*FVIFA* 複利年金 終值率	*SFF* 沉入 基金率	*PVIF* 複利 現值率	*PVIFA* 複利年金 累加現值率	*MC* 本利 均等攤還率
1	1.030000	1.000000	1.000000	0.970874	0.970874	1.030000
2	1.060900	2.030000	0.492611	0.942596	1.913470	0.522611
3	1.092727	3.090900	0.323530	0.915142	2.828611	0.353530
4	1.125509	4.183627	0.239027	0.888487	3.717098	0.269027
5	1.159274	5.309136	0.188355	0.862609	4.579707	0.218355
6	1.194052	6.468410	0.154598	0.837484	5.417191	0.184598
7	1.229874	7.662462	0.130506	0.813092	6.230283	0.160506
8	1.266770	8.892336	0.112456	0.789409	7.019692	0.142456
9	1.304773	10.159106	0.098434	0.766417	7.786109	0.128434
10	1.343916	11.463879	0.087231	0.744094	8.530203	0.117231
11	1.384234	12.807796	0.078077	0.722421	9.252624	0.108077
12	1.425761	14.192030	0.070462	0.701380	9.954004	0.100462
13	1.468534	15.617790	0.064030	0.680951	10.634955	0.094030
14	1.512590	17.086324	0.058526	0.661118	11.296073	0.088526
15	1.557967	18.598914	0.053767	0.641862	11.937935	0.083767
16	1.604706	20.156881	0.049611	0.623167	12.561102	0.079611
17	1.652848	21.761588	0.045953	0.605016	13.166118	0.075953
18	1.702433	23.414435	0.042709	0.587395	13.753513	0.072709
19	1.753506	25.116868	0.039814	0.570286	14.323799	0.069814
20	1.806111	26.870374	0.037216	0.553676	14.877475	0.067216
21	1.860295	28.676486	0.034872	0.537549	15.415024	0.064872
22	1.916103	30.536780	0.032747	0.521893	15.936917	0.062747
23	1.973587	32.452884	0.030814	0.506692	16.443608	0.060814
24	2.032794	34.426470	0.029047	0.491934	16.935542	0.059047
25	2.093778	36.459264	0.027428	0.477606	17.413148	0.057428
26	2.156591	38.553042	0.025938	0.463695	17.876842	0.055938
27	2.221289	40.709634	0.024564	0.450189	18.327031	0.054564
28	2.287928	42.930923	0.023293	0.437077	18.764108	0.053293
29	2.356566	45.218850	0.022115	0.424346	19.188455	0.052115
30	2.427262	47.575416	0.021019	0.411987	19.600441	0.051019
31	2.500080	50.002678	0.019999	0.399987	20.000428	0.049999
32	2.575083	52.502759	0.019047	0.388337	20.388766	0.049047
33	2.652335	55.077841	0.018156	0.377026	20.765792	0.048156
34	2.731905	57.730177	0.017322	0.366045	21.131837	0.047322
35	2.813862	60.462082	0.016539	0.355383	21.487220	0.046539
36	2.898278	63.275944	0.015804	0.345032	21.832252	0.045804
37	2.985227	66.174223	0.015112	0.334983	22.167235	0.045112
38	3.074783	69.159449	0.014459	0.325226	22.492462	0.044459
39	3.167027	72.234233	0.013844	0.315754	22.808215	0.043844
40	3.262038	75.401260	0.013262	0.306557	23.114772	0.043262
41	3.359899	78.663298	0.012712	0.297628	23.412400	0.042712
42	3.460696	82.023196	0.012192	0.288959	23.701359	0.042192
43	3.564517	85.483892	0.011698	0.280543	23.981902	0.041698
44	3.671452	89.048409	0.011230	0.272372	24.254274	0.041230
45	3.781596	92.719861	0.010785	0.264439	24.518713	0.040785
46	3.895044	96.501457	0.010363	0.256737	24.775449	0.040363
47	4.011895	100.396501	0.009961	0.249259	25.024708	0.039961
48	4.132252	104.408396	0.009578	0.241999	25.266707	0.039578
49	4.256219	108.540648	0.009213	0.234950	25.501657	0.039213
50	4.383906	112.796867	0.008865	0.228107	25.729764	0.038865

年	年利率	4%				
	FVIF 複利 終值率	*FVIFA* 複利年金 終值率	*SFF* 沉入 基金率	*PVIF* 複利 現值率	*PVIFA* 複利年金 累加現值率	*MC* 本利 均等攤還率
1	1.040000	1.000000	1.000000	0.961538	0.961538	1.040000
2	1.081600	2.040000	0.490196	0.924556	1.886095	0.530196
3	1.124864	3.121600	0.320349	0.888996	2.775091	0.360349
4	1.169859	4.246464	0.235490	0.854804	3.629895	0.275490
5	1.216653	5.416323	0.184627	0.821927	4.451822	0.224627
6	1.265319	6.632975	0.150762	0.790315	5.242137	0.190762
7	1.315932	7.898294	0.126610	0.759918	6.002055	0.166610
8	1.368569	9.214226	0.108528	0.730690	6.732745	0.148528
9	1.423312	10.582795	0.094493	0.702587	7.435332	0.134493
10	1.480244	12.006107	0.083291	0.675564	8.110896	0.123291
11	1.539454	13.486351	0.074149	0.649581	8.760477	0.114149
12	1.601032	15.025805	0.066552	0.624597	9.385074	0.106552
13	1.665074	16.626838	0.060144	0.600574	9.985648	0.100144
14	1.731676	18.291911	0.054669	0.577475	10.563123	0.094669
15	1.800944	20.023588	0.049941	0.555265	11.118387	0.089941
16	1.872981	21.824531	0.045820	0.533908	11.652296	0.085820
17	1.947900	23.697512	0.042199	0.513373	12.165669	0.082199
18	2.025817	25.645413	0.038993	0.493628	12.659297	0.078993
19	2.106849	27.671229	0.036139	0.474642	13.133939	0.076139
20	2.191123	29.778079	0.033582	0.456387	13.590326	0.073582
21	2.278768	31.969202	0.031280	0.438834	14.029160	0.071280
22	2.369919	34.247970	0.029199	0.421955	14.451115	0.069199
23	2.464716	36.617889	0.027309	0.405726	14.856842	0.067309
24	2.563304	39.082604	0.025587	0.390121	15.246963	0.065587
25	2.665836	41.645908	0.024012	0.375117	15.622080	0.064012
26	2.772470	44.311745	0.022567	0.360689	15.982769	0.062567
27	2.883369	47.084214	0.021239	0.346817	16.329586	0.061239
28	2.998703	49.967583	0.020013	0.333477	16.663063	0.060013
29	3.118651	52.966286	0.018880	0.320651	16.983715	0.058880
30	3.243398	56.084938	0.017830	0.308319	17.292033	0.057830
31	3.373133	59.328335	0.016855	0.296460	17.588494	0.056855
32	3.508059	62.701469	0.015949	0.285058	17.873551	0.055949
33	3.648381	66.209527	0.015104	0.274094	18.147646	0.055104
34	3.794316	69.857909	0.014315	0.263552	18.411198	0.054315
35	3.946089	73.652225	0.013577	0.253415	18.664613	0.053577
36	4.103933	77.598314	0.012887	0.243669	18.908282	0.052887
37	4.268090	81.702246	0.012240	0.234297	19.142579	0.052240
38	4.438813	85.970336	0.011632	0.225285	19.367864	0.051632
39	4.616366	90.409150	0.011061	0.216621	19.584485	0.051061
40	4.801021	95.025516	0.010523	0.208289	19.792774	0.050523
41	4.993061	99.826536	0.010017	0.200278	19.993052	0.050017
42	5.192784	104.819598	0.009540	0.192575	20.185627	0.049540
43	5.400495	110.012382	0.009090	0.185168	20.370795	0.049090
44	5.616515	115.412877	0.008665	0.178046	20.548841	0.048665
45	5.841176	121.029392	0.008262	0.171198	20.720040	0.048262
46	6.074823	126.870568	0.007882	0.164614	20.884654	0.047882
47	6.317816	132.945390	0.007522	0.158283	21.042936	0.047522
48	6.570528	139.263206	0.007181	0.152195	21.195131	0.047181
49	6.833349	145.833734	0.006857	0.146341	21.341472	0.046857
50	7.106683	152.667084	0.006550	0.140713	21.482185	0.046550

年	年利率	5%				
	FVIF 複利 終值率	*FVIFA* 複利年金 終值率	*SFF* 沉入 基金率	*PVIF* 複利 現值率	*PVIFA* 複利年金 累加現值率	*MC* 本利 均等攤還率
1	1.050000	1.000000	1.000000	0.952381	0.952381	1.050000
2	1.102500	2.050000	0.487805	0.907029	1.859410	0.537805
3	1.157625	3.152500	0.317209	0.863838	2.723248	0.367209
4	1.215506	4.310125	0.232012	0.822702	3.545951	0.282012
5	1.276282	5.525631	0.180975	0.783526	4.329477	0.230975
6	1.340096	6.801913	0.147017	0.746215	5.075692	0.197017
7	1.407100	8.142008	0.122820	0.710681	5.786373	0.172820
8	1.477455	9.549109	0.104722	0.676839	6.463213	0.154722
9	1.551328	11.026564	0.090690	0.644609	7.107822	0.140690
10	1.628895	12.577893	0.079505	0.613913	7.721735	0.129505
11	1.710339	14.206787	0.070389	0.584679	8.306414	0.120389
12	1.795856	15.917127	0.062825	0.556837	8.863252	0.112825
13	1.885649	17.712983	0.056456	0.530321	9.393573	0.106456
14	1.979932	19.598632	0.051024	0.505068	9.898641	0.101024
15	2.078928	21.578564	0.046342	0.481017	10.379658	0.096342
16	2.182875	23.657492	0.042270	0.458112	10.837770	0.092270
17	2.292018	25.840366	0.038699	0.436297	11.274066	0.088699
18	2.406619	28.132385	0.035546	0.415521	11.689587	0.085546
19	2.526950	30.539004	0.032745	0.395734	12.085321	0.082745
20	2.653298	33.065954	0.030243	0.376889	12.462210	0.080243
21	2.785963	35.719252	0.027996	0.358942	12.821153	0.077996
22	2.925261	38.505214	0.025971	0.341850	13.163003	0.075971
23	3.071524	41.430475	0.024137	0.325571	13.488574	0.074137
24	3.225100	44.501999	0.022471	0.310068	13.798642	0.072471
25	3.386355	47.727099	0.020952	0.295303	14.093945	0.070952
26	3.555673	51.113454	0.019564	0.281241	14.375185	0.069564
27	3.733456	54.669126	0.018292	0.267848	14.643034	0.068292
28	3.920129	58.402583	0.017123	0.255094	14.898127	0.067123
29	4.116136	62.322712	0.016046	0.242946	15.141074	0.066046
30	4.321942	66.438848	0.015051	0.231377	15.372451	0.065051
31	4.538039	70.760790	0.014132	0.220359	15.592811	0.064132
32	4.764941	75.298829	0.013280	0.209866	15.802677	0.063280
33	5.003189	80.063771	0.012490	0.199873	16.002549	0.062490
34	5.253348	85.066959	0.011755	0.190355	16.192904	0.061755
35	5.516015	90.320307	0.011072	0.181290	16.374194	0.061072
36	5.791816	95.836323	0.010434	0.172657	16.546852	0.060434
37	6.081407	101.628139	0.009840	0.164436	16.711287	0.059840
38	6.385477	107.709546	0.009284	0.156605	16.867893	0.059284
39	6.704751	114.095023	0.008765	0.149148	17.017041	0.058765
40	7.039989	120.799774	0.008278	0.142046	17.159086	0.058278
41	7.391988	127.839763	0.007822	0.135282	17.294368	0.057822
42	7.761588	135.231751	0.007395	0.128840	17.423208	0.057395
43	8.149667	142.993339	0.006993	0.122704	17.545912	0.056993
44	8.557150	151.143006	0.006616	0.116861	17.662773	0.056616
45	8.985008	159.700156	0.006262	0.111297	17.774070	0.056262
46	9.434258	168.685164	0.005928	0.105997	17.880066	0.055928
47	9.905971	178.119422	0.005614	0.100949	17.981016	0.055614
48	10.401270	188.025393	0.005318	0.096142	18.077158	0.055318
49	10.921333	198.426663	0.005040	0.091564	18.168722	0.055040
50	11.467400	209.347996	0.004777	0.087204	18.255925	0.054777

年	年利率	6%				
	FVIF 複利 終值率	*FVIFA* 複利年金 終值率	*SFF* 沉入 基金率	*PVIF* 複利 現值率	*PVIFA* 複利年金 累加現值率	*MC* 本利 均等攤還率
1	1.060000	1.000000	1.000000	0.943396	0.943396	1.060000
2	1.123600	2.060000	0.485437	0.889996	1.833393	0.545437
3	1.191016	3.183600	0.314110	0.839619	2.673012	0.374110
4	1.262477	4.374616	0.228591	0.792094	3.465106	0.288591
5	1.338226	5.637093	0.177396	0.747258	4.212364	0.237396
6	1.418519	6.975319	0.143363	0.704961	4.917324	0.203363
7	1.503630	8.393838	0.119135	0.665057	5.582381	0.179135
8	1.593848	9.897468	0.101036	0.627412	6.209794	0.161036
9	1.689479	11.491316	0.087022	0.591898	6.801692	0.147022
10	1.790848	13.180795	0.075868	0.558395	7.360087	0.135868
11	1.898299	14.971643	0.066793	0.526788	7.886875	0.126793
12	2.012196	16.869941	0.059277	0.496969	8.383844	0.119277
13	2.132928	18.882138	0.052960	0.468839	8.852683	0.112960
14	2.260904	21.015066	0.047585	0.442301	9.294984	0.107585
15	2.396558	23.275970	0.042963	0.417265	9.712249	0.102963
16	2.540352	25.672528	0.038952	0.393646	10.105895	0.098952
17	2.692773	28.212880	0.035445	0.371364	10.477260	0.095445
18	2.854339	30.905653	0.032357	0.350344	10.827603	0.092357
19	3.025600	33.759992	0.029621	0.330513	11.158116	0.089621
20	3.207135	36.785591	0.027185	0.311805	11.469921	0.087185
21	3.399564	39.992727	0.025005	0.294155	11.764077	0.085005
22	3.603537	43.392290	0.023046	0.277505	12.041582	0.083046
23	3.819750	46.995828	0.021278	0.261797	12.303379	0.081278
24	4.048935	50.815577	0.019679	0.246979	12.550358	0.079679
25	4.291871	54.864512	0.018227	0.232999	12.783356	0.078227
26	4.549383	59.156383	0.016904	0.219810	13.003166	0.076904
27	4.822346	63.705766	0.015697	0.207368	13.210534	0.075697
28	5.111687	68.528112	0.014593	0.195630	13.406164	0.074593
29	5.418388	73.639798	0.013580	0.184557	13.590721	0.073580
30	5.743491	79.058186	0.012649	0.174110	13.764831	0.072649
31	6.088101	84.801677	0.011792	0.164255	13.929086	0.071792
32	6.453387	90.889778	0.011002	0.154957	14.084043	0.071002
33	6.840350	97.343165	0.010273	0.146186	14.230230	0.070273
34	7.251025	104.183755	0.009598	0.137912	14.368141	0.069598
35	7.686087	111.434780	0.008974	0.130105	14.498246	0.068974
36	8.147252	119.120867	0.008395	0.122741	14.620987	0.068395
37	8.636087	127.268119	0.007857	0.115793	14.736780	0.067857
38	9.154252	135.904206	0.007358	0.109239	14.846019	0.067358
39	9.703507	145.058458	0.006894	0.103056	14.949075	0.066894
40	10.285718	154.761966	0.006462	0.097222	15.046297	0.066462
41	10.902861	165.047684	0.006059	0.091719	15.138016	0.066059
42	11.557033	175.950545	0.005683	0.086527	15.224543	0.065683
43	12.250455	187.507577	0.005333	0.081630	15.306173	0.065333
44	12.985482	199.758032	0.005006	0.077009	15.383182	0.065006
45	13.764611	212.743514	0.004700	0.072650	15.455832	0.064700
46	14.590487	226.508125	0.004415	0.068538	15.524370	0.064415
47	15.465917	241.098612	0.004148	0.064658	15.589028	0.064148
48	16.393872	256.564529	0.003898	0.060998	15.650027	0.063898
49	17.377504	272.958401	0.003664	0.057546	15.707572	0.063664
50	18.420154	290.335905	0.003444	0.054288	15.761861	0.063444

年	年利率	7%				
	FVIF 複利 終值率	*FVIFA* 複利年金 終值率	*SFF* 沉入 基金率	*PVIF* 複利 現值率	*PVIFA* 複利年金 累加現值率	*MC* 本利 均等攤還率
1	1.070000	1.000000	1.000000	0.934579	0.934579	1.070000
2	1.144900	2.070000	0.483092	0.873439	1.808018	0.553092
3	1.225043	3.214900	0.311052	0.816298	2.624316	0.381052
4	1.310796	4.439943	0.225228	0.762895	3.387211	0.295228
5	1.402552	5.750739	0.173891	0.712986	4.100197	0.243891
6	1.500730	7.153291	0.139796	0.666342	4.766540	0.209796
7	1.605781	8.654021	0.115553	0.622750	5.389289	0.185553
8	1.718186	10.259803	0.097468	0.582009	5.971299	0.167468
9	1.838459	11.977989	0.083486	0.543934	6.515232	0.153486
10	1.967151	13.816448	0.072378	0.508349	7.023582	0.142378
11	2.104852	15.783599	0.063357	0.475093	7.498674	0.133357
12	2.252192	17.888451	0.055902	0.444012	7.942686	0.125902
13	2.409845	20.140643	0.049651	0.414964	8.357651	0.119651
14	2.578534	22.550488	0.044345	0.387817	8.745468	0.114345
15	2.759032	25.129022	0.039795	0.362446	9.107914	0.109795
16	2.952164	27.888054	0.035858	0.338735	9.446649	0.105858
17	3.158815	30.840217	0.032425	0.316574	9.763223	0.102425
18	3.379932	33.999033	0.029413	0.295864	10.059087	0.099413
19	3.616528	37.378965	0.026753	0.276508	10.335595	0.096753
20	3.869684	40.995492	0.024393	0.258419	10.594014	0.094393
21	4.140562	44.865177	0.022289	0.241513	10.835527	0.092289
22	4.430402	49.005739	0.020406	0.225713	11.061240	0.090406
23	4.740530	53.436141	0.018714	0.210947	11.272187	0.088714
24	5.072367	58.176671	0.017189	0.197147	11.469334	0.087189
25	5.427433	63.249038	0.015811	0.184249	11.653583	0.085811
26	5.807353	68.676470	0.014561	0.172195	11.825779	0.084561
27	6.213868	74.483823	0.013426	0.160930	11.986709	0.083426
28	6.648838	80.697691	0.012392	0.150402	12.137111	0.082392
29	7.114257	87.346529	0.011449	0.140563	12.277674	0.081449
30	7.612255	94.460786	0.010586	0.131367	12.409041	0.080586
31	8.145113	102.073041	0.009797	0.122773	12.531814	0.079797
32	8.715271	110.218154	0.009073	0.114741	12.646555	0.079073
33	9.325340	118.933425	0.008408	0.107235	12.753790	0.078408
34	9.978114	128.258765	0.007797	0.100219	12.854009	0.077797
35	10.676581	138.236878	0.007234	0.093663	12.947672	0.077234
36	11.423942	148.913460	0.006715	0.087535	13.035208	0.076715
37	12.223618	160.337402	0.006237	0.081809	13.117017	0.076237
38	13.079271	172.561020	0.005795	0.076457	13.193473	0.075795
39	13.994820	185.640292	0.005387	0.071455	13.264928	0.075387
40	14.974458	199.635112	0.005009	0.066780	13.331709	0.075009
41	16.022670	214.609570	0.004660	0.062412	13.394120	0.074660
42	17.144257	230.632240	0.004336	0.058329	13.452449	0.074336
43	18.344355	247.776496	0.004036	0.054513	13.506962	0.074036
44	19.628460	266.120851	0.003758	0.050946	13.557908	0.073758
45	21.002452	285.749311	0.003500	0.047613	13.605522	0.073500
46	22.472623	306.751763	0.003260	0.044499	13.650020	0.073260
47	24.045707	329.224386	0.003037	0.041587	13.691608	0.073037
48	25.728907	353.270093	0.002831	0.038867	13.730474	0.072831
49	27.529930	378.999000	0.002639	0.036324	13.766799	0.072639
50	29.457025	406.528929	0.002460	0.033948	13.800746	0.072460

年	年利率	8%				
	FVIF 複利 終值率	*FVIFA* 複利年金 終值率	*SFF* 沉入 基金率	*PVIF* 複利 現值率	*PVIFA* 複利年金 累加現值率	*MC* 本利 均等攤還率
1	1.000000	1.000000	1.000000	0.925926	0.925926	1.080000
2	1.166400	2.080000	0.480769	0.857339	1.783265	0.560769
3	1.259712	3.246400	0.308034	0.793832	2.577097	0.388034
4	1.360489	4.506112	0.221921	0.735030	3.312127	0.301921
5	1.469328	5.866601	0.170456	0.680583	3.992710	0.250456
6	1.586874	7.335929	0.136315	0.630170	4.622880	0.216315
7	1.713824	8.922803	0.112072	0.583490	5.206370	0.192072
8	1.850930	10.636628	0.094015	0.540269	5.746639	0.174015
9	1.999005	12.487558	0.080080	0.500249	6.246888	0.160080
10	2.158925	14.486562	0.069029	0.463193	6.710081	0.149029
11	2.331639	16.645487	0.060076	0.428883	7.138964	0.140076
12	2.518170	18.977126	0.052695	0.397114	7.536078	0.132695
13	2.719624	21.495297	0.046522	0.367698	7.903776	0.126522
14	2.937194	24.214920	0.041297	0.340461	8.244237	0.121297
15	3.172169	27.152114	0.036830	0.315242	8.559479	0.116830
16	3.425943	30.324283	0.032977	0.291890	8.851369	0.112977
17	3.700018	33.750226	0.029629	0.270269	9.121638	0.109629
18	3.996019	37.450244	0.026702	0.250249	9.371887	0.106702
19	4.315701	41.446263	0.024128	0.231712	9.603599	0.104128
20	4.660957	45.761964	0.021852	0.214548	9.818147	0.101852
21	5.033834	50.422921	0.019832	0.198656	10.016803	0.099832
22	5.436540	55.456755	0.018032	0.183941	10.200744	0.098032
23	5.871464	60.893296	0.016422	0.170315	10.371059	0.096422
24	6.341181	66.764759	0.014978	0.157699	10.528758	0.094978
25	6.848475	73.105940	0.013679	0.146018	10.674776	0.093679
26	7.396353	79.954415	0.012507	0.135202	10.809978	0.092507
27	7.988061	87.350768	0.011448	0.125187	10.935165	0.091448
28	8.627106	95.338830	0.010489	0.115914	11.051078	0.090489
29	9.317275	103.965936	0.009619	0.107328	11.158406	0.089619
30	10.062657	113.283211	0.008827	0.099377	11.257783	0.088827
31	10.867669	123.345868	0.008107	0.092016	11.349799	0.088107
32	11.737083	134.213537	0.007451	0.085200	11.434999	0.087451
33	12.676050	145.950620	0.006852	0.078889	11.513888	0.086852
34	13.690134	158.626670	0.006304	0.073045	11.586934	0.086304
35	14.785344	172.316804	0.005803	0.067635	11.654568	0.085803
36	15.968172	187.102148	0.005345	0.062625	11.717193	0.085345
37	17.245626	203.070320	0.004924	0.057986	11.775179	0.084924
38	18.625276	220.315945	0.004539	0.053690	11.828869	0.084539
39	20.115298	238.941221	0.004185	0.049713	11.878582	0.084185
40	21.724521	259.056519	0.003860	0.046031	11.924613	0.083860
41	23.462483	280.781040	0.003561	0.042621	11.967235	0.083561
42	25.339482	304.243523	0.003287	0.039464	12.006699	0.083287
43	27.366640	329.583005	0.003034	0.036541	12.043240	0.083034
44	29.555972	356.949646	0.002802	0.033834	12.077074	0.082802
45	31.920449	386.505617	0.002587	0.031328	12.108402	0.082587
46	34.474085	418.426067	0.002390	0.029007	12.137409	0.082390
47	37.232012	452.900152	0.002208	0.026859	12.164267	0.082208
48	40.210573	490.132164	0.002040	0.024869	12.189136	0.082040
49	43.427419	530.342737	0.001886	0.023027	12.212163	0.081886
50	46.901613	573.770156	0.001743	0.021321	12.233485	0.081743

年	年利率	9%				
	FVIF 複利 終值率	*FVIFA* 複利年金 終值率	*SFF* 沉入 基金率	*PVIF* 複利 現值率	*PVIFA* 複利年金 累加現值率	*MC* 本利 均等攤還率
1	1.090000	1.000000	1.000000	0.917431	0.917431	1.090000
2	1.188100	2.090000	0.478469	0.841680	1.759111	0.568469
3	1.295029	3.278100	0.305055	0.772183	2.531295	0.395055
4	1.411582	4.573129	0.218669	0.708425	3.239720	0.308669
5	1.538624	5.984711	0.167092	0.649931	3.889651	0.257092
6	1.677100	7.523335	0.132920	0.596267	4.485919	0.222920
7	1.828039	9.200435	0.108691	0.547034	5.032953	0.198691
8	1.992563	11.028474	0.090674	0.501866	5.534819	0.180674
9	2.171893	13.021036	0.076799	0.460428	5.995247	0.166799
10	2.367364	15.192930	0.065820	0.422411	6.417658	0.155820
11	2.580426	17.560293	0.056947	0.387533	6.805191	0.146947
12	2.812665	20.140720	0.049651	0.355535	7.160725	0.139651
13	3.065805	22.953385	0.043567	0.326179	7.486904	0.133567
14	3.341727	26.019189	0.038433	0.299246	7.786150	0.128433
15	3.642482	29.360916	0.034059	0.274538	8.060688	0.124059
16	3.970306	33.003399	0.030300	0.251870	8.312558	0.120300
17	4.327633	36.973705	0.027046	0.231073	8.543631	0.117046
18	4.717120	41.301338	0.024212	0.211994	8.755625	0.114212
19	5.141661	46.018458	0.021730	0.194490	8.950115	0.111730
20	5.604411	51.160120	0.019546	0.178431	9.128546	0.109546
21	6.108808	56.764530	0.017617	0.163698	9.292244	0.107617
22	6.658600	62.873338	0.015905	0.150182	9.442425	0.105905
23	7.257874	69.531939	0.014382	0.137781	9.580207	0.104382
24	7.911083	76.789813	0.013023	0.126405	9.706612	0.103023
25	8.623081	84.700896	0.011806	0.115968	9.822580	0.101806
26	9.399158	93.323977	0.010715	0.106393	9.928972	0.100715
27	10.245082	102.723135	0.009735	0.097608	10.026580	0.099735
28	11.167140	112.968217	0.008852	0.089548	10.116128	0.098852
29	12.172182	124.135356	0.008056	0.082155	10.198283	0.098056
30	13.267678	136.307539	0.007336	0.075371	10.273654	0.097336
31	14.461770	149.575217	0.006686	0.069148	10.342802	0.096686
32	15.763329	164.036987	0.006096	0.063438	10.406240	0.096096
33	17.182028	179.800315	0.005562	0.058200	10.464441	0.095562
34	18.728411	196.982344	0.005077	0.053395	10.517835	0.095077
35	20.413968	215.710755	0.004636	0.048986	10.566821	0.094636
36	22.251225	236.124723	0.004235	0.044941	10.611763	0.094235
37	24.253835	258.375948	0.003870	0.041231	10.652993	0.093870
38	26.436680	282.629783	0.003538	0.037826	10.690820	0.093538
39	28.815982	309.066463	0.003236	0.034703	10.725523	0.093236
40	31.409420	337.882445	0.002960	0.031838	10.757360	0.092960
41	34.236268	369.291865	0.002708	0.029209	10.786569	0.092708
42	37.317532	403.528133	0.002478	0.026797	10.813366	0.092478
43	40.676110	440.845665	0.002268	0.024584	10.837950	0.092268
44	44.336960	481.521775	0.002077	0.022555	10.860505	0.092077
45	48.327286	525.858734	0.001902	0.020692	10.881197	0.091902
46	52.676742	574.186021	0.001742	0.018984	10.900181	0.091742
47	57.417649	626.862762	0.001595	0.017416	10.917597	0.091595
48	62.585237	684.280411	0.001461	0.015978	10.933575	0.091461
49	68.217908	746.865648	0.001339	0.014659	10.948234	0.091339
50	74.357520	815.083556	0.001227	0.013449	10.961683	0.091227

年	年利率	10%				
	FVIF 複利 終值率	*FVIFA* 複利年金 終值率	*SFF* 沉入 基金率	*PVIF* 複利 現值率	*PVIFA* 複利年金 累加現值率	*MC* 本利 均等攤還率
1	1.100000	1.000000	1.000000	0.909091	0.909091	1.100000
2	1.210000	2.100000	0.476190	0.826446	1.735537	0.576190
3	1.331000	3.310000	0.302115	0.751315	2.486852	0.402115
4	1.464100	4.641000	0.215471	0.683013	3.169865	0.315471
5	1.610510	6.105100	0.163797	0.620921	3.790787	0.263797
6	1.771561	7.715610	0.129607	0.564474	4.355261	0.229607
7	1.948717	9.487171	0.105405	0.513158	4.868419	0.205405
8	2.143589	11.435888	0.087444	0.466507	5.334926	0.187444
9	2.357948	13.579477	0.073641	0.424098	5.759024	0.173641
10	2.593742	15.937425	0.062745	0.385543	6.144567	0.162745
11	2.853117	18.531167	0.053963	0.350494	6.495061	0.153963
12	3.138428	21.384284	0.046763	0.318631	6.813692	0.146763
13	3.452271	24.522712	0.040779	0.289664	7.103356	0.140779
14	3.797498	27.974983	0.035746	0.263331	7.366687	0.135746
15	4.177248	31.772482	0.031474	0.239392	7.606080	0.131474
16	4.594973	35.949730	0.027817	0.217629	7.823709	0.127817
17	5.054470	40.544703	0.024664	0.197845	8.021553	0.124664
18	5.559917	45.599173	0.021930	0.179859	8.201412	0.121930
19	6.115909	51.159090	0.019547	0.163508	8.364920	0.119547
20	6.727500	57.274999	0.017460	0.148644	8.513564	0.117460
21	7.400250	64.002499	0.015624	0.135131	8.648694	0.115624
22	8.140275	71.402749	0.014005	0.122846	8.771540	0.114005
23	8.954302	79.543024	0.012572	0.111678	8.883218	0.112572
24	9.849733	88.497327	0.011300	0.101526	8.984744	0.111300
25	10.834706	98.347059	0.010168	0.092296	9.077040	0.110168
26	11.918177	109.181765	0.009159	0.083905	9.160945	0.109159
27	13.109994	121.099942	0.008258	0.076278	9.237223	0.108258
28	14.420994	134.209936	0.007451	0.069343	9.306567	0.107451
29	15.863093	148.630930	0.006728	0.063039	9.369606	0.106728
30	17.449402	164.494023	0.006079	0.057309	9.426914	0.106079
31	19.194342	181.943425	0.005496	0.052099	9.479013	0.105496
32	21.113777	201.137767	0.004972	0.047362	9.526376	0.104972
33	23.225154	222.251544	0.004499	0.043057	9.569432	0.104499
34	25.547670	245.476699	0.004074	0.039143	9.608575	0.104074
35	28.102437	271.024368	0.003690	0.035584	9.644159	0.103690
36	30.912681	299.126805	0.003343	0.032349	9.676508	0.103343
37	34.003949	330.039486	0.003030	0.029408	9.705917	0.103030
38	37.404343	364.043434	0.002747	0.026735	9.732651	0.102747
39	41.144778	401.447778	0.002491	0.024304	9.756956	0.102491
40	45.259256	442.592556	0.002259	0.022095	9.779051	0.102259
41	49.785181	487.851811	0.002050	0.020086	9.799137	0.102050
42	54.763699	537.636992	0.001860	0.018260	9.817397	0.101860
43	60.240069	592.400692	0.001688	0.016600	9.833998	0.101688
44	66.264076	652.640761	0.001532	0.015091	9.849089	0.101532
45	72.890484	718.904837	0.001391	0.013719	9.862808	0.101391
46	80.179532	791.795321	0.001263	0.012472	9.875280	0.101263
47	88.197485	871.974853	0.001147	0.011338	9.886618	0.101147
48	97.017234	960.172338	0.001041	0.010307	9.896926	0.101041
49	106.718957	1057.189572	0.000946	0.009370	9.906296	0.100946
50	117.390853	1163.908529	0.000859	0.008519	9.914814	0.100859

年	年利率	11%				
	FVIF 複利 終值率	*FVIFA* 複利年金 終值率	*SFF* 沉入 基金率	*PVIF* 複利 現值率	*PVIFA* 複利年金 累加現值率	*MC* 本利 均等攤還率
1	1.110000	1.000000	1.000000	0.900901	0.900901	1.110000
2	1.232100	2.110000	0.473934	0.811622	1.712523	0.583934
3	1.367631	3.342100	0.299213	0.731191	2.443715	0.409213
4	1.518070	4.709731	0.212326	0.658731	3.102446	0.322326
5	1.685058	6.227801	0.160570	0.593451	3.695897	0.270570
6	1.870415	7.912860	0.126377	0.534641	4.230538	0.236377
7	2.076160	9.783274	0.102215	0.481658	4.712196	0.212215
8	2.304538	11.859434	0.084321	0.433926	5.146123	0.194321
9	2.558037	14.163972	0.070602	0.390925	5.537048	0.180602
10	2.839421	16.722009	0.059801	0.352184	5.889232	0.169801
11	3.151757	19.561430	0.051121	0.317283	6.206515	0.161121
12	3.498451	22.713187	0.044027	0.285841	6.492356	0.154027
13	3.883280	26.211638	0.038151	0.257514	6.749870	0.148151
14	4.310441	30.094918	0.033228	0.231995	6.981865	0.143228
15	4.784589	34.405359	0.029065	0.209004	7.190870	0.139065
16	5.310894	39.189948	0.025517	0.188292	7.379162	0.135517
17	5.895093	44.500843	0.022471	0.169633	7.548794	0.132471
18	6.543553	50.395936	0.019843	0.152822	7.701617	0.129843
19	7.263344	56.939488	0.017563	0.137678	7.839294	0.127563
20	8.062312	64.202832	0.015576	0.124034	7.963328	0.125576
21	8.949166	72.265144	0.013838	0.111742	8.075070	0.123838
22	9.933574	81.214309	0.012313	0.100669	8.175739	0.122313
23	11.026267	91.147884	0.010971	0.090693	8.266432	0.120971
24	12.239157	102.174151	0.009787	0.081705	8.348137	0.119787
25	13.585464	114.413307	0.008740	0.073608	8.421745	0.118740
26	15.079865	127.998771	0.007813	0.066314	8.488058	0.117813
27	16.738650	143.078636	0.006989	0.059742	8.547800	0.116989
28	18.579901	159.817286	0.006257	0.053822	8.601622	0.116257
29	20.623691	178.397187	0.005605	0.048488	8.650110	0.115605
30	22.892297	199.020878	0.005025	0.043683	8.693793	0.115025
31	25.410449	221.913174	0.004506	0.039354	8.733146	0.114506
32	28.205599	247.323624	0.004043	0.035454	8.768600	0.114043
33	31.308214	275.529222	0.003629	0.031940	8.800541	0.113629
34	34.752118	306.837437	0.003259	0.028775	8.829316	0.113259
35	38.574851	341.589555	0.002927	0.025924	8.855240	0.112927
36	42.818085	380.164406	0.002630	0.023355	8.878594	0.112630
37	47.528074	422.982490	0.002364	0.021040	8.899635	0.112364
38	52.756162	470.510564	0.002125	0.018955	8.918590	0.112125
39	58.559340	523.266726	0.001911	0.017077	8.935666	0.111911
40	65.000867	581.826066	0.001719	0.015384	8.951051	0.111719
41	72.150963	646.826934	0.001546	0.013860	8.964911	0.111546
42	80.087569	718.977896	0.001391	0.012486	8.977397	0.111391
43	88.897201	799.065465	0.001251	0.011249	8.988646	0.111251
44	98.675893	887.962666	0.001126	0.010134	8.998780	0.111126
45	109.530242	986.638559	0.001014	0.009130	9.007910	0.111014
46	121.578568	1096.168801	0.000912	0.008225	9.016135	0.110912
47	134.952211	1217.747369	0.000821	0.007410	9.023545	0.110821
48	149.796954	1352.699580	0.000739	0.006676	9.030221	0.110739
49	166.274619	1502.496533	0.000666	0.006014	9.036235	0.110666
50	184.564827	1668.771152	0.000599	0.005418	9.041653	0.110599

年	年利率	12%				
	FVIF 複利 終值率	*FVIFA* 複利年金 終值率	*SFF* 沉入 基金率	*PVIF* 複利 現值率	*PVIFA* 複利年金 累加現值率	*MC* 本利 均等攤還率
1	1.120000	1.000000	1.000000	0.892857	0.892857	1.120000
2	1.254400	2.120000	0.471698	0.797194	1.690051	0.591698
3	1.404928	3.374400	0.296349	0.711780	2.401831	0.416349
4	1.573519	4.779328	0.209234	0.635518	3.037349	0.329234
5	1.762342	6.352847	0.157410	0.567427	3.604776	0.277410
6	1.973823	8.115189	0.123226	0.506631	4.111407	0.243226
7	2.210681	10.089012	0.099118	0.452349	4.563757	0.219118
8	2.475963	12.299693	0.081303	0.403883	4.967640	0.201303
9	2.773079	14.775656	0.067659	0.360610	5.328250	0.187659
10	3.105848	17.548735	0.056984	0.321973	5.650223	0.176984
11	3.478550	20.654583	0.048415	0.287476	5.937699	0.168415
12	3.895976	24.133133	0.041437	0.256675	6.194374	0.161437
13	4.363493	28.029109	0.035677	0.229174	6.423548	0.155677
14	4.887112	32.392602	0.030871	0.204620	6.628168	0.150871
15	5.473566	37.279715	0.026824	0.182696	6.810864	0.146824
16	6.130394	42.753280	0.023390	0.163122	6.973986	0.143390
17	6.866041	48.883674	0.020457	0.145644	7.119630	0.140457
18	7.689966	55.749715	0.017937	0.130040	7.249670	0.137937
19	8.612762	63.439681	0.015763	0.116107	7.365777	0.135763
20	9.646293	72.052442	0.013879	0.103667	7.469444	0.133879
21	10.803848	81.698736	0.012240	0.092560	7.562003	0.132240
22	12.100310	92.502584	0.010811	0.082643	7.644646	0.130811
23	13.552347	104.602894	0.009560	0.073788	7.718434	0.129560
24	15.178629	118.155241	0.008463	0.065882	7.784316	0.128463
25	17.000064	133.333870	0.007500	0.058823	7.843139	0.127500
26	19.040072	150.333934	0.006652	0.052521	7.895660	0.126652
27	21.324881	169.374007	0.005904	0.046894	7.942554	0.125904
28	23.883866	190.698887	0.005244	0.041869	7.984423	0.125244
29	26.749930	214.582754	0.004660	0.037383	8.021806	0.124660
30	29.959922	241.332684	0.004144	0.033378	8.055184	0.124144
31	33.555113	271.292606	0.003686	0.029802	8.084986	0.123686
32	37.581726	304.847719	0.003280	0.026609	8.111594	0.123280
33	42.091533	342.429446	0.002920	0.023758	8.135352	0.122920
34	47.142517	384.520979	0.002601	0.021212	8.156564	0.122601
35	52.799620	431.663496	0.002317	0.018940	8.175504	0.122317
36	59.135574	484.463116	0.002064	0.016910	8.192414	0.122064
37	66.231843	543.598690	0.001840	0.015098	8.207513	0.121840
38	74.179664	609.830533	0.001640	0.013481	8.220993	0.121640
39	83.081224	684.010197	0.001462	0.012036	8.233030	0.121462
40	93.050970	767.091420	0.001304	0.010747	8.243777	0.121304
41	104.217087	860.142391	0.001163	0.009595	8.253372	0.121163
42	116.723137	964.359478	0.001037	0.008567	8.261939	0.121037
43	130.729914	1081.082615	0.000925	0.007649	8.269589	0.120925
44	146.417503	1211.812529	0.000825	0.006830	8.276418	0.120825
45	163.987604	1358.230032	0.000736	0.006098	8.282516	0.120736
46	183.666116	1522.217636	0.000657	0.005445	8.287961	0.120657
47	205.706050	1705.883752	0.000586	0.004861	8.292822	0.120586
48	230.390776	1911.589803	0.000523	0.004340	8.297163	0.120523
49	258.037669	2141.980579	0.000467	0.003875	8.301038	0.120467
50	289.002190	2400.018249	0.000417	0.003460	8.304498	0.120417

年	年利率	13%				
	FVIF 複利 終值率	*FVIFA* 複利年金 終值率	*SFF* 沉入 基金率	*PVIF* 複利 現值率	*PVIFA* 複利年金 累加現值率	*MC* 本利 均等攤還率
1	1.130000	1.000000	1.000000	0.884956	0.884956	1.130000
2	1.276900	2.130000	0.469484	0.783147	1.668102	0.599484
3	1.442897	3.406900	0.293522	0.693050	2.361153	0.423522
4	1.630474	4.849797	0.206194	0.613319	2.974471	0.336194
5	1.842435	6.480271	0.154315	0.542760	3.517231	0.284315
6	2.081952	8.322706	0.120153	0.480319	3.997550	0.250153
7	2.352605	10.404658	0.096111	0.425061	4.422610	0.226111
8	2.658444	12.757263	0.078387	0.376160	4.798770	0.208387
9	3.004042	15.415707	0.064869	0.332885	5.131655	0.194869
10	3.394567	18.419749	0.054290	0.294588	5.426243	0.184290
11	3.835861	21.814317	0.045841	0.260698	5.686941	0.175841
12	4.334523	25.650178	0.038986	0.230706	5.917647	0.168986
13	4.898011	29.984701	0.033350	0.204165	6.121812	0.163350
14	5.534753	34.882712	0.028667	0.180677	6.302488	0.158667
15	6.254270	40.417464	0.024742	0.159891	6.462379	0.154742
16	7.067326	46.671735	0.021426	0.141496	6.603875	0.151426
17	7.986078	53.739060	0.018608	0.125218	6.729093	0.148608
18	9.024268	61.725138	0.016201	0.110812	6.839905	0.146201
19	10.197423	70.749406	0.014134	0.098064	6.937969	0.144134
20	11.523088	80.946829	0.012354	0.086782	7.024752	0.142354
21	13.021089	92.469917	0.010814	0.076798	7.101550	0.140814
22	14.713831	105.491006	0.009479	0.067963	7.169513	0.139479
23	16.626629	120.204837	0.008319	0.060144	7.229658	0.138319
24	18.788091	136.831465	0.007308	0.053225	7.282883	0.137308
25	21.230542	155.619556	0.006426	0.047102	7.329985	0.136426
26	23.990513	176.850098	0.005655	0.041683	7.371668	0.135655
27	27.109279	200.840611	0.004979	0.036888	7.408556	0.134979
28	30.633486	227.949890	0.004387	0.032644	7.441200	0.134387
29	34.615839	258.583376	0.003867	0.028889	7.470088	0.133867
30	39.115898	293.199215	0.003411	0.025565	7.495653	0.133411
31	44.200965	332.315113	0.003009	0.022624	7.518277	0.133009
32	49.947090	376.516078	0.002656	0.020021	7.538299	0.132656
33	56.440212	426.463168	0.002345	0.017718	7.556016	0.132345
34	63.777439	482.903380	0.002071	0.015680	7.571696	0.132071
35	72.068506	546.680819	0.001829	0.013876	7.585572	0.131829
36	81.437412	618.749325	0.001616	0.012279	7.597851	0.131616
37	92.024276	700.186738	0.001428	0.010867	7.608718	0.131428
38	103.987432	792.211014	0.001262	0.009617	7.618334	0.131262
39	117.505798	896.198445	0.001116	0.008510	7.626844	0.131116
40	132.781552	1013.704243	0.000986	0.007531	7.634376	0.130986
41	150.043153	1146.485795	0.000872	0.006665	7.641040	0.130872
42	169.548763	1296.528948	0.000771	0.005898	7.646938	0.130771
43	191.590103	1466.077712	0.000682	0.005219	7.652158	0.130682
44	216.496816	1657.667814	0.000603	0.004619	7.656777	0.130603
45	244.641402	1874.164630	0.000534	0.004088	7.660864	0.130534
46	276.444784	2118.806032	0.000472	0.003617	7.664482	0.130472
47	312.382606	2395.250816	0.000417	0.003201	7.667683	0.130417
48	352.992345	2707.633422	0.000369	0.002833	7.670516	0.130369
49	398.881350	3060.625767	0.000327	0.002507	7.673023	0.130327
50	450.735925	3459.507117	0.000289	0.002219	7.675242	0.130289

年	年利率	14%				
	FVIF 複利 終值率	*FVIFA* 複利年金 終值率	*SFF* 沉入 基金率	*PVIF* 複利 現值率	*PVIFA* 複利年金 累加現值率	*MC* 本利 均等攤還率
1	1.140000	1.000000	1.000000	0.877193	0.877193	1.140000
2	1.299600	2.140000	0.467290	0.769468	1.646661	0.607290
3	1.481544	3.439600	0.290731	0.674972	2.321632	0.430731
4	1.688960	4.921144	0.203205	0.592080	2.913712	0.343205
5	1.925415	6.610104	0.151284	0.519369	3.433081	0.291284
6	2.194973	8.535519	0.117157	0.455587	3.888668	0.257157
7	2.502269	10.730491	0.093192	0.399637	4.288305	0.233192
8	2.852586	13.232760	0.075570	0.350559	4.638864	0.215570
9	3.251949	16.085347	0.062168	0.307508	4.946372	0.202168
10	3.707221	19.337295	0.051714	0.269744	5.216116	0.191714
11	4.226232	23.044516	0.043394	0.236617	5.452733	0.183394
12	4.817905	27.270749	0.036669	0.207559	5.660292	0.176669
13	5.492411	32.088654	0.031164	0.182069	5.842362	0.171164
14	6.261349	37.581065	0.026609	0.159710	6.002072	0.166609
15	7.137938	43.842414	0.022809	0.140096	6.142168	0.162809
16	8.137249	50.980352	0.019615	0.122892	6.265060	0.159615
17	9.276464	59.117601	0.016915	0.107800	6.372859	0.156915
18	10.575169	68.394066	0.014621	0.094561	6.467420	0.154621
19	12.055693	78.969235	0.012663	0.082948	6.550369	0.152663
20	13.743490	91.024928	0.010986	0.072762	6.623131	0.150986
21	15.667578	104.768418	0.009545	0.063826	6.686957	0.149545
22	17.861039	120.435996	0.008303	0.055988	6.742944	0.148303
23	20.361585	138.297035	0.007231	0.049112	6.792056	0.147231
24	23.212207	158.658620	0.006303	0.043081	6.835137	0.146303
25	26.461916	181.870827	0.005498	0.037790	6.872927	0.145498
26	30.166584	208.332743	0.004800	0.033149	6.906077	0.144800
27	34.389906	238.499327	0.004193	0.029078	6.935155	0.144193
28	39.204493	272.889233	0.003664	0.025507	6.960662	0.143664
29	44.693122	312.093725	0.003204	0.022375	6.983037	0.143204
30	50.950159	356.786847	0.002803	0.019627	7.002664	0.142803
31	58.083181	407.737006	0.002453	0.017217	7.019881	0.142453
32	66.214826	465.820186	0.002147	0.015102	7.034983	0.142147
33	75.484902	532.035012	0.001880	0.013248	7.048231	0.141880
34	86.052788	607.519914	0.001646	0.011621	7.059852	0.141646
35	98.100178	693.572702	0.001442	0.010194	7.070045	0.141442
36	111.834203	791.672881	0.001263	0.008942	7.078987	0.141263
37	127.490992	903.507084	0.001107	0.007844	7.086831	0.141107
38	145.339731	1030.998076	0.000970	0.006880	7.093711	0.140970
39	165.687293	1176.337806	0.000850	0.006035	7.099747	0.140850
40	188.883514	1342.025099	0.000745	0.005294	7.105041	0.140745
41	215.327206	1530.908613	0.000653	0.004644	7.109685	0.140653
42	245.473015	1746.235819	0.000573	0.004074	7.113759	0.140573
43	279.839237	1991.708833	0.000502	0.003573	7.117332	0.140502
44	319.016730	2271.548070	0.000440	0.003135	7.120467	0.140440
45	363.679072	2590.564800	0.000386	0.002750	7.123217	0.140386
46	414.594142	2954.243872	0.000338	0.002412	7.125629	0.140338
47	472.637322	3368.838014	0.000297	0.002116	7.127744	0.140297
48	538.806547	3841.475336	0.000260	0.001856	7.129600	0.140260
49	614.239464	4380.281883	0.000228	0.001628	7.131228	0.140228
50	700.232988	4994.521346	0.000200	0.001428	7.132656	0.140200

年	年利率	15%				
	FVIF 複利 終值率	*FVIFA* 複利年金 終值率	*SFF* 沉入 基金率	*PVIF* 複利 現值率	*PVIFA* 複利年金 累加現值率	*MC* 本利 均等攤還率
1	1.150000	1.000000	1.000000	0.869565	0.869565	1.150000
2	1.322500	2.150000	0.465116	0.756144	1.625709	0.615116
3	1.520875	3.472500	0.287977	0.657516	2.283225	0.437977
4	1.749006	4.993375	0.200265	0.571753	2.854978	0.350265
5	2.011357	6.742381	0.148316	0.497177	3.352155	0.298316
6	2.313061	8.753738	0.114237	0.432328	3.784483	0.264237
7	2.660020	11.066799	0.090360	0.375937	4.160420	0.240360
8	3.059023	13.726819	0.072850	0.326902	4.487322	0.222850
9	3.517876	16.785842	0.059574	0.284262	4.771584	0.209574
10	4.045558	20.303718	0.049252	0.247185	5.018769	0.199252
11	4.652391	24.349276	0.041069	0.214943	5.233712	0.191069
12	5.350250	29.001667	0.034481	0.186907	5.420619	0.184481
13	6.152788	34.351917	0.029110	0.162528	5.583147	0.179110
14	7.075706	40.504705	0.024688	0.141329	5.724476	0.174688
15	8.137062	47.580411	0.021017	0.122894	5.847370	0.171017
16	9.357621	55.717472	0.017948	0.106865	5.954235	0.167948
17	10.761264	65.075093	0.015367	0.092926	6.047161	0.165367
18	12.375454	75.836357	0.013186	0.080805	6.127966	0.163186
19	14.231772	88.211811	0.011336	0.070265	6.198231	0.161336
20	16.366537	102.443583	0.009761	0.061100	6.259331	0.159761
21	18.821518	118.810120	0.008417	0.053131	6.312462	0.158417
22	21.644746	137.631638	0.007266	0.046201	6.358663	0.157266
23	24.891458	159.276384	0.006278	0.040174	6.398837	0.156278
24	28.625176	184.167841	0.005430	0.034934	6.433771	0.155430
25	32.918953	212.793017	0.004699	0.030378	6.464149	0.154699
26	37.856796	245.711970	0.004070	0.026415	6.490564	0.154070
27	43.535315	283.568766	0.003526	0.022970	6.513534	0.153526
28	50.065612	327.104080	0.003057	0.019974	6.533508	0.153057
29	57.575454	377.169693	0.002651	0.017369	6.550877	0.152651
30	66.211772	434.745146	0.002300	0.015103	6.565980	0.152300
31	76.143538	500.956918	0.001996	0.013133	6.579113	0.151996
32	87.565068	577.100456	0.001733	0.011420	6.590533	0.151733
33	100.699829	664.665524	0.001505	0.009931	6.600463	0.151505
34	115.804803	765.365353	0.001307	0.008635	6.609099	0.151307
35	133.175523	881.170156	0.001135	0.007509	6.616607	0.151135
36	153.151852	1014.345680	0.000986	0.006529	6.623137	0.150986
37	176.124630	1167.497532	0.000857	0.005678	6.628815	0.150857
38	202.543324	1343.622161	0.000744	0.004937	6.633752	0.150744
39	232.924823	1546.165485	0.000647	0.004293	6.638045	0.150647
40	267.863546	1779.090308	0.000562	0.003733	6.641778	0.150562
41	308.043078	2046.953854	0.000489	0.003246	6.645025	0.150489
42	354.249540	2354.996933	0.000425	0.002823	6.647848	0.150425
43	407.386971	2709.246473	0.000369	0.002455	6.650302	0.150369
44	468.495017	3116.633443	0.000321	0.002134	6.652437	0.150321
45	538.769269	3585.128460	0.000279	0.001856	6.654293	0.150279
46	619.584659	4123.897729	0.000242	0.001614	6.655907	0.150242
47	712.522358	4743.482388	0.000211	0.001403	6.657310	0.150211
48	819.400712	5456.004746	0.000183	0.001220	6.658531	0.150183
49	942.310819	6275.405458	0.000159	0.001061	6.659592	0.150159
50	1083.657442	7217.716277	0.000139	0.000923	6.660515	0.150139

年	年利率	16%				
	FVIF 複利 終值率	*FVIFA* 複利年金 終值率	*SFF* 沉入 基金率	*PVIF* 複利 現值率	*PVIFA* 複利年金 累加現值率	*MC* 本利 均等攤還率
1	1.160000	1.000000	1.000000	0.862069	0.862069	1.160000
2	1.345600	2.160000	0.462963	0.743163	1.605232	0.622963
3	1.560896	3.505600	0.285258	0.640658	2.245890	0.445258
4	1.810639	5.066496	0.197375	0.552291	2.798181	0.357375
5	2.100342	6.877135	0.145409	0.476113	3.274294	0.305409
6	2.436396	8.977477	0.111390	0.410442	3.684736	0.271390
7	2.826220	11.413873	0.087613	0.353830	4.038565	0.247613
8	3.278415	14.240093	0.070224	0.305025	4.343591	0.230224
9	3.802961	17.518508	0.057082	0.262953	4.606544	0.217082
10	4.411435	21.321469	0.046901	0.226684	4.833227	0.206901
11	5.117265	25.732904	0.038861	0.195417	5.028644	0.198861
12	5.936027	30.850169	0.032415	0.168463	5.197107	0.192415
13	6.885791	36.786196	0.027184	0.145227	5.342334	0.187184
14	7.987518	43.671987	0.022898	0.125195	5.467529	0.182898
15	9.265521	51.659505	0.019358	0.107927	5.575456	0.179358
16	10.748004	60.925026	0.016414	0.093041	5.668497	0.176414
17	12.467685	71.673030	0.013952	0.080207	5.748704	0.173952
18	14.462514	84.140715	0.011885	0.069144	5.817848	0.171885
19	16.776517	98.603230	0.010142	0.059607	5.877455	0.170142
20	19.460759	115.379747	0.008667	0.051385	5.928841	0.168667
21	22.574481	134.840506	0.007416	0.044298	5.973139	0.167416
22	26.186398	157.414987	0.006353	0.038188	6.011326	0.166353
23	30.376222	183.601385	0.005447	0.032920	6.044247	0.165447
24	35.236417	213.977607	0.004673	0.028380	6.072627	0.164673
25	40.874244	249.214024	0.004013	0.024465	6.097092	0.164013
26	47.414123	290.088267	0.003447	0.021091	6.118183	0.163447
27	55.000382	337.502390	0.002963	0.018182	6.136364	0.162963
28	63.800444	392.502773	0.002548	0.015674	6.152038	0.162548
29	74.008515	456.303216	0.002192	0.013512	6.165550	0.162192
30	85.849877	530.311731	0.001886	0.011648	6.177198	0.161886
31	99.585857	616.161608	0.001623	0.010042	6.187240	0.161623
32	115.519594	715.747465	0.001397	0.008657	6.195897	0.161397
33	134.002729	831.267059	0.001203	0.007463	6.203359	0.161203
34	155.443166	965.269789	0.001036	0.006433	6.209792	0.161036
35	180.314073	1120.712955	0.000892	0.005546	6.215338	0.160892
36	209.164324	1301.027028	0.000769	0.004781	6.220119	0.160769
37	242.630616	1510.191352	0.000662	0.004121	6.224241	0.160662
38	281.451515	1752.821968	0.000571	0.003553	6.227794	0.160571
39	326.483757	2034.273483	0.000492	0.003063	6.230857	0.160492
40	378.721158	2360.757241	0.000424	0.002640	6.233497	0.160424
41	439.316544	2739.478399	0.000365	0.002276	6.235773	0.160365
42	509.607191	3178.794943	0.000315	0.001962	6.237736	0.160315
43	591.144341	3688.402134	0.000271	0.001692	6.239427	0.160271
44	685.727436	4279.546475	0.000234	0.001458	6.240886	0.160234
45	795.443826	4965.273911	0.000201	0.001257	6.242143	0.160201
46	922.714838	5760.717737	0.000174	0.001084	6.243227	0.160174
47	1070.349212	6683.432575	0.000150	0.000934	6.244161	0.160150
48	1241.605086	7753.781787	0.000129	0.000805	6.244966	0.160129
49	1440.261900	8995.386873	0.000111	0.000694	6.245661	0.160111
50	1670.703804	10435.648773	0.000096	0.000599	6.246259	0.160096

年	年利率	17%				
	FVIF 複利 終值率	*FVIFA* 複利年金 終值率	*SFF* 沉入 基金率	*PVIF* 複利 現值率	*PVIFA* 複利年金 累加現值率	*MC* 本利 均等攤還率
1	1.170000	1.000000	1.000000	0.854701	0.854701	1.170000
2	1.368900	2.170000	0.460829	0.730514	1.585214	0.630829
3	1.601613	3.538900	0.282574	0.624371	2.209585	0.452574
4	1.873887	5.140513	0.194533	0.533650	2.743235	0.364533
5	2.192448	7.014400	0.142564	0.456111	3.199346	0.312564
6	2.565164	9.206848	0.108615	0.389839	3.589185	0.278615
7	3.001242	11.772012	0.084947	0.333195	3.922380	0.254947
8	3.511453	14.773255	0.067690	0.284782	4.207163	0.237690
9	4.108440	18.284708	0.054691	0.243404	4.450566	0.224691
10	4.806828	22.393108	0.044657	0.208037	4.658604	0.214657
11	5.623989	27.199937	0.036765	0.177810	4.836413	0.206765
12	6.580067	32.823926	0.030466	0.151974	4.988387	0.200466
13	7.698679	39.403993	0.025378	0.129892	5.118280	0.195378
14	9.007454	47.102672	0.021230	0.111019	5.229299	0.191230
15	10.538721	56.110126	0.017822	0.094888	5.324187	0.187822
16	12.330304	66.648848	0.015004	0.081101	5.405288	0.185004
17	14.426456	78.979152	0.012662	0.069317	5.474605	0.182662
18	16.878953	93.405608	0.010706	0.059245	5.533851	0.180706
19	19.748375	110.284561	0.009067	0.050637	5.584488	0.179067
20	23.105599	130.032936	0.007690	0.043280	5.627767	0.177690
21	27.033551	153.138535	0.006530	0.036991	5.664758	0.176530
22	31.629255	180.172086	0.005550	0.031616	5.696375	0.175550
23	37.006228	211.801341	0.004721	0.027022	5.723397	0.174721
24	43.297287	248.807569	0.004019	0.023096	5.746493	0.174019
25	50.657826	292.104856	0.003423	0.019740	5.766234	0.173423
26	59.269656	342.762681	0.002917	0.016872	5.783106	0.172917
27	69.345497	402.032337	0.002487	0.014421	5.797526	0.172487
28	81.134232	471.377835	0.002121	0.012325	5.809851	0.172121
29	94.927051	552.512066	0.001810	0.010534	5.820386	0.171810
30	111.064650	647.439118	0.001545	0.009004	5.829390	0.171545
31	129.945641	758.503768	0.001318	0.007696	5.837085	0.171318
32	152.036399	888.449408	0.001126	0.006577	5.843663	0.171126
33	177.882587	1040.485808	0.000961	0.005622	5.849284	0.170961
34	208.122627	1218.368395	0.000821	0.004805	5.854089	0.170821
35	243.503474	1426.491022	0.000701	0.004107	5.858196	0.170701
36	284.899064	1669.994496	0.000599	0.003510	5.861706	0.170599
37	333.331905	1954.893560	0.000512	0.003000	5.864706	0.170512
38	389.998329	2288.225465	0.000437	0.002564	5.867270	0.170437
39	456.298045	2678.223794	0.000373	0.002192	5.869461	0.170373
40	533.868713	3134.521839	0.000319	0.001873	5.871335	0.170319
41	624.626394	3668.390552	0.000273	0.001601	5.872936	0.170273
42	730.812881	4293.016946	0.000233	0.001368	5.874304	0.170233
43	855.051071	5023.829827	0.000199	0.001170	5.875473	0.170199
44	1000.409753	5878.880897	0.000170	0.001000	5.876473	0.170170
45	1170.479411	6879.290650	0.000145	0.000854	5.877327	0.170145
46	1369.460910	8049.770061	0.000124	0.000730	5.878058	0.170124
47	1602.269265	9419.230971	0.000106	0.000624	5.878682	0.170106
48	1874.655040	11021.500236	0.000091	0.000533	5.879215	0.170091
49	2193.346397	12896.155276	0.000078	0.000456	5.879671	0.170078
50	2566.215284	15089.501673	0.000066	0.000390	5.880061	0.170066

年	年利率	18%				
	FVIF 複利 終值率	*FVIFA* 複利年金 終值率	*SFF* 沉入 基金率	*PVIF* 複利 現值率	*PVIFA* 複利年金 累加現值率	*MC* 本利 均等攤還率
1	1.180000	1.000000	1.000000	0.847458	0.847458	1.180000
2	1.392400	2.180000	0.458716	0.718184	1.565642	0.638716
3	1.643032	3.572400	0.279924	0.608631	2.174273	0.459924
4	1.938778	5.215432	0.191739	0.515789	2.690062	0.371739
5	2.287758	7.154210	0.139778	0.437109	3.127171	0.319778
6	2.699554	9.441968	0.105910	0.370432	3.497603	0.285910
7	3.185474	12.141522	0.082362	0.313925	3.811528	0.262362
8	3.758859	15.326996	0.065244	0.266038	4.077566	0.245244
9	4.435454	19.085855	0.052395	0.225456	4.303022	0.232395
10	5.233836	23.521309	0.042515	0.191064	4.494086	0.222515
11	6.175926	28.755144	0.034776	0.161919	4.656005	0.214776
12	7.287593	34.931070	0.028628	0.137220	4.793225	0.208628
13	8.599359	42.218663	0.023686	0.116288	4.909513	0.203686
14	10.147244	50.818022	0.019678	0.098549	5.008062	0.199678
15	11.973748	60.965266	0.016403	0.083516	5.091578	0.196403
16	14.129023	72.939014	0.013710	0.070776	5.162354	0.193710
17	16.672247	87.068036	0.011485	0.059980	5.222334	0.191485
18	19.673251	103.740283	0.009639	0.050830	5.273164	0.189639
19	23.214436	123.413534	0.008103	0.043077	5.316241	0.188103
20	27.393035	146.627970	0.006820	0.036506	5.352746	0.186820
21	32.323781	174.021005	0.005746	0.030937	5.383683	0.185746
22	38.142061	206.344785	0.004846	0.026218	5.409901	0.184846
23	45.007632	244.486847	0.004090	0.022218	5.432120	0.184090
24	53.109006	289.494479	0.003454	0.018829	5.450949	0.183454
25	62.668627	342.603486	0.002919	0.015957	5.466906	0.182919
26	73.948980	405.272113	0.002467	0.013523	5.480429	0.182467
27	87.259797	479.221093	0.002087	0.011460	5.491889	0.182087
28	102.966560	566.480890	0.001765	0.009712	5.501601	0.181765
29	121.500541	669.447450	0.001494	0.008230	5.509831	0.181494
30	143.370638	790.947991	0.001264	0.006975	5.516806	0.181264
31	169.177353	934.318630	0.001070	0.005911	5.522717	0.181070
32	199.629277	1103.495983	0.000906	0.005009	5.527726	0.180906
33	235.562547	1303.125260	0.000767	0.004245	5.531971	0.180767
34	277.963550	1538.687807	0.000650	0.003598	5.535569	0.180650
35	327.997290	1816.651612	0.000550	0.003049	5.538618	0.180550
36	387.036802	2144.648902	0.000466	0.002584	5.541201	0.180466
37	456.703427	2531.685705	0.000395	0.002190	5.543391	0.180395
38	538.910044	2988.389132	0.000335	0.001856	5.545247	0.180335
39	635.913852	3527.299175	0.000284	0.001573	5.546819	0.180284
40	750.378345	4163.213027	0.000240	0.001333	5.548152	0.180240
41	885.446447	4913.591372	0.000204	0.001129	5.549281	0.180204
42	1044.826807	5799.037819	0.000172	0.000957	5.550238	0.180172
43	1232.895633	6843.864626	0.000146	0.000811	5.551049	0.180146
44	1454.816847	8076.760259	0.000124	0.000687	5.551737	0.180124
45	1716.683879	9531.577105	0.000105	0.000583	5.552319	0.180105
46	2025.686977	11248.260984	0.000089	0.000494	5.552813	0.180089
47	2390.310633	13273.947961	0.000075	0.000418	5.553231	0.180075
48	2820.566547	15664.258594	0.000064	0.000355	5.553586	0.180064
49	3328.268525	18484.825141	0.000054	0.000300	5.553886	0.180054
50	3927.356860	21813.093666	0.000046	0.000255	5.554141	0.180046

年	年利率	19%				
	FVIF 複利 終值率	FVIFA 複利年金 終值率	SFF 沉入 基金率	PVIF 複利 現值率	PVIFA 複利年金 累加現值率	MC 本利 均等攤還率
1	1.190000	1.000000	1.000000	0.840336	0.840336	1.190000
2	1.416100	2.190000	0.456621	0.706165	1.546501	0.646621
3	1.685159	3.606100	0.277308	0.593416	2.139917	0.467308
4	2.005339	5.291259	0.188991	0.498669	2.638586	0.378991
5	2.386354	7.296598	0.137050	0.419049	3.057635	0.327050
6	2.839761	9.682952	0.103274	0.352142	3.409777	0.293274
7	3.379315	12.522713	0.079855	0.295918	3.705695	0.269855
8	4.021385	15.902028	0.062885	0.248671	3.954366	0.252885
9	4.785449	19.923413	0.050192	0.208967	4.163332	0.240192
10	5.694684	24.708862	0.040471	0.175602	4.338935	0.230471
11	6.776674	30.403546	0.032891	0.147565	4.486500	0.222891
12	8.064242	37.180220	0.026896	0.124004	4.610504	0.216896
13	9.596448	45.244461	0.022102	0.104205	4.714709	0.212102
14	11.419773	54.840909	0.018235	0.087567	4.802277	0.208235
15	13.589530	66.260682	0.015092	0.073586	4.875863	0.205092
16	16.171540	79.850211	0.012523	0.061837	4.937700	0.202523
17	19.244133	96.021751	0.010414	0.051964	4.989664	0.200414
18	22.900518	115.265884	0.008676	0.043667	5.033331	0.198676
19	27.251616	138.166402	0.007238	0.036695	5.070026	0.197238
20	32.429423	165.418018	0.006045	0.030836	5.100862	0.196045
21	38.591014	197.847442	0.005054	0.025913	5.126775	0.195054
22	45.923307	236.438456	0.004229	0.021775	5.148550	0.194229
23	54.648735	282.361762	0.003542	0.018299	5.166849	0.193542
24	65.031994	337.010497	0.002967	0.015377	5.182226	0.192967
25	77.388073	402.042491	0.002487	0.012922	5.195148	0.192487
26	92.091807	479.430565	0.002086	0.010859	5.206007	0.192086
27	109.589251	571.522372	0.001750	0.009125	5.215132	0.191750
28	130.411208	681.111623	0.001468	0.007668	5.222800	0.191468
29	155.189338	811.522831	0.001232	0.006444	5.229243	0.191232
30	184.675312	966.712169	0.001034	0.005415	5.234658	0.191034
31	219.763621	1151.387481	0.000869	0.004550	5.239209	0.190869
32	261.518710	1371.151103	0.000729	0.003824	5.243033	0.190729
33	311.207264	1632.669812	0.000612	0.003213	5.246246	0.190612
34	370.336645	1943.877077	0.000514	0.002700	5.248946	0.190514
35	440.700607	2314.213721	0.000432	0.002269	5.251215	0.190432
36	524.433722	2754.914328	0.000363	0.001907	5.253122	0.190363
37	624.076130	3279.348051	0.000305	0.001602	5.254724	0.190305
38	742.650594	3903.424180	0.000256	0.001347	5.256071	0.190256
39	883.754207	4646.074775	0.000215	0.001132	5.257202	0.190215
40	1051.667507	5529.828982	0.000181	0.000951	5.258153	0.190181
41	1251.484333	6581.496488	0.000152	0.000799	5.258952	0.190152
42	1489.266356	7832.980821	0.000128	0.000671	5.259624	0.190128
43	1772.226964	9322.247177	0.000107	0.000564	5.260188	0.190107
44	2108.950087	11094.474141	0.000090	0.000474	5.260662	0.190090
45	2509.650603	13203.424228	0.000076	0.000398	5.261061	0.190076
46	2986.484218	15713.074831	0.000064	0.000335	5.261396	0.190064
47	3553.916219	18699.559049	0.000053	0.000281	5.261677	0.190053
48	4229.160301	22253.475268	0.000045	0.000236	5.261913	0.190045
49	5032.700758	26482.635569	0.000038	0.000199	5.262112	0.190038
50	5988.913902	31515.336327	0.000032	0.000167	5.262279	0.190032

年	年利率	20%				
	FVIF 複利 終值率	*FVIFA* 複利年金 終值率	*SFF* 沉入 基金率	*PVIF* 複利 現值率	*PVIFA* 複利年金 累加現值率	*MC* 本利 均等攤還率
1	1.200000	1.000000	1.000000	0.833333	0.833333	1.200000
2	1.440000	2.200000	0.454545	0.694444	1.527778	0.654545
3	1.728000	3.640000	0.274725	0.578704	2.106481	0.474725
4	2.073600	5.368000	0.186289	0.482253	2.588735	0.386289
5	2.488320	7.441600	0.134380	0.401878	2.990612	0.334380
6	2.985984	9.929920	0.100706	0.334898	3.325510	0.300706
7	3.583181	12.915904	0.077424	0.279082	3.604592	0.277424
8	4.299817	16.499085	0.060609	0.232568	3.837160	0.260609
9	5.159780	20.798902	0.048079	0.193807	4.030967	0.248079
10	6.191736	25.958682	0.038523	0.161506	4.192472	0.238523
11	7.430084	32.150419	0.031104	0.134588	4.327060	0.231104
12	8.916100	39.580502	0.025265	0.112157	4.439217	0.225265
13	10.699321	48.496603	0.020620	0.093464	4.532681	0.220620
14	12.839185	59.195923	0.016893	0.077887	4.610567	0.216893
15	15.407022	72.035108	0.013882	0.064905	4.675473	0.213882
16	18.488426	87.442129	0.011436	0.054088	4.729561	0.211436
17	22.186111	105.930555	0.009440	0.045073	4.774634	0.209440
18	26.623333	128.116666	0.007805	0.037561	4.812195	0.207805
19	31.948000	154.740000	0.006462	0.031301	4.843496	0.206462
20	38.337600	186.688000	0.005357	0.026084	4.869580	0.205357
21	46.005120	225.025600	0.004444	0.021737	4.891316	0.204444
22	55.206144	271.030719	0.003690	0.018114	4.909430	0.203690
23	66.247373	326.236863	0.003065	0.015095	4.924525	0.203065
24	79.496847	392.484236	0.002548	0.012579	4.937104	0.202548
25	95.396217	471.981083	0.002119	0.010483	4.947587	0.202119
26	114.475460	567.377300	0.001762	0.008735	4.956323	0.201762
27	137.370552	681.852760	0.001467	0.007280	4.963602	0.201467
28	164.844662	819.223312	0.001221	0.006066	4.969668	0.201221
29	197.813595	984.067974	0.001016	0.005055	4.974724	0.201016
30	237.376314	1181.881569	0.000846	0.004213	4.978936	0.200846
31	284.851577	1419.257883	0.000705	0.003511	4.982447	0.200705
32	341.821892	1704.109459	0.000587	0.002926	4.985372	0.200587
33	410.186270	2045.931351	0.000489	0.002438	4.987810	0.200489
34	492.223524	2456.117621	0.000407	0.002032	4.989842	0.200407
35	590.668229	2948.341146	0.000339	0.001693	4.991535	0.200339
36	708.801875	3539.009375	0.000283	0.001411	4.992946	0.200283
37	850.562250	4247.811250	0.000235	0.001176	4.994122	0.200235
38	1020.674700	5098.373500	0.000196	0.000980	4.995101	0.200196
39	1224.809640	6119.048200	0.000163	0.000816	4.995918	0.200163
40	1469.771568	7343.857840	0.000136	0.000680	4.996598	0.200136
41	1763.725882	8813.629408	0.000113	0.000567	4.997165	0.200113
42	2116.471058	10577.355289	0.000095	0.000472	4.997638	0.200095
43	2539.765269	12693.826347	0.000079	0.000394	4.998031	0.200079
44	3047.718323	15233.591617	0.000066	0.000328	4.998359	0.200066
45	3657.261988	18281.309940	0.000055	0.000273	4.998633	0.200055
46	4388.714386	21938.571928	0.000046	0.000228	4.998861	0.200046
47	5266.457263	26327.286314	0.000038	0.000190	4.999051	0.200038
48	6319.748715	31593.743576	0.000032	0.000158	4.999209	0.200032
49	7583.698458	37913.492292	0.000026	0.000132	4.999341	0.200026
50	9100.438150	45497.190750	0.000022	0.000110	4.999451	0.200022

附錄二　月複利表

年	年利率	1%		月利率	0.0833%		
月	FVIF 複利 終值率	FVIFA 複利年金 終值率	SFF 沉入 基金率	PVIF 複利 現值率	PVIFA 複利年金 累加現值率	MC 本利 均等攤還率	
1	1.000833	1.000000	1.000000	0.999168	0.999168	1.000833	
2	1.001667	2.000833	0.499792	0.998336	1.997504	0.500625	
3	1.002501	3.002500	0.333056	0.997505	2.995009	0.333889	
4	1.003336	4.005001	0.249688	0.996675	3.991684	0.250521	
5	1.004172	5.008337	0.199667	0.995845	4.987529	0.200500	
6	1.005008	6.012509	0.166320	0.995017	5.982546	0.167153	
7	1.005846	7.017517	0.142501	0.994188	6.976734	0.143334	
8	1.006683	8.023363	0.124636	0.993361	7.970095	0.125469	
9	1.007522	9.030046	0.110741	0.992534	8.962629	0.111574	
10	1.008361	10.037568	0.099626	0.991708	9.954337	0.100459	
11	1.009201	11.045930	0.090531	0.990883	10.945220	0.091364	
12	1.010042	12.055131	0.082952	0.990058	11.935278	0.083785	
年							**月**
1	1.010042	12.055131	0.082952	0.990058	11.935278	0.083785	12
2	1.020185	24.231319	0.041269	0.980215	23.751894	0.042102	24
3	1.030429	36.529779	0.027375	0.970469	35.451028	0.028208	36
4	1.040777	48.951739	0.020428	0.960821	47.033849	0.021261	48
5	1.051228	61.498439	0.016261	0.951268	58.501512	0.017094	60
6	1.061785	74.171133	0.013482	0.941811	69.855163	0.014315	72
7	1.072447	86.971085	0.011498	0.932447	81.095935	0.012331	84
8	1.083216	99.899573	0.010010	0.923177	92.224950	0.010843	96
9	1.094094	112.957888	0.008853	0.913998	103.243319	0.009686	108
10	1.105081	126.147333	0.007927	0.904911	114.152143	0.008760	120
11	1.116178	139.469226	0.007170	0.895915	124.952510	0.008003	132
12	1.127386	152.924896	0.006539	0.887007	135.645499	0.007372	144
13	1.138708	166.515687	0.006005	0.878189	146.232178	0.006838	156
14	1.150142	180.242956	0.005548	0.869458	156.713603	0.006381	168
15	1.161692	194.108073	0.005152	0.860813	167.090820	0.005985	180
16	1.173358	208.112423	0.004805	0.852255	177.364867	0.005638	192
17	1.185140	222.257403	0.004499	0.843782	187.536768	0.005332	204
18	1.197042	236.544426	0.004228	0.835393	197.607539	0.005061	216
19	1.209062	250.974918	0.003984	0.827087	207.578185	0.004817	228
20	1.221203	265.550320	0.003766	0.818864	217.449703	0.004599	240
21	1.233467	280.272087	0.003568	0.810723	227.223077	0.004401	252
22	1.245853	295.141689	0.003388	0.802663	236.899283	0.004221	264
23	1.258364	310.160610	0.003224	0.794683	246.479288	0.004057	276
24	1.271000	325.330351	0.003074	0.786782	255.964047	0.003907	288
25	1.283763	340.652424	0.002936	0.778960	265.354508	0.003769	300
26	1.296655	356.128361	0.002808	0.771215	274.651609	0.003641	312
27	1.309676	371.759706	0.002690	0.763548	283.856276	0.003523	324
28	1.322828	387.548020	0.002580	0.755956	292.969431	0.003413	336
29	1.336111	403.494878	0.002478	0.748441	301.991981	0.003311	348
30	1.349528	419.601874	0.002383	0.741000	310.924828	0.003216	360
31	1.363080	435.870615	0.002294	0.733633	319.768865	0.003127	372
32	1.376768	452.302726	0.002211	0.726339	328.524973	0.003044	384
33	1.390594	468.899846	0.002133	0.719117	337.194027	0.002966	396
34	1.404558	485.663634	0.002059	0.711968	345.776893	0.002892	408
35	1.418662	502.595762	0.001990	0.704889	354.274427	0.002823	420
36	1.432908	519.697922	0.001924	0.697881	362.687477	0.002757	432
37	1.447298	536.971820	0.001862	0.690943	371.016885	0.002695	444
38	1.461831	554.419181	0.001804	0.684074	379.263481	0.002637	456
39	1.476511	572.041747	0.001748	0.677272	387.428088	0.002581	468
40	1.491338	589.841278	0.001695	0.670539	395.511523	0.002528	480

年	年利率	2%		月利率	0.1667%		
月	*FVIF* 複利 終值率	*FVIFA* 複利年金 終值率	*SFF* 沉入 基金率	*PVIF* 複利 現值率	*PVIFA* 複利年金 累加現值率	*MC* 本利 均等攤還率	
1	1.001667	1.000000	1.000000	0.998336	0.998336	1.001667	
2	1.003337	2.001667	0.499584	0.996674	1.995010	0.501251	
3	1.005009	3.005004	0.332778	0.995016	2.990026	0.334445	
4	1.006685	4.010013	0.249376	0.993360	3.983385	0.251043	
5	1.008363	5.016698	0.199334	0.991707	4.975092	0.201001	
6	1.010044	6.025061	0.165973	0.990056	5.965148	0.167640	
7	1.011728	7.035104	0.142144	0.988408	6.953556	0.143811	
8	1.013414	8.046832	0.124273	0.986763	7.940320	0.125940	
9	1.015103	9.060246	0.110372	0.985121	8.925441	0.112039	
10	1.016796	10.075349	0.099252	0.983482	9.908923	0.100919	
11	1.018491	11.092145	0.090154	0.981845	10.890768	0.091821	
12	1.020188	12.110636	0.082572	0.980211	11.870979	0.084239	
年							月
1	1.020188	12.110636	0.082572	0.980211	11.870979	0.084239	12
2	1.040784	24.465766	0.040873	0.960814	23.507045	0.042540	24
3	1.061796	37.070327	0.026976	0.941800	34.912845	0.028643	36
4	1.083232	49.929354	0.020028	0.923163	46.092936	0.021695	48
5	1.105101	63.047985	0.015861	0.904895	57.051786	0.017528	60
6	1.127411	76.431461	0.013084	0.886988	67.793772	0.014751	72
7	1.150172	90.085128	0.011101	0.869435	78.323185	0.012768	84
8	1.173392	104.014441	0.009614	0.852230	88.644233	0.011281	96
9	1.197081	118.224964	0.008458	0.835365	98.761039	0.010125	108
10	1.221248	132.722376	0.007535	0.818834	108.677643	0.009202	120
11	1.245903	147.512468	0.006779	0.802631	118.398009	0.008446	132
12	1.271056	162.601149	0.006150	0.786747	127.926019	0.007817	144
13	1.296717	177.994447	0.005618	0.771178	137.265480	0.007285	156
14	1.322895	193.698511	0.005163	0.755918	146.420124	0.006830	168
15	1.349603	209.719615	0.004768	0.740959	155.393607	0.006435	180
16	1.376849	226.064160	0.004424	0.726296	164.189514	0.006091	192
17	1.404645	242.738677	0.004120	0.711923	172.811359	0.005787	204
18	1.433003	259.749825	0.003850	0.697835	181.262588	0.005517	216
19	1.461933	277.104402	0.003609	0.684026	189.546576	0.005276	228
20	1.491447	294.809340	0.003392	0.670490	197.666633	0.005059	240
21	1.521557	312.871713	0.003196	0.657221	205.626002	0.004863	252
22	1.552275	331.298737	0.003018	0.644216	213.427865	0.004685	264
23	1.583613	350.097774	0.002856	0.631467	221.075336	0.004523	276
24	1.615584	369.276334	0.002708	0.618971	228.571473	0.004375	288
25	1.648200	388.842079	0.002572	0.606723	235.919269	0.004239	300
26	1.681474	408.802826	0.002446	0.594716	243.121660	0.004113	312
27	1.715421	429.166549	0.002330	0.582947	250.181524	0.003997	324
28	1.750052	449.941383	0.002223	0.571409	257.101684	0.003890	336
29	1.785383	471.135629	0.002123	0.560104	263.884894	0.003790	348
30	1.821427	492.757753	0.002029	0.549020	270.533876	0.003696	360
31	1.858199	514.816394	0.001942	0.538156	277.051281	0.003609	372
32	1.895713	537.320364	0.001861	0.527506	283.439714	0.003528	384
33	1.933985	560.278654	0.001785	0.517067	289.701727	0.003452	396
34	1.973029	583.700436	0.001713	0.506835	295.839821	0.003380	408
35	2.012861	607.595066	0.001646	0.496805	301.856449	0.003313	420
36	2.053497	631.972092	0.001582	0.486974	307.754014	0.003249	432
37	2.094954	656.841252	0.001522	0.477337	313.534873	0.003189	444
38	2.137248	682.212481	0.001466	0.467891	319.201335	0.003133	456
39	2.180396	708.095915	0.001412	0.458632	324.755664	0.003079	468
40	2.224415	734.501896	0.001361	0.449556	330.200079	0.003028	480

年	年利率	3%		月利率	0.2500%		
	FVIF	*FVIFA*	*SFF*	*PVIF*	*PVIFA*	*MC*	
	複利	複利年金	沉入	複利	複利年金	本利	
月	終值率	終值率	基金率	現值率	累加現值率	均等攤還率	
1	1.002500	1.000000	1.000000	0.997506	0.997506	1.002500	
2	1.005006	2.002500	0.499376	0.995019	1.992525	0.501876	
3	1.007519	3.007506	0.332501	0.992537	2.985062	0.335001	
4	1.010038	4.015025	0.249064	0.990062	3.975124	0.251564	
5	1.012563	5.025063	0.199002	0.987593	4.962718	0.201502	
6	1.015094	6.037625	0.165628	0.985130	5.947848	0.168128	
7	1.017632	7.052719	0.141789	0.982674	6.930522	0.144289	
8	1.020176	8.070351	0.123910	0.980224	7.910745	0.126410	
9	1.022726	9.090527	0.110005	0.977779	8.888524	0.112505	
10	1.025283	10.113253	0.098880	0.975340	9.863864	0.101380	
11	1.027846	11.138536	0.089778	0.972908	10.836772	0.092278	
12	1.030416	12.166383	0.082194	0.970482	11.807254	0.084694	
年							月
1	1.030416	12.166383	0.082194	0.970482	11.807254	0.084694	12
2	1.061757	24.702818	0.040481	0.941835	23.265980	0.042981	24
3	1.094051	37.620560	0.026581	0.914034	34.386465	0.029081	36
4	1.127328	50.931208	0.019634	0.887053	45.178695	0.022134	48
5	1.161617	64.646713	0.015469	0.860869	55.652358	0.017969	60
6	1.196948	78.779387	0.012694	0.835458	65.816858	0.015194	72
7	1.233355	93.341920	0.010713	0.810797	75.681321	0.013213	84
8	1.270868	108.347387	0.009230	0.786863	85.254603	0.011730	96
9	1.309523	123.809259	0.008077	0.763637	94.545300	0.010577	108
10	1.349354	139.741419	0.007156	0.741096	103.561753	0.009656	120
11	1.390395	156.158171	0.006404	0.719220	112.312057	0.008904	132
12	1.432686	173.074254	0.005778	0.697990	120.804069	0.008278	144
13	1.476262	190.504855	0.005249	0.677386	129.045412	0.007749	156
14	1.521164	208.465626	0.004797	0.657391	137.043486	0.007297	168
15	1.567432	226.972690	0.004406	0.637986	144.805471	0.006906	180
16	1.615107	246.042664	0.004064	0.619154	152.338338	0.006564	192
17	1.664232	265.692670	0.003764	0.600878	159.648848	0.006264	204
18	1.714851	285.940350	0.003497	0.583141	166.743566	0.005997	216
19	1.767010	306.803882	0.003259	0.565928	173.628861	0.005759	228
20	1.820755	328.301998	0.003046	0.549223	180.310914	0.005546	240
21	1.876135	350.454000	0.002853	0.533011	186.795726	0.005353	252
22	1.933199	373.279777	0.002679	0.517277	193.089119	0.005179	264
23	1.992000	396.799821	0.002520	0.502008	199.196742	0.005020	276
24	2.052588	421.035250	0.002375	0.487190	205.124080	0.004875	288
25	2.115020	446.007823	0.002242	0.472809	210.876453	0.004742	300
26	2.179350	471.739961	0.002120	0.458852	216.459028	0.004620	312
27	2.245637	498.254766	0.002007	0.445308	221.876815	0.004507	324
28	2.313940	525.576044	0.001903	0.432163	227.134679	0.004403	336
29	2.384321	553.728325	0.001806	0.419407	232.237341	0.004306	348
30	2.456842	582.736885	0.001716	0.407027	237.189382	0.004216	360
31	2.531569	612.627767	0.001632	0.395012	241.995247	0.004132	372
32	2.608570	643.427810	0.001554	0.383352	246.659253	0.004054	384
33	2.687912	675.164665	0.001481	0.372036	251.185586	0.003981	396
34	2.769667	707.866827	0.001413	0.361054	255.578310	0.003913	408
35	2.853909	741.563657	0.001349	0.350397	259.841368	0.003849	420
36	2.940714	776.285408	0.001288	0.340054	263.978590	0.003788	432
37	3.030158	812.063254	0.001231	0.330016	267.993688	0.003731	444
38	3.122323	848.929318	0.001178	0.320274	271.890268	0.003678	456
39	3.217292	886.916698	0.001128	0.310820	275.671828	0.003628	468
40	3.315149	926.059501	0.001080	0.301646	279.341764	0.003580	480

年	年利率	4%		月利率	0.3333%		
月	FVIF 複利 終值率	FVIFA 複利年金 終值率	SFF 沉入 基金率	PVIF 複利 現值率	PVIFA 複利年金 累加現值率	MC 本利 均等攤還率	
1	1.003333	1.000000	1.000000	0.996678	0.996678	1.003333	
2	1.006677	2.003333	0.499168	0.993367	1.990045	0.502501	
3	1.010032	3.010010	0.332225	0.990067	2.980113	0.335558	
4	1.013399	4.020042	0.248754	0.986778	3.966891	0.252087	
5	1.016776	5.033441	0.198671	0.983500	4.950391	0.202004	
6	1.020165	6.050218	0.165283	0.980233	5.930624	0.168616	
7	1.023566	7.070383	0.141435	0.976977	6.907601	0.144768	
8	1.026977	8.093949	0.123549	0.973732	7.881333	0.126882	
9	1.030400	9.120926	0.109638	0.970497	8.851830	0.112971	
10	1.033834	10.151326	0.098509	0.967273	9.819103	0.101842	
11	1.037280	11.185160	0.089404	0.964060	10.783162	0.092737	
12	1.040737	12.222440	0.081817	0.960857	11.744020	0.085150	
年							月
1	1.040737	12.222440	0.081817	0.960857	11.744020	0.085150	12
2	1.083134	24.942791	0.040092	0.923247	23.028345	0.043425	24
3	1.127258	38.181336	0.026191	0.887108	33.870971	0.029524	36
4	1.173180	51.959184	0.019246	0.852384	44.289185	0.022579	48
5	1.220972	66.298306	0.015083	0.819019	54.299601	0.018416	60
6	1.270711	81.221567	0.012312	0.786961	63.918181	0.015645	72
7	1.322477	96.752762	0.010336	0.756157	73.160263	0.013669	84
8	1.376351	112.916658	0.008856	0.726559	82.040584	0.012189	96
9	1.432420	129.739029	0.007708	0.698119	90.573304	0.011041	108
10	1.490773	147.246699	0.006791	0.670793	98.772029	0.010124	120
11	1.551503	165.467586	0.006043	0.644536	106.649834	0.009376	132
12	1.614708	184.430745	0.005422	0.619307	114.219278	0.008755	144
13	1.680487	204.166413	0.004898	0.595066	121.492434	0.008231	156
14	1.748945	224.706061	0.004450	0.571773	128.480897	0.007783	168
15	1.820193	246.082441	0.004064	0.549392	135.195812	0.007397	180
16	1.894343	268.329639	0.003727	0.527888	141.647887	0.007060	192
17	1.971513	291.483129	0.003431	0.507225	147.847409	0.006764	204
18	2.051828	315.579832	0.003169	0.487370	153.804265	0.006502	216
19	2.135414	340.658173	0.002935	0.468293	159.527952	0.006268	228
20	2.222405	366.758139	0.002727	0.449963	165.027598	0.006060	240
21	2.312940	393.921350	0.002539	0.432350	170.311973	0.005872	252
22	2.407163	422.191120	0.002369	0.415427	175.389502	0.005702	264
23	2.505225	451.612526	0.002214	0.399166	180.268282	0.005547	276
24	2.607281	482.232484	0.002074	0.383541	184.956093	0.005407	288
25	2.713495	514.099819	0.001945	0.368528	189.460410	0.005278	300
26	2.824035	547.265346	0.001827	0.354103	193.788416	0.005160	312
27	2.939079	581.781950	0.001719	0.340243	197.947011	0.005052	324
28	3.058810	617.704671	0.001619	0.326925	201.942827	0.004952	336
29	3.183418	655.090790	0.001527	0.314128	205.782235	0.004860	348
30	3.313102	693.999922	0.001441	0.301832	209.471358	0.004774	360
31	3.448069	734.494110	0.001361	0.290017	213.016079	0.004694	372
32	3.588534	776.637927	0.001288	0.278665	216.422049	0.004621	384
33	3.734722	820.498572	0.001219	0.267758	219.694700	0.004552	396
34	3.886865	866.145986	0.001155	0.257277	222.839250	0.004488	408
35	4.045205	913.652956	0.001095	0.247206	225.860714	0.004428	420
36	4.209996	963.095237	0.001038	0.237530	228.763909	0.004371	432
37	4.381501	1014.551667	0.000986	0.228232	231.553464	0.004319	444
38	4.559992	1068.104298	0.000936	0.219299	234.233829	0.004269	456
39	4.745754	1123.838524	0.000890	0.210715	236.809277	0.004223	468
40	4.939083	1181.843217	0.000846	0.202467	239.283914	0.004179	480

年	年利率	5%		月利率	0.4167%		
月	FVIF 複利 終值率	FVIFA 複利年金 終值率	SFF 沉入 基金率	PVIF 複利 現值率	PVIFA 複利年金 累加現值率	MC 本利 均等攤還率	
1	1.004167	1.000000	1.000000	0.995850	0.995850	1.004167	
2	1.008351	2.004167	0.498960	0.991718	1.987568	0.503127	
3	1.012553	3.012518	0.331948	0.987602	2.975171	0.336115	
4	1.016772	4.025072	0.248443	0.983504	3.958675	0.252610	
5	1.021009	5.041844	0.198340	0.979423	4.938098	0.202507	
6	1.025264	6.062853	0.164937	0.975359	5.913456	0.169106	
7	1.029536	7.088117	0.141081	0.971311	6.884768	0.145248	
8	1.033826	8.117653	0.123188	0.967281	7.852048	0.127355	
9	1.038134	9.151480	0.109272	0.963267	8.815315	0.113439	
10	1.042460	10.189614	0.098139	0.959269	9.774584	0.102306	
11	1.046804	11.232074	0.089031	0.955289	10.729873	0.093198	
12	1.051166	12.278878	0.081441	0.951324	11.681197	0.085608	
年							月
1	1.051166	12.278878	0.081441	0.951324	11.681197	0.085608	12
2	1.104950	25.186018	0.039705	0.905018	22.793805	0.043872	24
3	1.161486	38.753566	0.025804	0.860966	33.365501	0.029971	36
4	1.220915	53.015313	0.018862	0.819058	43.422614	0.023029	48
5	1.283384	68.006777	0.014704	0.779190	52.990192	0.018871	60
6	1.349050	83.765296	0.011938	0.741262	62.092062	0.016105	72
7	1.418076	100.330116	0.009967	0.705181	70.750894	0.014134	84
8	1.490633	117.742493	0.008493	0.670856	78.988252	0.012660	96
9	1.566903	136.045794	0.007350	0.638202	86.824653	0.011517	108
10	1.647075	155.285603	0.006440	0.607137	94.279612	0.010607	120
11	1.731349	175.509837	0.005698	0.577584	101.371698	0.009865	132
12	1.819936	196.768866	0.005082	0.549470	108.118572	0.009249	144
13	1.913055	219.115637	0.004564	0.522724	114.537038	0.008731	156
14	2.010938	242.605805	0.004122	0.497280	120.643082	0.008289	168
15	2.113830	267.297872	0.003741	0.473075	126.451911	0.007908	180
16	2.221987	293.253336	0.003410	0.450048	131.977992	0.007577	192
17	2.335677	320.536839	0.003120	0.428141	137.235088	0.007287	204
18	2.455184	349.216332	0.002864	0.407301	142.236292	0.007031	216
19	2.580807	379.363243	0.002636	0.387476	146.994059	0.006803	228
20	2.712856	411.052653	0.002433	0.368615	151.520240	0.006600	240
21	2.851663	444.363486	0.002250	0.350673	155.826106	0.006417	252
22	2.997571	479.378704	0.002086	0.333603	159.922382	0.006253	264
23	3.150945	516.185514	0.001937	0.317365	163.819269	0.006104	276
24	3.312167	554.875584	0.001802	0.301917	167.526474	0.005969	288
25	3.481637	595.545273	0.001679	0.287221	171.053228	0.005846	300
26	3.659779	638.295872	0.001567	0.273241	174.408315	0.005734	312
27	3.847035	683.233651	0.001464	0.259940	177.600092	0.005631	324
28	4.043873	730.471130	0.001369	0.247288	180.636507	0.005536	336
29	4.250782	780.125356	0.001282	0.235251	183.525123	0.005449	348
30	4.468278	832.320195	0.001201	0.223800	186.273134	0.005368	360
31	4.696903	887.185639	0.001127	0.212906	188.887384	0.005294	372
32	4.937225	944.858333	0.001058	0.202543	191.374384	0.005225	384
33	5.189843	1005.481912	0.000995	0.192684	193.740328	0.005162	396
34	5.455387	1069.207364	0.000935	0.183305	195.991109	0.005102	408
35	5.734518	1136.193397	0.000880	0.174383	198.132331	0.005047	420
36	6.027931	1206.606843	0.000829	0.165894	200.169328	0.004996	432
37	6.336356	1280.623069	0.000781	0.157819	202.107174	0.004948	444
38	6.660563	1358.426416	0.000736	0.150137	203.950693	0.004903	456
39	7.001358	1440.210656	0.000694	0.142829	205.704479	0.004861	468
40	7.359590	1526.179475	0.000655	0.135877	207.372897	0.004822	480

年	年利率	6%		月利率	0.5000%		
月	*FVIF* 複利 終值率	*FVIFA* 複利年金 終值率	*SFF* 沉入 基金率	*PVIF* 複利 現值率	*PVIFA* 複利年金 累加現值率	*MC* 本利 均等攤還率	
1	1.005000	1.000000	1.000000	0.995025	0.995025	1.005000	
2	1.010025	2.005000	0.498753	0.990075	1.985099	0.503753	
3	1.015075	3.015025	0.331672	0.985149	2.970248	0.336672	
4	1.020151	4.030100	0.248133	0.980248	3.950496	0.253133	
5	1.025251	5.050251	0.198010	0.975371	4.925866	0.203010	
6	1.030378	6.075502	0.164595	0.970518	5.896384	0.169595	
7	1.035529	7.105879	0.140729	0.965690	6.862074	0.145729	
8	1.040707	8.141409	0.122829	0.960885	7.822959	0.127829	
9	1.045911	9.182116	0.108907	0.956105	8.779064	0.113907	
10	1.051140	10.228026	0.097771	0.951348	9.730412	0.102771	
11	1.056396	11.279167	0.088659	0.946615	10.677027	0.093659	
12	1.061678	12.335562	0.081066	0.941905	11.618932	0.086066	
年							月
1	1.061678	12.335562	0.081066	0.941905	11.618932	0.086066	12
2	1.127160	25.431955	0.039321	0.887186	22.562866	0.044321	24
3	1.196681	39.336105	0.025422	0.835645	32.871016	0.030422	36
4	1.270489	54.097832	0.018485	0.787098	42.580318	0.023485	48
5	1.348850	69.770031	0.014333	0.741372	51.725561	0.019333	60
6	1.432044	86.408856	0.011573	0.698302	60.339514	0.016573	72
7	1.520370	104.073735	0.009609	0.657775	68.453042	0.014609	84
8	1.614143	122.828542	0.008141	0.619524	76.095218	0.013141	96
9	1.713699	142.739900	0.007006	0.583533	83.293424	0.012006	108
10	1.819397	163.879347	0.006102	0.549633	90.073453	0.011102	120
11	1.931613	186.322629	0.005367	0.517702	96.459599	0.010367	132
12	2.050751	210.150163	0.004759	0.487626	102.474743	0.009759	144
13	2.177237	235.447328	0.004247	0.459298	108.140440	0.009247	156
14	2.311524	262.304766	0.003812	0.432615	113.476990	0.008812	168
15	2.454094	290.818712	0.003439	0.407482	118.503515	0.008439	180
16	2.605457	321.091337	0.003114	0.383810	123.238025	0.008114	192
17	2.766156	353.231110	0.002831	0.361513	127.697486	0.007831	204
18	2.936766	387.353194	0.002582	0.340511	131.897876	0.007582	216
19	3.117899	423.579854	0.002361	0.320729	135.854246	0.007361	228
20	3.310204	462.040895	0.002164	0.302096	139.580772	0.007164	240
21	3.514371	502.874129	0.001989	0.284546	143.090806	0.006989	252
22	3.731129	546.225867	0.001831	0.268015	146.396927	0.006831	264
23	3.961257	592.251446	0.001688	0.252445	149.510979	0.006688	276
24	4.205579	641.115782	0.001560	0.237779	152.444121	0.006560	288
25	4.464970	692.993962	0.001443	0.223966	155.206864	0.006443	300
26	4.740359	748.071876	0.001337	0.210954	157.809106	0.006337	312
27	5.032734	806.546875	0.001240	0.198699	160.260172	0.006240	324
28	5.343142	868.628484	0.001151	0.187156	162.568844	0.006151	336
29	5.672696	934.539150	0.001070	0.176283	164.743394	0.006070	348
30	6.022575	1004.515042	0.000996	0.166042	166.791614	0.005996	360
31	6.394034	1078.806895	0.000927	0.156396	168.720844	0.005927	372
32	6.788405	1157.680906	0.000864	0.147310	170.537996	0.005864	384
33	7.207098	1241.419693	0.000806	0.138752	172.249581	0.005806	396
34	7.651617	1330.323306	0.000752	0.130691	173.861732	0.005752	408
35	8.123551	1424.710299	0.000702	0.123099	175.380226	0.005702	420
36	8.624594	1524.918875	0.000656	0.115947	176.810504	0.005656	432
37	9.156540	1631.308097	0.000613	0.109212	178.157690	0.005613	444
38	9.721296	1744.259173	0.000573	0.102867	179.426611	0.005573	456
39	10.320884	1864.176824	0.000536	0.096891	180.621815	0.005536	468
40	10.957454	1991.490734	0.000502	0.091262	181.747584	0.005502	480

年	年利率	7%		月利率	0.5833%		
	FVIF 複利 終值率	*FVIFA* 複利年金 終值率	*SFF* 沉入 基金率	*PVIF* 複利 現值率	*PVIFA* 複利年金 累加現值率	*MC* 本利 均等攤還率	
月							
1	1.005833	1.000000	1.000000	0.994201	0.994201	1.005833	
2	1.011700	2.005833	0.498546	0.988435	1.982636	0.504379	
3	1.017601	3.017533	0.331397	0.982703	2.965339	0.337230	
4	1.023537	4.035134	0.247823	0.977004	3.942344	0.253656	
5	1.029507	5.058671	0.197680	0.971338	4.913682	0.203513	
6	1.035512	6.088178	0.164253	0.965706	5.879388	0.170086	
7	1.041552	7.123691	0.140377	0.960105	6.839493	0.146210	
8	1.047628	8.165243	0.122470	0.954537	7.794030	0.128303	
9	1.053739	9.212871	0.108544	0.949002	8.743032	0.114377	
10	1.059885	10.266610	0.097403	0.943498	9.686531	0.103236	
11	1.066067	11.326495	0.088289	0.938027	10.624558	0.094122	
12	1.072286	12.392562	0.080694	0.932587	11.557145	0.086527	
年							月
1	1.072286	12.392562	0.080694	0.932587	11.557145	0.086527	12
2	1.149797	25.680931	0.038939	0.869719	22.335190	0.044772	24
3	1.232911	39.929861	0.025044	0.811089	32.386656	0.030877	36
4	1.322033	55.208786	0.018113	0.756411	41.760525	0.023946	48
5	1.417597	71.592160	0.013968	0.705419	50.502475	0.019801	60
6	1.520069	89.159821	0.011216	0.657865	58.655105	0.017049	72
7	1.629949	107.997373	0.009259	0.613516	66.258143	0.015092	84
8	1.747771	128.196614	0.007801	0.572157	73.348640	0.013634	96
9	1.874110	149.855974	0.006673	0.533587	79.961145	0.012506	108
10	2.009581	173.080997	0.005778	0.497616	86.127883	0.011611	120
11	2.154846	197.984861	0.005051	0.464070	91.878904	0.010884	132
12	2.310610	224.688921	0.004451	0.432786	97.242232	0.010284	144
13	2.477635	253.323305	0.003948	0.403611	102.244004	0.009781	156
14	2.656733	284.027550	0.003521	0.376402	106.908591	0.009354	168
15	2.848777	316.951276	0.003155	0.351028	111.258726	0.008988	180
16	3.054703	352.254920	0.002839	0.327364	115.315605	0.008672	192
17	3.275515	390.110517	0.002563	0.305296	119.098999	0.008396	204
18	3.512288	430.702536	0.002322	0.284715	122.627344	0.008155	216
19	3.766176	474.228783	0.002109	0.265521	125.917833	0.007942	228
20	4.038418	520.901361	0.001920	0.247622	128.986501	0.007753	240
21	4.330338	570.947701	0.001751	0.230929	131.848301	0.007584	252
22	4.643360	624.611687	0.001601	0.215361	134.517180	0.007434	264
23	4.979009	682.154815	0.001466	0.200843	137.006141	0.007299	276
24	5.338921	743.857495	0.001344	0.187304	139.327315	0.007177	288
25	5.724849	810.020404	0.001235	0.174677	141.492012	0.007068	300
26	6.138674	880.965953	0.001135	0.162902	143.510780	0.006968	312
27	6.582413	957.039858	0.001045	0.151920	145.393458	0.006878	324
28	7.058229	1038.612828	0.000963	0.141679	147.149219	0.006796	336
29	7.568438	1126.082367	0.000888	0.132128	148.786619	0.006721	348
30	8.115529	1219.874713	0.000820	0.123221	150.313637	0.006653	360
31	8.702167	1320.446915	0.000757	0.114914	151.737715	0.006590	372
32	9.331210	1428.289061	0.000700	0.107167	153.065792	0.006533	384
33	10.005724	1543.926665	0.000648	0.099943	154.304339	0.006481	396
34	10.728996	1667.923227	0.000600	0.093205	155.459392	0.006433	408
35	11.504550	1800.882982	0.000555	0.086922	156.536580	0.006388	420
36	12.336166	1943.453841	0.000515	0.081062	157.541152	0.006348	432
37	13.227896	2096.330551	0.000477	0.075598	158.478002	0.006310	444
38	14.184085	2260.258080	0.000442	0.070502	159.351697	0.006275	456
39	15.209394	2436.035243	0.000411	0.065749	160.166494	0.006244	468
40	16.308817	2624.518602	0.000381	0.061317	160.926363	0.006214	480

年	年利率	8%		月利率	0.6667%		
月	*FVIF* 複利 終值率	*FVIFA* 複利年金 終值率	*SFF* 沉入 基金率	*PVIF* 複利 現值率	*PVIFA* 複利年金 累加現值率	*MC* 本利 均等攤還率	
1	1.006667	1.000000	1.000000	0.993377	0.993377	1.006667	
2	1.013378	2.006667	0.498339	0.986798	1.980175	0.505006	
3	1.020135	3.020045	0.331121	0.980263	2.960438	0.337788	
4	1.026936	4.040180	0.247514	0.973771	3.934209	0.254181	
5	1.033782	5.067116	0.197351	0.967321	4.901530	0.204018	
6	1.040675	6.100898	0.163910	0.960915	5.862445	0.170577	
7	1.047613	7.141573	0.140025	0.954551	6.816996	0.146692	
8	1.054597	8.189186	0.122112	0.948229	7.765226	0.128779	
9	1.061628	9.243783	0.108181	0.941949	8.707175	0.114848	
10	1.068706	10.305412	0.097036	0.935711	9.642886	0.103703	
11	1.075831	11.374118	0.087919	0.929514	10.572400	0.094586	
12	1.083004	12.449949	0.080322	0.923358	11.495757	0.086989	
年							月
1	1.083004	12.449949	0.080322	0.923358	11.495757	0.086989	12
2	1.172897	25.933291	0.038560	0.852590	22.110454	0.045227	24
3	1.270252	40.535802	0.024670	0.787245	31.911618	0.031337	36
4	1.375688	56.350377	0.017746	0.726909	40.961598	0.024413	48
5	1.489875	73.477622	0.013610	0.671197	49.317968	0.020277	60
6	1.613541	92.026494	0.010866	0.619755	57.033887	0.017533	72
7	1.747471	112.114993	0.008919	0.572256	64.158441	0.015586	84
8	1.892517	133.870913	0.007470	0.528397	70.736953	0.014137	96
9	2.049604	157.432658	0.006352	0.487899	76.811274	0.013019	108
10	2.219728	182.950118	0.005466	0.450506	82.420045	0.012133	120
11	2.403974	210.585623	0.004749	0.415978	87.598948	0.011416	132
12	2.603513	240.514982	0.004158	0.384096	92.380928	0.010825	144
13	2.819615	272.928590	0.003664	0.354658	96.796406	0.010331	156
14	3.053654	308.032652	0.003246	0.327477	100.873473	0.009913	168
15	3.307119	346.050485	0.002890	0.302378	104.638064	0.009557	180
16	3.581622	387.223943	0.002582	0.279203	108.114128	0.009249	192
17	3.878910	431.814955	0.002316	0.257804	111.323779	0.008983	204
18	4.200875	480.107190	0.002083	0.238046	114.287436	0.008750	216
19	4.549563	532.407865	0.001878	0.219801	117.023951	0.008545	228
20	4.927194	589.049696	0.001698	0.202955	119.550734	0.008365	240
21	5.336170	650.393014	0.001538	0.187400	121.883858	0.008205	252
22	5.779093	716.828061	0.001395	0.173038	124.038167	0.008062	264
23	6.258779	788.777470	0.001268	0.159776	126.027364	0.007935	276
24	6.778282	866.698955	0.001154	0.147530	127.864105	0.007821	288
25	7.340905	951.088219	0.001051	0.136223	129.560075	0.007718	300
26	7.950228	1042.482114	0.000959	0.125783	131.126061	0.007626	312
27	8.610127	1141.462050	0.000876	0.116142	132.572027	0.007543	324
28	9.324801	1248.657699	0.000801	0.107241	133.907170	0.007468	336
29	10.098795	1364.750994	0.000733	0.099022	135.139986	0.007400	348
30	10.937033	1490.480476	0.000671	0.091432	136.278315	0.007338	360
31	11.844849	1626.645983	0.000615	0.084425	137.329401	0.007282	372
32	12.828016	1774.113747	0.000564	0.077954	138.299929	0.007231	384
33	13.892791	1933.821896	0.000517	0.071980	139.196073	0.007184	396
34	15.045945	2106.786431	0.000475	0.066463	140.023535	0.007142	408
35	16.294816	2294.107681	0.000436	0.061369	140.787579	0.007103	420
36	17.647348	2496.977308	0.000400	0.056666	141.493064	0.007067	432
37	19.112145	2716.685887	0.000368	0.052323	142.144480	0.007035	444
38	20.698526	2954.631116	0.000338	0.048313	142.745970	0.007005	456
39	22.416582	3212.326705	0.000311	0.044610	143.301360	0.006978	468
40	24.277244	3491.412010	0.000286	0.041191	143.814184	0.006953	480

年	年利率	9%		月利率	0.7500%		
	FVIF 複利 終值率	*FVIFA* 複利年金 終值率	*SFF* 沉入 基金率	*PVIF* 複利 現值率	*PVIFA* 複利年金 累加現值率	*MC* 本利 均等攤還率	
月							
1	1.007500	1.000000	1.000000	0.992556	0.992556	1.007500	
2	1.015056	2.007500	0.498132	0.985167	1.977723	0.505632	
3	1.022669	3.022556	0.330846	0.977833	2.955556	0.338346	
4	1.030339	4.045225	0.247205	0.970554	3.926110	0.254705	
5	1.038067	5.075565	0.197022	0.963329	4.889440	0.204522	
6	1.045852	6.113631	0.163569	0.956158	5.845598	0.171069	
7	1.053696	7.159484	0.139675	0.949040	6.794638	0.147175	
8	1.061599	8.213180	0.121756	0.941975	7.736613	0.129256	
9	1.069561	9.274779	0.107819	0.934963	8.671576	0.115319	
10	1.077583	10.344339	0.096671	0.928003	9.599580	0.104171	
11	1.085664	11.421922	0.087551	0.921095	10.520675	0.095051	
12	1.093807	12.507586	0.079951	0.914238	11.434913	0.087451	
年							月
1	1.093807	12.507586	0.079951	0.914238	11.434913	0.087451	12
2	1.196414	26.188471	0.038185	0.835831	21.889146	0.045685	24
3	1.308645	41.152716	0.024300	0.764149	31.446805	0.031800	36
4	1.431405	57.520711	0.017385	0.698614	40.184782	0.024885	48
5	1.565681	75.424137	0.013258	0.638700	48.173374	0.020758	60
6	1.712553	95.007028	0.010526	0.583924	55.476849	0.018026	72
7	1.873202	116.426928	0.008589	0.533845	62.153965	0.016089	84
8	2.048921	139.856164	0.007150	0.488062	68.258439	0.014650	96
9	2.241124	165.483223	0.006043	0.446205	73.839382	0.013543	108
10	2.451357	193.514277	0.005168	0.407937	78.941693	0.012668	120
11	2.681311	224.174831	0.004461	0.372952	83.606420	0.011961	132
12	2.932837	257.711570	0.003880	0.340967	87.871092	0.011380	144
13	3.207957	294.394279	0.003397	0.311725	91.770018	0.010897	156
14	3.508886	334.518079	0.002989	0.284991	95.334564	0.010489	168
15	3.838043	378.405769	0.002643	0.260549	98.593409	0.010143	180
16	4.198078	426.410427	0.002345	0.238204	101.572769	0.009845	192
17	4.591887	478.918252	0.002088	0.217775	104.296613	0.009588	204
18	5.022638	536.351674	0.001864	0.199099	106.786856	0.009364	216
19	5.493796	599.172747	0.001669	0.182024	109.063531	0.009169	228
20	6.009152	667.886870	0.001497	0.166413	111.144954	0.008997	240
21	6.572851	743.046852	0.001346	0.152141	113.047870	0.008846	252
22	7.189430	825.257358	0.001212	0.139093	114.787589	0.008712	264
23	7.863848	915.179777	0.001093	0.127164	116.378106	0.008593	276
24	8.601532	1013.537539	0.000987	0.116258	117.832218	0.008487	288
25	9.408415	1121.121937	0.000892	0.106288	119.161622	0.008392	300
26	10.290989	1238.798495	0.000807	0.097172	120.377014	0.008307	312
27	11.256354	1367.513924	0.000731	0.088839	121.488172	0.008231	324
28	12.312278	1508.303750	0.000663	0.081220	122.504035	0.008163	336
29	13.467255	1662.300631	0.000602	0.074254	123.432776	0.008102	348
30	14.730576	1830.743483	0.000546	0.067886	124.281866	0.008046	360
31	16.112406	2014.987436	0.000496	0.062064	125.058136	0.007996	372
32	17.623861	2216.514743	0.000451	0.056741	125.767832	0.007951	384
33	19.277100	2436.946701	0.000410	0.051875	126.416664	0.007910	396
34	21.085425	2678.056697	0.000373	0.047426	127.009850	0.007873	408
35	23.063384	2941.784474	0.000340	0.043359	127.552164	0.007840	420
36	25.226888	3230.251735	0.000310	0.039640	128.047967	0.007810	432
37	27.593344	3545.779215	0.000282	0.036241	128.501250	0.007782	444
38	30.181790	3890.905350	0.000257	0.033133	128.915659	0.007757	456
39	33.013050	4268.406696	0.000234	0.030291	129.294526	0.007734	468
40	36.109902	4681.320273	0.000214	0.027693	129.640902	0.007714	480

年	年利率	10%		月利率	0.8333%		
	FVIF 複利 終值率	*FVIFA* 複利年金 終值率	*SFF* 沉入 基金率	*PVIF* 複利 現值率	*PVIFA* 複利年金 累加現值率	*MC* 本利 均等攤還率	
月							
1	1.008333	1.000000	1.000000	0.991736	0.991736	1.008333	
2	1.016735	2.008333	0.497925	0.983540	1.975276	0.506258	
3	1.025208	3.025068	0.330571	0.975412	2.950688	0.338904	
4	1.033751	4.050276	0.246897	0.967361	3.918039	0.255230	
5	1.042365	5.084027	0.196694	0.959357	4.877395	0.205027	
6	1.051051	6.126392	0.163228	0.951428	5.828824	0.171561	
7	1.059810	7.177444	0.139325	0.943566	6.772390	0.147658	
8	1.068641	8.237253	0.121400	0.935768	7.708157	0.129733	
9	1.077546	9.305894	0.107459	0.928035	8.636192	0.115792	
10	1.086525	10.383440	0.096307	0.920365	9.556557	0.104640	
11	1.095579	11.469966	0.087184	0.912759	10.469316	0.095517	
12	1.104709	12.565545	0.079583	0.905216	11.374532	0.087916	
年							月
1	1.104709	12.565545	0.079583	0.905216	11.374532	0.087916	12
2	1.220381	26.446811	0.037812	0.819416	21.670942	0.046145	24
3	1.348166	41.781567	0.023934	0.741749	30.991416	0.032267	36
4	1.489330	58.722005	0.017029	0.671443	39.428459	0.025362	48
5	1.645276	77.436254	0.012914	0.607801	47.065805	0.021247	60
6	1.817551	98.110047	0.010193	0.550191	53.979253	0.018526	72
7	2.007864	120.948566	0.008268	0.498042	60.237417	0.016601	84
8	2.218105	146.178476	0.006841	0.450835	65.902408	0.015174	96
9	2.450360	174.050176	0.005745	0.408103	71.030448	0.014078	108
10	2.706934	204.840286	0.004882	0.369422	75.672432	0.013215	120
11	2.990374	238.854388	0.004187	0.334406	79.874430	0.012520	132
12	3.303492	276.430062	0.003618	0.302710	83.678146	0.011951	144
13	3.649396	317.940235	0.003145	0.274018	87.121331	0.011478	156
14	4.031519	363.796884	0.002749	0.248045	90.238157	0.011082	168
15	4.453655	414.455122	0.002413	0.224535	93.059558	0.010746	180
16	4.919991	470.417718	0.002126	0.203252	95.613535	0.010459	192
17	5.435157	532.240083	0.001879	0.183987	97.925436	0.010212	204
18	6.004265	600.535548	0.001665	0.166548	100.018206	0.009998	216
19	6.632963	675.982645	0.001479	0.150762	101.912615	0.009812	228
20	7.327492	759.329444	0.001317	0.136472	103.627465	0.009650	240
21	8.094744	851.403376	0.001175	0.123537	105.179774	0.009508	252
22	8.942334	953.118249	0.001049	0.111828	106.584949	0.009382	264
23	9.878674	1065.483553	0.000939	0.101228	107.856936	0.009272	276
24	10.913057	1189.614479	0.000841	0.091633	109.008358	0.009174	288
25	12.055749	1326.742992	0.000754	0.082948	110.050645	0.009087	300
26	13.318091	1478.230051	0.000676	0.075086	110.994139	0.009009	312
27	14.712611	1645.579121	0.000608	0.067969	111.848206	0.008941	324
28	16.253149	1830.451092	0.000546	0.061527	112.621320	0.008879	336
29	17.954995	2034.680763	0.000491	0.055695	113.321156	0.008824	348
30	19.835039	2260.295056	0.000442	0.050416	113.954658	0.008775	360
31	21.911940	2509.533124	0.000398	0.045637	114.528115	0.008731	372
32	24.206310	2784.868582	0.000359	0.041312	115.047217	0.008692	384
33	26.740921	3089.034055	0.000324	0.037396	115.517116	0.008657	396
34	29.540927	3425.048294	0.000292	0.033851	115.942477	0.008625	408
35	32.634119	3796.246142	0.000263	0.030643	116.327520	0.008596	420
36	36.051195	4206.311628	0.000238	0.027738	116.676067	0.008571	432
37	39.826068	4659.314533	0.000215	0.025109	116.991578	0.008548	444
38	43.996203	5159.750776	0.000194	0.022729	117.277183	0.008527	456
39	48.602988	5712.587040	0.000175	0.020575	117.535717	0.008508	468
40	53.692143	6323.310063	0.000158	0.018625	117.769747	0.008491	480

年	年利率	11%			月利率	0.9167%	
	FVIF 複利 終值率	FVIFA 複利年金 終值率	SFF 沉入 基金率	PVIF 複利 現值率	PVIFA 複利年金 累加現值率	MC 本利 均等攤還率	
月							
1	1.009167	1.000000	1.000000	0.990916	0.990916	1.009167	
2	1.018418	2.009167	0.497719	0.981915	1.972831	0.506886	
3	1.027754	3.027585	0.330296	0.972996	2.945827	0.339463	
4	1.037175	4.055339	0.246589	0.964157	3.909984	0.255756	
5	1.046683	5.092514	0.196367	0.955399	4.865383	0.205534	
6	1.056278	6.139197	0.162888	0.946720	5.812104	0.172055	
7	1.065961	7.195475	0.138976	0.938121	6.750224	0.148143	
8	1.075733	8.261436	0.121044	0.929599	7.679823	0.130211	
9	1.085594	9.337169	0.107099	0.921155	8.600978	0.116266	
10	1.095545	10.422763	0.095944	0.912787	9.513765	0.105111	
11	1.105588	11.518308	0.086818	0.904496	10.418261	0.095985	
12	1.115723	12.623896	0.079215	0.896280	11.314541	0.088382	
年							月
1	1.115723	12.623896	0.079215	0.896280	11.314541	0.088382	12
2	1.244838	26.708671	0.037441	0.803317	21.455533	0.046608	24
3	1.388895	42.423382	0.023572	0.719997	30.544698	0.032739	36
4	1.549623	59.956651	0.016679	0.645318	38.691130	0.025846	48
5	1.728950	79.518926	0.012576	0.578386	45.992612	0.021743	60
6	1.929030	101.345012	0.009867	0.518395	52.536781	0.019034	72
7	2.152263	125.696883	0.007956	0.464627	58.402186	0.017123	84
8	2.401330	152.866832	0.006542	0.416436	63.659229	0.015709	96
9	2.679220	183.180977	0.005459	0.373243	68.371009	0.014626	108
10	2.989268	217.003173	0.004608	0.334530	72.594082	0.013775	120
11	3.335196	254.739384	0.003926	0.299832	76.379136	0.013093	132
12	3.721156	296.842551	0.003369	0.268734	79.771603	0.012536	144
13	4.151780	343.818035	0.002909	0.240861	82.812201	0.012076	156
14	4.632237	396.229675	0.002524	0.215878	85.537428	0.011691	168
15	5.168295	454.706561	0.002199	0.193487	87.979993	0.011366	180
16	5.766387	519.950582	0.001923	0.173419	90.169214	0.011090	192
17	6.433692	592.744854	0.001687	0.155432	92.131368	0.010854	204
18	7.178220	673.963116	0.001484	0.139310	93.890007	0.010651	216
19	8.008907	764.580221	0.001308	0.124861	95.466239	0.010475	228
20	8.935724	865.683832	0.001155	0.111910	96.878984	0.010322	240
21	9.969795	978.487482	0.001022	0.100303	98.145198	0.010189	252
22	11.123532	1104.345138	0.000906	0.089900	99.280080	0.010073	264
23	12.410783	1244.767453	0.000803	0.080575	100.297252	0.009970	276
24	13.847000	1401.439895	0.000714	0.072218	101.208922	0.009881	288
25	15.449419	1576.242945	0.000634	0.064727	102.026033	0.009801	300
26	17.237277	1771.274853	0.000565	0.058014	102.758394	0.009732	312
27	19.232030	1988.876447	0.000503	0.051997	103.414793	0.009670	324
28	21.457624	2231.659607	0.000448	0.046603	104.003111	0.009615	336
29	23.940770	2502.538425	0.000400	0.041770	104.530408	0.009567	348
30	26.711274	2804.764223	0.000357	0.037437	105.003013	0.009524	360
31	29.802389	3141.964575	0.000318	0.033554	105.426600	0.009485	372
32	33.251219	3518.186850	0.000284	0.030074	105.806252	0.009451	384
33	37.099158	3937.946793	0.000254	0.026955	106.146527	0.009421	396
34	41.392394	4406.282724	0.000227	0.024159	106.451508	0.009394	408
35	46.182456	4928.816015	0.000203	0.021653	106.724856	0.009370	420
36	51.526841	5511.818562	0.000181	0.019407	106.969853	0.009348	432
37	57.489695	6162.288063	0.000162	0.017394	107.189438	0.009329	444
38	64.142589	6888.032014	0.000145	0.015590	107.386248	0.009312	456
39	71.565379	7697.761420	0.000130	0.013973	107.562645	0.009297	468
40	79.847158	8601.195351	0.000116	0.012524	107.720745	0.009283	480

年	年利率	12%		月利率	1.0000%		
月	*FVIF* 複利 終值率	*FVIFA* 複利年金 終值率	*SFF* 沉入 基金率	*PVIF* 複利 現值率	*PVIFA* 複利年金 累加現值率	*MC* 本利 均等攤還率	
1	1.010000	1.000000	1.000000	0.990099	0.990099	1.010000	
2	1.020100	2.010000	0.497512	0.980296	1.970395	0.507512	
3	1.030301	3.030100	0.330022	0.970590	2.940985	0.340022	
4	1.040604	4.060401	0.246281	0.960980	3.901966	0.256281	
5	1.051010	5.101005	0.196040	0.951466	4.853431	0.206040	
6	1.061520	6.152015	0.162548	0.942045	5.795476	0.172548	
7	1.072135	7.213535	0.138628	0.932718	6.728195	0.148628	
8	1.082857	8.285671	0.120690	0.923483	7.651678	0.130690	
9	1.093685	9.368527	0.106740	0.914340	8.566018	0.116740	
10	1.104622	10.462213	0.095582	0.905287	9.471305	0.105582	
11	1.115668	11.566835	0.086454	0.896324	10.367628	0.096454	
12	1.126825	12.682503	0.078849	0.887449	11.255077	0.088849	
年							月
1	1.126825	12.682503	0.078849	0.887449	11.255077	0.088849	12
2	1.269735	26.973465	0.037073	0.787566	21.243387	0.047073	24
3	1.430769	43.076878	0.023214	0.698925	30.107505	0.033214	36
4	1.612226	61.222608	0.016334	0.620260	37.973959	0.026334	48
5	1.816697	81.669670	0.012244	0.550450	44.955038	0.022244	60
6	2.047099	104.709931	0.009550	0.488496	51.150391	0.019550	72
7	2.306723	130.672274	0.007653	0.433515	56.648453	0.017653	84
8	2.599273	159.927293	0.006253	0.384723	61.527703	0.016253	96
9	2.928926	192.892579	0.005184	0.341422	65.857790	0.015184	108
10	3.300387	230.038689	0.004347	0.302995	69.700522	0.014347	120
11	3.718959	271.895856	0.003678	0.268892	73.110752	0.013678	132
12	4.190616	319.061559	0.003134	0.238628	76.137157	0.013134	144
13	4.722051	372.209054	0.002687	0.211771	78.822939	0.012687	156
14	5.320970	432.096982	0.002314	0.187936	81.206434	0.012314	168
15	5.995802	499.580198	0.002002	0.166783	83.321664	0.012002	180
16	6.756220	575.621974	0.001737	0.148012	85.198824	0.011737	192
17	7.613078	661.307751	0.001512	0.131353	86.864707	0.011512	204
18	8.578606	757.860630	0.001320	0.116569	88.343095	0.011320	216
19	9.666588	866.658830	0.001154	0.103449	89.655089	0.011154	228
20	10.892554	989.255365	0.001011	0.091806	90.819416	0.011011	240
21	12.274002	1127.400210	0.000887	0.081473	91.852698	0.010887	252
22	13.830653	1283.065279	0.000779	0.072303	92.769683	0.010779	264
23	15.584726	1458.472574	0.000686	0.064165	93.583461	0.010686	276
24	17.561259	1656.125905	0.000604	0.056944	94.305647	0.010604	288
25	19.788466	1878.846626	0.000532	0.050534	94.946551	0.010532	300
26	22.298510	2129.813909	0.000470	0.044847	95.515321	0.010470	312
27	25.126101	2412.610125	0.000414	0.039799	96.020075	0.010414	324
28	28.312720	2731.271980	0.000366	0.035320	96.468019	0.010366	336
29	31.903481	3090.348134	0.000324	0.031345	96.865546	0.010324	348
30	35.949641	3494.964133	0.000286	0.027817	97.218331	0.010286	360
31	40.508956	3950.895567	0.000253	0.024686	97.531410	0.010253	372
32	45.646505	4464.650520	0.000224	0.021907	97.809252	0.010224	384
33	51.435625	5043.562459	0.000198	0.019442	98.055822	0.010198	396
34	57.958949	5695.894923	0.000176	0.017254	98.274641	0.010176	408
35	65.309595	6430.959471	0.000155	0.015312	98.468831	0.010155	420
36	73.592486	7259.248603	0.000138	0.013588	98.641166	0.010138	432
37	82.925855	8192.585529	0.000122	0.012059	98.794103	0.010122	444
38	93.442929	9244.292939	0.000108	0.010702	98.929828	0.010108	456
39	105.293832	10429.383172	0.000096	0.009497	99.050277	0.010096	468
40	118.647725	11764.772510	0.000085	0.008428	99.157169	0.010085	480

年	年利率	13%		月利率	1.0833%		
	FVIF 複利 終值率	*FVIFA* 複利年金 終值率	*SFF* 沉入 基金率	*PVIF* 複利 現值率	*PVIFA* 複利年金 累加現值率	*MC* 本利 均等攤還率	
月							
1	1.010833	1.000000	1.000000	0.989283	0.989283	1.010833	
2	1.021783	2.010833	0.497306	0.978681	1.967964	0.508139	
3	1.032852	3.032616	0.329748	0.968193	2.936157	0.340581	
4	1.044041	4.065469	0.245974	0.957817	3.893973	0.256807	
5	1.055351	5.109510	0.195713	0.947552	4.841525	0.206546	
6	1.066784	6.164861	0.162210	0.937397	5.778922	0.173043	
7	1.078340	7.231645	0.138281	0.927351	6.706273	0.149114	
8	1.090022	8.309986	0.120337	0.917413	7.623686	0.131170	
9	1.101830	9.400008	0.106383	0.907581	8.531266	0.117216	
10	1.113766	10.501838	0.095221	0.897854	9.429121	0.106054	
11	1.125832	11.615604	0.086091	0.888232	10.317353	0.096924	
12	1.138028	12.741436	0.078484	0.878713	11.196066	0.089317	
年							月
1	1.138028	12.741436	0.078484	0.878713	11.196066	0.089317	12
2	1.295108	27.241547	0.036709	0.772137	21.034195	0.047542	24
3	1.473869	43.743079	0.022861	0.678486	29.679087	0.033694	36
4	1.677304	62.522284	0.015994	0.596195	37.275466	0.026827	48
5	1.908819	83.893544	0.011920	0.523884	43.950503	0.022753	60
6	2.172289	108.214637	0.009241	0.460344	49.815945	0.020074	72
7	2.472126	135.892721	0.007359	0.404510	54.969985	0.018192	84
8	2.813348	167.391154	0.005974	0.355448	59.498907	0.016807	96
9	3.201669	203.237253	0.004920	0.312337	63.478530	0.015753	108
10	3.643589	244.031117	0.004098	0.274455	66.975477	0.014931	120
11	4.146506	290.455675	0.003443	0.241167	70.048289	0.014276	132
12	4.718840	343.288120	0.002913	0.211916	72.748410	0.013746	144
13	5.370172	403.412922	0.002479	0.186214	75.121040	0.013312	156
14	6.111406	471.836628	0.002119	0.163628	77.205902	0.012952	168
15	6.954951	549.704720	0.001819	0.143782	79.037897	0.012652	180
16	7.914929	638.320787	0.001567	0.126344	80.647695	0.012400	192
17	9.007411	739.168351	0.001353	0.111020	82.062245	0.012186	204
18	10.250685	853.935701	0.001171	0.097554	83.305229	0.012004	216
19	11.665567	984.544155	0.001016	0.085722	84.397455	0.011849	228
20	13.275741	1133.180230	0.000882	0.075325	85.357209	0.011715	240
21	15.108165	1302.332243	0.000768	0.066189	86.200556	0.011601	252
22	17.193515	1494.831966	0.000669	0.058161	86.941617	0.011502	264
23	19.566701	1713.902036	0.000583	0.051107	87.592796	0.011416	276
24	22.267453	1963.209905	0.000509	0.044909	88.164996	0.011342	288
25	25.340984	2246.929235	0.000445	0.039462	88.667796	0.011278	300
26	28.838749	2569.809771	0.000389	0.034676	89.109613	0.011222	312
27	32.819304	2937.256855	0.000340	0.030470	89.497842	0.011173	324
28	37.349286	3355.421916	0.000298	0.026774	89.838985	0.011131	336
29	42.504532	3831.305456	0.000261	0.023527	90.138752	0.011094	348
30	48.371347	4372.874238	0.000229	0.020673	90.402160	0.011062	360
31	55.047946	4989.194665	0.000200	0.018166	90.633621	0.011033	372
32	62.646102	5690.584554	0.000176	0.015963	90.837009	0.011009	384
33	71.293017	6488.785871	0.000154	0.014027	91.015728	0.010987	396
34	81.133448	7397.161303	0.000135	0.012325	91.172771	0.010968	408
35	92.332134	8430.917959	0.000119	0.010830	91.310767	0.010952	420
36	105.076552	9607.361956	0.000104	0.009517	91.432025	0.010937	432
37	119.580056	10946.188139	0.000091	0.008363	91.538577	0.010924	444
38	136.085450	12469.809794	0.000080	0.007348	91.632205	0.010913	456
39	154.869049	14203.733866	0.000070	0.006457	91.714477	0.010903	468
40	176.245311	16176.987971	0.000062	0.005674	91.786771	0.010895	480

年	年利率	14%		月利率	1.1667%		
月	*FVIF* 複利 終值率	*FVIFA* 複利年金 終值率	*SFF* 沉入 基金率	*PVIF* 複利 現值率	*PVIFA* 複利年金 累加現值率	*MC* 本利 均等攤還率	
1	1.011667	1.000000	1.000000	0.988468	0.988468	1.011667	
2	1.023470	2.011667	0.497100	0.977068	1.965536	0.508767	
3	1.035411	3.035137	0.329474	0.965800	2.931336	0.341141	
4	1.047491	4.070548	0.245667	0.954662	3.885998	0.257334	
5	1.059712	5.118039	0.195387	0.943652	4.829650	0.207054	
6	1.072076	6.177751	0.161871	0.932770	5.762420	0.173538	
7	1.084584	7.249827	0.137934	0.922013	6.684433	0.149601	
8	1.097238	8.334411	0.119984	0.911380	7.595813	0.131651	
9	1.110039	9.431648	0.106026	0.900869	8.496682	0.117693	
10	1.122990	10.541687	0.094861	0.890480	9.387162	0.106528	
11	1.136092	11.664677	0.085729	0.880211	10.267372	0.097396	
12	1.149347	12.800769	0.078120	0.870060	11.137432	0.089787	
年							月
1	1.149347	12.800769	0.078120	0.870060	11.137432	0.089787	12
2	1.320998	27.513289	0.036346	0.757004	20.827661	0.048013	24
3	1.518284	44.423074	0.022511	0.658638	29.258738	0.034178	36
4	1.745035	63.858277	0.015660	0.573055	36.594277	0.027327	48
5	2.005649	86.196061	0.011601	0.498592	42.976633	0.023268	60
6	2.305186	111.869916	0.008939	0.433804	48.529664	0.020606	72
7	2.649458	141.378074	0.007073	0.377436	53.361131	0.018740	84
8	3.045145	175.293174	0.005705	0.328392	57.564795	0.017372	96
9	3.499928	214.273378	0.004667	0.285720	61.222233	0.016334	108
10	4.022630	259.075143	0.003860	0.248594	64.404423	0.015527	120
11	4.623396	310.567896	0.003220	0.216291	67.173117	0.014887	132
12	5.313884	369.750917	0.002705	0.188186	69.582046	0.014372	144
13	6.107494	437.772718	0.002284	0.163733	71.677958	0.013951	156
14	7.019628	515.953343	0.001938	0.142458	73.501526	0.013605	168
15	8.067985	605.809976	0.001651	0.123947	75.088139	0.013318	180
16	9.272911	709.086389	0.001410	0.107841	76.468586	0.013077	192
17	10.657788	827.786781	0.001208	0.093828	77.669658	0.012875	204
18	12.249493	964.214670	0.001037	0.081636	78.714662	0.012704	216
19	14.078912	1121.017596	0.000892	0.071028	79.623878	0.012559	228
20	16.181550	1301.238502	0.000768	0.061799	80.414950	0.012435	240
21	18.598209	1508.374783	0.000663	0.053769	81.103230	0.012330	252
22	21.375787	1746.446157	0.000573	0.046782	81.702074	0.012240	264
23	24.568188	2020.072676	0.000495	0.040703	82.223104	0.012162	276
24	28.237363	2334.564378	0.000428	0.035414	82.676432	0.012095	288
25	32.454516	2696.024338	0.000371	0.030812	83.070853	0.012038	300
26	37.301487	3111.467104	0.000321	0.026809	83.414024	0.011988	312
27	42.872336	3588.954824	0.000279	0.023325	83.712603	0.011946	324
28	49.275172	4137.753698	0.000242	0.020294	83.972384	0.011909	336
29	56.634251	4768.513805	0.000210	0.017657	84.198409	0.011877	348
30	65.092382	5493.475772	0.000182	0.015363	84.395065	0.011849	360
31	74.813706	6326.708324	0.000158	0.013367	84.566167	0.011825	372
32	85.986877	7284.381303	0.000137	0.011630	84.715035	0.011804	384
33	98.828722	8385.079461	0.000119	0.010119	84.844560	0.011786	396
34	113.588453	9650.163116	0.000104	0.008804	84.957254	0.011771	408
35	130.552499	11104.182681	0.000090	0.007660	85.055305	0.011757	420
36	150.050068	12775.355086	0.000078	0.006664	85.140615	0.011745	432
37	172.459531	14696.111364	0.000068	0.005798	85.214840	0.011735	444
38	198.215771	16903.726010	0.000059	0.005045	85.279420	0.011726	456
39	227.818618	19441.040339	0.000051	0.004389	85.335608	0.011718	468
40	261.842548	22357.293869	0.000045	0.003819	85.384496	0.011712	480

年	年利率	15%		月利率	1.2500%		
月	FVIF 複利 終值率	FVIFA 複利年金 終值率	SFF 沉入 基金率	PVIF 複利 現值率	PVIFA 複利年金 累加現值率	MC 本利 均等攤還率	
1	1.012500	1.000000	1.000000	0.987654	0.987654	1.012500	
2	1.025156	2.012500	0.496894	0.975461	1.963115	0.509394	
3	1.037971	3.037656	0.329201	0.963418	2.926534	0.341701	
4	1.050945	4.075627	0.245361	0.951524	3.878058	0.257861	
5	1.064082	5.126572	0.195062	0.939777	4.817835	0.207562	
6	1.077383	6.190654	0.161534	0.928175	5.746010	0.174034	
7	1.090850	7.268038	0.137589	0.916716	6.662726	0.150089	
8	1.104486	8.358888	0.119633	0.905398	7.568124	0.132133	
9	1.118292	9.463374	0.105671	0.894221	8.462345	0.118171	
10	1.132271	10.581666	0.094503	0.883181	9.345526	0.107003	
11	1.146424	11.713937	0.085368	0.872277	10.217803	0.097868	
12	1.160755	12.860361	0.077758	0.861509	11.079312	0.090258	
年							**月**
1	1.160755	12.860361	0.077758	0.861509	11.079312	0.090258	12
2	1.347351	27.788084	0.035987	0.742197	20.624235	0.048487	24
3	1.563944	45.115505	0.022165	0.639409	28.847267	0.034665	36
4	1.815355	65.228388	0.015331	0.550856	35.931481	0.027831	48
5	2.107181	88.574508	0.011290	0.474568	42.034592	0.023790	60
6	2.445920	115.673621	0.008645	0.408844	47.292474	0.021145	72
7	2.839113	147.129040	0.006797	0.352223	51.822185	0.019297	84
8	3.295513	183.641059	0.005445	0.303443	55.724570	0.017945	96
9	3.825282	226.022551	0.004424	0.261419	59.086509	0.016924	108
10	4.440213	275.217058	0.003633	0.225214	61.982847	0.016133	120
11	5.153998	332.319805	0.003009	0.194024	64.478068	0.015509	132
12	5.982526	398.602077	0.002509	0.167153	66.627722	0.015009	144
13	6.944244	475.539523	0.002103	0.144004	68.479668	0.014603	156
14	8.060563	564.845011	0.001770	0.124061	70.075134	0.014270	168
15	9.356334	668.506759	0.001496	0.106879	71.449643	0.013996	180
16	10.860408	788.832603	0.001268	0.092078	72.633794	0.013768	192
17	12.606267	928.501369	0.001077	0.079326	73.653950	0.013577	204
18	14.632781	1090.622520	0.000917	0.068340	74.532823	0.013417	216
19	16.985067	1278.805378	0.000782	0.058875	75.289980	0.013282	228
20	19.715494	1497.239481	0.000668	0.050722	75.942278	0.013168	240
21	22.884848	1750.787854	0.000571	0.043697	76.504237	0.013071	252
22	26.563691	2045.095272	0.000489	0.037645	76.988370	0.012989	264
23	30.833924	2386.713938	0.000419	0.032432	77.405455	0.012919	276
24	35.790617	2783.249347	0.000359	0.027940	77.764777	0.012859	288
25	41.544120	3243.529615	0.000308	0.024071	78.074336	0.012808	300
26	48.222525	3777.802015	0.000265	0.020737	78.341024	0.012765	312
27	55.974514	4397.961118	0.000227	0.017865	78.570778	0.012727	324
28	64.972670	5117.813598	0.000195	0.015391	78.768713	0.012695	336
29	75.417320	5953.385616	0.000168	0.013260	78.939236	0.012668	348
30	87.540995	6923.279611	0.000144	0.011423	79.086142	0.012644	360
31	101.613606	8049.088447	0.000124	0.009841	79.212704	0.012624	372
32	117.948452	9355.876140	0.000107	0.008478	79.321738	0.012607	384
33	136.909198	10872.735858	0.000092	0.007304	79.415671	0.012592	396
34	158.917970	12633.437629	0.000079	0.006293	79.496596	0.012579	408
35	184.464752	14677.180163	0.000068	0.005421	79.566313	0.012568	420
36	214.118294	17049.463544	0.000059	0.004670	79.626375	0.012559	432
37	248.538777	19803.102194	0.000050	0.004024	79.678119	0.012550	444
38	288.492509	22999.400699	0.000043	0.003466	79.722696	0.012543	456
39	334.868983	26709.518627	0.000037	0.002986	79.761101	0.012537	468
40	388.700685	31016.054774	0.000032	0.002573	79.794186	0.012532	480

年	年利率	16%		月利率	1.3333%		
	FVIF 複利 終值率	*FVIFA* 複利年金 終值率	*SFF* 沉入 基金率	*PVIF* 複利 現值率	*PVIFA* 複利年金 累加現值率	*MC* 本利 均等攤還率	
月							
1	1.013333	1.000000	1.000000	0.986842	0.986842	1.013333	
2	1.026844	2.013333	0.496689	0.973858	1.960700	0.510022	
3	1.040535	3.040177	0.328928	0.961044	2.921745	0.342261	
4	1.054408	4.080711	0.245055	0.948399	3.870144	0.258388	
5	1.068467	5.135120	0.194737	0.935921	4.806065	0.208070	
6	1.082712	6.203586	0.161197	0.923606	5.729671	0.174530	
7	1.097148	7.286299	0.137244	0.911454	6.641125	0.150577	
8	1.111776	8.383447	0.119283	0.899461	7.540586	0.132616	
9	1.126600	9.495223	0.105316	0.887627	8.428213	0.118649	
10	1.141621	10.621823	0.094146	0.875948	9.304161	0.107479	
11	1.156842	11.763444	0.085009	0.864422	10.168583	0.098342	
12	1.172266	12.920286	0.077398	0.853049	11.021632	0.090731	
年							月
1	1.172266	12.920286	0.077398	0.853049	11.021632	0.090731	12
2	1.374208	28.066300	0.035630	0.727692	20.423619	0.048963	24
3	1.610938	45.821460	0.021824	0.620757	28.443971	0.035157	36
4	1.888448	66.635233	0.015007	0.529535	35.285721	0.028340	48
5	2.213763	91.034515	0.010985	0.451719	41.122066	0.024318	60
6	2.595120	119.636968	0.008359	0.385339	46.100751	0.021692	72
7	3.042171	153.166656	0.006529	0.328713	50.347812	0.019862	84
8	3.566234	192.472376	0.005196	0.280408	53.970762	0.018529	96
9	4.180576	238.549141	0.004192	0.239202	57.061314	0.017525	108
10	4.900747	292.563374	0.003418	0.204051	59.697704	0.016751	120
11	5.744980	355.882432	0.002810	0.174065	61.946674	0.016143	132
12	6.734646	430.109221	0.002325	0.148486	63.865154	0.015658	144
13	7.894798	517.122775	0.001934	0.126666	65.501711	0.015267	156
14	9.254805	619.125822	0.001615	0.108052	66.897774	0.014948	168
15	10.849094	738.700542	0.001354	0.092174	68.088683	0.014687	180
16	12.718026	878.873942	0.001138	0.078629	69.104586	0.014471	192
17	14.908912	1043.194476	0.000959	0.067074	69.971201	0.014292	204
18	17.477213	1235.821880	0.000809	0.057217	70.710466	0.014142	216
19	20.487946	1461.632469	0.000684	0.048809	71.341094	0.014017	228
20	24.017326	1726.342583	0.000579	0.041637	71.879051	0.013912	240
21	28.154698	2036.653296	0.000491	0.035518	72.337955	0.013824	252
22	33.004800	2400.420046	0.000417	0.030299	72.729447	0.013750	264
23	38.690411	2826.851502	0.000354	0.025846	73.063362	0.013687	276
24	45.355460	3326.742672	0.000301	0.022048	73.348229	0.013634	288
25	53.168671	3912.748179	0.000256	0.018808	73.591235	0.013589	300
26	62.327835	4599.702611	0.000217	0.016044	73.798530	0.013550	312
27	73.064812	5404.996053	0.000185	0.013686	73.975363	0.013518	324
28	85.651408	6349.014313	0.000158	0.011675	74.126211	0.013491	336
29	100.406248	7455.654983	0.000134	0.009960	74.254891	0.013467	348
30	117.702848	8752.932404	0.000114	0.008496	74.364661	0.013447	360
31	137.979067	10273.686839	0.000097	0.007247	74.458301	0.013430	372
32	161.748192	12056.415818	0.000083	0.006182	74.538180	0.013416	384
33	189.611934	14146.248691	0.000071	0.005274	74.606320	0.013404	396
34	222.275656	16596.089072	0.000060	0.004499	74.664448	0.013393	408
35	260.566232	19467.954073	0.000051	0.003838	74.714033	0.013384	420
36	305.452979	22834.544262	0.000044	0.003274	74.756332	0.013377	432
37	358.072194	26781.084052	0.000037	0.002793	74.792415	0.013370	444
38	419.755919	31407.479140	0.000032	0.002382	74.823195	0.013365	456
39	492.065664	36830.845594	0.000027	0.002032	74.849453	0.013360	468
40	576.831932	43188.474620	0.000023	0.001734	74.871851	0.013356	480

年	年利率	17%		月利率	1.4167%		
	FVIF	*FVIFA*	*SFF*	*PVIF*	*PVIFA*	*MC*	
	複利	複利年金	沉入	複利	複利年金	本利	
月	終值率	終值率	基金率	現值率	累加現值率	均等攤還率	
1	1.014167	1.000000	1.000000	0.986031	0.986031	1.014167	
2	1.028535	2.014167	0.496483	0.972257	1.958288	0.510650	
3	1.043106	3.042702	0.328655	0.958675	2.916963	0.342822	
4	1.057884	4.085808	0.244750	0.945284	3.862247	0.258917	
5	1.072871	5.143691	0.194413	0.932079	4.794326	0.208580	
6	1.088070	6.216562	0.160861	0.919058	5.713384	0.175028	
7	1.103485	7.304632	0.136899	0.906220	6.619604	0.151066	
8	1.119118	8.408117	0.118933	0.893561	7.513165	0.133100	
9	1.134972	9.527235	0.104962	0.881079	8.394244	0.119129	
10	1.151051	10.662207	0.093789	0.868771	9.263015	0.107956	
11	1.167358	11.813258	0.084651	0.856635	10.119650	0.098818	
12	1.183896	12.980617	0.077038	0.844669	10.964318	0.091205	
年							月
1	1.183896	12.980617	0.077038	0.844669	10.964318	0.091205	12
2	1.401611	28.348322	0.035275	0.713465	20.225532	0.049442	24
3	1.659362	46.542093	0.021486	0.602641	28.048188	0.035653	36
4	1.964512	68.081633	0.014688	0.509032	34.655739	0.028855	48
5	2.325779	93.582217	0.010686	0.429963	40.236930	0.024853	60
6	2.753482	123.772267	0.008079	0.363177	44.951185	0.022246	72
7	3.259837	159.514157	0.006269	0.306764	48.933169	0.020436	84
8	3.859309	201.828853	0.004955	0.259114	52.296625	0.019122	96
9	4.569022	251.925069	0.003969	0.218865	55.137630	0.018136	108
10	5.409249	311.233798	0.003213	0.184869	57.537338	0.017380	120
11	6.403991	381.449189	0.002622	0.156153	59.564295	0.016789	132
12	7.581661	464.576938	0.002152	0.131897	61.276402	0.016319	144
13	8.975902	562.991580	0.001776	0.111409	62.722565	0.015943	156
14	10.626538	679.504320	0.001472	0.094104	63.944093	0.015639	168
15	12.580720	817.443333	0.001223	0.079487	64.975880	0.015390	180
16	14.894269	980.748835	0.001020	0.067140	65.847398	0.015187	192
17	17.633271	1174.085629	0.000852	0.056711	66.583541	0.015019	204
18	20.875966	1402.976364	0.000713	0.047902	67.205338	0.014880	216
19	24.714981	1673.959280	0.000597	0.040461	67.730551	0.014764	228
20	29.259977	1994.774978	0.000501	0.034176	68.174181	0.014668	240
21	34.640781	2374.587527	0.000421	0.028868	68.548902	0.014588	252
22	41.011096	2824.246236	0.000354	0.024384	68.865416	0.014521	264
23	48.552889	3356.595561	0.000298	0.020596	69.132767	0.014465	276
24	57.481591	3986.842010	0.000251	0.017397	69.358589	0.014418	288
25	68.052248	4732.988511	0.000211	0.014695	69.549334	0.014378	300
26	80.566812	5616.348665	0.000178	0.012412	69.710450	0.014345	312
27	95.382758	6662.155569	0.000150	0.010484	69.846539	0.014317	324
28	112.923304	7900.282596	0.000127	0.008856	69.961490	0.014294	336
29	133.689492	9366.096723	0.000107	0.007480	70.058585	0.014274	348
30	158.274508	11101.468787	0.000090	0.006318	70.140599	0.014257	360
31	187.380620	13155.969523	0.000076	0.005337	70.209873	0.014243	372
32	221.839241	15588.285542	0.000064	0.004508	70.268386	0.014231	384
33	262.634679	18467.895716	0.000054	0.003808	70.317811	0.014221	396
34	310.932250	21877.055827	0.000046	0.003216	70.359559	0.014213	408
35	368.111571	25913.148202	0.000039	0.002717	70.394821	0.014206	420
36	435.805962	30691.463426	0.000033	0.002295	70.424607	0.014200	432
37	515.949109	36348.493606	0.000028	0.001938	70.449765	0.014195	444
38	610.830291	43045.831257	0.000023	0.001637	70.471016	0.014190	456
39	723.159782	50974.785176	0.000020	0.001383	70.488966	0.014187	468
40	856.146260	60361.845159	0.000017	0.001168	70.504128	0.014184	480

年	年利率	18%		月利率	1.5000%		
月	*FVIF* 複利 終值率	*FVIFA* 複利年金 終值率	*SFF* 沉入 基金率	*PVIF* 複利 現值率	*PVIFA* 複利年金 累加現值率	*MC* 本利 均等攤還率	
1	1.015000	1.000000	1.000000	0.985222	0.985222	1.015000	
2	1.030225	2.015000	0.496278	0.970662	1.955883	0.511278	
3	1.045678	3.045225	0.328383	0.956317	2.912200	0.343383	
4	1.061364	4.090903	0.244445	0.942184	3.854385	0.259445	
5	1.077284	5.152267	0.194089	0.928260	4.782645	0.209089	
6	1.093443	6.229551	0.160525	0.914542	5.697187	0.175525	
7	1.109845	7.322994	0.136556	0.901027	6.598214	0.151556	
8	1.126493	8.432839	0.118584	0.887711	7.485925	0.133584	
9	1.143390	9.559332	0.104610	0.874592	8.360517	0.119610	
10	1.160541	10.702722	0.093434	0.861667	9.222185	0.108434	
11	1.177949	11.863262	0.084294	0.848933	10.071118	0.099294	
12	1.195618	13.041211	0.076680	0.836387	10.907505	0.091680	
年							月
1	1.195618	13.041211	0.076680	0.836387	10.907505	0.091680	12
2	1.429503	28.633521	0.034924	0.699544	20.030405	0.049924	24
3	1.709140	47.275969	0.021152	0.585090	27.660684	0.036152	36
4	2.043478	69.565219	0.014375	0.489362	34.042554	0.029375	48
5	2.443220	96.214652	0.010393	0.409296	39.380269	0.025393	60
6	2.921158	128.077197	0.007808	0.342330	43.844667	0.022808	72
7	3.492590	166.172636	0.006018	0.286321	47.578633	0.021018	84
8	4.175804	211.720235	0.004723	0.239475	50.701675	0.019723	96
9	4.992667	266.177771	0.003757	0.200294	53.313749	0.018757	108
10	5.969323	331.288191	0.003019	0.167523	55.498454	0.018019	120
11	7.137031	409.135393	0.002444	0.140114	57.325714	0.017444	132
12	8.533164	502.210922	0.001991	0.117190	58.854011	0.016991	144
13	10.202406	613.493716	0.001630	0.098016	60.132260	0.016630	156
14	12.198182	746.545446	0.001340	0.081979	61.201370	0.016340	168
15	14.584368	905.624513	0.001104	0.068567	62.095562	0.016104	180
16	17.437335	1095.822335	0.000913	0.057348	62.843452	0.015913	192
17	20.848395	1323.226308	0.000756	0.047965	63.468978	0.015756	204
18	24.926719	1595.114630	0.000627	0.040118	63.992160	0.015627	216
19	29.802839	1920.189249	0.000521	0.033554	64.429743	0.015521	228
20	35.632816	2308.854370	0.000433	0.028064	64.795732	0.015433	240
21	42.603242	2773.549452	0.000361	0.023472	65.101841	0.015361	252
22	50.937210	3329.147335	0.000300	0.019632	65.357866	0.015300	264
23	60.901454	3993.430261	0.000250	0.016420	65.572002	0.015250	276
24	72.814885	4787.658998	0.000209	0.013733	65.751103	0.015209	288
25	87.058800	5737.253308	0.000174	0.011486	65.900901	0.015174	300
26	104.089083	6872.605521	0.000146	0.009607	66.026190	0.015146	312
27	124.450799	8230.053258	0.000122	0.008035	66.130980	0.015122	324
28	148.795637	9853.042439	0.000101	0.006721	66.218625	0.015101	336
29	177.902767	11793.517795	0.000085	0.005621	66.291930	0.015085	348
30	212.703781	14113.585393	0.000071	0.004701	66.353242	0.015071	360
31	254.312506	16887.500372	0.000059	0.003932	66.404522	0.015059	372
32	304.060653	20204.043526	0.000049	0.003289	66.447412	0.015049	384
33	363.540442	24169.362788	0.000041	0.002751	66.483285	0.015041	396
34	434.655558	28910.370554	0.000035	0.002301	66.513289	0.015035	408
35	519.682084	34578.805589	0.000029	0.001924	66.538383	0.015029	420
36	621.341343	41356.089521	0.000024	0.001609	66.559372	0.015024	432
37	742.887000	49459.133344	0.000020	0.001346	66.576927	0.015020	444
38	888.209197	59147.279782	0.000017	0.001126	66.591609	0.015017	456
39	1061.959056	70730.603711	0.000014	0.000942	66.603890	0.015014	468
40	1269.697544	84579.836287	0.000012	0.000788	66.614161	0.015012	480

年	年利率	19%		月利率	1.5833%		
	FVIF	FVIFA	SFF	PVIF	PVIFA	MC	
	複利	複利年金	沉入	複利	複利年金	本利	
月	終值率	終值率	基金率	現值率	累加現值率	均等攤還率	
1	1.015833	1.000000	1.000000	0.984414	0.984414	1.015833	
2	1.031917	2.015833	0.496073	0.969070	1.953484	0.511906	
3	1.048255	3.047750	0.328111	0.953966	2.907451	0.343944	
4	1.064852	4.096005	0.244140	0.939098	3.846548	0.259973	
5	1.081712	5.160857	0.193766	0.924461	4.771009	0.209599	
6	1.098839	6.242569	0.160190	0.910052	5.681061	0.176023	
7	1.116236	7.341407	0.136214	0.895867	6.576928	0.152047	
8	1.133910	8.457644	0.118236	0.881904	7.458832	0.134069	
9	1.151863	9.591554	0.104258	0.868159	8.326991	0.120091	
10	1.170101	10.743417	0.093080	0.854627	9.181619	0.108913	
11	1.188627	11.913517	0.083938	0.841307	10.022926	0.099771	
12	1.207446	13.102144	0.076323	0.828194	10.851120	0.092156	
年							月
1	1.207446	13.102144	0.076323	0.828194	10.851120	0.092156	12
2	1.457926	28.922278	0.034575	0.685906	19.837955	0.050408	24
3	1.760368	48.024240	0.020823	0.568063	27.280799	0.036656	36
4	2.125549	71.088832	0.014067	0.470467	33.444920	0.029900	48
5	2.566487	98.938087	0.010107	0.389638	38.550009	0.025940	60
6	3.098895	132.564566	0.007543	0.322696	42.778015	0.023376	72
7	3.741749	173.166731	0.005775	0.267255	46.279624	0.021608	84
8	4.517961	222.191662	0.004501	0.221339	49.179637	0.020334	96
9	5.455195	281.386632	0.003554	0.183312	51.581411	0.019387	108
10	6.586854	352.861375	0.002834	0.151818	53.570546	0.018667	120
11	7.953272	439.163286	0.002277	0.125734	55.217937	0.018110	132
12	9.603149	543.368204	0.001840	0.104133	56.582296	0.017673	144
13	11.595286	669.190040	0.001494	0.086242	57.712250	0.017327	156
14	14.000684	821.113144	0.001218	0.071425	58.648072	0.017051	168
15	16.905074	1004.552126	0.000995	0.059154	59.423114	0.016828	180
16	20.411968	1226.044835	0.000816	0.048991	60.064999	0.016649	192
17	24.646354	1493.485374	0.000670	0.040574	60.596605	0.016503	204
18	29.759147	1816.405448	0.000551	0.033603	61.036878	0.016384	216
19	35.932571	2206.314079	0.000453	0.027830	61.401509	0.016286	228
20	43.386648	2677.107791	0.000374	0.023049	61.703495	0.016207	240
21	52.387045	3245.565890	0.000308	0.019089	61.953598	0.016141	252
22	63.254540	3931.948486	0.000254	0.015809	62.160731	0.016087	264
23	76.376457	4760.718574	0.000210	0.013093	62.332278	0.016043	276
24	92.220466	5761.413903	0.000174	0.010844	62.474352	0.016007	288
25	111.351256	6969.699719	0.000143	0.008981	62.592017	0.015976	300
26	134.450655	8428.639888	0.000119	0.007438	62.689467	0.015952	312
27	162.341939	10190.231716	0.000098	0.006160	62.770174	0.015931	324
28	196.019164	12317.259150	0.000081	0.005102	62.837015	0.015914	336
29	236.682603	14885.530437	0.000067	0.004225	62.892372	0.015900	348
30	285.781520	17986.579954	0.000056	0.003499	62.938219	0.015889	360
31	345.065823	21730.930544	0.000046	0.002898	62.976189	0.015879	372
32	416.648432	26252.032600	0.000038	0.002400	63.007636	0.015871	384
33	503.080584	31731.020294	0.000032	0.001988	63.033679	0.015865	396
34	607.442762	38302.454479	0.000026	0.001646	63.055249	0.015859	408
35	733.454481	46261.256926	0.000022	0.001363	63.073112	0.015855	420
36	885.606858	55871.083044	0.000018	0.001129	63.087907	0.015851	432
37	1069.322674	67474.431492	0.000015	0.000935	63.100160	0.015848	444
38	1291.149646	81484.850989	0.000012	0.000775	63.110307	0.015845	456
39	1558.993790	98401.679381	0.000010	0.000641	63.118712	0.015843	468
40	1882.401195	118827.840278	0.000008	0.000531	63.125672	0.015841	480

年	年利率	20%		月利率	1.6667%		
	FVIF 複利 終值率	*FVIFA* 複利年金 終值率	*SFF* 沉入 基金率	*PVIF* 複利 現值率	*PVIFA* 複利年金 累加現值率	*MC* 本利 均等攤還率	
月							
1	1.016667	1.000000	1.000000	0.983606	0.983606	1.016667	
2	1.033612	2.016667	0.495868	0.967481	1.951087	0.512535	
3	1.050839	3.050279	0.327839	0.951621	2.902708	0.344506	
4	1.068353	4.101118	0.243836	0.936020	3.838728	0.260503	
5	1.086160	5.169471	0.193443	0.920675	4.759403	0.210110	
6	1.104263	6.255631	0.159856	0.905582	5.664985	0.176523	
7	1.122667	7.359893	0.135872	0.890736	6.555720	0.152539	
8	1.141379	8.482561	0.117889	0.876133	7.431854	0.134556	
9	1.160402	9.623939	0.103908	0.861770	8.293624	0.120575	
10	1.179743	10.784342	0.092727	0.847643	9.141266	0.109394	
11	1.199405	11.964084	0.083583	0.833746	9.975013	0.100250	
12	1.219396	13.163490	0.075968	0.820078	10.795091	0.092635	
年							月
1	1.219396	13.163490	0.075968	0.820078	10.795091	0.092635	12
2	1.486926	29.214995	0.034229	0.672528	19.647910	0.050896	24
3	1.813152	48.788134	0.020497	0.551526	26.907914	0.037164	36
4	2.210950	72.655539	0.013764	0.452294	32.861685	0.030431	48
5	2.696023	101.759355	0.009827	0.370917	37.744244	0.026494	60
6	3.287520	137.248429	0.007286	0.304181	41.748323	0.023953	72
7	4.008788	180.523658	0.005539	0.249452	45.031981	0.022206	84
8	4.888299	233.293295	0.004286	0.204570	47.724838	0.020953	96
9	5.960772	297.640374	0.003360	0.167764	49.933191	0.020027	108
10	7.268541	376.104936	0.002659	0.137579	51.744214	0.019326	120
11	8.863229	471.784300	0.002120	0.112826	53.229393	0.018787	132
12	10.807785	588.455322	0.001699	0.092526	54.447357	0.018366	144
13	13.178968	730.723486	0.001369	0.075878	55.446183	0.018036	156
14	16.070360	904.204700	0.001106	0.062226	56.265298	0.017773	168
15	19.596155	1115.746978	0.000896	0.051030	56.937036	0.017563	180
16	23.895471	1373.700761	0.000728	0.041849	57.487914	0.017395	192
17	29.138038	1688.248541	0.000592	0.034319	57.939677	0.017259	204
18	35.530804	2071.806809	0.000483	0.028145	58.310158	0.017150	216
19	43.326116	2539.516182	0.000394	0.023081	58.613982	0.017061	228
20	52.831688	3109.839066	0.000322	0.018928	58.863141	0.016989	240
21	64.422742	3805.288442	0.000263	0.015522	59.067471	0.016930	252
22	78.556827	4653.316548	0.000215	0.012730	59.235037	0.016882	264
23	95.791871	5687.398528	0.000176	0.010439	59.372455	0.016843	276
24	116.808213	6948.353837	0.000144	0.008561	59.485148	0.016811	288
25	142.435454	8485.957549	0.000118	0.007021	59.577565	0.016785	300
26	173.685207	10360.905184	0.000097	0.005758	59.653354	0.016764	312
27	211.791026	12647.208610	0.000079	0.004722	59.715508	0.016746	324
28	258.257105	15435.117595	0.000065	0.003872	59.766478	0.016732	336
29	314.917650	18834.682331	0.000053	0.003175	59.808278	0.016720	348
30	384.009286	22980.097572	0.000044	0.002604	59.842557	0.016711	360
31	468.259342	28034.999849	0.000036	0.002136	59.870668	0.016703	372
32	570.993514	34198.926872	0.000029	0.001751	59.893722	0.016696	384
33	696.267140	41715.194104	0.000024	0.001436	59.912628	0.016691	396
34	849.025284	50880.499419	0.000020	0.001178	59.928132	0.016687	408
35	1035.297935	62056.634981	0.000016	0.000966	59.940847	0.016683	420
36	1262.438039	75684.768669	0.000013	0.000792	59.951274	0.016680	432
37	1539.411747	92302.858774	0.000011	0.000650	59.959825	0.016678	444
38	1877.152346	112566.889423	0.000009	0.000533	59.966837	0.016676	456
39	2288.991842	137276.764960	0.000007	0.000437	59.972588	0.016674	468
40	2791.187227	167407.885447	0.000006	0.000358	59.977304	0.016673	480

MEMO

MEMO

MEMO

MEMO

國家圖書館出版品預行編目資料

不動產投資 / 陳淑美, 黃名義編著. -- 三版. -- 新北
市：新文京開發出版股份有限公司, 2021.05
面；　公分

ISBN　978-986-430-719-7（平裝）

1.不動產業　2.不動產投資信託　3.投資管理

554.89　　　　　　　　　　　　　　110005759

不動產投資（第三版）　　　　　　　　　（書號：**H189e3**）

編 著 者	陳淑美　黃名義
出 版 者	新文京開發出版股份有限公司
地　　址	新北市中和區中山路二段 362 號 9 樓
電　　話	(02) 2244-8188（代表號）
Ｆ Ａ Ｘ	(02) 2244-8189
郵　　撥	1958730-2
初　　版	西元 2012 年 01 月 31 日
二　　版	西元 2015 年 05 月 01 日
三　　版	西元 2021 年 06 月 10 日

New Wun Ching Developmental Publishing Co., Ltd.

New Age · New Choice · The Best Selected Educational Publications—NEW WCDP

新文京開發出版股份有限公司

NEW WCDP

新世紀・新視野・新文京 — 精選教科書・考試用書・專業參考書